|本书是以下项目的研究成果|

广东省国家教师教育创新实验区项目成果（项目编号：粤教高函〔2018〕53号）

广东省本科高校2018年度省级系列在线开放课程“化学教学论手持技术数字化实验”项目成果（项目编号：粤教高函〔2019〕28号）

广东省教育厅“中学化学手持技术数字化创新实验案例开发与实施研究”项目成果（项目编号：J11-055）

国家级一流本科线上课程“化学教学论手持技术数字化实验”
配套教材

手持技术数字化化学实验教学研究：理论构建与创新实践

钱扬义　王立新　林惠梅　著

科学出版社
北　京

内 容 简 介

本书梳理了手持技术数字化化学实验22年发展脉络及研究成果，创立了系统化的“实验开发、实验教学、实验应用”的教学理论，并通过大量的实践，归纳出相应的开发策略与教学应用模式，以指导教育教学、教研、培训等实践活动。此外，为适应信息时代下教学方式的变革，将多年的研究成果开发成中国大学慕课“化学教学论手持技术数字化实验”，切实解决“中学教师不会用、师范院校资源匮乏、实验慕课存在缺口”的应用与推广问题。

本书可与国家级一流本科线上课程“化学教学论手持技术数字化实验”配套使用，作为高等师范院校化学专业的研究生、本科生的教材，也可为化学教育教师等提供案例和资源参考。

图书在版编目（CIP）数据

手持技术数字化化学实验教学研究：理论构建与创新实践/钱扬义，王立新，林惠梅著. —北京：科学出版社，2021.3

ISBN 978-7-03-068243-7

Ⅰ. ①手… Ⅱ. ①钱… ②王… ③林… Ⅲ. ①化学实验－教学研究－中学 Ⅳ. ①G633.82

中国版本图书馆CIP数据核字（2021）第040317号

责任编辑：郭勇斌 彭婧煜 黎婉雯/责任校对：何艳萍
责任印制：赵 博/封面设计：众轩企划

科学出版社出版
北京东黄城根北街16号
邮政编码：100717
http://www.sciencep.com
北京富资园科技发展有限公司印刷
科学出版社发行 各地新华书店经销
*
2021年3月第 一 版 开本：787×1092 1/16
2025年4月第八次印刷 印张：18 3/4
字数：419 000

定价：98.00元

（如有印装质量问题，我社负责调换）

钱扬义教授团队开展手持技术数字化化学实验研究和推广 20 余年，形成了成果体系，具有丰富的学术价值和很好的实践效果，在全国产生广泛的影响。

王磊　北京师范大学教授、博士生导师，中国化学会化学教育委员会主任委员，教育部国家基础教育课程教材专家工作委员会委员，义务教育和普通高中化学课程标准研制组负责人，基础教育国家级教学成果奖一等奖获得者（2018 年）

钱扬义教授是我國中学化学手持技术数字化实验的开拓者、耕耘者、丰收人，从書中可領略其在該領域的探究历程和丰硕的学术成果。該成果在全國基础教育应用方面产生了很大的影响。

夏建华

2020年6月

夏建华　安徽省教育科学研究院原化学教研员，化学特级教师，中国教育学会化学教学专业委员会副理事长，教育部基础教育教学指导专业委员会副主任委员

手持技术有魔力，一朝倾心理想定（直观定量又便利）；潜心笃志二十载，扬帆筑梦匠心裁；硕果累累盖世功，化学教育传神州；助力课堂无限彩，义在千秋育人才！

朱玉军　中文核心期刊《化学教育（中英文）》专职副主编，博士，中国教育学会化学教学专业委员会理事，中国化学会化学教育学科委员会委员

手持技术数字化实验

22年四阶段研究图谱

起步阶段：1998～2003年

• 课题
"十五"科研规划重点课题
"掌上型信息技术产品在教学中的运用和开发研究"
• 内容
掌上实验室测酒精灯火焰温度、溶解氧测定等案例探究
• 著作
全国教师教育课程资源"优秀资源"
《手持技术在理科实验中的应用研究》
• 论文
手持技术论文共3篇：1篇CSSCI、2篇核心期刊
标志论文：《在掌上实验室探究酒精灯火焰温度——得出不同的结论》

发展阶段：2004～2006年

• 课题
国家级项目"化学探究实验开发研究"
广东省科技项目"基于Internet的普通化学网上实验的设计、开发、集成及应用研究"
• 内容
研究性学习的好帮手——概念图软件
研究性学习中的应用案例开发
问题解决的心理机制研究
• 著作
全国教师教育课程资源"推荐使用资源"
《手持技术在研究性学习中的应用及其心理学基础》
• 论文
手持技术论文共11篇：4篇CSSCI、7篇核心期刊

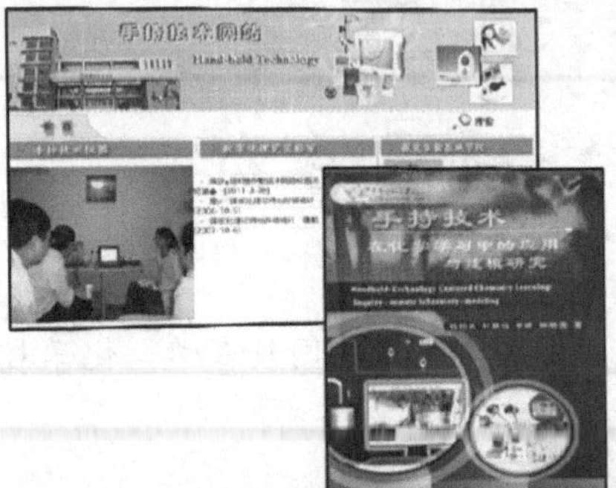

创新阶段：2007～2009年

• 内容
创新教学模式："6S"模式、"10C"模式、"四重表征"模式、"远程实验教学模式"
创新实验系统："520Chemlab"数字化微型气象站、远程实验室、手持技术网站
创新建模研究
• 著作
《手持技术在化学学习中的应用与建模研究》
• 论文
手持技术论文共18篇：6篇CSSCI、7篇核心期刊、5篇普刊
• 专利
520远程化学实验室软件著作权

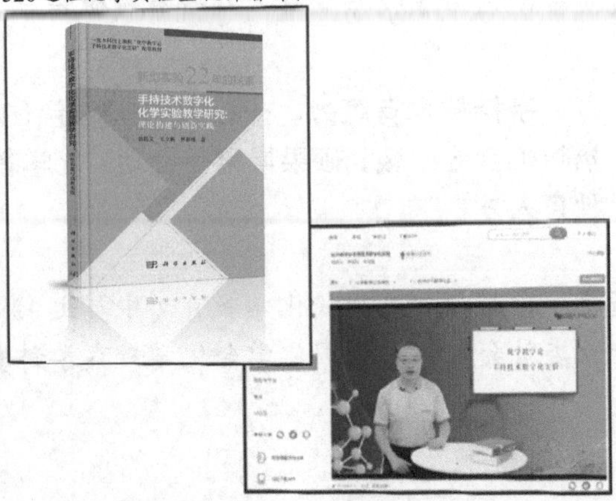

应用阶段：2010年至今

• 课题
2018年度省级系列在线开放课程"化学教学论手持技术数字化实验"慕课建设
• 内容
"TQVC"概念认知理论、开发策略、慕课开发
• 论文
手持技术论文共44篇：1篇SSCI、10篇CSSCI、28篇核心期刊、5篇普刊
• 获奖
化学教育研究知新奖，东芝杯一等奖1项、二等奖3项、三等奖2项、创新奖1项

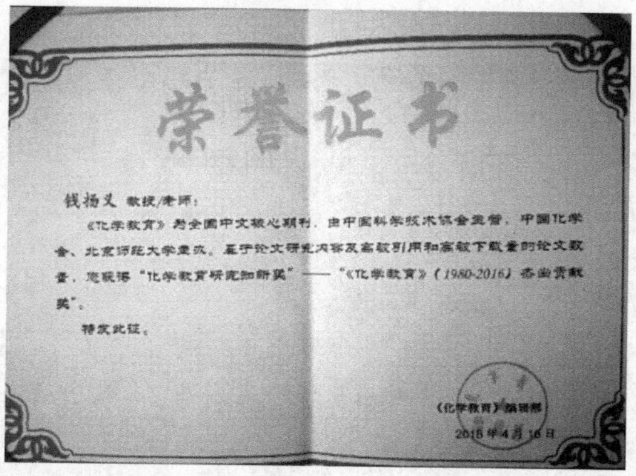

荣誉证书

钱扬义 教授/老师：

《化学教育》为全国中文核心期刊，由中国科学技术协会主管，中国化学会、北京师范大学主办。基于论文研究内容及高被引用和高被下载量的论文数量，您获得“化学教育研究创新奖”——“《化学教育》(1980-2016)杰出贡献奖”。

特发此证。

《化学教育》编辑部

2018年4月16日

钱扬义教授手持技术数字化实验相关论文获 2018 年“《化学教育》(1980—2016)杰出贡献奖”

钱扬义教授在 2003 年科学教育国际研讨会作手持技术数字化实验报告

钱扬义教授在 2019 年美国国家科学教师协会年会参观三维手持技术数字化实验室

钱扬义教授在 2018 年国家骨干教师培训项目（简称“国培计划”）作手持技术数字化实验报告

钱扬义教授指导本科生陈德成以手持技术数字化实验案例获“东芝创新奖”

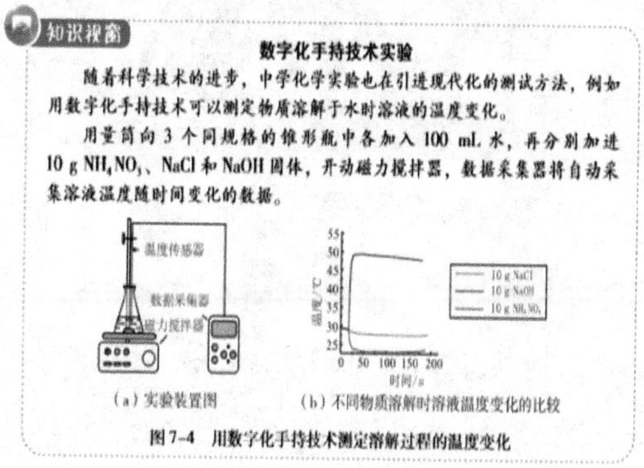

知识视窗

数字化手持技术实验

随着科学技术的进步，中学化学实验也在引进现代化的测试方法，例如用数字化手持技术可以测定物质溶解于水时溶液的温度变化。

用量筒向 3 个同规格的锥形瓶中各加入 100 mL 水，再分别加进 10 g NH_4NO_3、NaCl 和 NaOH 固体，开动磁力搅拌器，数据采集器将自动采集溶液温度随时间变化的数据。

（a）实验装置图　（b）不同物质溶解时溶液温度变化的比较

图 7-4　用数字化手持技术测定溶解过程的温度变化

科粤版初中《化学》（九年级下册）教材中关于数字化手持技术实验的应用

钱扬义教授在第八届中国化学会关注西部中学化学教育发展论坛作手持技术数字化实验报告

钱扬义教授指导本科生林惠梅以手持技术数字化实验案例获“东芝杯”二等奖并受邀赴日本访学交流

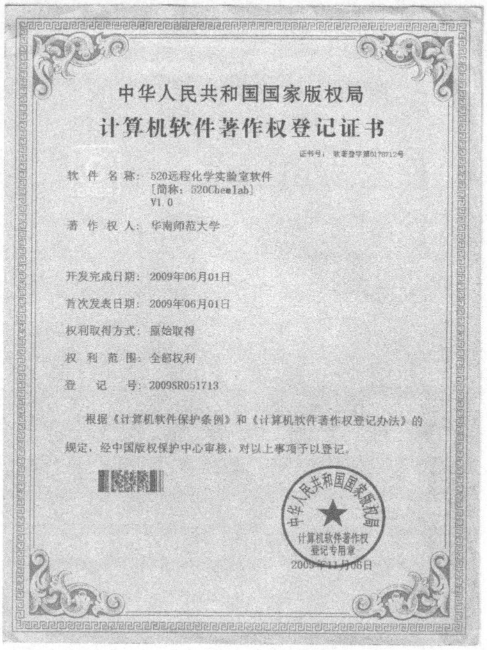
中华人民共和国国家版权局
计算机软件著作权登记证书

证书号：软著登字第0178712号

软 件 名 称：520远程化学实验室软件
[简称：520Chemlab]
V1.0

著 作 权 人：华南师范大学

开发完成日期：2009年06月01日

首次发表日期：2009年06月01日

权利取得方式：原始取得

权 利 范 围：全部权利

登 记 号：2009SR051713

根据《计算机软件保护条例》和《计算机软件著作权登记办法》的规定，经中国版权保护中心审核，对以上事项予以登记。

中华人民共和国国家版权局
计算机软件著作权
登记专用章
2009年11月06日

520远程化学实验室软件著作权登记证书

中国大学慕课
“化学教学论手持技术数字化实验”

佛山市教育局教学研究室

佛教研室〔2020〕7号

佛山市教研室推荐“化学教师学习《化学教学论手持技术数字化实验》慕课”的通知

各区教育局教学研究室、市直一中：

为进一步加强“2017年版课程标准”的研究和实施，促进学生化学学科核心素养的发展，落实《国务院办公厅关于新时代推进普通高中育人方式改革的指导意见》精神，充分发挥化学实验的育人功能，现推荐化学教师学习《化学教学论手持技术数字化实验》慕课，具体事项通知如下：

一、学习内容简介：华南师范大学钱扬义教授团队的慕课课程《化学教学论手持技术数字化实验》，该课程充分运用现代教育技术优化课程教学，开展多媒体组合教学、网络教学。该课程为师生提供了优质的教学资源和拓展资源；也为暂时还没能配备手持技术硬件设施的院校，提供了直接学习的机会及大量优质实验案例资源。

二、学习时间

2020年2月18日-3月23日

三、学习方式：

本次慕课学习活动名额不限，扫附件1中二维码报名，然后登录“中国大学 MOOC”网站注册参加《化学教学论手持技术数字化实验》培训课程学习。网址：https://www.icourse163.org/course/scnu-1207045812。

四、注意事项

（一）学习成果：参与本次慕课学习的老师学习活动结束后，上交如下一种或一种以上成果至邮箱：1152037886@qq.com。

1. 设计手持技术实验案例（实验录相，教学设计）

2. 针对慕课学习中的案例进行教学分析

（二）学习录入：参与慕课学习取得相关结业证书并按要求上交学习成果者，市教研室统一录入54学时。

联系人：王怀文，电话：83211920

佛山市教育局教学研究室

附件1

报名表（扫码报名）

“战疫慕课”——疫情期间“化学教学论手持技术数字化实验”慕课在教学研究室中的应用

前　言

技术改变教育，教育改变人生

本人最早于 2003 年在《电化教育研究》发表的论文中提出手持技术（又称掌上技术）的定义，是由数据采集器、传感器和配套软件组成的定量采集数据并能与计算机连接的数字化智能化学实验技术系统。由于手持技术具有便携（手持性）、定量、实时、直观、准确、自动、综合等特点，现已成为信息技术与理科教学深度融合的典型代表，越来越多地被学校引入到理科教学活动中。与传统中学化学实验以使用玻璃仪器与观察反应现象为主相比，手持技术数字化实验以使用物理仪器与采集数据为主。采集的数据类型多、数量大、精度高、速度快，将化学学习从定性感知转变为定量感知，将看不见的微观本质转变为可视化数据、曲线表征，揭示物质变化的本质，加快学习知识的速度，增加知识的积累储量；采集数据的方式可以有面对面自动采集和远程自动采集，也可以有单一数据自动采集和多数据同时自动采集，从而改变知识学习和认知的方式，既能为教师的“教”提供量化证据与多样的可视化数据，增加知识的信度和效度，又能为学生的“学”提供认知支持，降低知识学习的难度，通过对数据的建模，还可以提升学生的预测力、洞察力，尤其是选择数据、采集数据、分析数据、观察数据图与数据表并推理得出结论的精准科学探究能力、深度学习能力及数字化学习素养。因此，手持技术拓展了教与学的宽度、深度及方式。至今，本人带领团队扎根于手持技术数字化实验研究 22 年，历经了“蹒跚起步—稳中求进—厚积薄发”三个阶段，有苦有乐，有汗水亦有收获，值此第四本手持技术数字化实验著作出版之际，我想谈谈这 22 年的研究成果和研究感触。

一、蹒跚起步——我是如何“从零开始”研究手持技术的？

手持技术数字化实验是什么？如何进行研究？没有仪器设备、研究资料、研究团队，这就是手持技术数字化实验研究的零基础。本人在华南师范大学工作期间，一直醉心于传统化学实验创新设计与教学研究，但时常有研究困惑：化学创新实验未来趋势是什么？我的化学实验研究方向在哪里？一次机缘巧合听了一场以色列专家关于手持传感器实验的讲座，我豁然开朗，确定手持技术数字化实验就是自己要寻找的研究方向。它是信息技术与理科教学深度融合的典型代表。于是我想方设法购置非常有限的仪器，自己先做实验，暑假在华南师范大学化学系、物理系、生物系发布招聘广告，招聘有志于做手持技术数字化创新实验研究的本科生，组建研究团队；同时，参加中国教育学会“十五”科研规划重点课题“掌上型信息技术产品在教学中的运用和开发研究”。经过几年的不懈努力，我的初步成果产出：2003 年在《电化教育研究》发表国内首篇手持技术论文《掌上实验室（Lab in Hand）的特点及其功能》。同年，首部著作《手持技术在理科实验中的应用研究》（高等教育出版社）出版发行；同时在《化学教育（中英文）》先后发表《在掌上实验室探究酒精灯火焰温度——得出不同的结论》和《利用掌上实验室（Lab in Hand）进行溶解氧的探究》论文。其中，前篇论文打破对酒精灯火焰焰层温度的常规认识，引起教育界很大的争论。起步没有基础，身边没有模仿对象，这是艰难的，是需要热情与毅力的。感谢一场报告指引方向，让我从零开始在全国率先探索手持技术数字化化学新型实验。此后，北京师范大学王磊教授及其团队、南京师范大学马宏佳教授及其团队、宁夏大学吴晓红教授及其团队、四川省南充市教育科学研究所教研员白涛老师、上海华东师范大学附属东昌中学唐增富特级教师、安徽省教育科学研究院夏建华特级教师、北京教育学院王春副教授等也纷纷展开了手持技术的系统研究，并取得了很好的成果。《化学教育（中英文）》常务副主编朱玉军博士在手持技术传播方面起了关键作用。随着领域内研究人员对手持技术认识的逐渐深入，手持技术研究案例不断涌现，形成成熟的研究体系，研究深度逐渐增加。

二、稳中求进——我是如何随着时代的潮流逐步实施“四阶段”的手持技术研究的?

在实现“从零到有”的创造性突破后，本人带领团队一直持续不断研究，至今已经22年，依据我们的研究成果出版时间划分四个阶段研究，分别为：起步阶段（1998～2003年）、发展阶段（2004～2006年）、创新阶段（2007～2009年）及应用阶段（2010年至今），每个阶段的研究内涵随着国家的要求与时代的趋势变化而变化。

起步阶段（1998～2003年）。1999年，我在《化学通报》发表传统实验论文《多现象演示实验设计——谈用“组合设计法”设计氨的喷泉、喷烟、发光与发声实验》后，响应国家开展的以变革学习方式为宗旨的新课程改革要求，重点关注手持技术数字化实验系统研究及其在理科案例选题与开发中的应用。起步阶段以首部著作《手持技术在理科实验中的应用研究》（钱扬义编著，2003，高等教育出版社）为标志，该著作被评为2004年全国教师教育课程资源“优秀资源”，是高中新课程教师教育系列教材，也是连续5年在实验室和实验区开展手持技术数字化实验研究的总结与提炼，可以帮助教师和学生利用手持技术这一种新型的实验技术，真实、实时、快速、准确地设计和实施中学理科课程（物理、化学、生物）中的部分实验，开展定量的科学探究。在该阶段中，我们团队进行了学习输入，同时也积累了大量的案例。

发展阶段（2004～2006年）。我们的研究团队逐渐壮大，研究理念进一步发展，研究内容贴近课堂，研究深度更加深入。我们的团队由“群体研究”到“多群体研究”，研究理念贴近于如何更有效地将信息技术整合于我国中小学的研究性学习，研究内容拓展到发掘手持技术应用于中学课堂教学的优势，研究深度深入到探讨学生运用手持技术进行研究性学习的心理机制。本阶段以第二部著作《手持技术在研究性学习中的应用及其心理学基础》（钱扬义著，2006，科学出版社）为标志，该著作被评为2006年全国教师教育课程资源“推荐使用资源”，重点回答了一线教育实践者所关注的问题，例如，手持技术与研究性学习整合是在什么新的教育理念下实施的？整合的内容和案例有哪些？整合具体思路是什么？中学生应用手持技术“做科学”的心理状态和认知机制是什么？可以说，我们团队在该阶段从“宏观案例”研究深入到“微观认知”研究，为创新输出蓄力。

创新阶段（2007～2009 年）。由“学习模仿输入”到“实践重构产出”，再到“创新研究输出”。我们创新化学实验室、实验教学模式、开发案例和教学应用方式，针对“手持技术如何高效、深入地应用于中学化学教学中”“利用手持技术进行化学实验探究性学习，一线教师应该探究什么内容”“一线教师又该如何指导学生探究”“学生如何自主建构探究过程”四个问题，探索出丰富的手持技术探究学习案例，构建符合化学学习特点的探究学习模式——“6S”模式和“10C”模式，以指导课堂及课外活动学习，引入国外先进思维模型建构工具 Model-It 及模型建构思想进行手持技术在思维建模中的应用研究，以第三部著作《手持技术在化学学习中的应用与建模研究》（钱扬义等著，2009，科学出版社）为标志。为了展示本阶段创新成果，在 2009 年 12 月 5～6 日由中国教育学会化学教学专业委员会主办、华南师范大学承办，以“信息技术支持下的化学教师教育能力培养与科学（化学）学习”为主题的“第四届全国化学教师教育学术研讨会”上，我主持会议开幕式并做大会报告《信息技术支持下的化学学习与研究——从理念到产品》，从文本案例到自主品牌，受到了 26 个省（自治区、直辖市）60 余家高等学校及有关单位的 180 余位代表，以及来自我国台湾、香港甚至新加坡的专家、学者的关注。本阶段我承担了广东省科技项目“基于 Internet 的普通化学网上实验的设计、开发、集成及应用研究”（项目编号：2006B15001002），创建“520Chemlab”（520 远程化学实验室），开发 520 远程化学实验室网站（http://www.520hx.com.cn/520chemlab/），获得国家计算机软件著作权登记（登记号：2009SR051713）；应用远程化学实验室给边远乡村中学做真实的化学，促进了教育公平，这种远程实验，改变了传统实验面对面的教学方式，同时也改变了手持技术的应用模式。

应用阶段（2010 年至今）。通过发展阶段的自我积累，以及创新阶段的自我挑战，应用阶段我一直在思考两类问题：一是借鉴国外一些经验，对多年来我们的研究进行理论总结，并用于指导实践；二是拓展手持技术应用的新模式，利用信息技术进行大规模推广应用。基于此，经过几年准备，完成本书即手持技术第四部著作《手持技术数字化化学实验教学研究：理论构建与创新实践》，系统总结了手持技术数字化实验教学理论并开发手持技术慕课用于推广应用。同时，借助参加 2015 年 6 月教育部组织的“第六届东芝杯·中国师范大学理科师范生教学技能创新大赛”获奖师生访日的机会，参访日本一些中学，听化学、生物和物理实验课；2019 年 4 月借助参加美国国家科学教师协会年会的机会，了解手持技术数字化实验在中学的应用状况，参观了美国一些中学的手持技术实验室；2019 年 7 月也在澳大利亚一些中学进行访问交流，了解手持技术实验室与实验教学。目前，国内外手持技术关注度与研究深度都在持续增加，我们要为教育工作者回答“能不能用”“好不好用”“如何用好”“怎样评价”等问题而努力。越来越多的教育工作者将手持技术应用到师范大学和中学化学课堂中，但手持技术数字化实验的应用至今还存在很大的限制，原因有信息技术水平不高、学校仪器购买力受限、教师仪器操作能力经验匮乏、相关教学资源稀少、教师教学观念转变难等。正因如此，借助职前师范院校本科生师范技能比赛（如“东芝杯”）、在职教师培训（如“国培计划”“省培计划”“工作室培训”），以及“学术会议”“全国化学数字化实验教学应用成果交流与培训”“网上公益直播课”等平台，我带领团队到各高校、各中学进行讲演、培训，建基地，将手持技术成果带入师范大学与中学化学教科书。为适应知识经济时代发展，改变不能大规模传播的推广问题，我们还将多年的研究成果开发成中国大学慕课“化学教学论手持技术数字化实验”（http://www.icourse163.org/course/scnu-1207045812），让我们的成果应用创新输出、大规模输出。

三、厚积薄发——我如何在这本书中寻找“化零为整”的突破点？

研究兴趣使然，时代要求必然。对化学实验的研究兴趣，让我坚持；我国进入新时代，让我有条件坚持：从传统实验到手持技术数字化实验；从传统实验室到探究实验室，再到自己创立远程实验室；从个体研究到群体研究，再到多群体研究；从自由选题研究到省级科技计划项目课题研究；从发论文到出版著作再到开设课程；从开设传统课程到在线开放课程；从实验案例开发到实验教学理论创立。手持技术数字化实验作为一种实验技术与教学方式的创新变革，注重育人是基本出发点和落脚点。在实践过程中，我们始终结合中学生身心发展的要求和规律，对手持技术数字化实验展开研究与教学实践应用，培养与发展学生的信息素养，以及数据思维、沟通协作、复杂问题解决、人机协作等重要核心能力，落实对学生学科核心素养的培养。要顺从我们的兴趣、我们的坚持、时代的召唤，始终想到我们做的工作要成才学生、成长教师、成名学校、成功自己、成就人生。

创立系列理论，指导实践应用。在过往丰硕的研究基础上，我们的研究如何从“富起来”提升到“强起来”的层面，实现化零为整？本书主要围绕手持技术研究的三大问题，创立系统化的“实验开发、实验教学、实验应用”的教与学理论，并通过大量的实践，归纳得出相应的开发策略与教学应用模式，以指导教育教学、教研、培训等实践活动。

第一，解决不会手持技术数字化实验开发及教学研究的问题，提供开发及研究的理论与策略支撑。我们针对手持技术数字化实验的开发提出了四大理论：①手持技术数字化实验开发的“TQVC”理论；②手持技术数字化实验支持下的“化学概念结构”理论；③手持技术数字化实验结果分析的“四重表征”理论；④手持技术数字化实验过程的“问题解决心理机制”理论；旨在解决不会利用手持技术数字化实验进行实验开发及教学研究的问题。例如，开发一个全新的手持技术数字化实验案例如何选择数据？“TQVC”理论和“化学概念结构”理论可以助力解决这些问题。手持技术数字化实验结果如何进行数据分析？“四重表征”理论是帮手。手持技术数字化实验一头一尾有理论指导，那么从头到尾的过程是怎样的？“问题解决心理机制”理论为实验过程提供支撑。为了使实验开发理论落地，我们还提出了相对应的开发策略。实验开发的“七环节”策略帮助读者更好地开拓手持技术数字化创新实验的思路，开发手持技术数字化创新实验，尤其是与化学概念相关的系列实验。实验案例选题的“概念结构”策略，可以解决实验开发中最大的难题——如何选题。此外，还有深度教研“1＋8 套餐”策略、实验案例校本课程开发策略及微课资源开发策略。这些策略有助于读者开展手持技术数字化实验课题研究，深度反思，更好地凝练教学成果。特别是深度教研“1＋8 套餐”策略被教育部国培办评选为“国培计划”十周年优秀培训实践案例。可以说，我们多年实践总结的手持技术数字化实验开发及教学研究的理论及策略，能切实为读者进行手持技术数字化实验开发及教学研究提供思路与帮助，多年的实践证明，这些理论及策略都是非常有效且得到同行认可的。2018 年，本人基于手持技术相关论文及高被引用和高被下载量，获得“《化学教育》（1980—2016）杰出贡献奖”。

第二，解决手持技术教·学·评难的问题，贯彻落实新课程标准要求。目前在师范院校和中学的手持技术数字化实验教学中存在三大难题：一是教的问题，即手持技术数字化实验案例如何有效应用到课堂教学中；二是学的问题，即教师或学生如何利用手持技术数字化实验慕课进行个性化学习；三是评的问题，即教与学的效果如何测量，特别是对学科核心素养发展的测量问题。为此，我们构建了手持技术数字化实验教学理论和教学范式。教学理论包括教学应用“三环节论证”理论、慕课应用混合式教学理论和实验案例与教学案例评价理论，从不同侧重点提供了手持技术数字化实验教学的理论依据，既注重以学生为中心的学习情境建构，做到从时空、资源上改变学的方式，又顺应了我国对学生在关键能力和核心素养方面的培养要求，还为手持技术数字化实验的教与学成效提供充足的证据，进而为手持技术教学实践提供实质性的指导和反馈，真正响应目前新程标准的“教·学·评一体化”的要求。根据以上的理论指导，并结合多年的教学实践，我们还建构了三个手持技术数字化实验教学模式：基于问题解决的手持技术数字化实验“$3\times n$”教学模式、基于化学学科核心素养的手持技术数字化实验“五线谱”教学模式和基于慕课资源的手持技术数字化实验“3×2”混合式教学模式。这些教学模式为进一步解决手持技术数字化实验在教·学·评中的应用难题提供了有价值的帮助，为一线教师提供教学设计的思路和依据，也能使教学设计达到符合时代及学科的要求，落实课程标准与教材中的新实验，且实践证明三个教学模式都有很好的教学效果，深化了手持技术应用在教育领域的重要理论和实践意义。

第三，解决宏观—中观—微观三个层面培训推广难的问题，推动培训一体化，打通推广途径。宏观—中观—微观三个层面培训推广难的问题，具体包括宏观层面的“信息技术与学科教学如何深度本质融合，如何落实课程标准与教材中的新实验”，中观层面的教育部门和师范院校“如何培训教师与培养师范生，如何将新型信息技术产品应用于课堂”，微观层面的中学“有手持技术仪器和实验室，但基本闲置，如何培训应用”。为了解决这些问题，我们在实践中总结手持技术数字化实验培训推广应用的理论及对应的模式，包括培训的“一体化”理论和推广应用的“U-G-2E-S”理论。其中，培训的“一体化”理论又包括两个部分，第一部分是对职前师范生的培养，是通过我们开发的中国大学慕课课程“化学教学论手持技术数字化实验”线下与线上混合学习实践凝练的；第二部分是对在职教师的培训，是在华南师范大学化学学院连续 9 年承办“国培计划”示范性项目实践中总结提出的。在该理论指导下，形成了职前培养和在职培训一体化的“1＋1＋4”教师培训模式，并在实践中证明了该理论和模式的可行性。“U-G-2E-S”理论是指以“高校主导、地方政府支持、两类企业技术提供、中小学校参与”为合作共同体的体制。高校研制课程，提供理论指导与案例培训；教育部门出台有关政策支持，仪器企业与慕课企业提供技术帮助，中学教师实施课堂应用。为了有针对性地制定教师培训方案，本团队结合后新冠肺炎疫情时代的现状，特别提出了“南北西东”四方联动教师培训创新形式，在“师盟铭课”直播平台组织系列专题公益直播课，普及南北西东四大地理方位，联动发达地区和西部地区，是一次手持技术数字化实验推广和应用的大型交流会。手持技术慕课的开发，能从时空、资源上改变培训推广应用方式，把短期培训变成长期指导，既能作为培训的重要资源，又能作为推广应用的可行途径，能很好地解决上述宏观—中观—微观三个层面培训推广难题，切实为教与学提供有效可取的教学优质资源，为化学学科与信息技术融合探索一条可行之路。

回顾过去，硕果累累。回头看我们22年的手持技术数字化实验发展历程，我非常高兴取得了开发与研究的丰硕成果。在开发应用成果方面，撰写了8本著作，其中合著1本，建立了3门课程、2个配套网站、3个功能场室（手持技术数字化实验室、520远程化学实验室和手持技术数字化微格教学实验室），并在全国10所大学（如南京师范大学、新疆师范大学、福建师范大学、广西师范大学等）及50余所中小学建立协同发展基地，扩大手持技术数字化实验应用广度。在研究成果方面，申报国家级课题项目3个、省级课题项目7个、校级课题项目1个，获得国家软件著作权登记1项，在国内外期刊杂志上公开发表论文共76篇（该统计结果截至2020年4月），其中SSCI或CSSCI论文22篇、核心期刊论文44篇、其他期刊论文10篇，开发创新教具5个，培养的高等师范院校学生（以下简称高师生）在比赛中获国家级奖项7人次。另外，在多地多平台培训方面，如9年“国培计划”和7年“省培计划”，人数超3000人，可以说，我们团队的手持技术研究受益人数多，影响大。值得一提的是，10年来，本人作为“国培计划”首席专家打造了华南师范大学化学学院“国培计划”品牌，在全国具有广泛的影响力，多家媒体如中国教育报新闻网、粤科网、今日头条官网均作《华南师范大学为化学教师定制“营养套餐”》报道，《“老国培人”与国培的10年故事》与《一名本科生与国培从相遇、相识到相伴的故事》也被评选为“我的国培故事”征文活动百篇优秀征文，得到了专家和社会的认可。

科研自觉，匠心传承。手持技术是本人20多年来一直坚持的研究方向，凝聚汗水与心血、思考与升华、创新与应用、育人与改变，营造一份扎根在中国土壤上的手持技术科研文化自觉。本书首次构建了手持技术数字化实验教学理论和实践体系，该体系是长期扎根基层，通过反复实践，用心打磨而成的。值得一提的是，在创新思想的引领下，本团队连续6年在教育部举办的“东芝杯·中国师范大学理科师范生教学技能创新大赛”中获奖，借助手持技术的创新案例设计在150名参赛者中脱颖而出，获唯一“创新奖”。总之，手持技术研究是从无到有，从实践到理论，到再实践，从零散到体系，从小规模应用到大规模应用，从学习输入到创新输出。科技促社会进步，我们携手持技术向前，我坚信“技术改变教育，教育改变人生”。

当然，尽管我们在手持技术领域已经经过22年的反复探索与实践，但是还有很多工作需要深入探讨、改进与实践。同时，需要向国内外同行学习，在实践中学习。限于作者的条件与水平，书中难免有疏漏或不足之处，谨请同行与广大读者批评指正。

扫描书中二维码，可获取相应的文本和视频资源。参与学习作者开设的广东省一流本科线上课程“化学教学论手持技术数字化实验”，即可获取资源。选课流程如下：

①扫描下图二维码或登录课程网址：https://www.icourse163.org/course/scnu-1207045812。

②登录：QQ/微信/微博/手机号登录皆可。

③点击【立即参加】，即完成选课。

钱扬义

2020 年 12 月于广州大学城华南师范大学

目　　录

第一章 Chapter 1

手持技术数字化实验概述

核心观念（大概念）

1. 手持技术数字化实验（数据采集器、传感器、数据处理软件）

2. 化学数据（pH、电导率、O_2浓度、CO_2浓度、Ca^{2+}浓度、NO_3^-浓度、NH_4^+浓度、Cl^-浓度）

3. 硬核数据（起点、拐点、突变点、异常点、终点）

4. 知识信度与效度

5. 手持技术数字化实验开发与素养图

6. 520化学T形管

7. 我爱你化学网（http://www.520hx.com.cn）

8. 520远程化学实验室网（http://www.520hx.com.cn/520chemlab/）

9. 中国大学慕课“化学教学论手持技术数字化实验”（https://www.icourse163.org/course/scnu-1207045812）

10. 手持技术数字化实验协同发展基地

手持技术数字化实验一词最早由钱扬义教授提出，又称掌上技术，是由数据采集器、传感器和配套软件组成的定量采集数据并能与计算机连接的数字化智能化学实验技术系统，如图1-1所示。该系统能采集pH、电导率、O_2浓度、CO_2浓度、Ca^{2+}浓度、NO_3^-浓度、NH_4^+浓度、Cl^-浓度等化学数据，以及电流、电压、光强度、温度、力、气压、磁场、音量、距离、色度、相对湿度、光强度等其他数据[1]。

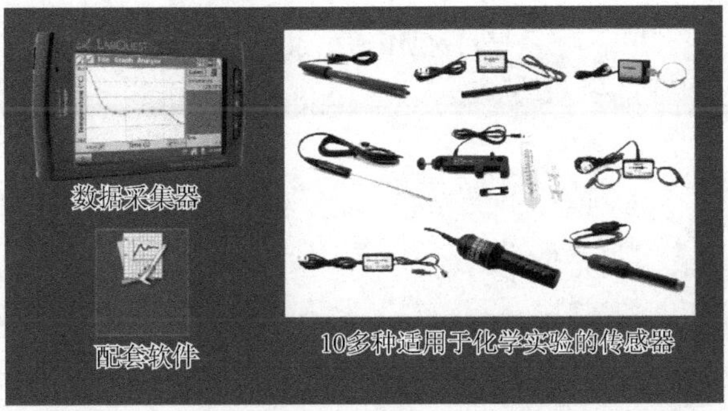

图1-1　手持技术数字化智能化学实验技术系统

本团队是国内研究手持技术数字化实验最早、时间最久、成果最多、影响力最大的团队。以中国知网为数据来源，以“手持技术”或含“掌上实验室”为主题词，检索 1998～2020 年 4 月发表的期刊论文，共得到中文文献 479 篇。将 479 篇手持技术数字化实验研究论文导入 CiteSpace.5.6.R2 软件，进行文献计量学可视化分析，并绘制发文作者情况与发文机构情况知识图谱。发文作者情况与发文机构情况分别如图 1-2 和图 1-3 所示，图中节点越大，说明该作者或机构发文数量越多，影响力越大。

图 1-2　手持技术数字化实验研究发文作者情况知识图谱

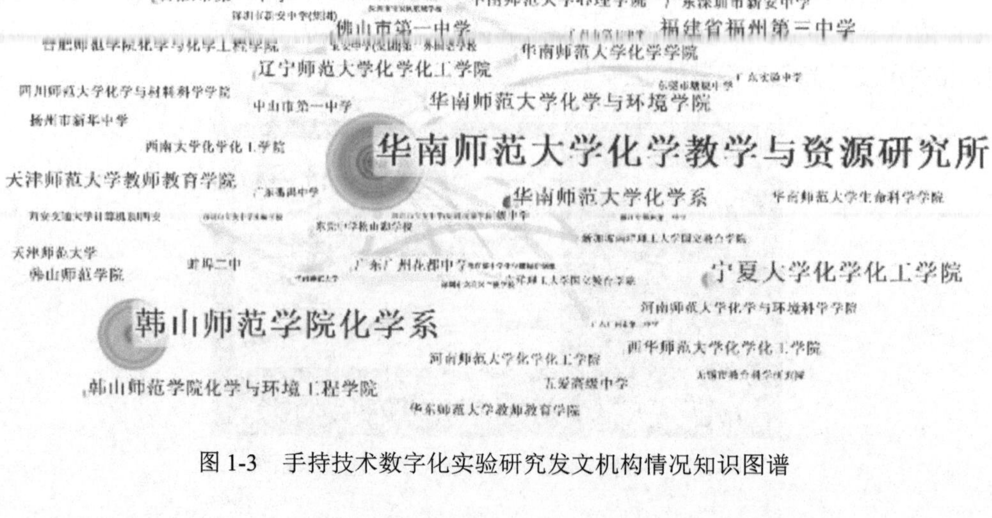

图 1-3　手持技术数字化实验研究发文机构情况知识图谱

本团队在 22 年研究期间共发表期刊论文 76 篇，其中 SSCI 或 CSSCI 论文 22 篇、核心期刊论文 44 篇、其他期刊论文 10 篇。将其中 74 篇（76 篇文献中，一篇为 SSCI 论文，另一篇未收录至中国知网）研究论文导入 CiteSpace.5.6.R2 软件，进行文献计量学可视化分析，并绘制关键词共现知识图谱，如图 1-4 所示，图中节点越大，说明该关键词出现的频次越高，域内研究者对该关键词的关注度越高。根据图中的关键词信息进行聚类分析，采用指示词命名类别，获得关键词聚类时间图谱，如图 1-5 所示。

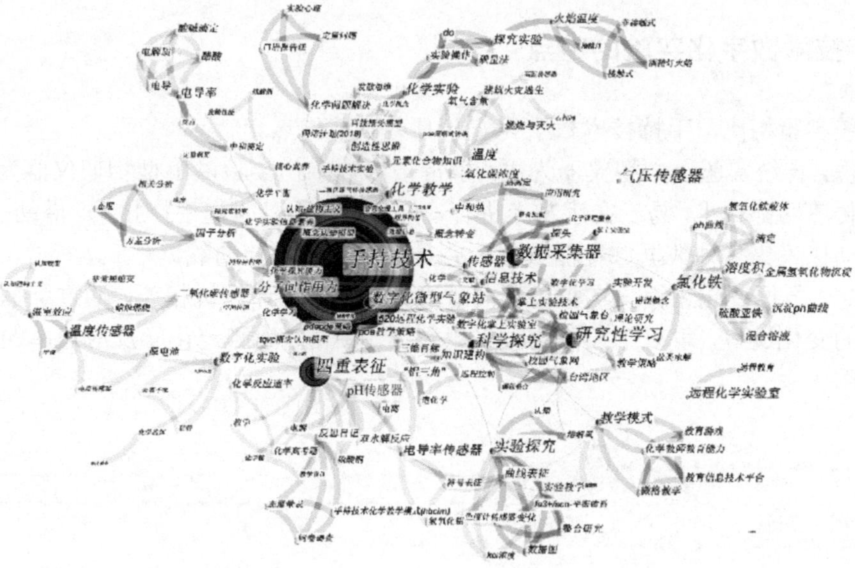

图 1-4　手持技术数字化实验研究关键词共现知识图谱

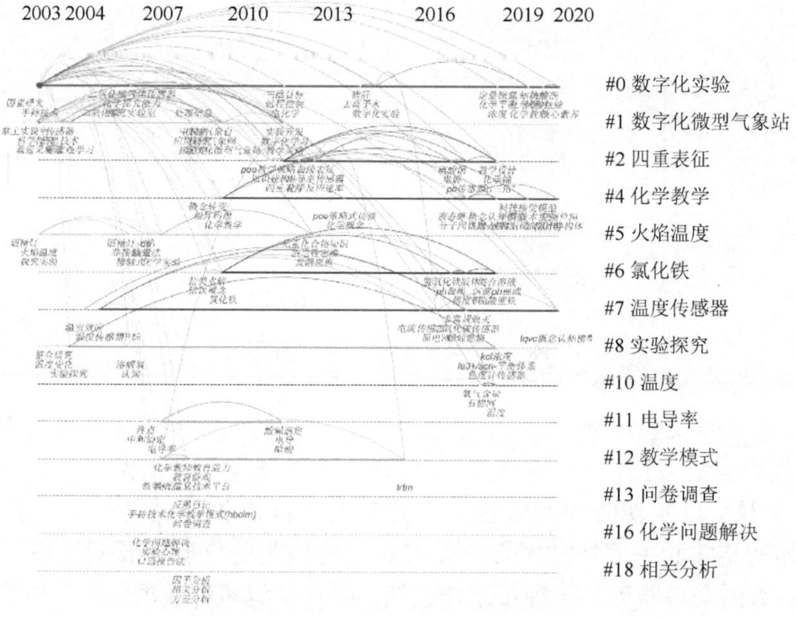

图 1-5　手持技术数字化实验研究关键词聚类时间图谱

通过图 1-5 得出，本团队的手持技术数字化研究可根据关键词聚类为：①数字化实验；②数字化微型气象站；③四重表征；④化学教学；⑤火焰温度；⑥氯化铁；⑦温度传感器；⑧实验探究；⑨温度；⑩电导率；⑪教学模式；⑫问卷调查；⑬化学问题解决；⑭相关分析。每个类别时间线上的节点，从前至后依次为 1998～2020 年出现的该类别领域关键词。

第一节　手持技术数字化实验研究价值

一、手持技术数字化实验的特点

与传统实验相比，手持技术数字化实验具备以下优点。

①便携。传统实验以大型仪器为主，手持技术数字化实验以小型物理仪器为主。数据采集器和传感器都较小，易于在手掌上进行实验操作，所以叫作手持技术。借助手持技术，可实现自动化采集多种数据、存储数据，并且自动绘制实验曲线。

②实时。数据变化过程与实验过程同时进行，仪器与计算机相连，通过屏幕同时演示各种形式的变化过程，可以全天候实时采集数据。图 1-6 为测定化学反应速率的实验数据采集结果图。

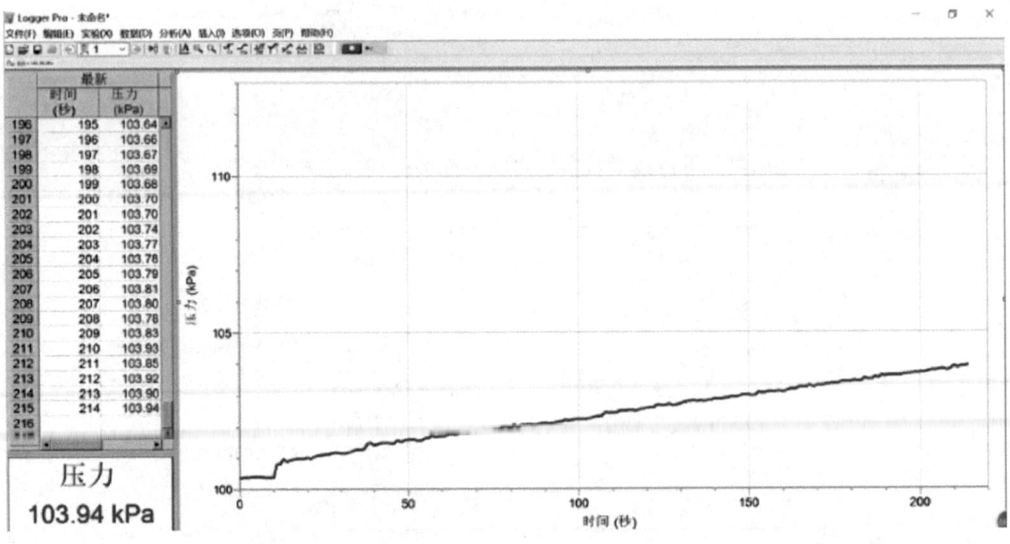

图 1-6　实验数据采集结果图

③准确。在定量实验领域，与传统实验相比，手持技术数字化实验能实现数据采集器或电脑自动收集实验数据，从而避免人为观察记录而导致出现偶然误差，而且手持技术数字化实验仪器可以实现时间间隔任意选择和人工操控收集的功能，实验数据准确度高。图 1-7 为滴定实验中手持技术数字化实验与传统实验仪器装置对比图。

④综合。数据采集器可与各种传感器连接，同时采集多种数据，从多维度表征实验结果，对实验进行多因素综合探究，拓展探究范围，进行多种学科实验的定量探究。

⑤直观。手持技术数字化实验仪器可以用图像、指针、刻度计、表格等多种形式，动态、实时地显示实验的变化过程，直观地呈现微观变化过程。

综上可知，传统实验主要通过实验现象定性分析得出结论，而手持技术数字化实验主要通过采集数据、分析数据，定量推理得出结论。

(a)　(b)

图 1-7　手持技术数字化实验（a）与传统实验（b）仪器装置对比图

二、手持技术数字化实验的功能

（一）大数据支撑结论

大数据技术包括数据收集、存储、分析、挖掘到可视化等一系列技术[2]。从本质上讲，大数据具有四个特征：巨量、多样、高速和真实[3]。手持技术数字化实验的数据采集器的最大频率是 100 000 个/秒，即每秒最多可采集 100 000 个数据。通过多种传感器测量相应物理量，形成多种数据，借助数据采集器获取并存储大容量的数据，连接计算机自动生成曲线，能够从以下方面有效支撑实验结论，即精确数据增加知识的信度、多种数据增加知识的效度、精密数据提高人的洞察力、数据建模增加人的预见性及自动采集数据提高学习知识的速度。

1. 精确数据增加知识的信度

信度主要是指测量结果的可靠性、一致性和稳定性。知识的信度即指教授知识的可靠性。教学如何证明知识（如抽象概念）的可靠性呢？教师可以利用手持技术进行数字化实验，将抽象概念转化为直观可见的数据，证明知识的可靠性，支持知识本身的存在，增加知识的信度。如在分子间作用力教学当中，如何证明“对于组成和结构相似的物质，相对分子质量越大，分子间作用力越大”呢？教师可以将抽象的分子间作用力转化为物质蒸发温度，通过温度传感器测量得出精确数据，间接表征实验结果，直观证明抽象概念。

2. 多种数据增加知识的效度

效度是指所测量到的结果反映所想要考察内容的程度，测量结果与要考察的内容越吻合，效度越高；反之，效度越低。知识的效度的高低与知识可证明手段的多少有关，可证明的手段越多，知识的效度越高。如在进行中和滴定实验时，教师既可以利用 pH 传感器进行实验，表征滴定过程 pH 变化情况，反映中和实验过程中的 pH 变化本质，也可以利用电导率传感器表征实验过程电导率变化情况，表征中和过程离子浓度变化的本质。通过多种数据类型来表征概念，且每种数据类型含有多个精确数据，知识的效度固然增加。

3. 精密数据提高人的洞察力

手持技术数字化实验将学生从烦琐的实验数据记录中解放出来，实现从“一秒钟采集一个数据”到“一秒钟采集多个数据”的转变，将课堂上有限的实验时间更多地留给学生分析实验数据及探究实验本质，从而提高学生自身的洞察力。

4. 数据建模增加人的预见性

手持技术数字化实验能将微观不可见的实验过程转化为数据曲线，进而对实验结果进行表征，并建立数据模型。通过总结已测定的数据曲线变化规律，帮助预测未来实验过程的趋势，这是数据给人们带来的益处。

5. 自动采集数据提高学习知识的速度

手持技术数字化实验能实现数据采集的自动化，采集数据的速度比传统人工实验采集数据的速度要快得多。数据出现的快慢直接影响着学生学习知识的速度，数据出现得越快，实验过程也会更快被表征，实验结果也会更快得出，知识的学习也将更快得以实现。

（二）提高知识的积累储量

前文所提到的中和滴定实验过程的测量，既可以利用 pH 传感器，也可以利用电导率传感器。通过不同传感器对同一实验过程进行表征，可以从不同角度对同一知识进行学习，提高知识的积累储量。

（三）降低知识学习难度

微观粒子是看不见也摸不着的，微观变化也难以被感知，而借助手持技术数字化实验测量某种宏观物质（如氧气、二氧化碳等），能将微观粒子量化，从而实现可视化，有效降低知识学习难度。

（四）改变知识的学习方式

手持技术数字化实验能促进学习方式的改变，有效实现深度学习。深度学习即解决问题层次逐级提高的学习。在手持技术数字化实验的帮助下，教师能更好实现“学生为主、教师为辅”的教学方式，将传统实验下“教师提供问题和方法，学生通过实验结果得出结论”的教学过程转化为手持技术数字化实验支持下的“教师创设情境，学生发现问题，主动找出方法，最后讨论得出结论”的教学过程，让学生体会实验过程的乐趣，提高学习的主观能动性。

（五）转变知识的认知方式

传统实验仅从实验现象角度认识知识本质，手持技术数字化实验的引入能帮助学生从数据角度认识知识本质。如今手持技术数字化实验的发展更能帮助学生从多种数据、多角度方式去认识知识，实现知识的认知方式的转变，达到从现象到数据、从单一数据到多种数据转变的目的。

（六）揭示事物的微观变化本质

传统实验仅能从宏观可见的实验现象推测事物的微观变化本质，在手持技术数字化实验的支持下，将实验微观变化过程通过曲线表征出来，精确到每一分每一秒，有效揭示事物的微观变化本质。

（七）提高学习兴趣

手持技术数字化实验可以实现实验的可视化、自动化和实验过程的可视频化（可以对实验过程进行录像），实验过程不再是孤立的“老师讲，学生听；老师要求，学生按部就班”，学生可以有针对性地对实验过程出现的问题进行回看，数据可视化和数据收集自动化能够解决学生的实验操作问题，更好地提高学生的学习兴趣。

（八）提高科学探究能力

科学探究过程包括提出问题和假设、设计方案、实施实验、获取证据、分析解释或建构模型、形成结论及交流评价等核心要素。手持技术数字化实验的核心环节包括选择数据、采集数据、分析数据及得出结论四大步骤，能有效提高学生的科学探究能力。其中，进行科学探究活动的重点和难点在于对数据进行分析和推理，从而得出结论。

（九）培养数字化学习素养

数字化学习是指在信息化时代的大环境下，将数字化的技术融合到课程教学活动中，以此改进传统的教学模式，继而实现一个真正体现学习者自主化学习的新型学习模式的过程。作为一种新型创新技术，手持技术数字化实验要求学生具备基本的信息素养，从使用仪器、实验操作和软件处理等方面培养学生的数字化学习素养。

三、手持技术数字化实验的价值

基于以上功能，手持技术数字化实验围绕传感器、数据采集器和配套的数据处理软件这三大核心结构，从选择数据、采集数据、分析数据、得出结论和撰写报告这五个活动出发，具有培养和发展学生的化学学科五大核心素养的价值，如图 1-8 所示。

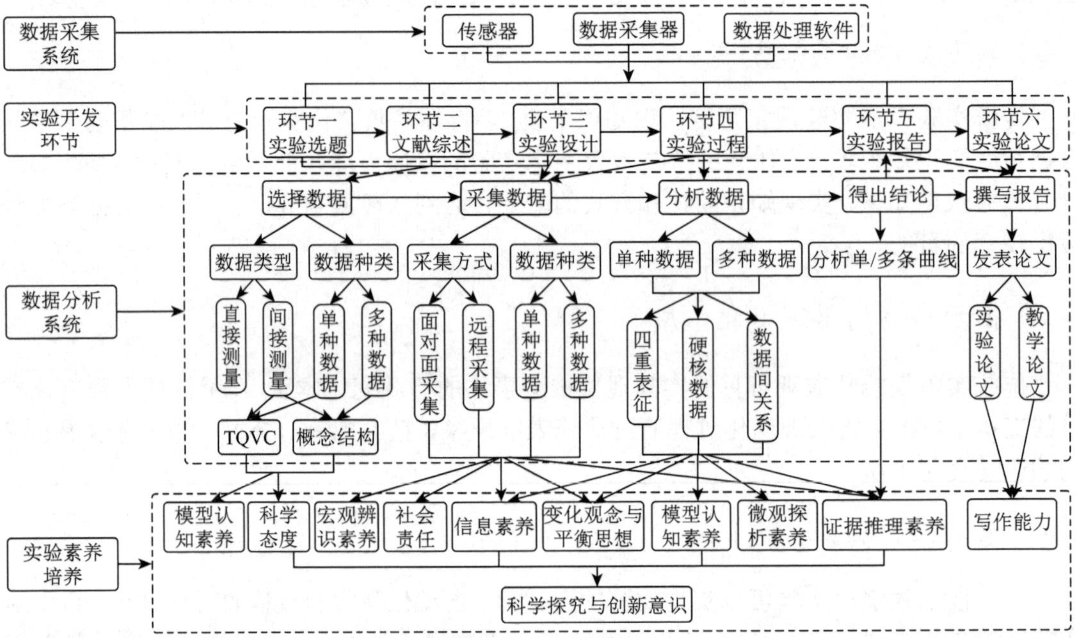

图 1-8　手持技术数字化实验开发与素养图

注：图中“TQVC”指的是转化（transformation）-量化感知（quantitative perception）-视觉感知（visual perception）-比较（compare）概念认知模型

（一）选择数据

开展手持技术数字化实验的首要任务是选择数据。通过实验选题和文献综述环节，参考和学习已有文献，以研究选择数据的方法。数据的选择需要考虑数据类型和数据种类。若是想要通过间接测量获取单种数据，可以通过 TQVC 概念认知模型获得该数据的可测的间接物理量；若是想要通过间接测量获取多种数据，则可以通过“概念结构”理论找出相应的关联概念。根据文献和实际需要提出综合性的探究课题，通过理论模型寻找可测物理量，然后进行实验方案的设计和可行性分析，在这一过程发展模型认知素养和科学态度。在手持技术数字化实验的支持下，学生不应再盲目迷信书本和权威，崇尚科学真理，逐步养成严谨求实的科学态度。

（二）采集数据

数据采集是手持技术数字化实验的关键环节，在实验设计和实验实施过程都要特别考虑数据采集的方式和种类。数据采集有面对面式采集和远程式采集两种方式，而采集的种类有单种数据和多种数据。数据采集过程不仅需要有实验方案的辅助，还需要实验者与实验仪器的配合与协作，而这两者决定了采集数据的有效性和科学性。学生在这一环节诊断和发展自身的科学探究素养和信息素养。手持技术数字化实验丰富了实验的数据测量和收集的手段，也培养了学生根据问题从定量角度收集证据的能力。在实验过程中通过对实验现象、能量变化的观察和记录，可认识到万物在不断运动的永恒定理，培养学生的宏观辨识素养、变化观念与平衡思想。此外，在一些传统实验中引入手持技术数字化实验可以减少实验药品的使用，防止污染气体的排放，体现绿色化学的理念，强化与自然和谐相处的社会责任意识[4]。

（三）分析数据

分析数据是手持技术数字化实验的重要环节，发挥着培养和发展学生模型认知素养，数据处理能力、问题分析能力的信息素养，证据推理素养，变化观念与平衡思想，微观探析素养的关键作用。通过“四重表征”理论，从“宏观—微观—符号—曲线”多角度学习化学概念和规律，建构实验结果分析的思维模型，让学生发展模型认知素养。通过系统化分析硬核数据，即起点、拐点、突变点、异常点、终点之间的关系，对实验微观过程变化做进一步探究和学习，让学生发展数据处理能力和问题分析能力的信息素养、证据推理素养及科学探究素养。此外，以“化学平衡”的学习为例，通过改变实验条件，借助手持技术数字化实验实时生成的曲线，让学生“看”到化学平衡的移动，可更加直观、形象地揭示微观本质，用动态平衡的观点看待问题，培养变化观念与平衡思想及微观探析素养。

（四）得出结论

曲线是各数据点的集合，它动态地描绘整个化学反应的进行过程。通过分析曲线，收集实验宏观证据和曲线证据，归纳总结并推理得出实验的结论。在这一实验活动环节中，主要发展证据推理素养及科学探究素养，使学生能够通过分析推理加以证实或证伪，并基于现象和数据进行分析，得出结论，建立观点、结论和证据之间的逻辑关系，培养独立思考、敢于质疑和批判的创新精神。

（五）撰写报告

一个完整的手持技术数字化实验过程不仅包含选择数据、采集数据、分析数据和得出结论，还包含实验报告或实验论文的撰写，即对整个实验过程进行描述和提炼汇总。在撰写报告或论文的过程中，学生发展写作能力。此外，教师还可以通过撰写教学论文，提升自身的教学研究水平。

第二节　手持技术数字化实验研究历程

一、手持技术数字化实验研究历程划分

从著作出版情况和论文发表情况来看，本团队 22 年的研究历程大致可分为四个阶段：起步阶段（1998～2003 年）、发展阶段（2004～2006 年）、创新阶段（2007～2009 年）及应用

阶段（2010 年至今）。起步阶段重点关注手持技术数字化实验系统介绍及其在理科案例选题与开发中的应用，以首部著作《手持技术在理科实验中的应用研究》为标志；发展阶段重点关注手持技术数字化实验案例研究发展及在研究性学习和问题解决中的应用，以第二部著作《手持技术在研究性学习中的应用及其心理学基础》为标志；创新阶段重点关注具有独立自主知识产权的手持技术数字化实验高端创新产品开发及其作为认知工具支持化学学习与建模的研究，以第三部著作《手持技术在化学学习中的应用与建模研究》为标志；应用阶段重点关注手持技术数字化实验教学理论的创立、慕课开发与培训推广，以即将出版的第四部著作《手持技术数字化化学实验教学研究：理论构建与创新实践》为标志。研究阶段步步深化，研究成果不断丰富。具体阶段划分和阶段研究内容如图 1-9 所示。

二、手持技术数字化实验研究历程分析

（一）起步阶段（1998～2003 年）

1. 背景

手持技术数字化实验是新课程理念下引入我国的新型实验。我国在 1999 年启动了新一轮基础教育课程改革，并提出了一系列先进的教育理念，如“以学生发展为本，促使学生主动地自主学习”“为学生终身学习打好基础”等。2001 年教育部颁发的《基础教育课程改革纲要（试行）》明确倡导“学生主动参与、乐于探究、勤于动手”，自主、合作、探究成为课程实施的基本内涵，设置恰当的课程实施情境，提升学生的学习体验，丰富学生的学习经验成为课程改革的重要着力点。为此，配套展开的理科课程改革，核心要素是凸显实验内容和实验方法的革新，探索富于启发性、激励性，便于安全操作又保护环境的新型实验。

华南师范大学钱扬义教授于 1998 年在全国率先对新型实验开展探索，承担起中国教育学会“十五”科研规划重点课题“掌上型信息技术产品在教学中的运用和开发研究”，并于 2003 年在教育技术领域权威期刊《电化教育研究》发表国内首篇手持技术理论概述文章《掌上实验室（Lab in Hand）的特点及其功能》。同年，钱扬义教授在中学化学教学领域权威期刊《化学教育（中英文）》先后发表两篇手持技术案例开发文章《在掌上实验室探究酒精灯火焰温度——得出不同的结论》[5]和《利用掌上实验室（Lab in Hand）进行溶解氧的探究》[6]。其中，前者为国内首篇手持技术数字化实验案例开发类研究论文，该文打破对酒精灯火焰焰层温度的常规认识，引起教育界很大的争论。

2003 年，由钱扬义教授编著、高等教育出版社出版的高中新课程教师教育系列教材《手持技术在理科实验中的应用研究》首次向广大教育工作者介绍了手持技术数字化实验及其系列化实验案例，于 2004 年被评为全国教师教育课程资源“优秀资源”。该书是高中新课程教师教育系列教材，是作者对连续 5 年在实验室和实验区开展手持技术数字化实验研究的总结与提炼，可以帮助教师和学生利用一种新型的实验技术，真实、实时、快速、准确地设计和实施中学理科课程（物理、化学、生物）中的部分实验，开展定量的科学探究。

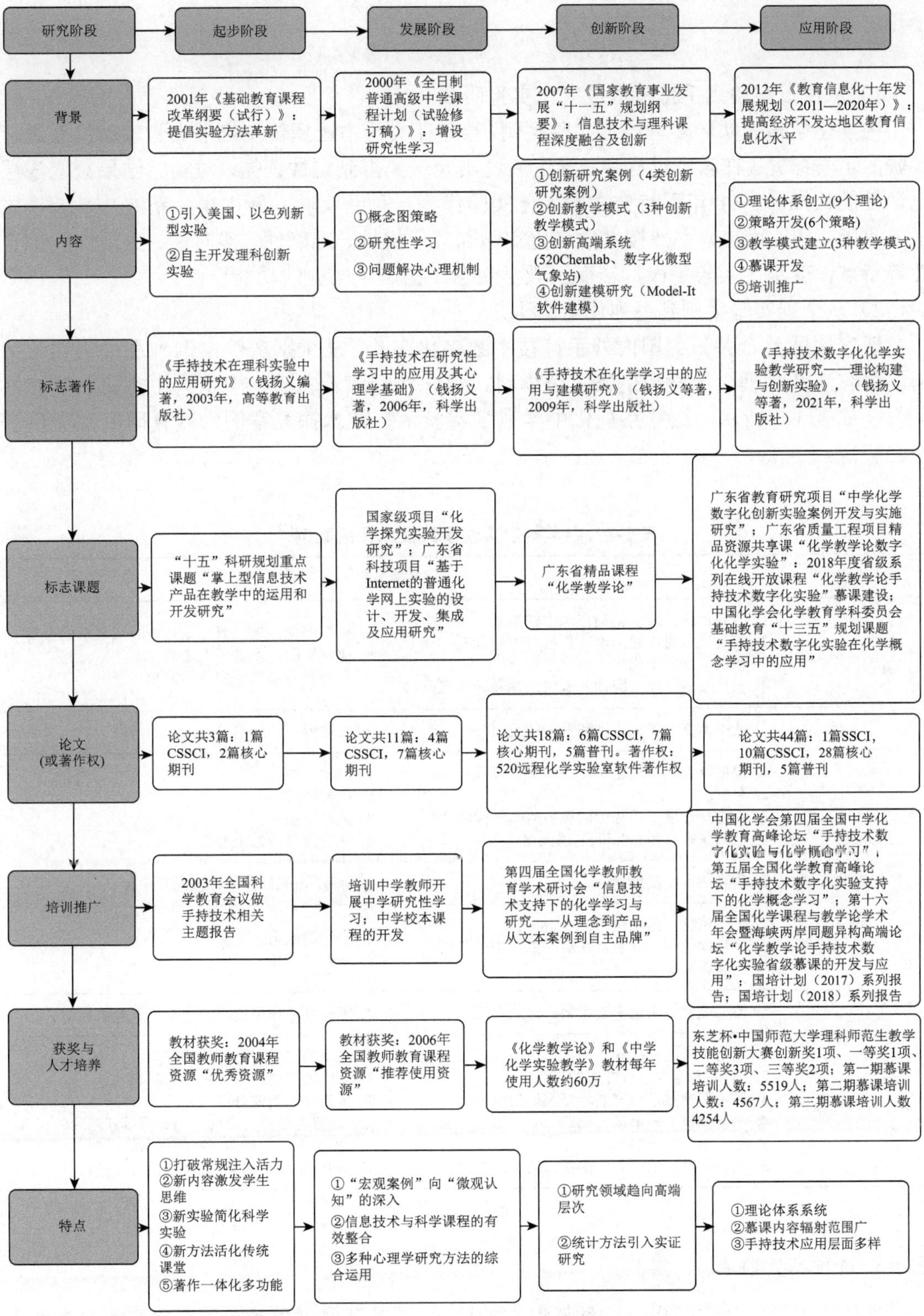

图 1-9　手持技术数字化实验研究阶段划分图谱

2. 内容

1）从传统实验到手持技术数字化实验研究

中学化学传统实验多为经典实验案例，教师在实验中选择传统化学实验玻璃仪器进行实验演示与探究。在教学过程中，学生通过实验现象得到定性证据，对实验结果获取浅层记忆性的认知。1998年手持技术数字化实验作为一种新实验、新内容、新方法、新模式引入我国，相比而言，手持技术数字化实验因其便携性、准确性、实时性、直观性和综合性等特点，变革了实验手段，转变了教学观念，拓展了实验的功能价值。

2）从个别实验案例到系列化案例研究

研究团队整合并研究国内外手持技术数字化实验，从个别实验案例到系列化实验案例，内容涉及物理、化学和生物3个学科，包含教师演示实验、学生自主实验、研究性学习，如表1-1所示。这些系列化中学科学实验手持技术探究案例为教育研究者提供了整合资源。

表 1-1　中学科学实验手持技术探究案例[7]

类别		案例名称	
化学	演示类	1. 放热反应：氢氧化钠在水中的溶解 2. 溶质通过透析袋向水中扩散过程的探究 3. 水的凝固与熔化 4. 吸热反应：混合固体的氢氧化钠和异硫氰酸铵	5. 化学催化：有二氧化锰存在时双氧水的分解 6. 化学平衡：测量平衡常数 K_e 7. 甲醇和石蜡的燃烧值的测定
	设计类	1. 酸碱滴定：氢氧化钠和盐酸的反应	2. 吸热反应：硝酸盐在水中的溶解
物理	演示类	1. 温度的变化对气压的影响：组合气体定律 2. 单摆 3. 重力加速度：乒乓球的自由落体和弹跳实验 4. 亥姆霍兹（Helmholtz）线圈磁场	5. RCL 共振 6. 减幅振动 7. 声音共振 8. 在交流电中的电容器
	设计类	1. 声音的速度测定	2. 体积-压强的关系：玻意耳定律
生物	演示类	1. 陆生植物的蒸发作用 2. 生物催化剂：双氧水在酶的催化中的作用 3. 乙醇在酵母中发酵	4. 食物的能量 5. 牛奶的酸化
	设计类	1. 影响光合作用速率的因素：光的强度	2. 影响光合作用速率的因素：碳酸氢盐
中学研究性学习		1. 利用手持技术探究不同水体中的溶解氧 2. CO_2、SO_2水溶液性质的探究 3. 利用手持技术探究酒精灯火焰的温度 4. 水质分析——余氯的测定 5. 废水中铁含量的测定 6. 利用手持技术探究学生视力的下降原因	7. 环境的酸度对酶活性的影响 8. 浓度对弱电解质电离度的影响 9. 胃药疗效测定分析 10. 测定电导率变化确定电解质溶液浓度的研究 11. 种子在不同状态下呼吸作用的研究 12. 利用手持技术探究植物的光合作用

3. 阶段研究特点

手持技术数字化实验作为一种新型实验技术，用其开展国内教育融合研究为教育注入了新力量，是落实新课程改革理念的有益尝试，体现了以下5个特点：

①打破常规注入活力。以“酒精灯火焰温度的测定”引起学术界和教育界的争论，推翻外焰温度最高的知识定论。利用手持技术数字化实验，让实验定量科学数据呈现事实，为传统实验和教学注入新活力。

②新内容激发学生思维。手持技术数字化实验将实验对象扩展到“科学—技术—社会”的范畴，贴近社会，贴近生活。学生主动参与，开阔思路，增强了他们的科技意识和创新意识。

③新实验简化科学实验。手持技术数字化实验将复杂实验化繁为简，化难为易，让学生有机会体验科学实验的真实情景，如教室采光研究、公共汽车空气质量分析、金鱼藻光合作用测试研究。改变长期以来经典的、常规的学科实验统治理科课堂的局面，引导学生感受高新科技时代的气息，增进他们探究科学的好奇心和动力。

④新方法活化传统课堂。“科学的本质是探究，其前提是观察”，将手持技术数字化实验引入课堂，可改变“教师长期演示，学生静坐观摩”的课堂模式，以及学生枯燥完成验证性实验而机械地学习已知结论的被动局面，为学生主动学科学及做科学创造了条件。

⑤著作一体化多功能。《手持技术在理科实验中的应用研究》包括手持技术解读、手持技术与中学理科实验的整合应用、手持技术与中学研究性学习、手持技术实验开发研究等内容。该书为我国理科教学及各校组织开展研究性学习、开发校本课程提供了实验探究的宝贵资源，为落实《基础教育课程改革纲要（试行）》及有关学科课程标准的具体要求，提供一个扎实的物质基础。同时也可作为理科新课程（物理、化学、生物）培训教材及各类师范院校（教育学院）理科专业教材，对中学和高校理科教师，以及其他教学研究人员具有较高的参考价值。

（二）发展阶段（2004～2006 年）

1. 背景

研究性学习是新课程理念下的一种学习方式，是学生在教师指导下自主发现问题、探究问题、获得结论的过程。为全面实施素质教育，培养学生创新精神和实践能力，转变学生的学习方式和教师的教学方式，教育部 2000 年 1 月颁布的《全日制普通高级中学课程计划（试验修订稿）》中，在综合实践活动板块提及了研究性学习这一项内容。《基础教育课程改革纲要（试行）》明确规定，“从小学至高中设置综合实践活动并作为必修课程，其内容主要包括：信息技术教育、研究性学习、社区服务与社会实践以及劳动与技术教育”。手持技术数字化实验的应用有利于支持以学生为中心的研究性学习，其在教学中的应用与推广和国际上中小学教育改革的大趋势是相适应的。

2003 年以来，本团队在大学、中小学实验区开展三年多的实践研究，对新课程背景下如何更有效地将信息技术整合于我国中小学的研究性学习进行深层次的实践探索和理论思考。研究内容主要有三大模块：手持技术在研究性学习中的应用解读、手持技术在研究性学习中的应用案例开发、手持技术在研究性学习中应用的心理机制研究。

2006 年，本团队对主持的中国教育学会“十五”科研规划重点课题“掌上型信息技术产品在教学中的应用与开发研究”进行系统和深入的总结，并将研究成果汇集在《手持技术在研究性学习中的应用及其心理学基础》一书。该书被评为“2006 年全国教师教育课程资源‘推荐使用资源’”，重点回答了一线教育实践者所关注的问题，如手持技术与研究性学习整合是在什么新的教育理念下实施的？整合的内容和案例有哪些？整合具体思路是什么？中学生应用手持技术“做科学”的心理状态和认知机制是什么？

1）概念图软件——研究性学习的好帮手

手持技术在研究性学习中的应用有三个层次和五种类型，三个层次分别为数据测量、因素研究和应用手持技术解决理科实验问题的心理机制的研究，五种类型则为解决传统实验难点类、减轻认知难点类、探究社会热点类、研究变量类、拓展实践时空类。概念图是帮助学生构建概念和组织思维的重要工具，如图 1-10 所示。常用的软件有 Inspiration、Axon Idea Processor 5.0、IHMC、Mind Mapper、SmartDraw 等。本团队通过对中小学教师和学生的访谈，分析了手持技术应用于研究性学习的心理学基础，这为手持技术在研究性学习中的应用勾画出基本的蓝图。

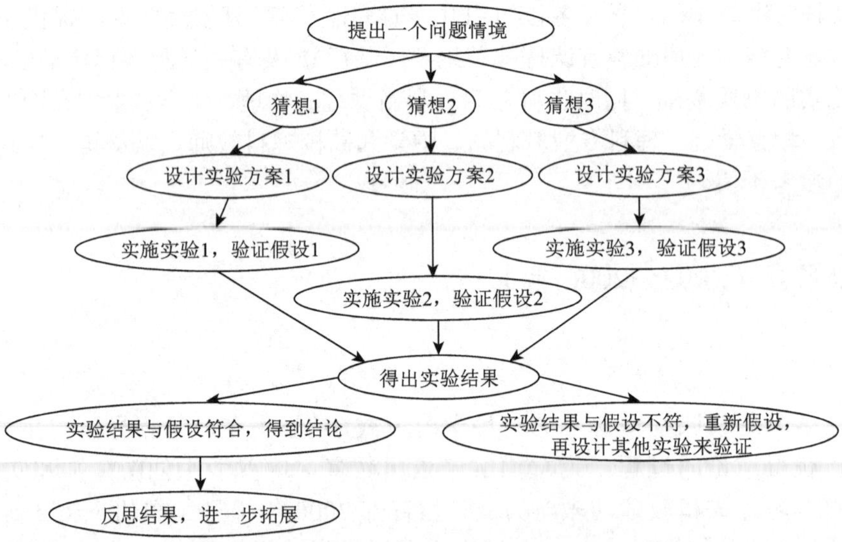

图 1-10　利用手持技术进行研究性学习的概念图[8]

2）应用案例开发——研究性学习的应用指南

手持技术在研究性学习中的应用案例，主要针对中小学生对科学课程中的“认知难点”“科学核心概念”“疑难实验”“变量关系”“定量研究”“综合实验探究”等不同角度进行开发。案例注重贴近课本和紧密联系社会、与时俱进、体现学习的探究性和综合性，是当时少有的整合资源体系，如表 1-2 所示。

表 1-2 手持技术在研究性学习中的应用案例[8]

	案例类别	案例名称
小学	解决教科书"认知难点"	小学生"利用'手持技术'研究种子发芽条件"的研究
	帮助理解"科学核心概念"	影响大气"温室效应"的因素
	探究社会热点现象	教室光照度的测量及灯管使用的研究
中学	解决教科书传统"疑难实验"	探究影响过氧化氢分解速率的因素
	探究社会热点现象	广州公共交通工具车厢内二氧化碳含量的研究
	研究变量关系	探究溶解度与温度之间的关系
	研究日常生活问题	探究"金鱼存活的条件"
	用于青少年科技创新大赛	深层次探究溶解氧和中和反应
	研究生态环境	利用微型气象站探究课室环境与人类活动的相互影响
	培养"定量研究"思维方式	研究酸碱中和反应中 pH 的变化规律
	解决传统实验难以进行的问题	研究不同类型酸碱中和反应中的 pH 变化
	深化"量"的思维方式	研究不同浓度酸碱中和反应中的 pH 变化
	应用于综合学科	研究广州市河涌水质情况

3）问题解决的心理机制研究——研究性学习的微观认知

对于手持技术在研究性学习中应用的心理机制研究，研究团队以化学和生物实验为测试材料，运用心理学的研究方法，通过各种手段跟踪观察学生运用手持技术解决理科定量问题的整个过程，如问卷调查、口语报告等，研究他们在解决简单和复杂理科定量问题的心理机制，有力证明手持技术应用在研究性学习中对培养学生问题解决能力的独特功能。

研究得出以下 3 个方面的结论：

①中学生运用手持技术解决化学定量问题的心理机制。该心理机制包括元认知监控、问题识别、问题表征、实验设计、实验实施和反馈调节，其行进关系和相互转换如图 1-11 所示，在元认知监控下完成各个环节。

②中学生运用手持技术解决化学定量问题的心理特点。心理特点主要从学生的问题行为图与问题解决各阶段时间和比例对比分析。

③影响中学生运用手持技术解决问题的因素。主要从问题难度、问题表征策略、实验设计能力、元认知监控、仪器操作技能与心理素质这 6 个方面进行阐述。

2. 关键词图谱

手持技术数字化实验研究发展阶段，整合了手持技术与活动课程中的研究性学习，并以科学课程内容为主要载体，研究层面更深入，更具价值。本团队在这一阶段共发表期刊论文 11 篇，其中 4 篇为 CSSCI 期刊论文，7 篇为中文核心期刊论文。为更清晰地呈现本阶段的核心研究内容与特点，对这 11 篇文章进行关键词共现知识图谱分析，如图 1-12 所示。

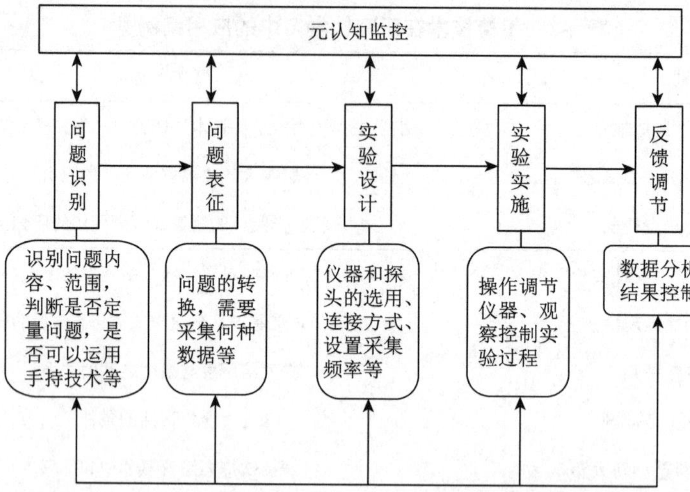

图 1-11　中学生运用手持技术解决化学定量问题的心理机制图[8]

图 1-12　手持技术数字化实验研究发展阶段文章关键词共现知识图谱

手持技术数字化实验研究发展阶段在起步阶段探索与实践的基础上继续发展理论、开发案例，并延伸出三个新的研究方向：教学应用、课外拓展和学习心理。在这一阶段，手持技术数字化实验已逐步应用于课堂教学和课外课题探究，研究层面也从宏观的“案例开发”逐步深入到微观的“学习心理”。理论研究主要集中在两个方面：①探究实验室建设及学生探究能力培养，对应图 1-12 中“化学探究能力”“化学实验信息素养”“探究实验室”等关键词所在区域；②信息技术与化学课程的整合，对应图 1-12 中“信息技术”“化学课程整合”“整合原则”“数字化掌上实验室”等关键词所在区域。

3. 特点

1）宏观案例到微观认知的深入研究

本团队从以往只关注案例层面和操作层面的研究深入到认知层面，实现宏观到微观的深度应用研究，表现为科学地运用概念图，将手持技术作为认知工具来解决中学的认知难点，帮助学生有效学习。认知层面的研究是手持技术应用的深化阶段。在学习活动中，将手持技术作为认知工具，它与学习者将作为一个整体性的认知系统共同完成各种认知任务。手持技术作为认知工具，并非降低学生认知难度，而是让学生通过更多的努力完成更高水平、更具挑战性的认知任务。

2）信息技术与科学课程的有效整合

在过往，教育实践者主要将信息技术用在硬件操作技能上，较少将信息技术与科学课程进行有效整合。而本团队将小学科学课程、普通高中新课程各模块的教学和研究性学习与手持技术进行融合，不仅实现了内容维度上的整合，而且将信息技术与科学课程在思想维度上实现真正意义上的整合，主要表现在其倡导运用信息技术“做科学”，而不是展示科学。手持技术能够帮助学生自动采集和定量分析各种数据，扩展并增强他们对知识的学习方式和兴趣。当学生能够选择信息技术工具来获取、分析、表达信息时，信息技术与课程整合才是有效的。

3）多种心理学研究方法的综合运用

为了探讨学生利用手持技术解决定量问题的心理机制，本团队综合运用观察法、访谈法、问卷调查法和口语报告法（或大声思维法）等教育心理学方法。观察法、访谈法与问卷调查法属于同质性研究方法，有助于研究者通过与被试者的交流，初步了解被试者解决问题时的认知情况，如对问题识别与表征能力水平等；口语报告法要求被试者在实验时或实验后追述头脑中的思考过程，使被试者内部的认知过程经口语而外显化，有利于研究者通过分析报告去了解被试者的认知加工过程。运用摄像仪记录学生进行手持技术数字化实验时的肢体语言和面部表情，推测学生在实验过程中各环节的心理状态和学习困难。

（三）创新阶段（2007～2009 年）

1. 背景

2007 年教育部制定的《国家教育事业发展“十一五”规划纲要》提出“加快教育信息化步伐”。在教育信息技术迅速发展和信息技术与课程整合的背景下，手持技术在化学学科的应用也逐渐普遍化。大量手持技术案例的开发为中学教学应用提供资源参考，学生应用手持技术进行研究性学习的问题解决的心理机制研究为教师应用手持技术提供理论基础。但是在利用手持技术进行化学实验探究学习的过程中，教育工作者开始关注三大方面的问题：探究什么内容？如何指导学生探究？学生如何自主进行探究过程的建构？

本团队根据以上问题，对手持技术如何在化学学习中进行深入应用研究与总结，初步探究手持技术在气象站、远程化学实验室等高端领域中的应用。经过三年的共同努力，成功研发具有自主知识产权的远程实验室和数字化微型气象站，创新化学探究实验学习方式；构建符合化学学习特点的探究教学“6S”模式、“10C”模式和“四重表征”模式，以指导课堂及课外活动学习；引入国外先进思维模型建构工具 Model-It 及模型建构思想，进行手持技术在思维建模中的应用研究。2009 年出版的《手持技术在化学学习中的应用与建模研究》（钱扬义等著，科学出版社）展示了以上研究成果。

2. 内容

1）创新案例研究——突出因素交互、解决认知困惑、探析心理机制

在手持技术数字化实验研究创新阶段，本团队探讨了手持技术数字化实验实际案例的设计与研究，案例类型包括：正交实验、问题解决实验、科学探究实验、化学定量实验问题的心理机制研究。正交实验案例，侧重应用多因素多水平的化学实验设计，强调实验条件选择的科学方法。问题解决实验案例，设计目的在于解决学生中常见迷思概念问题，着重对学生问题解决能力的培养。科学探究实验案例，以高中化学典型实验为载体，着重指导学生体验化学探究过程，培养学生研究能力。化学定量实验问题的心理机制研究案例，着重建构学生在解决定量化学实验问题时的心理机制，探讨手持技术数字化实验应用于研究性学习的心理学基础。手持技术数字化实验研究创新阶段的化学研究性学习案例，既丰富了化学实验教学资源，也为手持技术数字化实验在化学教学中的深入应用起到示范作用。手持技术数字化实验在数据采集、呈现、记录及分析方面的优势，极大方便各种实验类型的学习实践。化学研究性学习案例举例如表 1-3 所示。

表 1-3　化学研究性学习案例举例[9]

案例类型	案例内容
正交实验	运用手持技术通过正交实验法探讨浓度对 Fe^{3+}/SCN^- 平衡体系的影响
问题解决实验	运用手持技术解决学生对迷思概念“滴定过程混合溶液 pH 判断”的理解
科学探究实验	运用手持技术探究双氧水分解的最佳催化剂
化学定量实验问题的心理机制研究	中学生运用手持技术探究“影响乙酸电离的条件”的心理过程分析

2）创新教学模式——课堂教学“6S”模式与“四重表征”模式、课题探究“10C”模式

手持技术化学教学模式（handheld-based chemistry instructional model，HBCIM）的研究，严格按照定性建模的“选模—建模—用模—评模”思路，华南师范大学化学学院邓峰[10]创立适用于课堂教学的“实验探究模式（‘6S’模式）”、适用于课余的化学探究教学的“课题探究模式（‘10C’模式）”。“6S”模式包括激趣（stimulate）、引导（steer）、猜想（suppose）、演示（show）、探索（seek）及总结（summarize）6 个阶段；“10C”模式包括设计（contrive）、描述（characterize）、合作（collaborate）、讨论（canvass）、实施（conduct）、解释（construe）、推断（conclude）、对比（contrast）、巩固（consolidate）及评议（criticize）10 个环节。

四重表征教学模式（tetra-representation teaching model，TRTM）是本团队基于传统的三重表征及 Nakhled 和 Krajcik[11]增加的“代数表征”，以手持技术数字化实验即时收集的数据和自动生成的曲线作为技术背景而提出的。四重表征是指宏观表征、微观表征、符号表征、曲线表征。

3）创新高端系统——具有自主知识产权的520远程化学实验室与数字化微型气象站

手持技术在520远程化学实验室和数字化微型气象站的应用，是本团队11年手持技术研究走上新高度的创举。520远程化学实验室是基于手持技术开发的具有自主知识产权的创新型远程化学实验系统，同时建立了专门网站（http://www.520hx.com.cn/520chemlab/）。该系统允许实验者在网络上通过客户端的计算机，远程控制化学实验室的自动化真实仪器，摄像头将仪器测量的实验数据及实验现场反馈到客户端的计算机显示屏上。520远程化学实验室为学生提供独立自主的探究机会，激发学习兴趣，培养定量思维和数据处理分析能力。数字化微型气象站是一个基于手持技术的先进的便携式气象数据采集系统，主要应用于天气预测和微气候监测。运用数字化微型气象站进行科学教育，可以增长学生的科学知识，提高科学探究能力，强化科学观，以及培养科学品质。

4）创新建模研究——手持技术与思维模型建构工具Model-It的有效融合

手持技术在思维建模中的应用研究，是在综述国内外关于学生运用模型和建模的研究基础上，以思维模型建构工具Model-It为载体，结合手持技术进行思维建模的案例研究。在研究过程中，还采用口语报告法、视频分析法、电脑屏幕记录法对高中生基于计算机和手持技术的思维建模进行实证研究。结果发现，手持技术对学生的建模结果与元认知能力均有显著提高。该研究具有创新性和综合性，研究过程和结果为相关研究提供参考。

3. 关键词共现知识图谱

2007～2009年，本团队共发表中文期刊论文18篇。其中，CSSCI期刊论文6篇，中文核心期刊论文7篇，普通期刊论文5篇。为更清晰地呈现该阶段的研究内容与规律，对这18篇文章进行关键词共现知识图谱分析，如图1-13所示。

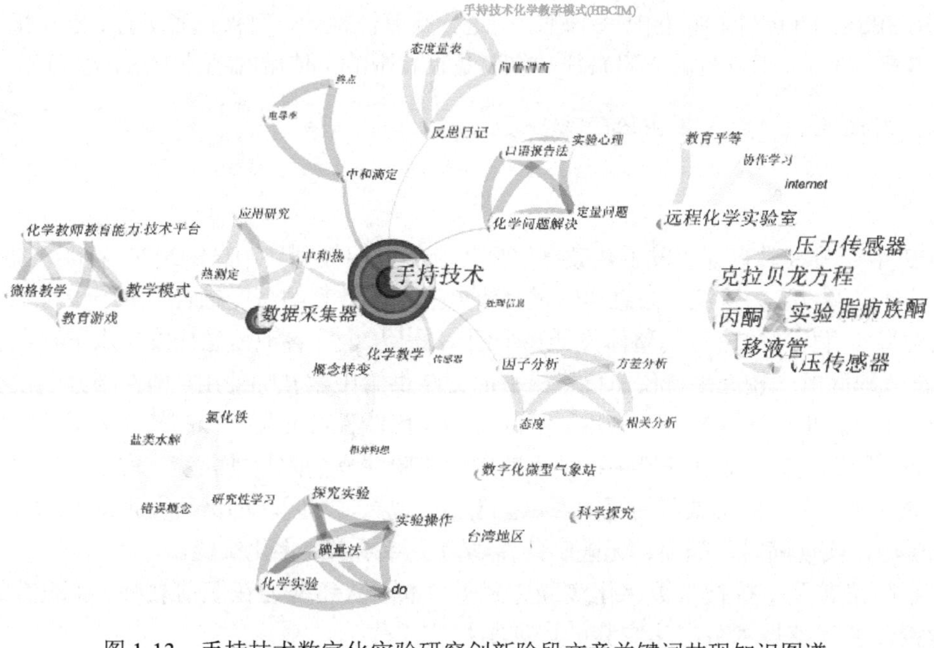

图1-13　手持技术数字化实验研究创新阶段文章关键词共现知识图谱

从图 1-13 中可以得出，手持技术数字化实验研究创新阶段注重以下几个方面：创新型探究案例的开发，对应图中“探究实验”“因子分析”“化学问题解决”等关键词区域；创新型教学模式的建立，对应图中“教学模式”“手持技术化学教学模式（HBCIM）”等关键词区域；创新型高端产品开发，对应图中“远程化学实验室”“数字化微型气象站”等关键词区域。

4. 特点

1）研究领域趋向高端层次

创新阶段是本团队在实验室和实验区持续 11 年科学实验和学习实践的结晶。研究主体从最初的个体研究到群体研究，研究内容不断深化更新，将手持技术推向深入应用和高端研发阶段。本团队以化学课程与学习论研究生为主要成员，将手持技术深入应用到化学实验学习中，体现对以往理科学科研究中化学学习的专区性。例如，开发了对各种热点实验能力培养的案例资源，建立分别应用于课堂、课外活动学习的手持技术化学教学模式（HBCIM），引入了国外先进思维模型建构工具 Model-It 和建模思想，创建了跨越时空的 520 远程化学实验室及配套实验室网站。

2）统计方法科学合理

研究团队开发的手持技术数字化实验案例和理论创建是经过定性和定量多角度分析、讨论大量的实践研究数据所得到的结果，当中使用了各种理科及教育类专业统计软件进行数据处理，科学合理。例如，在开发科学实验案例时，利用手持技术软件收集实验证据、运用分析软件 Origin7.5 进行数据处理，重复多次实验，得到多个“双氧水分解速率”的对比图，实验数据可靠、重现性高、结果分析科学合理。又如在探讨“HBCIM 与学生化学学习兴趣与态度的关系”时，使用《化学学习兴趣与态度问卷》，分别对实验班和对照班共 130 多人进行测试，使用 SPSS10.0 软件对问卷中每小题之间进行显著性检验，对被试者进行 t 检验和方差分析，以考虑 HBCIM 对学生的学习兴趣与态度是否有影响，使用的统计方法科学可靠。

（四）应用阶段（2010 年至今）

1. 背景

2012 年 3 月，教育部印发了《教育信息化十年发展规划（2011—2020 年）》，围绕基础设施、软件资源、人力资源、信息化管理、信息技术与教育的深度融合，进一步对未来十年的中国教育信息化工作进行了整体设计和全面部署[12]。全国各地信息化发展水平存在较大的差异，部分地区的学校因手持仪器价格昂贵而无法供给中学教师使用，即便部分学校有条件提供硬件支持，也会出现教师不会用、不敢用和误用软件等问题。在高校，因手持技术数字化实验研究团队有限，能够开设手持技术数字化实验课程的院校非常少，难以实现培养未来化学教师发展中学生信息素养的愿望。为了改善该现象，本团队创新研发手持技术数字化实验慕课资源，实现随时、随地、无限制条件学习手持技术数字化实验。

除了网络普及手持技术数字化实验方式外，本团队还努力在职前教师、在职教师及大中小学校开展手持技术数字化实验的培训与推广工作。

2. 内容

1）职前化学教师中的教学应用

为帮助职前化学教师掌握手持技术数字化实验，训练其教学技能，培养教学模式和教学理念的创新精神，现已有多所高校面向化学师范生开设手持技术数字化实验课程，如华南师范大学、南京师范大学、安徽师范大学、宁夏大学、四川师范大学、韩山师范学院、河南师范大学和天津师范大学。华南师范大学化学学院开设的本科课程“中学化学实验教学论”和研究生课程“化学实验设计与研究”，内容不仅包括系列化的手持技术数字化实验案例学习与实操，还涉及手持技术数字化实验开发策略与教学应用模式的学习，如案例开发“七环节”策略、“1＋8”套餐策略、“3×n”教学模式、“五线谱”教学模式及“3×2”混合式慕课教学模式等，大大提高师范生的教学技能、实验技能与教学研究素养。

2）在职中学化学教师的培训应用

国家《教育信息化十年发展规划（2011—2020年）》中提出“推进信息技术与教学融合”的理念，以提高教育质量。教师成长发展培训项目更要将此落到实处。“手持技术数字化实验”是华南师范大学化学学院承办的“国培计划”与“省培计划”项目的培训课程，有助于在在职中学化学教师中普及手持技术数字化实验。

3）全国大中小学校的研究应用

手持技术数字化实验最终的落脚点是实现基础教育化学课程的实践与应用，培养中小学生的实验技能、数据思维、证据推理与模型认知、科学探究与创新精神等多方位能力与素养。为实现全面推广与普及，本团队不仅在理论上继续深化研究，如王立新提出了基于认知-建构学习理论的 TQVC 概念认知模型[13]、罗秀玲提出基于手持技术数字化实验的“三环节论证”的教学应用模式，还积极开展实践应用，如在高校交流方面，本团队与韩山师范学院、岭南师范学院、广州大学开展手持技术数字化实验室参观和学术交流活动；在中小学方面，本团队在广州、深圳、佛山、东莞等城市开展手持技术数字化实验讲座与培训，如何庆辉名师工作室、刘立雄名师工作室、黄远名师工作室、丁革兵名师工作室、薪火计划等。除此之外，本团队与中学建立基地，共同开展一些手持技术数字化实验相关的课题研究。

4）“化学教学论手持技术数字化实验”慕课应用

教育部《教育信息化 2.0 行动计划》明确指出：“实施教育大资源共享计划。拓展完善国家数字教育资源公共服务体系，推进开放资源汇聚共享，打破教育资源开发利用的传统壁垒，利用大数据技术采集、汇聚互联网上丰富的教育、科研、文化资源，为各级各类学校和全体学习者提供海量、适切的教育资源服务，实现从‘专用资源服务’向‘大资源服务’的转变。”[14]为推动这一进程开展，教育部《关于加快建设高水平本科教育全面提高人才培养能力的意见》提出，以1万门国家级和1万门省级一流线上线下精品课程建设为牵引，推动优质课程资源开放共享，促进慕课等优质资源平台发展。在此背景下，本团队承担广东省本科高校2018年度省级系列在线开放课程项目（项目编号：粤教高函〔2019〕28号），与超星公司合作开发“化学教学论手持技术数字化实验”在线开放课程，现已成功上线至中国大学 MOOC 平台（https://www.icourse163.org/course/scnu-1207045812）。这是国内首个以手持技术数字化实验为专题的中学化学实验教学的在线开放课程，它突破了时空藩篱，为各院校的化学师范生与社会在职化学教师普及信息技术教育，发挥手持技术数字化实验的重要作用，实现信息技术与化学教育教学深度融合的核心目标，提高化学教育工作者信息化教学与研究能力，助力国家高校集群发展，为高等教育改革贡献力量与智慧。截至 2020 年 12 月，慕课已开课 3 期，学习人数超过 14 000 人。

3. 关键词共现知识图谱

本团队在手持技术数字化实验研究应用阶段共发表期刊论文 44 篇，其中，1 篇为 SSCI 期刊论文，10 篇为 CSSCI 期刊论文，28 篇为中文核心期刊论文，5 篇为普通期刊论文。为更清晰地呈现该阶段的核心研究内容与规律，以中国知网检索结果为数据来源，通过 CiteSpace.5.6.R2 软件对该阶段 42 篇中文文章（44 篇文章中，一篇为 SSCI 论文，另一篇未收录至中国知网）进行关键词共现知识图谱分析，如图 1-14 所示。

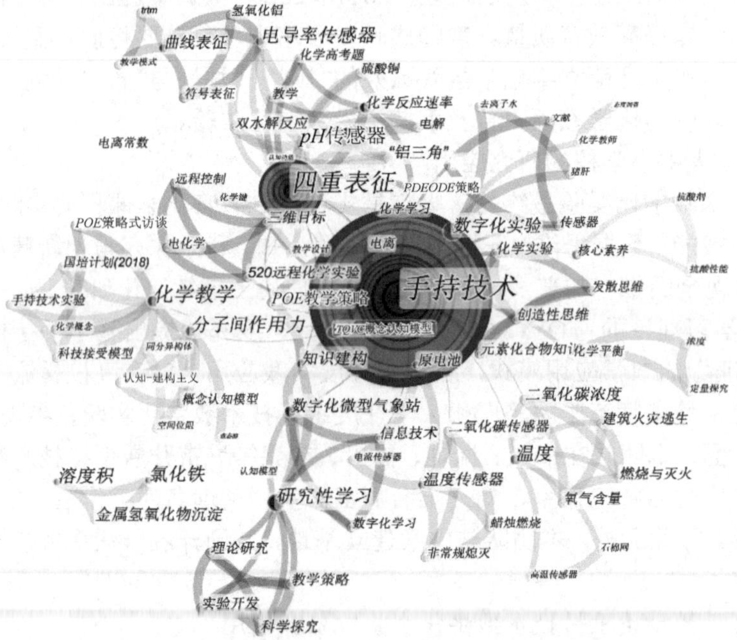

图 1-14　手持技术数字化实验研究应用阶段文章关键词共现知识图谱

从图 1-14 中可以得出，手持技术数字化实验研究应用阶段继续深化前三个阶段的研究内容，并重点关注：理论创立，对应图中“四重表征”“TQVC 概念认知模型”等关键词区域；策略开发，对应图中“教学策略”“POE 教学策略”“PDEODE 策略”等关键词区域；教学模式建立，对应图中“教学模式”“曲线表征”等关键词区域；培训推广，对应图中“国培计划（2018）”“化学教师”等关键词区域。

4. 特点

新时代教育的特点之一是传播，各大线上学习 APP 使知识得以传播与共享，使有教无类、终身学习成为了现实。在这一阶段，本团队致力将手持技术数字化实验推广至全国各地区各学校单位，积极开展讲座和系列培训，并极力打造手持技术数字化实验在线开放课程，积极响应新时代的“共享理念”，实行智慧共享、成果共享。这一阶段的研究主要体现以下两大特点。

1）慕课内容辐射范围广阔

“化学教学论手持技术数字化实验”在线开放课程转变高校教育的学科知识小众化和单一线下教学模式，突破时空、资源、发展水平的局限和差异，线上线下相结合，扩大辐射范围，使知识面向社会全体人员，以普及手持技术数字化实验的运用和研究，解决仪器和高校师资等资源匮乏的问题，实现信息技术与化学教育教学的深度融合。

2）手持技术数字化实验应用层面多样

随着新课程改革，各地区各层次单位都展开对手持技术数字化实验的运用和研究。高校将其纳入化学师范生的培养计划当中，帮助未来从事中学化学的教师们具备应有的教学素养；在职教师培训计划将手持技术数字化实验研究纳入培训项目，改变教学方式，创新教学理念，提升数字化实验素养与研究水平；中小学将其应用在课堂中，开展相应的实验教学与探究，培养中学生实验技能与问题解决能力。手持技术数字化实验应用广泛，普及范围逐渐扩大，共同推进信息技术与化学课程整合，共建现代化教育美好愿景。

第三节　手持技术数字化实验研究成果

一、手持技术数字化实验 22 年的资源建设概况

（一）课程建设

多年来本团队在手持技术数字化实验研究领域历经了“理论研究—实验室创建—实验案例研发—教学应用实践”等发展阶段，已成功在华南师范大学化学师范专业本科生、课程与教学论（化学）专业研究生、学科教学（化学）专业研究生中开设了手持技术数字化实验的系列必修课程或选修课程（表 1-4），华南师范大学在化学师范专业本科生及研究生的培养方案中明确指出学生需进行手持技术数字化实验相关课程的学习，学习课程后能独立和顺利地利用手持技术数字化实验设计和实施中学理科课程（物理、化学、生物）中的部分实验，具备较强的学科理念和创新精神。2006 年至今，已累计近万人完成了手持技术数字化实验相关课程的学习任务，为中学输送了大批具有一定信息技术与化学教学整合意识和能力的优秀教师。

表 1-4　手持技术数字化实验相关课程

课程名称	课程性质	学分	学时	开设时间	授课对象
化学实验教学研究	必修	1	32	2006 年至今	化学师范专业本科生
化学教学论	必修	2	32	2006 年至今	化学师范专业本科生

续表

课程名称	课程性质	学分	学时	开设时间	授课对象
化学实验设计与研究	必修	3	54	2006 年至今	4＋3 课程与教学论专业研究生
实验设计与研究（手持实验）	选修	2	36	2010 年至今	4＋2 课程与教学论专业研究生、学科教学专业研究生
化学教学论手持技术数字化实验（慕课）	选修	2	每周 1～4 h	2020 年开设	在职教师及化学师范生等广大学习者

其中“化学教学论”被评为“广东省精品课程”，具有课程示范性作用。它是高等师范院校化学教育专业开设的专业基础课之一，是化学学科与教育学、心理学和教学论等相互交叉的一门学科。这门课程的核心内容除了化学教学设计与教学方法、化学教学技能、化学探究式教学、化学学习策略等，还着重增加了以手持技术数字化实验为重点的“信息技术与化学课程整合”部分，旨在使师范生掌握学科教学基础知识和基本技能，同时还能提高信息技术与化学教学融合的教研能力。

在“互联网＋”发展迅猛的时代背景下，“化学教学论手持技术数字化实验”（慕课）课程应运而生。该课程改变了以往手持技术数字化实验传统线下授课的教学模式，充分运用现代教育技术优化课程教学，进行多媒体组合教学和线上线下混合教学，如图 1-15 所示。该课程不仅为高校学生和广大的社会学习者提供了优质的手持技术数字化实验教学资源和拓展资源，同时也为暂时未能配备手持技术数字化实验硬件设施的院校提供了直接学习的机会及大量优质实验案例资源。

(a) 线上：省级慕课学习　　(b) 线下：实操课程锻炼

图 1-15　化学教学论手持技术数字化实验教学模式

这些课程致力于培养职前教师数字化化学实验技能及数字化化学实验教学研究能力，使他们具备一定的信息技术实验探究能力和教研能力。此外，为了培养职前教师的论文写作能力，在研究生课程中增加了论文撰写要求。研究生需根据研发的实验案例，结合手持技术数字化实验心理学理论，学习手持技术数字化实验研究论文的撰写方法，为今后成为创新型、研究型教师奠定基础。2006 年至今，已有 60 多篇手持技术数字化实验研究论文发表于《中国电化教育》《电化教育研究》《化学教育（中英文）》等期刊上，在该领域产生了较大的影响。

（二）教材建设

为了更好地服务化学师范专业的建设，推动手持技术数字化实验课程在高等院校及在中学化学教学中的发展，钱扬义教授撰写了《手持技术在理科实验中的应用研究》《手持技术在研究性学习中的应用及其心理学基础》《手持技术在化学学习中的应用与建模研究》三本著作。这三本著作内容层层递进，逐渐深入：从手持技术解读到手持技术与中学理科实验整合的应用案例介绍；结合教育学及教育心理学理论，进一步研究学生运用手持技术进行研究性学习的心理机制，探讨将手持技术的优势更好地融入化学教学的方法和方式；以“案例资源—教学模式—远程实验—思维建模”为主线，再次拓展手持技术在高等师范院校和中学化学学习中的创新应用与研究。三本著作相辅相成，可作为培养本科生及研究生“信息技术与教学融合”“创新实验研究”等专业素养与能力的参考资料或参考教材。

这些著作成果得到了国内外学界专家的高度肯定。其中《手持技术在理科实验中的应用研究》被评为2004年全国教师教育课程资源“优秀资源”（图1-16），北京师范大学刘知新教授为该著作作序，称赞手持技术及相关实践成果具有启发性、激励性、便于安全操作、保护环境等特点，为我国理科教学及各校组织学生开展研究性学习提供了实验探究的宝贵资源。此外，《手持技术在研究性学习中的应用及其心理学基础》也被评为2006年全国教师教育课程资源“推荐使用资源”（图1-17）。

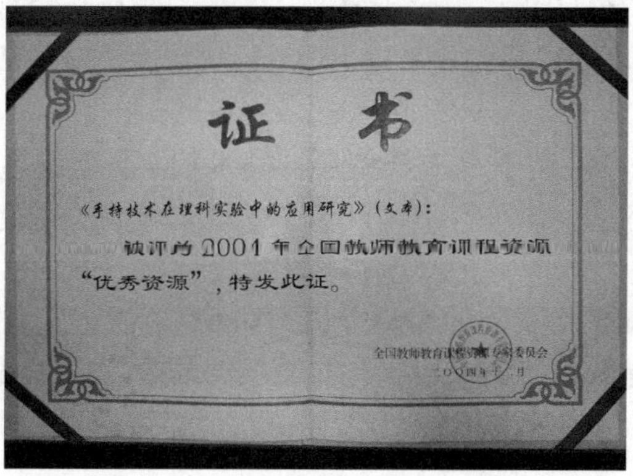

图1-16　2004年全国教师教育课程资源“优秀资源”

图1-17　2006年全国教师教育课程资源“推荐使用资源”

此外，钱扬义教授还主编教材4本（表1-5），参编教材1本。这些教材中均引入了手持技术数字化实验相关理论和创新的实验案例，强化了化学教学与信息技术的联系。在这些教材中，《化学教学论》和《中学化学实验教学论》自出版以来，已成为全国多个师范院校化学师范本科生的专业教材，发行量超过10万本。《高中化学课程标准中的探究实验与设计实验研究（上、下）》的配套用书则成为广大中学教师进行创新实验研究的参考用书。这些教材的广泛应用，推动了手持技术数字化实验在高校和基础教育中的研究发展。

表 1-5 钱扬义主编或参编著作一览表

	书名	出版年份	出版社
钱扬义主编	《手持技术在理科实验中的应用研究》	2003	高等教育出版社
钱扬义主编	《手持技术在研究性学习中的应用及其心理学基础》	2006	科学出版社
钱扬义主编	《手持技术在化学学习中的应用与建模研究》	2009	科学出版社
钱扬义主编	《化学概念与化学“学科关键词”的学习与认知》	2009	科学出版社
钱扬义主编	《研究性学习课题：研究与方法指导》	2006	东北师范大学出版社
钱扬义主编	《高中化学课程标准中的探究实验与设计实验研究（上、下）》	2006	东北师范大学出版社
钱扬义主编	《中学化学实验教学论》	2007	化学工业出版社
钱扬义参编	《化学教学论》	2003	高等教育出版社

（三）网站建设

本团队创建了我爱你化学网（http://www.520hx.com.cn，图 1-18）。该网站主要面向中学和高校师生，提供化学最新资讯、精品课程资源、手持技术数字化实验展示、远程实验室预约平台、化学动漫扑克在线游戏等多种服务，建网至今已有超过 78 万人次访问，在社会产生广泛影响。浏览者可根据自身需求选择进入大学堂或中学堂。大学堂由五个部分组成：化学教学论精品课程、化学教学论网络课程、化学教学技能网、手持技术网、520 远程化学实验室网。中学堂由五个部分组成：在线测试、化学在线诊断、化学网上课堂、化学游戏网、非智力因素评价。

手持技术网（http://www.520hx.com.cn/scjs）是用于交流新型手持技术数字化实验室建设、实验研究成果及教学基地建设等信息的平台。该平台不仅展示了新型实验室的建设标准和历届高师生参与手持技术数字化实验案例设计与开发、手持技术数字化实验教学实践与研究的学习成果，还特别展示了手持技术数字化实验的实验操作与曲线“可视化”“同步化”“定量化”等新特征，致力于为浏览者提供手持技术数字化实验学习与应用的前沿资讯，2019 年我爱你化学网中“手持技术数字化实验”相关文章点击量高达 3 万次，对于化学实验教学的交流、反馈有着重要的作用。

520 远程化学实验室网（http://www.520hx.com.cn/520chemlab/），（图 1-19）是自主开发的针对“化学实验远程网络教学”操作性平台。传统实验是“人与仪器面对面”做实验，远程实验是“人与网面对面”做实验。即人通过 520 远程化学实验室网操作远处的实验仪器进行实验。该平台整合了“实验预习、实验指南、实验预约、实验室入口”等功能，以便提前了解实验操作程序并进行远程实验。

本团队对手持技术网和 520 远程化学实验室网这两个网站的建设突破了地域限制，实现了资源共享，达到分享与交流实验成果的目的，使高校研究成果惠及中小学，同时为中学教学改革做出重大贡献。

图 1-18　我爱你化学网

图 1-19　520 远程化学实验室网

（四）“三室”建设

为了推进现代化创新型高师生人才的培养，在广东省科技项目的支持下，本团队建立了手持技术数字化实验室、520 远程化学实验室和手持技术数字化微格教学实验室（简称“三室”），如图 1-20 所示。“三室”的建立是立足于我国中学化学教学发展前沿的大胆创新与尝试，将技术慢慢渗透于教学中，旨在培养高师生的实验探究能力与教学实践能力。“三室”的建设成果也得到了各级的充分肯定，其中 520 远程化学实验室和手持技术数字化微格教学实验室被评为“省级实验教学示范中心教师教育特色实验室”。

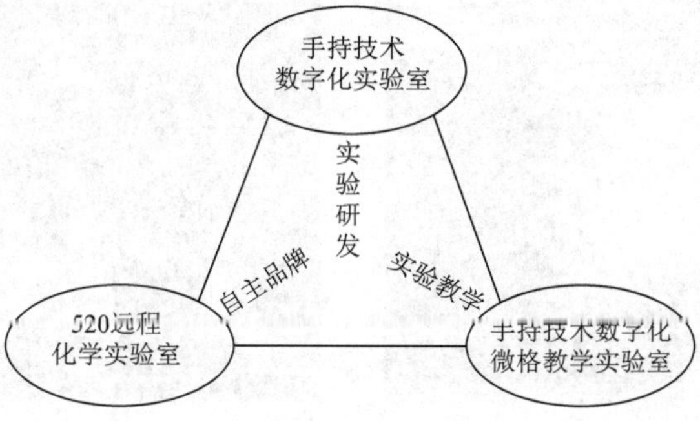

图 1-20　“三室”的建立

“三室”中手持技术数字化实验室是本团队最早自行开发建设的实验室，也是全国最早的数字化探究教学实验室，主要用于数字化实验设计。在手持技术理论研究的基础上，本团队使用种类丰富的手持技术仪器，开发出“正交实验的设计与研究”“问题解决实验的设计与研究”“科学探究实验的设计与研究”“心理机制实验的设计与研究”四类手持技术数字化实验案例，详细内容见第四章第三节。

“三室”中的 520 远程化学实验室是进行手持技术数字化实验的高端载体，具体是指在互联网上通过客户端的计算机及软件远程控制服务器端的控制系统、实验系统，进行真实实验的实验室。详细内容见第四章第二节。

“三室”中的手持技术数字化微格教学实验室主要用于高师生校内实践的数字化教学设计、实施、测评与反思。积极引进先进的配套教学仪器，如“互动课堂反馈系统”“电子白板”“数字化网络电视”“摄像头”，在丰富的硬件建设的基础上，高师生容易发现自己教学技能的优点与不足，有重点、有针对性地进行提高训练。同时及时地了解与监控，便于在课程设计与教学方法上做出相应的调整与改进，有助于教师对高师生整合技术的学科教学知识（technological pedagogical content knowledge，TPACK）能力的培养，详细内容见第四章第三节。

（六）协同发展基地建设

将数字化实验教学等新型研究应用到中学教学，建立相关网站、网络资源，以及扩大数字化实验在教学中的影响力是本团队着力解决的任务之一。基于此，本团队积极联系小学、中学、高校开展校外实践，建立多个研究与应用基地，扩大了数字化实验理论和实践成果的影响范围，创建出“两网三室多基地”数字化化学实验教学体系。其中，“多基地”具体包括小学、中学、高校基地和“国培计划”基地。如图 1-21 所示，多年来，钱扬义教授在全国各协同发展基地开展巡回讲座，进行手持技术数字化实验教学的深度交流，这有助于有效共享手持技术数字化实验的研究经验与资源，促进学校开发具有其自身特色的教学研究课题，协助完善部分兄弟院校高师生的专业培养方案等。

图 1-21　钱扬义教授在全国各协同发展基地进行巡回讲座

目前，本团队已在全国 50 余所中小学（如华南师范大学附属中学、东莞厚街湖景中学等，图 1-22）建立了“手持技术数字化实验协同发展基地”。小学、中学基地的建立主要用于推广手持技术数字化实验在中小学的应用。本团队将为中小学提供手持技术数字化实验仪器购置的建议，并由本校高师生前往中小学向教师讲解与展示手持技术数字化实验仪器的使用方法，协助其开发相关的手持技术数字化实验教学案例并运用到课堂教学实践中。与此同时，高师生也带领中小学生开展基于手持技术数字化实验的科学探究活动，以及指导其参加省、市级的青少年科技创新大赛，提高学生技术知识、学科知识、技术-学科知识和设计创新能力、合作学习能力和问题解决能力等。

在高校基地建设方面，本团队已在全国 10 所大学（如南京师范大学、新疆师范大学、福建师范大学、广西师范大学等）建立了“手持技术数字化实验协同发展基地”（图 1-23）。高校基地的建立主要是为了向国内兄弟院校分享与推广“两网三室多基地”的实践经验，并对化学教育类专业的师范生课程（如“化学教学论”“化学教学技能”“微格教学”“化学实验教学研究”等）的优化提供建议。

图 1-22　东莞厚街湖景中学举行手持技术数字化实验协同发展基地的挂牌仪式

图 1-23　与全国 10 多所高校签订手持技术数字化实验协同发展基地建设协议

华南师范大学化学学院承办的“国培计划”自 2010 年开展以来，已连续九年被评为示范性项目，总参与人数达 1800 人，覆盖全国 31 个省（自治区、直辖市），在全国有极高影响力。“国培计划”培训主要是对“国培计划”学员（如高校化学教师与中学化学一线教师等）进行每年一次的集中理论学习，包括手持技术数字化实验相关培训及国内外前沿的教育教学理论（如“TPACK”与“21 世纪学习技能”等）的培训，从而提升学员的教研能力和职业素养。同时，在培训期间通过研究方法类知识的学习，引导学员自觉开展学科教育科研工作，进行及时的反思和总结，在教学实践中发掘有价值的研究课题（如基于“两网”与“多基地”的教学课题研究），对教学实践中的鲜活经验进行总结和提升。

此外，本团队积极面向社会展示讲解实验教学体系，带领国内外科学研究专家、兄弟院校教师和高师生、中学教师等参观数字化化学实验教学实验体系，展示具有特色的科研项目，学习交流相关经验，得到社会的关注与认可。

（七）人才培养

1. 师资培养应用

自 2005 年以来，化学教育类专业共培养本科生 3000 余人、函授生约 500 人、研究生

70余人，向全国各地输送大量具有“基于信息技术进行创新化学教学”能力的师资队伍。“两网三室多基地”数字化化学实验教学体系，极大地提高了高师生多方面能力，毕业生综合素质高，得到用人单位的好评与青睐。

高师生实践能力强，积极参与中小学基地数字化化学实验的指导工作及课题研究，指导学生参加青少年科技创新大赛，注重提高学生的化学学习兴趣与实验探究技能，增强其元认知能力和迁移思维能力等，并取得优异的成绩。例如，来自华南师范大学附属中学、广州市第四十七中学、花都区新华中学、广州市邓世昌纪念小学等中小学校约7人次获得省级或市级奖项，其中华南师范大学附属中学的符懋敬同学的《空调公共汽车内空气质量的调查研究报告》获得了第20届广东省青少年科技创新大赛一等奖、第57届国际英特尔科学与工程学大奖赛环境类三等奖。

2. 教师培训应用

“手持技术数字化实验讲座和实验演示”已成为近年来华南师范大学“国培计划——示范性集中培训项目”的固定培训内容。“数字化实验”也被列入“广东省2009年普通高中教师职务培训”课程。培训过程中的集中理论学习及本团队的专业展示促使学员们进行总结与反思，自觉将教育科研工作与教学实践活动有机结合，实现自身教育教学能力的二次发展。一线教师在培训前后对数字化化学实验的态度与认识存在明显差异。如针对手持技术数字化实验，教师在学习手持技术数字化实验相关知识后，逐步熟悉手持技术数字化实验仪器及其应用，倾向认可手持技术数字化实验对化学教学的促进作用。

3. 实际课堂应用

手持技术数字化实验的教学价值获得一线教师的普遍认可。与此同时，手持技术数字化实验的探究实验内容也进入国内中学化学教材，逐步向普通中学教育普及。不少一线教师能自主利用数字化化学实验教学资源，引导学生开展基于数字化化学实验的科学探究活动，并将其运用至课堂教学实践中；同时，与本团队共同开发行之有效的创新型信息技术教学案例。部分一线教师已在国内学术刊物上发表教学论文，研究领域涉及理论探讨、教学方法研讨、教学评价探析。

（八）队伍建设

基于手持技术数字化实验推广应用的“U-G-2E-S”理论，本团队创立了数字化实验的协同应用模式，即“高校主导—地方政府支持—企业技术提供—中小学校参与”协同应用模式，并由此建立了一支由中学及高校教师、名师工作室及公司企业组成的优秀队伍。其中，高校教师队伍包括教授（博导）、副教授、讲师等；中学教师队伍包括省内各地区学校的正高级、副高级等职称的骨干教师；名师工作室队伍包括何庆辉名师工作室、刘立雄名师工作室、黄远名师工作室等；企业公司队伍包括出版社、慕课制作公司、网站维护运营公司等的技术人员。

二、手持技术数字化实验 22 年的成果研究概况

（一）课题项目

为了更好地推进手持技术数字化实验研究，本团队在 2002～2018 年成功申请了 11 个科研项目（表 1-6），其中国家级项目 3 个、省级项目 7 个和校级项目 1 个。在政府政策和资金的支持下，本团队的研究得以不断扩大、深入，课题研究内容囊括了手持技术数字化实验应用及心理学研究、手持技术数字化实验教学模式研究、手持技术数字化实验机理研究、手持技术数字化实验案例开发研究等，收获了丰富的成果。

表 1-6　科研项目

级别	课题名称	课题类别	立项年份	批准单位
国家级	手持技术数字化实验在化学概念学习中的应用	规划课题	2018	中国化学会化学教育学科委员会
	化学探究实验开发研究	教学方法与手段	2004	中国教育学会
	掌上型信息技术产品在教学中的应用和开发研究	规划重点课题	2002	中国教育学会
省级	化学实验设计与研究（手持技术）	研究生示范课程	2020	广东省教育厅
	“化学教学论手持技术数字化实验”慕课	在线开放课程	2018	广东省教育厅
	化学教学论数字化化学实验精品资源共享课	“质量工程”建设项目	2014	广东省教育厅
	化学教学论数字化化学实验	精品资源共享课	2014	广东省教育厅
	化学教学论精品资源共享课	精品资源共享课	2013	广东省教育厅
	中学化学手持技术数字化创新实验案例开发与实施研究	教学方法与手段	2011	广东省教育厅
	基于 Internet 的普通化学网上实验的设计、开发、集成及应用研究	教学方法与手段	2006	广东省科技厅
校级	化学教学论数字化化学实验精品资源共享课	精品资源共享课	2013	华南师范大学

（二）学术论文

在论文成果方面，本团队在国内外期刊杂志上公开发表论文共 76 篇（该统计结果截至 2020 年 4 月），其中 SSCI 或 CSSCI 论文共 22 篇，核心期刊论文共 44 篇，其他期刊论文共 10 篇。论文内容涉及手持技术数字化实验的教学应用与培训应用、实验开发策略与教学范示、化学实验装配与实验室建设、手持技术数字化实验教学理论和手持技术数字化实验背景、价值与研究历程等，具体主题和数量分布见图 1-24，手持技术数字化实验相关论文合计被引次数超过 800 次，在国内手持技术数字化实验研究领域产生了较大的影响，部分高被引用论文见表 1-7。SSCI 或 CSSCI 期刊及近 10 年来核心期刊上发表的论文见表 1-8。基于论文研究内容及高被引用和高被下载量的论文数量，钱扬义教授于 2018 年 4 月获得“化学教育研究知新奖——《化学教育》（1980—2016）杰出贡献奖”。此外，钱扬义教授还多

次参加国内外的重要学术会议，并发表相关会议论文 5 篇（表 1-9），指导手持技术数字化实验研究方向的硕士论文 16 篇（表 1-10）。

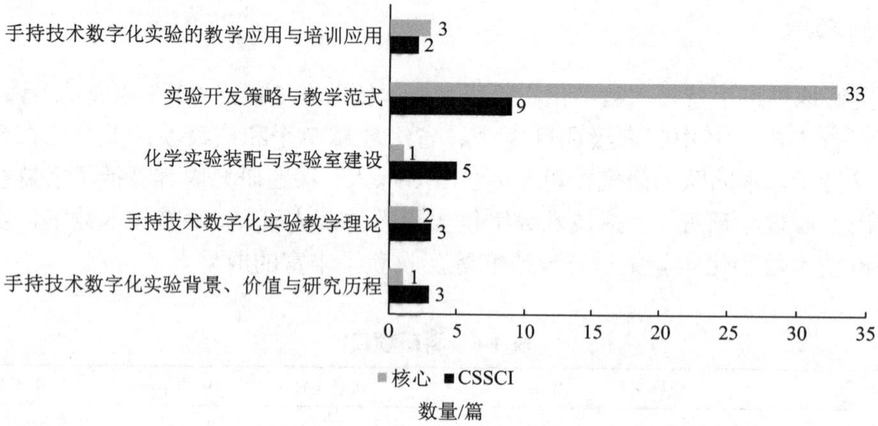

图 1-24　期刊论文主题和数量分布

表 1-7　部分团队论文被引次数

论文题目	被引次数
信息技术与化学课程整合研究	61
数字化化学探究实验室的建设与学生探究能力的培养	52
掌上实验室（Lab in Hand）的特点及其功能	48
化学“四重表征”教学模式的理论建构与实践研究——从 15 年数字化手持技术实验研究的回顾谈起	47
在掌上实验室探究酒精灯火焰温度——得出不同的结论	38

表 1-8　SSCI 或 CSSCI 收录期刊及近 10 年来核心期刊上发表的论文目录

编号	研究方向	论文题目	论文作者	期刊名称	年份
1	手持技术数字化实验背景、价值与研究历程	信息技术与化学课程整合研究	钱扬义，丁祖浩，陈建斌，等	课程·教材·教法（CSSCI）	2004
2		“数字化微型气象站”在我国台湾地区的应用研究进展——中小学校园数字化学习新平台的趋势	彭豪，钱扬义	现代教育技术（CSSCI）	2009
3		手持技术与化学整合的研究进展——以中国知网 CNKI 2003 年至 2010 年文献为例	黄碧芸，钱扬义	中国电化教育（CSSCI）	2011
4		专论手持技术在国内化学教学中的应用研究进展手持技术在国内化学教学中的应用研究进展	张倩，方舟，钱扬义，等	化学教育（中英文）（核心）	2011

续表

编号	研究方向	论文题目	论文作者	期刊名称	年份
5	手持技术数字化实验教学理论	中学生运用手持技术解决化学定量实验问题的心理过程分析	谢泽琛，钱扬义，罗秀玲，等	中国电化教育（CSSCI）	2007
6		“四重表征”在“化学反应速率”教学中的价值——由2007～2012年高考题得到的启示	杨洁，钱扬义	化学教学（核心）	2012
7		化学“四重表征”教学模式的理论建构与实践研究——从15年数字化手持技术实验研究的回顾谈起	林建芬，盛晓婧，钱扬义	化学教育（中英文）（核心）	2015
8		手持技术支持下概念学习的“多重转化、比较建构”认知模型——以“温室效应”概念学习为例	王立新，钱扬义，李言萍，等	电化教育研究（CSSCI）	2017
9		手持技术数字化实验与化学教学的深度融合：从“研究案例”到“认知模型”——TQVC概念认知模型的建构	王立新，钱扬义，苏华虹，等	远程教育杂志（CSSCI）	2018
10	手持技术数字化实验装配与实验室建设	掌上实验室（Lab in Hand）的特点及其功能	钱扬义，杜永锋，李佳，等	电化教育研究（CSSCI）	2003
11		数字化化学探究实验室的建设与学生探究能力的培养	钱扬义，邓峰	中国电化教育（CSSCI）	2006
12		远程化学实验室的特点、结构及实现技术探讨	钱扬义，叶静怡	远程教育杂志（CSSCI）	2009
13		“520远程化学实验室”在中学实验教学中的应用与探索	钱扬义，黄晓燕	中国电化教育（CSSCI）	2011
14		基于网络的远程实验室研究：国内13年研究回顾	刘婷，钱扬义，彭豪	远程教育杂志（CSSCI）	2013
15	手持技术数字化实验开发策略与教学范式	在“数字化掌上实验室”中做科学	钱扬义，陈建斌	电化教育研究（CSSCI）	2004
16		小学生运用手持技术探究教室光线照度的个案分析	钟映雪，陶英，江伟英	中国电化教育（CSSCI）	2006
17		基于手持技术的“6S”化学实验探究教学模式	邓峰，钱扬义，刘丽明，等	中国电化教育（CSSCI）	2007
18		“数字化微型气象站”在科学教育中的应用与思考	钱扬义，彭豪	中国电化教育（CSSCI）	2009

续表

编号	研究方向	论文题目	论文作者	期刊名称	年份
19		基于手持技术环境的化学课堂教学例析——冰醋酸电离过程实质的探究	邓峰，钱扬义，钟映雪，等	化学教育（中英文）（核心）	2009
20		基于手持技术环境的化学研究性学习例析——影响氯化铁水解条件的探究	邓峰，钱扬义，钟映雪，等	化学教育（中英文）（核心）	2009
21		基于网络的气象科学研究性学习的实施与成效	钱扬义，彭豪	现代教育技术（CSSCI）	2010
22		Constructivist-Oriented data-logging activities in Chinese chemistry classroom：Enhancing students' conceptual understanding and their metacognition	Deng F，Chen W，Chai C S，et al.	The Asia-Pacific Education Researcher（SSCI）	2011
23		信息技术支持下的科学研究性学习：模式、实施与成效——以“数字化微型气象站”在研究性学习中的应用为例	彭豪，钱扬义	远程教育杂志（CSSCI）	2011
24	手持技术数字化实验开发策略与教学范式	运用手持技术探究酸碱滴定过程中电导率的变化	李霞，黄菲菲，钱扬义	化学教育（中英文）（核心）	2011
25		运用手持技术测定甲基橙的电离常数 K_a	方舟，钱扬义	化学教育（中英文）（核心）	2011
26		基于 POE 策略的高中化学“四重表征”概念教学研究	彭豪	化学教学（中英文）（核心）	2011
27		利用手持技术探究氢氧化铝制备实验电导率变化	李玉莹，钱扬义	化学教育（中英文）（核心）	2012
28		利用手持技术研究喷泉实验中的气压变化	张娇峻，钱扬义，谢敏，等	化学教育（中英文）（核心）	2012
29		运用不同传感器促进学生化学概念建构的实验研究——以“中和反应”为例	彭豪	教育科学研究（CSSCI）	2013
30		运用信息技术促进气象科学研究性学习的实证研究——以“数字化微型气象站”在研究性学习中的应用为例	彭豪，钱扬义	电化教育研究（CSSCI）	2014
31		利用手持技术探究不同酸碱环境下生物体 pH 变化的规律	周群力，钱扬义	化学教育（中英文）（核心）	2014

续表

编号	研究方向	论文题目	论文作者	期刊名称	年份
32	手持技术数字化实验开发策略与教学范式	利用数字化手持技术探究原电池电流和温度的变化	盛晓婧，林建芬，钱扬义	化学教育（中英文）（核心）	2016
33		利用数字化手持技术探究“电解池阳极与原电池负极金属腐蚀速率”的大小	陈博殷，钱扬义，李言萍，等	化学教育（中英文）（核心）	2016
34		运用数字化手持技术探究“蜡烛非常规熄灭”的原因——通过测量二氧化碳浓度和温度的变化进行验证	黄毓展，钱扬义，林建芬，等	化学教育（中英文）（核心）	2017
35		应用手持技术测定氯化铁溶液与氢氧化钠溶液反应的pH曲线	温美凤，钱扬义	化学教育（中英文）（核心）	2017
36		利用数字化手持技术探究电解硫酸铜水溶液过程中阳极附近pH变化	李言萍，钱扬义，陈博殷，等	化学教育（中英文）（核心）	2017
37		基于“手持技术”实验比较液体有机物分子间作用力大小——以醇类同系物和同分异构体为例	苏华虹，钱扬义	化学教育（中英文）（核心）	2017
38		利用手持技术探究建筑火灾逃生策略的合理性——测量氧气含量、二氧化碳浓度和温度的变化	范婉贞，钱扬义，王立新，等	化学教育（中英文）（核心）	2018
39		利用手持技术探究加热过程石棉网上表面的温度	王立新，钱扬义，范婉贞，等	化学教育（中英文）（核心）	2018
40		利用手持技术探究浓度对化学平衡的影响	唐文秀，钱扬义，陈雪飞，等	化学教育（中英文）（核心）	2018
41		硫酸亚铁及氯化铁与硫酸亚铁混合溶液与氢氧化钠溶液反应的沉淀pH曲线的测定及分析	温美凤，钱扬义	化学教育（中英文）（核心）	2018
42		利用手持技术探究铝的化合物之间的相互转化过程	许雯辉，钱扬义，王立新，等	化学教育（中英文）（核心）	2018
43		KCl浓度对Fe^{3+}/SCN^-平衡体系影响的实验探究	唐文秀，钱扬义，陈雪飞，等	化学教学（核心）	2018
44		火焰各焰层划分方法研究——基于文献综述与数字化实验探究视角	陈雪飞，钱扬义，唐文秀，等	化学教育（中英文）（核心）	2019

续表

编号	研究方向	论文题目	论文作者	期刊名称	年份
45	手持技术数字化实验开发策略与教学范式	“蜡烛火焰划分”实验的局限成因分析及改进研究	陈雪飞，钱扬义，陈博殷，等	化学教育（中英文）（核心）	2019
46	手持技术数字化实验的教学应用与培训应用	自主开发教育信息技术平台，强化高师生化学教师教育能力培养的实践研究	钱扬义，罗一帆，肖常磊，等	电化教育研究（CSSCI）	2008
47		教师对手持技术实验的态度探析——基于对“国培计划（2018）”H 大学化学研修班参训教师的问卷调查	麦裕华，钱扬义，杜慧鸣，等	现代教育技术（CSSCI）	2019
48		化学教师对手持技术数字化实验应用的态度调查	朱庆，钱扬义，麦裕华，等	化学教学（核心）	2019

表 1-9　学术会议论文目录

编号	论文题目	论文作者	论文集名称	年份
1	氢氧化钠滴定一元酸、二元酸及弱酸过程中电导率变化的探究	黄菲菲，李霞，钱扬义	第四届全国化学教师教育学术研讨会论文集	2009
2	试谈手持技术在中学化学教学中的应用——以气体“温室效应”的探究实验为例	李金花，谢素梨，黄菲菲，等	第四届全国化学教师教育学术研讨会论文集	2009
3	运用手持技术解决学生对迷思问题“滴定过程混合溶液 pH 变化判断”的理解	陈谦明，李金花，钱扬义	第四届全国化学教师教育学术研讨会论文集	2009
4	浅谈 LabVIEW 在远程虚拟化学实验室的应用	陈潇，叶静怡，颜璜，等	第四届全国化学教师教育学术研讨会论文集	2009
5	浅谈信息技术支持下化学教育类研究生创新思维的培养	彭豪，钱扬义	第四届全国化学教师教育学术研讨会论文集	2009

表 1-10　学位论文目录

编号	论文题目	论文作者	年份
1	中学生运用“手持技术”解决化学定量问题的心理机制的研究	刘晓华	2001
2	中学化学引入手持技术开发研究型案例的实践研究	李瑞贤	2001
3	高中学生运用手持技术解决化学定量实验问题的心理机制研究	谢泽琛	2006
4	基于手持技术的高中化学教学模式（HBCIM）的构建及其研究	邓峰	2007
5	基于手持技术的中学化学实验开发及绩效研究	眭苏奇	2008
6	基于 Internet 远程化学实验室的构建及其应用研究	叶静怡	2009
7	基于手持技术的“数字化微型气象站”在中学研究性学习中的应用研究	彭豪	2011
8	手持技术化学实验案例的开发及其教学研究	方舟	2011
9	基于手持技术的酸碱中和反应学习的教学研究	黄碧芸	2012
10	“基于手持技术的科学探究教学模式”实践研究及其“1+8 套餐资源”的开发——以高二“原电池”教学	盛晓婧	2015

续表

编号	论文题目	论文作者	年份
11	四重表征教学模式对发展中学生模型建构能力的效果研究——以《影响化学反应速率的因素》为例	徐敏姗	2018
12	手持技术数字化实验在化学概念教学中的实践研究——以高一“离子反应”概念教学为例	刁卓	2019
13	应用 TQVC 理论发展学生“模型认知”素养的实践研究——以高二原电池教学为例	陈秋伶	2019
14	手持技术混合式教学发展高中生科学探究能力的实践研究——以测定物质含量实验教学为例	朱庆	2020
15	应用手持技术实验发展初中生证据推理素养的实践研究——以“酸和碱的中和反应”为例	杜慧鸣	2020
16	高中化学手持技术混合式教学模式的构建与实践研究——以“分子间作用力”概念教学为例	黄倩莹	2020

（三）教具开发

化学教学中部分抽象概念的内涵不易被直接感知，且传统教学中大部分实验为定性实验，难以直接通过实验案例启发学生思维，可能导致学生对这些化学概念仅停留在定性规律的机械记忆上。基于此学科背景，本团队多年来深入研究手持技术数字化实验，并研发出很多创新的手持技术数字化实验教具，将信息技术融入化学教学中，突破了传统实验教学“只定性、难定量、难创新”的难题，解决传统学习的认知疑点和学习难点。以下对部分手持技术数字化实验创新教具进行介绍。

1. 520 化学三口 T 形管——基于手持技术数字化实验探究钠与氧气反应

探究钠与氧气反应装置将传统实验与手持技术数字化实验结合，用于检测钠与氧气在常温和加热条件下反应过程中氧气含量变化（氧气传感器，图 1-25），也适用于定量探究钠是否与空气中的二氧化碳、水蒸气反应（二氧化碳传感器、湿度传感器，图 1-26）。该装置也可推广到基于手持技术数字化实验探究某特定物质与氧气、二氧化碳、水蒸气等气体的反应。

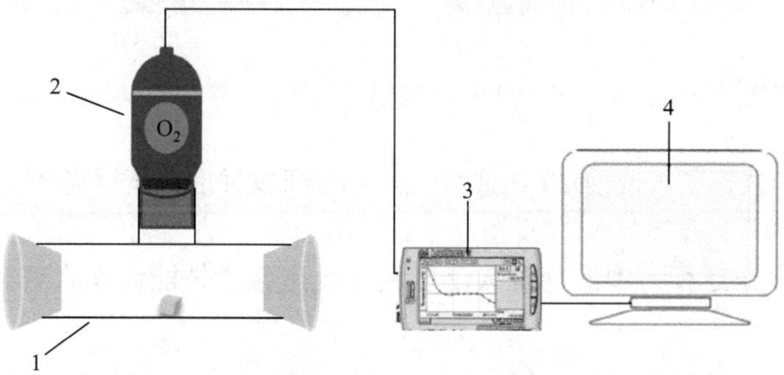

图 1-25　基础版探究钠与氧气反应装置示意图

1. T 形管；2. 氧气传感器；3. 数据采集器；4. 配套软件

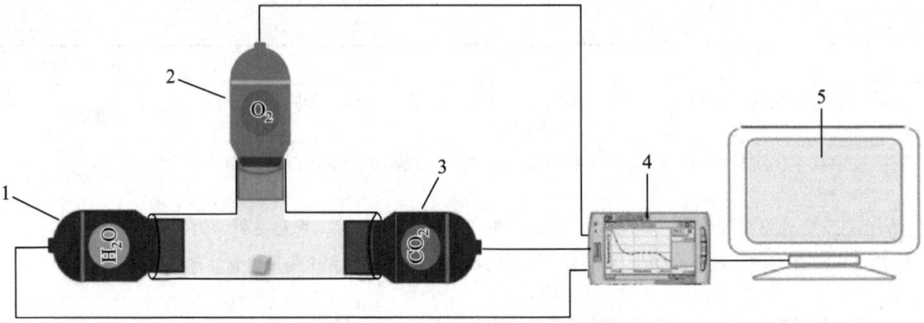

图 1-26 优化版探究钠与氧气、二氧化碳和水蒸气反应装置示意图

1. 湿度传感器；2. 氧气传感器；3. 二氧化碳传感器；4. 数据采集器；5. 配套软件

该实验装置与手持技术数字化实验结合，可运用氧气传感器定量探究钠与氧气反应，实物图如图 1-27 所示。利用 T 形管三端开口的特点，可同时运用多种气体传感器定量探究钠在空气中能发生的反应。该实验装置具有以下创新之处：①安全性好，操作安全。钠与氧气在加热条件下会剧烈反应，在密闭的 T 形管内进行金属钠的燃烧，安全性高。②现象明显，产物美观。钠与氧气在加热条件下生成反应产物过氧化钠现象十分明显，杂质少，可清晰地看见金属钠颜色的变化过程（银白色⟶灰白色⟶黑色⟶淡黄色），且能看到生成的过氧化钠固体呈放射状。③适用性强。该装置也可广泛运用于基于手持技术数字化实验探究某特定物质与氧气、二氧化碳、水蒸气等气体的反应。

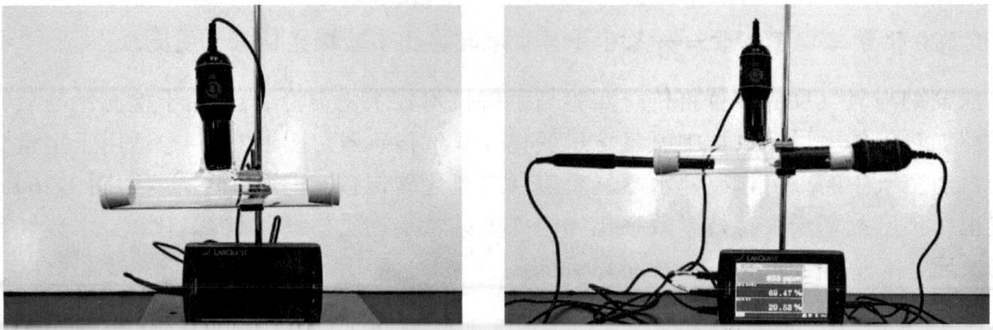

(a) (b)

图 1-27 探究钠与氧气反应装置实物图（a）与探究钠与氧气、二氧化碳和水蒸气反应装置实物图（b）

该实验装置由钱扬义教授 2020 级研究生陈德成研发并应用于课题“钠与氧气反应——基于证据推理视角”。在钱扬义教授指导下，陈德成以“钠与氧气反应——基于证据推理视角”获得第十届东芝杯·中国师范大学理科师范生教学技能创新大赛“化学组二等奖”和“东芝创新奖”。

2. 化学反应热测量改进装置——基于手持技术数字化实验认知“盖斯定律”

基于手持技术数字化实验认知“盖斯定律”，将“盖斯定律”转化为实验室的“反应热测量”。本团队选择了“酸碱中和热的测定”这一经典的反应热测定实验作为借鉴，在此基础上结合物质溶解热进行拓展与设计。本团队采用了手持技术数字化实验和自制改进装置进行探究。装置由磁力搅拌器、保温杯、自制可控反应勺（具体制作方法如图 1-28 所示，中间为磁子）、温度传感器、数据采集器、平板电脑、80 ml 注射器构成（图 1-29、图 1-30）。利用温度传感器测量反应温度，能使反应热测定实验变得方便、快捷、准确；利用注射器和自制可控反应勺，避免了因开盒盖而造成的热量散失，结合磁力搅拌器，保证了实验的快速充分。

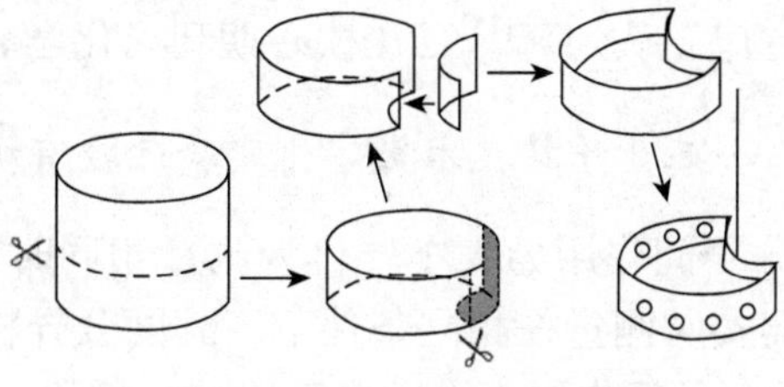

图 1-28　自制可控反应勺制作方法

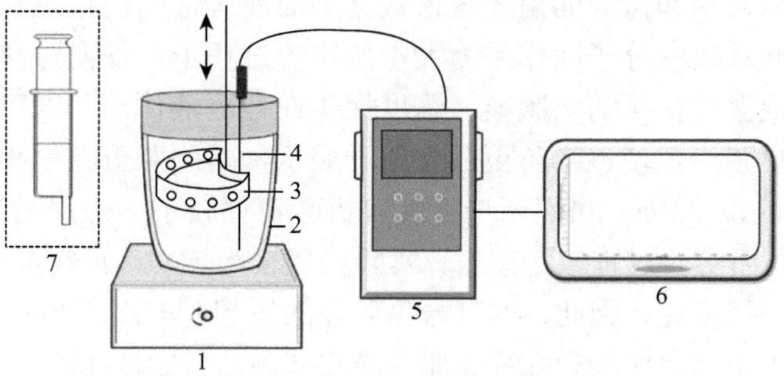

图 1-29　改进实验装置示意图

1. 磁力搅拌器，2. 保温杯，3. 自制可控反应勺（中间为磁子），4. 温度传感器，5. 数据采集器，6. 平板电脑，7. 80 ml 注射器

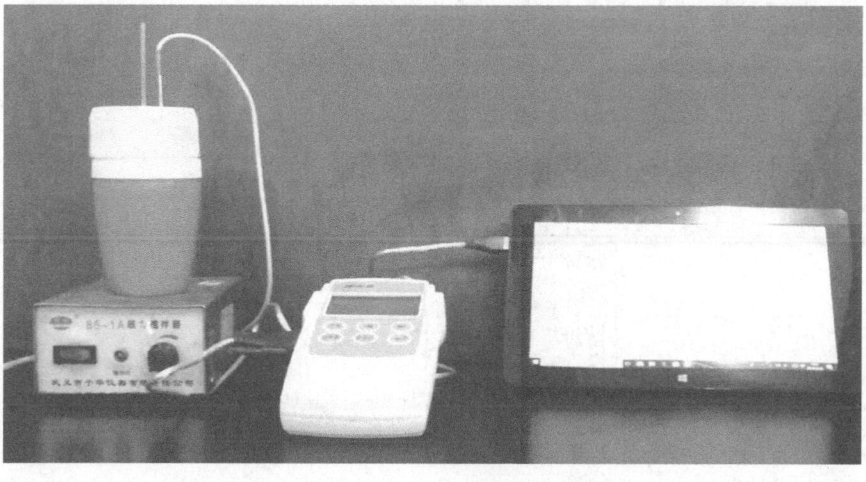

图 1-30　改进实验装置实物图

改进实验装置具有以下优点：①动态掌握反应过程。采用手持技术数字化实验，测量更精确、更便捷，可实时观察温度随时间的变化曲线；②反应可控性强。改进实验装置，易于控制反应发生与停止，反应时只需将盛装了药品和小磁子的反应勺推至液面下即可迅速开始反应，利用注射器进行实验也更加方便，减少了因开合盖子而造成的热量散失；③减小实验误差。采用自制反应勺盛装 NaOH 固体代替“倾倒法”，摒除了 NaOH 固体黏附于烧杯壁，未能全部参与反应的弊端。

该实验装置由钱扬义教授 2017 级研究生张惠敏研发，相关的实验论文《手持技术数字化实验支持下的“盖斯定律”认知》[15]已在核心期刊《化学教育（中英文)》发表。

3. “化学排插”装置——基于手持技术数字化实验比较有机物分子间作用力大小

该研究将测量有机物分子间作用力大小转化为测量相同时间内有机物挥发时的温度变化情况，选用温度传感器实时测量在相同条件下丁醇同分异构体蒸发时的时间-温度曲线，在宏观的温度和微观的分子间作用力之间搭建连接的桥梁，从而分析比较它们蒸发的速率和幅度，进而利用曲线对比分析丁醇同分异构体的分子间作用力大小。利用此实验案例，还可引导学生从宏观和微观的角度进行数据和曲线等证据的推理和分析。

在比较正丁醇同系物的分子间作用力大小的实验过程中，需同时提着 4 根温度探头，因此设计了一个固定温度探头的实验架，温度探头在蘸取液体后，即可固定在实验架上，使实验的可操作性更强，也使该实验更适合用于展示，本团队形象地称之为“化学排插”装置，如图 1-31 所示。此外，虽然所选择的有机醇毒性较小，但仍易挥发、易燃，且挥发后有一定的味道。而实验过程较为短暂，实验仪器较为灵敏，只需要少量的有机醇液体就有明显且一致的曲线变化。因此，本着绿色环保的思想，再次对实验装置进行改进，实验时有机醇应该要半密封且量少，可将烧杯改成立式离心管，带孔的盖子既可以顺利插入温度传感器，也可以减少醇挥发，且离心管的下端是尖的，能使等量的液体有更高的高度，满足量少、环保的要求（图 1-32），当然也可以采用小试管及胶塞。

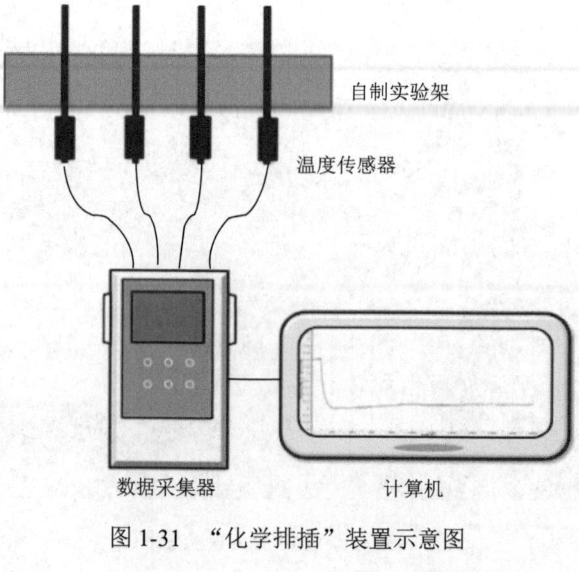

图 1-31 “化学排插”装置示意图

(a)　　　　　　　　　　　　　　　　(b)

图 1-32　有机试剂盛装和摆放装置（a）及利用“化学排插”装置进行实验的过程（b）

“化学排插”装置具有以下优点：①操作简便。四根温度探头可同时进行实验，排除该实验的其他无关变量，使实验结果更准确可靠。②绿色环保。改进后的实验装置小巧简易，且可有效防止有机醇试剂的挥发。

该实验装置由钱扬义教授 2014 级研究生苏华虹和 2017 级研究生林丹萍研发，相关的实验论文《基于“手持技术”实验比较液体有机物分子间作用力大小——以醇类同系物和同分异构体为例》[16]和《手持技术数字化实验支持下的抽象化学概念学习——以探究比较丁醇同分异构体的分子间作用力大小为例》[17]已在核心期刊《化学教育（中英文）》发表。

4. 蜡烛熄灭装置——基于手持技术数字化探究“蜡烛非常规熄灭”的原因

蜡烛的非常规熄灭是指在密闭容器中，高处蜡烛比低处蜡烛先熄灭，文献指出这是由于蜡烛燃烧产生的高温二氧化碳在容器顶部聚集，并由高向低扩散，从而导致了蜡烛的非常规熄灭现象，然而大部分研究都是从定性观察的角度加以判断，并没有进一步进行定量验证和分析。本团队设计的蜡烛熄灭装置区别于以往的定性观察，利用手持技术数字化实验，通过二氧化碳传感器和温度传感器，测量封闭容器内高、中、低三部分的二氧化碳浓度和温度，对其曲线进行定量分析，装置相关说明见表 1-11，实物装置图如图 1-33 所示。

表 1-11　蜡烛熄灭装置相关说明

装置	设计图	尺寸/cm	说明
玻璃实验箱	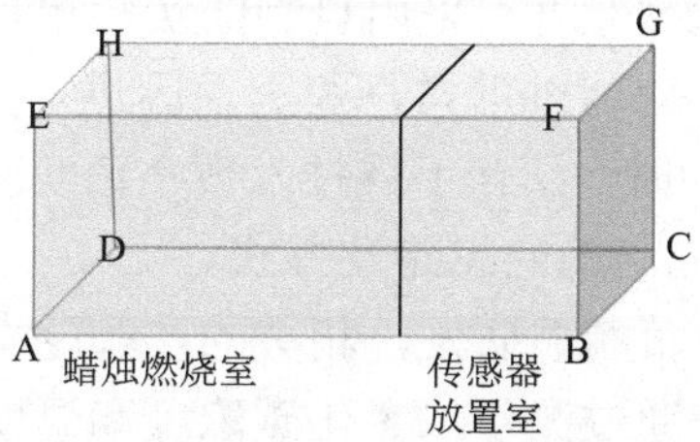	40×25×25（长×宽×高）	①注意密闭性 ②左空间（25 cm×25 cm×25 cm）作为蜡烛燃烧室，右空间（15 cm×25 cm×25 cm）作为传感器放置室

续表

装置	设计图	尺寸/cm	说明
木制传感器位置板	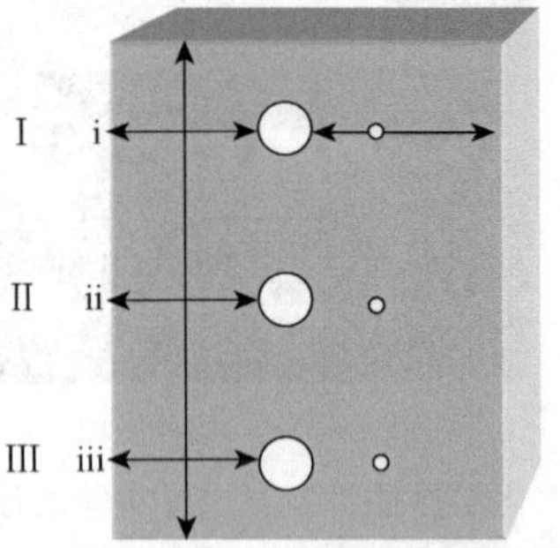	23×1×25（长×宽×高）	①大孔（I、II、III）放置二氧化碳传感器：孔径 2.5 cm，离左侧板 7.5 cm，三个孔竖直向上平均分布，I 孔离上板 3 cm，III 孔离下板 3 cm ②小孔（i、ii、iii）放置温度传感器：孔径 0.25 cm，离右侧板 7.5 cm，三个孔竖直向上平均分布，i 孔离上板 3 cm，iii 孔离下板 3 cm
底部蜡烛位置设计示意图	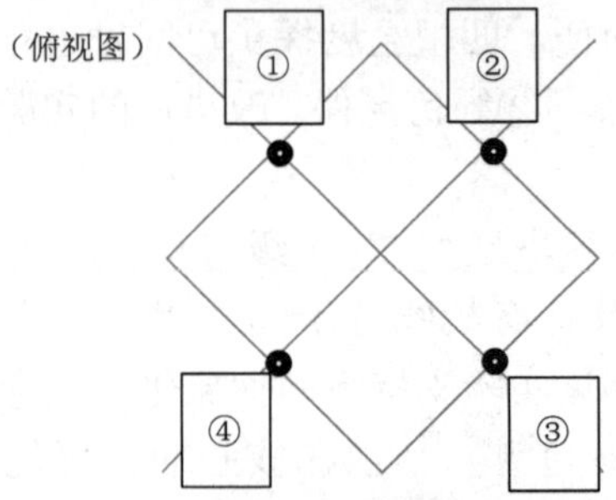	25×25	采用五点取样法，除中心点，在顺时针方向分别取四个点，标号为①、②、③、④。

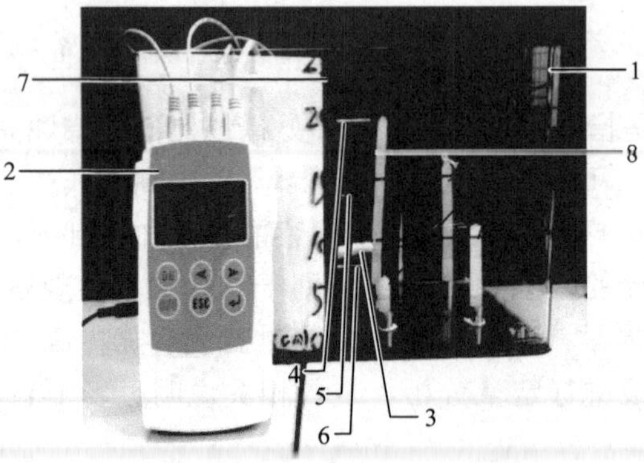

图 1-33　蜡烛熄灭装置实物图

1. 蜡烛熄灭装置；2. 数据采集器；3. 二氧化碳传感器；4～6. 温度传感器；7. 传感器位置板；8. 蜡烛

蜡烛熄灭装置具有以下优点：①实验结果直观明了。采用自制的实验箱与手持技术数字化设备相结合，利用数据曲线进行结果分析，对蜡烛非常规熄灭原因进行了验证，指出其片面性。②培养学生思维能力。开展探究活动时，结合手持技术数字化实验，有意识地培养学生图像和曲线分析的能力，拓展课外探究活动的思路及方式。

蜡烛熄灭装置由钱扬义教授 2014 级研究生黄毓展研发，相关的实验论文《运用数字化手持技术探究“蜡烛非常规熄灭”的原因——通过测量二氧化碳浓度和温度的变化进行验证》[18]已在核心期刊《化学教育（中英文）》发表。

5. 520蜡烛燃烧装置——基于手持技术数字化实验探究火灾逃生策略的合理性

基于手持技术数字化实验探究火灾逃生策略的合理性根据"燃烧与灭火"的基本原理，选择"火灾逃生"的两个大敌——温度和烟气作为研究对象，采用手持技术数字化实验及配套的温度传感器、氧气传感器、二氧化碳传感器，实时、便捷地对温度、氧气浓度、二氧化碳浓度及其变化进行定量表征（图1-34、图1-35）。通过对几种表征曲线所负载信息

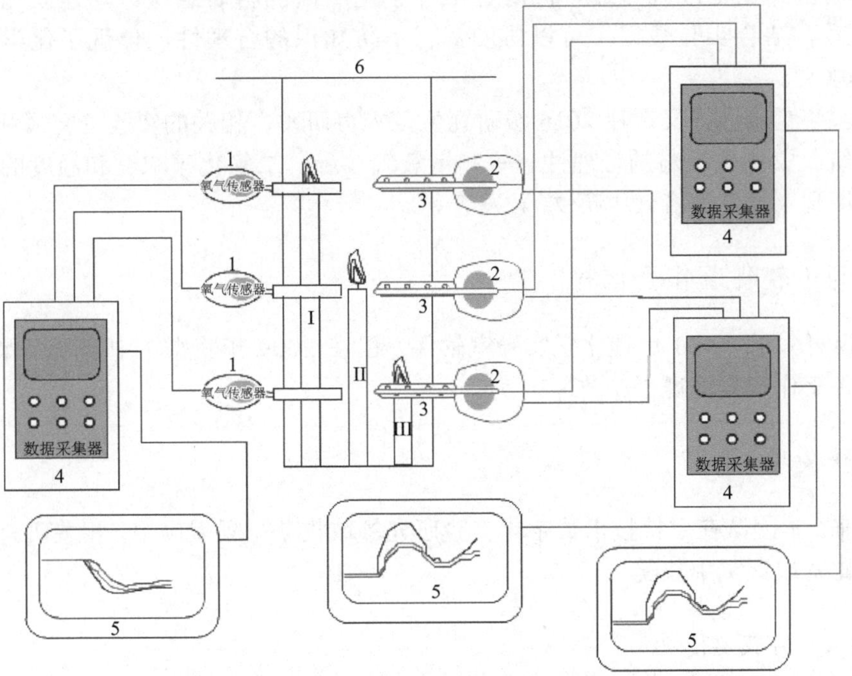

图1-34 520蜡烛燃烧装置示意图

1. 氧气传感器（0～100%）；2. 二氧化碳传感器（0～5000 ppm）；3. 温度传感器（−25～120℃）；4. 数据采集器；5. 平板电脑；6. 圆筒形容器及封盖（内置蜡烛 I、II、III）

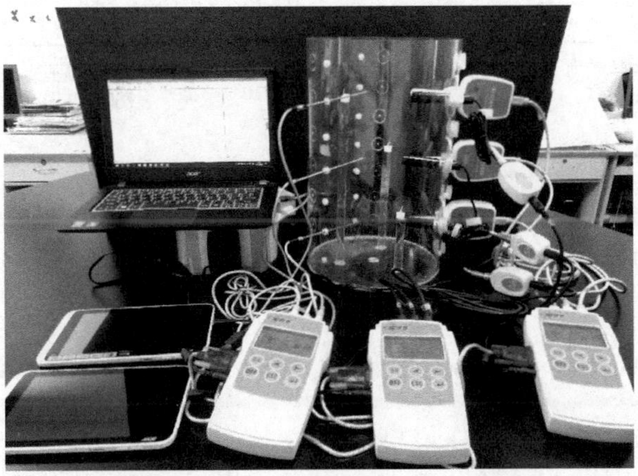

图1-35 520蜡烛燃烧装置实物图

的深入分析，有效解释了火灾发生时关键逃生策略的合理性，深化中小学学生对“燃烧与灭火”相关知识的理解，并有助于提高学生的消防意识及逃生技能。

通过基于手持技术的模拟实验呈现建筑火灾发生时的温度、烟气的变化，可作为中小学科学课程的探究案例。其亮点在于：①从定性到定量。将蜡烛在封闭容器内燃烧的实验从理论解释变为有数据支撑的研究，并从量化的角度分析建筑火灾逃生策略的合理性。②装置的改进与创新。通过设计创新装置，有效控制实验过程中主要额外变量，使实验结论更准确可靠，同时也培养学生严谨的科研意识。③建立化学实验与生活的联系。结合实验数据，可以协助解释消防知识的合理性，体现了化学实验对生活的指导意义。

该实验装置由钱扬义教授2016级研究生范婉贞研发，相关的实验论文《利用手持技术探究建筑火灾逃生策略的合理性——测量氧气含量、二氧化碳浓度和温度的变化》[19]已在核心期刊《化学教育（中英文）》发表。

（四）专利（软件著作登记权）

本团队开发的“520远程化学实验室软件”已在2009年获得了中国版权保护中心的计算机软件著作权登记证书。

（五）所获奖项

多年来，本团队在手持技术数字化实验研究领域收获了累累硕果，相关研究成果也在各级别的比赛或评奖中获奖。

1. 团队项目获奖情况

近年来手持技术数字化实验研究成果团队获奖情况见表1-12。

表1-12 近年来手持技术数字化实验研究成果团队获奖情况

项目名称	项目完成人	获奖情况
新世纪高师学生化学实验教学能力培养模式的改革与实践	钱扬义、吴德云	2001年基础教育省级教学成果奖二等奖 2001年华南师范大学教学成果奖一等奖
自主开发教育信息技术平台，强化高师生化学教师教育能力培养的实践研究	钱扬义、肖常磊、罗秀玲	2009年基础教育省级教学成果奖二等奖 2009年华南师范大学教学成果奖一等奖
高师院校混合编队教育实习模式十年实践与创新	陈冀平、钱扬义、邝丽湛、张旺君、张伟坤	2009年基础教育省级教学成果奖二等奖 2009年华南师范大学教学成果奖一等奖
创建两网三室四模式多基地数字化化学实验教学体系，培养高师生创新能力的15年研究与实践	钱扬义、肖常磊、罗秀玲	2015年华南师范大学教学成果奖一等奖
骨干专家型教师“五位一体”培养模式的研究与实践	林天伦、熊建文、何小亚、张军朋、钱扬义、彭上观、张伟坤、刘喆	2015年华南师范大学教学成果奖一等奖

2. 高师生获奖情况

在教学竞赛方面，本团队培养了一批优秀的高师生，协助其打造相关授课课题，在国家级、省级师范技能竞赛中表现出色。2013～2019 年，本团队培养高师生获国家级、省级奖项共计 30 人次，其中 9 人次国家级教学比赛获奖、21 人次省级教学比赛获奖，近年来手持技术数字化实验研究成果学生获奖（国家级）情况见表 1-13。其中，2013～2019 年本科生连续 6 届获得“东芝杯•中国师范大学理科师范生教学技能创新大赛”奖项，“东芝杯”是目前由教育部组织的规格最高、影响力最大的理科师范生教学技能竞赛，其化学科一等奖仅设 1 名（1/50），而“东芝创新奖”在数学、物理和化学三个学科中仅设 1 名（1/150），部分获奖证书如图 1-36 所示。该比赛获奖难、要求高，已经成为教师教育领域的一个品牌。

表 1-13　近年来手持技术数字化实验研究成果学生获奖（国家级）情况

奖励名称	授予单位	年份
第五届东芝杯・中国师范大学理科师范生教学技能创新大赛化学组三等奖	中华人民共和国教育部 教师工作司　国际合作与交流司	2013
第六届东芝杯・中国师范大学理科师范生教学技能创新大赛化学组三等奖	中华人民共和国教育部 教师工作司　国际合作与交流司	2014
第七届东芝杯・中国师范大学理科师范生教学技能创新大赛化学组一等奖	中华人民共和国教育部 教师工作司　国际合作与交流司	2015
第八届东芝杯・中国师范大学理科师范生教学技能创新大赛化学组二等奖	中华人民共和国教育部 教师工作司　国际合作与交流司	2016
全国青年科普创新实验暨作品大赛	中国科协科普部；共青团中央学校部	2017
第九届东芝杯・中国师范大学理科师范生教学技能创新大赛化学组二等奖	中华人民共和国教育部 教师工作司　国际合作与交流司	2018
第十届东芝杯・中国师范大学理科师范生教学技能创新大赛化学组二等奖 第十届东芝杯・中国师范大学理科师范生教学技能创新大赛“东芝创新奖”	中华人民共和国教育部 教师工作司　国际合作与交流司	2019

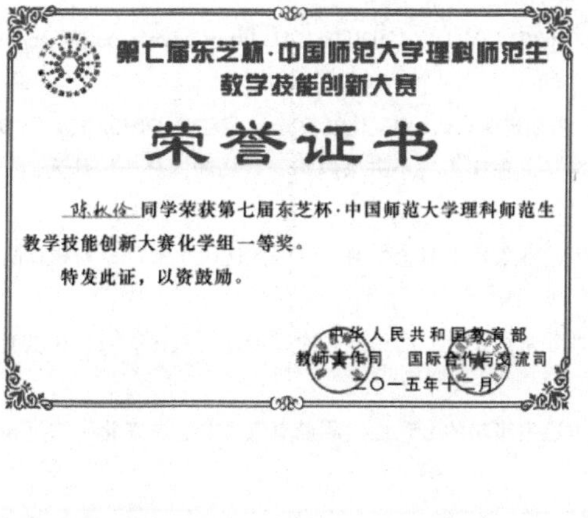

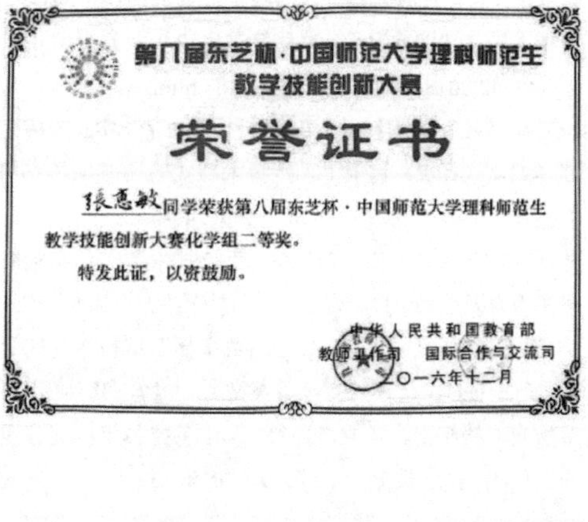

图 1-36　部分获奖证书

参 考 文 献

[1] 钱扬义，陈健斌，吴宗志，等. 应用“手持技术”测定不同物质溶解于水时溶液的温度变化—现代高科技与学科实验教学的整合研究[J]. 中学化学教学参考，2004，(4)：25-26.

[2] 苏玉娟. 比较视域下大数据技术的社会功能探析[J]. 安徽行政学院学报，2015，6（5）：104-107.

[3] 周世佳，殷杰. 山西省实施大数据战略：优势、差距及路径[J]. 理论探索，2014，(4)：108-111.

[4] 许美金. 手持技术在化学学科核心素养建构中的应用[J]. 福建基础教育研究，2018，(5)：106-107.

[5] 钱扬义，陈健斌，吴宗志，等. 在掌上实验室探究酒精灯火焰温度—得出不同的结论[J]. 化学教育（中英文），2003，(1)：39-41.

[6] 钱扬义，陈健斌，吴宗志，等. 利用掌上实验室（Lab in Hand）进行溶解氧的探究[J]. 化学教育（中英文），2003，(11)：41-43.

[7] 钱扬义. 手持技术在理科实验中的应用研究[M]. 北京：高等教育出版社，2003.

[8] 钱扬义. 手持技术在研究性学习中的应用及其心理学基础[M]. 北京：科学出版社，2006.

[9] 钱扬义，叶静怡，邓峰，等. 手持技术在化学学习中的应用与建模研究[M]. 北京：科学出版社，2009.

[10] 邓峰. 基于手持技术的高中化学教学模式（HBCIM）的构建及其研究[D]. 广州：华南师范大学，2007.

[11] Nakhleh M B，Krajcik J S. Influence of levels of understanding as presented by different technologies on students' understanding of acid，base，and pH concepts[J]. Journal of Research in Science Teaching，1994，31(10)：1077-1096.

[12] 中华人民共和国教育部. 教育信息化十年发展规划（2011—2020 年）[EB/OL].（2012-03-13）[2020-08-14]. http://www.moe.gov.cn/ srcsite/A16/s3342/201203/t20120313_133322.html.

[13] 王立新，钱扬义，苏华虹，等. 手持技术数字化实验与化学教学的深度融合：从“研究案例”到“认知模型”—TQVC概念认知模型的建构[J]. 远程教育杂志，2018，36（4）：104-112.

[14] 中华人民共和国教育部. 教育信息化 2.0 行动计划[EB/OL].（2018-04-18）[2020-08-14]. http://www.moe.gov.cn/srcsite/A16/s3342/201804/t20180425_334188.html.

[15] 张惠敏，钱扬义，李绮琳，等. 手持技术数字化实验支持下的“盖斯定律”认知[J]. 化学教育（中英文），2020，41（9）：90-97.

[16] 苏华虹，钱扬义. 基于“手持技术”实验比较液体有机物分子间作用力大小—以醇类同系物和同分异构体为例[J]. 化学教育（中英文），2017，38（15）：49-54.

[17] 林丹萍，钱扬义，王立新，等. 手持技术数字化实验支持下的抽象化学概念学习—以探究比较丁醇同分异构体的分子间作用力大小为例[J]. 化学教育（中英文），2020，41（1）：74-78.

[18] 黄毓展，钱扬义，林建芬. 运用数字化手持技术探究“蜡烛非常规熄灭”的原因—通过测量二氧化碳浓度和温度的变化进行验证[J]. 化学教育（中英文），2017，38（1）：63-69.

[19] 范婉贞，钱扬义，王立新，等. 利用手持技术探究建筑火灾逃生策略的合理性—测量氧气含量、二氧化碳浓度和温度的变化[J]. 化学教育（中英文），2018，39（21）：63-69.

第二章 Chapter 2

手持技术数字化实验教学理论的创立

核心观念（大概念）

1. 手持技术数字化实验开发的“TQVC”理论
2. 手持技术数字化实验结果分析的“四重表征”理论
3. 手持技术数字化实验过程的“问题解决心理机制”理论
4. 手持技术数字化实验支持下的“化学概念结构”理论
5. 手持技术数字化实验的教学应用“三环节论证”理论

在22年的探索期间，本团队从实验开发、教学应用和培训推广三个角度，共创立了九大手持技术数字化实验教学理论[1-4]。包括手持技术数字化实验开发的“TQVC”理论、手持技术数字化实验结果分析的“四重表征”理论、手持技术数字化实验过程的“问题解决心理机制”理论、手持技术数字化实验支持下的“化学概念结构”理论、手持技术数字化实验的教学应用“三环节论证”理论、手持技术数字化实验案例与教学案例评价理论、手持技术数字化实验慕课应用混合式教学理论、手持技术数字化实验培训应用的“一体化”理论和手持技术数字化实验推广应用的“U-G-2E-S”理论。理论之间的关系如图2-1所示。

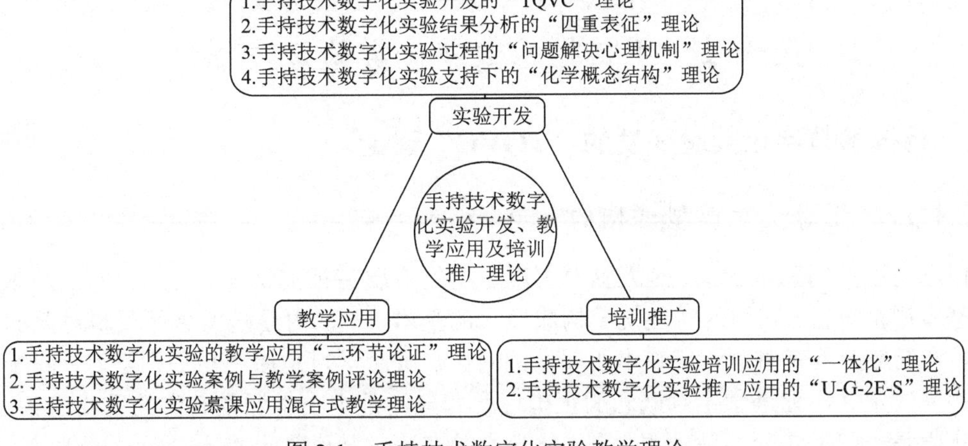

图2-1　手持技术数字化实验教学理论

本章详细介绍了这九大手持技术数字化实验开发、教学应用及培训推广理论，从“教”“学”“评”“研”“训”“广”六个角度，从理论上回答中学教师如何教、学生如何学、教师如何评价学习效果、教研员和教师如何进行相关研究、教育局如何开展培训、政府部门如何推广等问题。九大理论与解决的问题之间的对应关系见表 2-1。

表 2-1　九大理论主要解决的问题

解决的问题	理论
教、学	手持技术数字化实验的教学应用“三环节论证”理论、手持技术数字化实验慕课应用混合式教学理论
评	手持技术数字化实验案例与教学案例评价理论
研	手持技术数字化实验开发的“TQVC”理论、手持技术数字化实验结果分析的“四重表征”理论、手持技术数字化实验过程的“问题解决心理机制”理论、手持技术数字化实验支持下的“化学概念结构”理论
训	手持技术数字化实验培训应用的“一体化”理论
广	手持技术数字化实验推广应用的“U-G-2E-S”理论

教学应用“三环节论证”理论是基于手持技术数字化实验的论证式教学的理论指导。手持技术数字化实验慕课应用混合式教学理论介绍基于慕课的教学方式和教学模式。手持技术数字化实验案例与教学案例评价理论构建了手持技术数字化实验案例评价量表与教学案例评价量表的设计框架。手持技术数字化实验开发的“TQVC”理论和“化学概念结构”理论帮助教师分析学生的概念认知过程、掌握学生的概念认知规律，为教师开发有效帮助学生概念认知的手持技术数字化实验案例提供理论指导。“四重表征”理论帮助学生对实验现象、曲线图等结果进行分析，有助于对实验及其实验原理有更全面、透彻的认识。“问题解决心理机制”理论有助于中学化学教师分析学生在应用手持技术开展实验探究活动时的问题解决心理机制。手持技术数字化实验培训应用的“一体化”理论为设计培训相关培训资源、课程环节的科学整合提供指导理论。“U-G-2E-S”理论介绍如何通过多方合作，互利共赢，最大限度地促进手持技术数字化实验的推广应用。

第一节　手持技术数字化实验开发理论

一、手持技术数字化实验开发的“TQVC”理论

（一）TQVC 概念认知模型建构的背景

概念是思维的基本形式，是人脑对客观事物的本质特征的认识。内涵和外延是概念的两个基本逻辑特征，它们的辩证统一构成概念的基本内容，内涵是概念所反映对象的本质属性，外延是指具有概念所反映本质属性的对象。概念学习是原理与规则学习、问题解决学习的先决条件，促进学生对概念的正确理解和建构是中小学课堂教学的重要任务。

化学是一门以实验为基础的学科，化学实验在化学教学中占有十分重要的地位。在手持技术数字化实验与化学教学的动态融合过程中，各类型研究案例在化学学科的科学教学

实践中均发挥出极为重要的促进作用，现阶段案例层面的研究众多，但尚未凝练出有效针对概念学习的实验案例开发思路模型。

化学教学中常常涉及很多抽象概念，学生无感性认识基础，在现有的认知发展水平上难以科学感知与建构概念内涵。手持技术具有定量化、可视化、实验操作过程与动态曲线可同步录像并反复播放等特点，将其作为认知工具，有助于学生克服抽象化学概念学习中的认知难点。那么，手持技术数字化环境下学生建构抽象概念经历了怎样的认知过程呢？

钱扬义教授的博士研究生王立新[5]于 CSSCI 期刊《远程教育杂志》上发表的《手持技术数字化实验与化学教学的深度融合：从“研究案例”到“认知模型”——TQVC 概念认知模型的建构》给出这一问题的答案。

TQVC 概念认知模型是本团队经过 22 年的不断探索，将手持技术研究从宏观层面的“研究案例”开发，逐渐深入至微观层面的“认知模型”建构的重要研究成果，其为开发有效帮助概念认知的手持技术数字化实验案例提供了理论指导。

（二）TQVC 概念认知模型建构的过程与内涵

1. TQVC 概念认知模型的理论基础

TQVC 概念认知模型以认知建构主义学习理论为基础，该理论的学习观认为，学生不是被动的信息吸收者，而是意义的主动建构者，外在信息的意义是通过学习者新旧知识的反复相互作用过程建构起来的[6]，学习并不是信息的简单积累，还包括由于新旧经验的相互冲突而引发的观念的转变和认知结构的重组。在建构新知的过程中，需要为学习者提供“先行组织者”——先于学习任务本身呈现的一种引导性材料，这样才能让学习者清晰地将认知结构中的原有观念和新的学习任务建立关联。

2. TQVC 概念认知模型的建构过程

1）建立化学概念与手持技术数字化实验的实质关联

化学概念的科学学习依赖于实验中获得的感性知识，从感性知识中抽取共同特点加以概括则得概念。任何一个化学概念都可以设计成实验进行教学，而任何一个实验都必须包括两个要素：可操作的实验对象（物质）和可观测的实验变量（属性），因此借助手持技术数字化实验帮助学生建构某一目标概念时，首先需确定与这一概念相关联的可操作具体物质和可测量具体属性。

学生在学习目标概念时，认知结构中已存在大量的与之相关的日常生活经验和已习得的科学知识，如果目标概念可以与认知结构中的已有知识建立起实质关联，则概念的科学建构更易于完成[7]，因此，目标概念的关联物质与关联属性最好从学生的认知结构中寻找。另外，手持技术智能实验系统包括多种与某一属性对应的属性传感器，可测量的科学数据有温度、pH、电流、电压、光强度、力、气压、溶解氧、电导率、二氧化碳浓度、色度等，因此，目标概念的关联属性须是可以通过手持技术某一属性传感器直接测量的物理量或化学量。

2）分析手持技术环境下的概念认知过程

手持技术数据采集器具有同时与多个传感器连接、采集物质或环境的多种属性。教师在设计手持技术数字化实验时，可选取与目标概念关联的若干种具体物质作为实验对象，精确测量、直观呈现、综合比较这几种具体物质所表现出来的目标概念关联属性，将目标概念的本质内涵展现在学生面前，帮助学生在现有认知发展水平上，体验概念的生成过程，实现陌生概念的科学建构。通过对已有研究案例的分析发现，手持技术环境下的概念认知过程主要包括如下内容：

①转化。学生在教师的科学引导下，从目标概念出发，用适当的方式表征目标概念与认知结构中已有知识间的联系，将陌生的抽象概念逐步转化为熟悉的概念关联属性，转化后的关联属性可通过手持技术某一传感器直接测量；

②量化感知。利用手持技术数字化实验实时、精确地测量由目标概念转化而来的关联属性，让学生在定量思维中量化感知目标概念的属性变化，构建起使新旧知识相互联系的桥梁，降低新概念学习的陌生感；

③视觉感知。抽象知识的科学学习离不开感性材料的支持，手持技术及其配套软件所绘制的属性曲线图像具有直观性、可视性的特点，可为学生建构抽象的目标概念提供强有力的感性支撑，并在学生头脑中生成可操作的曲线图像，克服概念学习中的认知难点；

④比较。学生根据已有的知识背景比较多条曲线，并对曲线所负载的信息进行深入的分析、解释及推理，最终将新旧知识建立起实质性的、非人为的联系，实现陌生抽象概念的科学感知与建构。

对以上 4 个认知过程进行整合，提出基于手持技术数字化实验的 TQVC 概念认知模型，即转化、量化感知、视觉感知、比较概念认知模型。

3. TQVC 概念认知模型的内涵

TQVC 概念认知模型是以认知-建构主义学习理论为理论基础，以手持技术数字化实验为技术支持，学习者将目标概念的关键内涵转化为认知结构中已有的概念关联属性，再量化感知由手持技术某种属性传感器同步测得的多种目标概念关联物质的属性数据，并进一步视觉感知直观的属性曲线，在比较参照思维中科学建构抽象概念的认知模型。模型内容如图 2-2 所示。

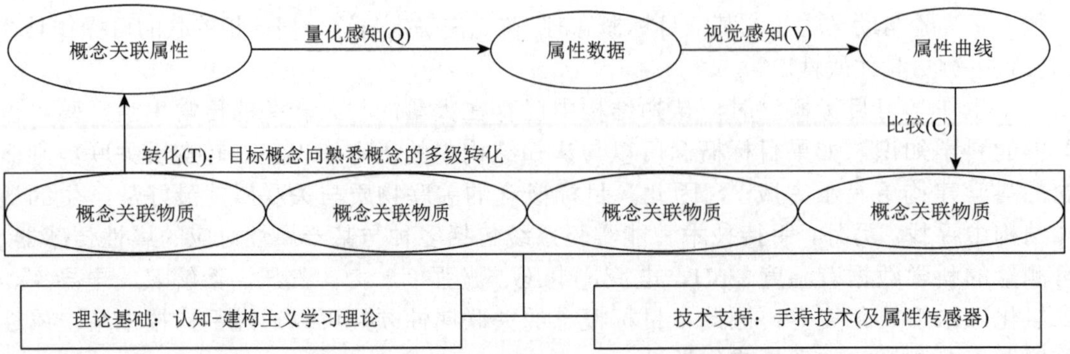

图 2-2　基于手持技术数字化实验的 TQVC 概念认知模型

（三）TQVC概念认知模型应用的具体案例

1. 微观概念“分子间作用力”的认知现状

分子间作用力是把分子聚集在一起的作用力，是人教版（2004版）高中《化学》必修2及选修3的核心概念。关于其大小的比较，教材中仅用一句话概括：对于组成和结构相同的物质，相对分子质量越大，分子间作用力越大；分子的极性越大，分子间作用力也越大。由于分子间作用力不可直接测量，且高中阶段还没有涉及与分子间作用力本质内涵相关的原理，传统教学尚停留在学生对“分子间作用力”相关规律的机械记忆上。为了帮助学生从微观层面科学地感知和比较不同分子的分子间作用力大小，需将分子间作用力转化成学生可以感知到的认识水平，采用符合学生认知发展水平的手段进行教学。

本团队利用手持技术温度传感器比较分子间作用力的大小，通过直观、简单易操作的实验手段促进学生对微观概念“分子间作用力”的科学建构，该案例是基于手持技术数字化实验的TQVC概念认知模型的具体实践应用。

选取高中微观化学概念“分子间作用力”为例，详细说明TQVC概念认知模型如何应用于教学实践[8]。案例中采用的手持技术数字化实验是指由数据采集器、4个相同型号的接触式温度传感器（–40～135 ℃）及配套软件组成，并能与计算机连接的实验技术系统。该系统通过温度传感器探头与待测物质直接接触，能实时定量地测量待测物质的温度及其变化，并在电脑屏幕上为学生呈现直观可视的温度曲线图像。

2. “分子间作用力”TQVC概念认知模型的四个阶段

1）转化

由人教版（2004版）高中《化学》必修2的教材可知，分子间作用力在宏观层面会影响由分子构成的物质的蒸发过程，蒸发是在任何温度下都能发生并只发生在液体表面的液体汽化过程，微观层面上表现为液体表面有一些分子脱离液体体系，变成气态分子的过程，该过程需要消耗能量来克服分子间的作用力，导致剩余液体的能量降低，温度下降。

在教学中，学生在教师的引导下，对分子间作用力与蒸发过程温度变化的关系，可以理解为以下层面：分子间作用力越小的液体，表面分子越容易克服分子间作用力而“跑掉”；在一定时间内，蒸发得越多，对剩余液体的能量消耗越多，其温度下降速度也越快。因此，可以通过测量、比较相同时间、等体积的同类液体物质在蒸发过程中剩余部分液体的温度来定量比较它们的分子间作用力大小。

2）量化感知

设计手持技术数字化实验，将分子间作用力转化成液体分子蒸发后剩余液体分子的温度进行表征和比较，帮助学生建构“分子间作用力”概念。过程如下：选取常温下易挥发且结构相似的液体——甲醇、乙醇、正丙醇、正丁醇进行实验，在四个型号相同的温度传感器的有效部位（探头）卷上相同大小的白纱布，将卷有白纱布的温度探头①、②、③、④分别同时浸入装有甲醇、乙醇、正丙醇和正丁醇的烧杯中，以润湿白纱布，再经过 5 s 后，同时将四个温度探头提起来，平行放在实验架上，液态醇即开始在温度探头上蒸发，实时观察温度读数的变化。实验装置如图 2-3 所示。

3）视觉感知

分子间作用力经转化为温度曲线后，具有可视性，手持技术数字化实验可呈现出直观可视的温度曲线图像，学生通过图像可以直观地看到四种液态醇的温度下降速率顺序，进而通过视觉通道感知它们的分子间作用力大小。

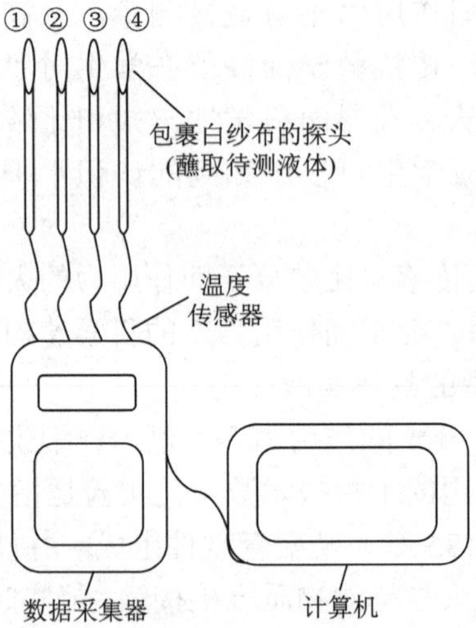

图 2-3　手持技术数字化实验装置

4）比较

学生对分子间作用力的认知可通过实时比较四种相似物质蒸发时剩余液体的温度曲线而间接完成。四种液态醇的温度下降速率顺序：甲醇＞乙醇＞正丙醇＞正丁醇，通过分析得出，四种液态醇分子间作用力大小顺序：正丁醇＞正丙醇＞乙醇＞甲醇。学生表面上比较的是曲线变化，实质上比较的是分子间作用力及分子结构。上述四种醇类其分子间色散力是主要的分子间作用力，而分子间产生色散力的前提是分子发生变形，导致分子电荷分布不均匀，并在内部形成瞬时偶极矩，因此分子越易变形，分子间的色散力就越大。学生尽管在中学阶段尚未能理解分子间作用力本质，但通过实验事实，并对曲线进行比较分析，有助于其进一步印证并理解教材中呈现的规律——组成和结构相似的物质，相对分子质量越大，分子间作用力越大。

（四）TQVC 概念认知模型的应用效果与优势

1. 针对学习者开展的教学实验研究

以“分子间作用力”概念学习为例，针对学习者开展教学实验研究，验证模型的应用效果。研究对象选取（广东省）佛山市第一中学的高一学生 30 名（年龄范围 15～17 岁），其中男生 15 名，女生 15 名，最近一次化学学习成绩高、中、低三个水平各 10 名。

研究工具采用自编的手持技术支持下“分子间作用力”概念学习过程问卷，问卷由 8 个开放性问答题构成，用于调查“分子间作用力”TQVC 概念认知模型的应用可行性和应用有效性。调查内容主要包括：①学生现有的认知发展水平能否理解分子间作用力与能量的关系，能否理解能量与温度的关系？②学生将分子间作用力转化为认知结构中已有概念“温度”是否具有可行性？③手持技术提供的精确数据、直观曲线、同步比较等环节是否对概念建构有帮助，有哪些帮助？④如何通过比较温度及温度曲线建构“分子间作用力”概念？⑤TQVC 概念认知模型是否有助于学生建构“分子间作用力”概念（综合效果）？

教学前，研究者给每名参与者发放调查问卷（共 30 份）并做简要填答说明，实验中由研究者演示手持技术数字化实验案例——基于“手持技术数字化实验”比较液体有机物分子间作用力大小，实验结束时学生根据实验演示内容和自己的实际思考过程填答调查问卷，最后回收有效问卷 30 份。研究者浏览问卷并针对问卷填答不清楚的内容访谈学生，进一步获取学习过程信息。

30 位中学生填答后的原始问卷，经 3 名研究者共同整理成 2904 字文本资料并进行分析与统计，结果如表 2-2 所示。

表 2-2 “分子间作用力”TQVC 概念认知模型的应用效果

项目	文本资料统计
转化过程的可行性	理解能量与温度的关系（25）；理解分子间作用力与能量的关系（25）；蒸发后剩余分子能量越小，物质分子间作用力越小（22）；分子间作用力越大，分子越难蒸发，保留的能量越多（1）；液体蒸发，吸收能量，剩余分子温度降低（24）；能量越小，温度越低（1）
量化感知有效性	“精确数据”有帮助（27）；“精确数据”使实验结果更准确（4）；“精确数据”会使概念更清晰（1）；“精确数据”减少实验误差（1）；“精确数据”更具说服力（2）；“精确数据”建立联系，更好地理解（2）；“精确数据”科学性强（1）；“精确数据”利于数据分析（1）；“精确数据”便于记忆（1）；“精确数据”定量分析，形象呈现（1）
视觉感知有效性	“直观曲线”有帮助（20），“直观曲线”直接明了（一目了然）呈现分子间作用力大小（4）；“直观曲线”更直观、更形象展示抽象概念（11）；“直观曲线”易于观察（1）；“直观曲线”加深印象（1）；“直观曲线”便于记忆（1）；“直观曲线”更具体（1）；“直观曲线”更容易理解（2）；“直观曲线”理解更透彻（1）；“直观曲线”易于得出结论（1）；“直观曲线”发现新问题，与旧知识挂钩（1）；“直观曲线”比文字和数据更便于理解（1）；“直观曲线”有一个图像概念（1）（注：经访谈，此处学生想表达的意思是心理学中的“表象”）
比较建构有效性	通过“比较”知道，越容易蒸发的物质，温度下降越快，分子间作用力越小（1）；比较数据、图像更利于结论得出（1）；“比较”加深了对“分子间作用力”的认识（24）
TQVC 概念认知模型的综合效果	温度下降越快（变化量越大），分子间作用力越小（23）；温度曲线下降越快（曲线越陡，斜率越大），分子间作用力越小（24）
	手持技术可以用转化法更简洁明了地研究化学规律，注重逻辑思维的推导、联系（1）；手持技术可以通过温度与分子间作用力的关联让我们了解和学习分子间作用力（1）

注：括号内数字表示该表述在学生问卷中的出现频次

根据表 2-2 的研究结果可知：

①“分子间作用力”TQVC 概念认知模型在实际教学应用中具有可行性。学生在现有的认知发展水平上，可以将目标概念与认知结构中已有知识建立关联，且能正确、深入地理解目标概念与转化后概念之间的逻辑关系；

②“分子间作用力”TQVC 概念认知模型在实际教学应用中具有有效性。手持技术数字化实验中提供的精确数据、直观曲线，以及学生对数据和曲线的比较过程对学生科学建构“分子间作用力”确有促进作用，可有效帮助学生在现有认知水平上，借助手持技术数字化实验建构抽象复杂的微观概念。

2. 针对教学者开展的教学实验研究

以“分子间作用力”概念学习为例，针对教学者开展调查研究，评价模型的应用效果。

1）研究对象

研究对象为“国培计划（2016）”示范性项目——一线优秀教师培训技能提升研修项目高中化学研修班的 49 名化学老师，其中男教师 30 人，女教师 19 人，正高职称 3 人，副高职称 27 人，被试平均年龄 38 岁。该研究采用方便取样法，样本为来自全国各地资深的中学一线教师，对于国内在职中学化学骨干教师总体具有较好的代表性。

2）研究工具

采用自编的“分子间作用力”TQVC 概念认知模型评价问卷。问卷包括两个主要部分：①TQVC 概念认知模型简介部分，包括模型的提出背景、内容和应用，此部分的设置目的是让教师在充分了解模型的基础上进行评价；②TQVC 概念认知模型评价部分，此部分设置了 3 个维度，共 11 个项目，每个项目采用 5 点评分，1 代表不同意项目陈述，5 代表同意项目陈述，中间分数代表对项目陈述的中间态度。3 个维度分别是：①模型的可理解性；②模型的环节合理性；③模型的效能性。其中维度①设置了 5 个项目，分别用于评价模型“转化”环节、“量化感知”环节、“视觉感知”环节、“比较”环节及模型整体含义的可理解性；维度②设置了 4 个项目，分别用于评价模型中各具体环节的合理性；维度③设置了 2 个项目，用于评价模型环节与学生认知过程的一致性、模型对学生认知过程的反应能力。

问卷信度检验：该次调查所用问卷具有良好信度，三个维度的内部一致性系数如表 2-3 所示。

表 2-3　问卷第二部分 3 个维度的信度分析

维度	①	②	③
克朗巴哈（Cronbach）α 系数	0.811	0.737	0.724

问卷效度检验：采用验证性因素分析对问卷的结构效度进行检验，结果表明问卷具有良好结构效度。检验结果表 2-4 所示。

表 2-4　问卷结构效度检验结果

χ^2|d*f*	*RMSEA*	*SRMR*	*IFI*	*TLI*	*CFI*
1.187	0.076	0.0816	0.968	0.946	0.965

注：χ^2|d*f* 指卡方值，与 *RMSEA* 和 *SRMR* 合并代表绝对拟合度指标，*IFI*、*TLI*、*CFI* 代表增值拟合度指标

3）研究过程

2016 年 11 月 23 日下午 15∶30 在华南师范大学基础教育培训与研究院进行调查，发放问卷 49 份，回收问卷 39 份，按一定标准剔除无效问卷后，得到 33 份有效问卷，最后将 33 份有效问卷的原始数据输入 SPSS 24.0 进行统计分析。

4）研究结果

“分子间作用力”TQVC 概念认知模型评价问卷各项目评分描述统计如表 2-5 所示。

表 2-5　“分子间作用力”TQVC 概念认知模型评价问卷各项目评分描述统计

评价维度	评价项目	N	评分均值/分	标准差
可理解性	模型整体含义的可理解性	33	4.55	0.617
	模型中 T（转化）的可理解性	33	4.55	0.617
	模型中 Q（量化感知）的可理解性	33	4.55	0.617
	模型中 V（视觉感知）的可理解性	33	4.64	0.742
	模型中 C（比较）的可理解性	33	4.30	1.045
环节合理性	模型中 T（转化）的环节合理性	33	4.45	0.666
	模型中 Q（量化感知）的环节合理性	33	4.45	0.666
	模型中 V（视觉感知）的环节合理性	33	4.45	0.666
	模型中 C（比较）的环节合理性	33	4.45	0.666
效能性	模型环节与学生认知过程的一致性	33	4.21	0.696
	模型对学生认知过程的反应能力	33	4.27	0.719

“分子间作用力”TQVC 概念认知模型评价问卷各项目实测分数与检验值 3 分（5 点计分的中间分）做单样本 t 检验，各项目实测分数均显著大于检验值（$p<0.01$）；将“分子间作用力”TQVC 概念认知模型评价问卷各维度实测分数与检验值（维度内各项目中间分之和）做单样本 t 检验，各维度实测分数均显著大于维度内各项目中间分之和（$p<0.01$）。

5）研究结论

根据表 2-5 描述统计结果和单样本 t 检验结果可知，教师群体对模型的可理解性、环节合理性及效能性评分在统计学水平上均显著高于客观中间分（中立评价），得出结论如下：①“分子间作用力”TQVC 概念认知模型具有较好的可理解性；②“分子间作用力”TQVC 概念认知模型具有较好的环节合理性；③“分子间作用力”TQVC 概念认知模型具有较好的效能性。

3.　“分子间作用力”TQVC 概念认知模型中手持技术的突出优势

根据手持技术环境下学生的概念认知过程分析得出，转化环节，学生通过联系生活常识和已学的科学知识在教师的问题引导下可完成，此环节具有多重含义，也是后续环节的重要铺垫。转化环节之后，手持技术开始发挥独特作用，具体如下。

1）定性结论精确化

分子间作用力不可直接测量，传统教学中呈现给学生的是一条定性结论。而在“分子间作用力”TQVC 概念认知模型中，分子间作用力经转化为温度后，具有了可测量性，实验数据的精确度可达 0.5%，相对于传统教学中的定性结论更具有说服力，使学生在定量思维中量化感知抽象概念。

2）微观本质直观化

手持技术所提供的温度曲线图像具有直观性特点，这种直观更侧重宏观实验现象之外，由微观本质转化而来的视觉直观刺激，为感性认识提供强有力支撑，能有效地帮助学生直观地形成表象，促进“分子间作用力”这一概念的科学建构。

3）片面信息综合化

高中生因自身认知发展水平有限，对抽象知识的理解存在片面性（容易顾此失彼）和表面性（难以深度感知），手持技术数字化实验中的同步比较，可弥补高中生辩证逻辑思维发展的不足。学生不仅可以直观观察一条曲线的特点，分析曲线峰值、拐点及各个时刻所代表的含义，还可以同时综合比较多条曲线，在比较参照思维中，科学建构抽象概念。

4）减轻工作记忆阶段的认知负荷

工作记忆是人在认知任务过程中暂时加工和储存信息的记忆系统，其容量有限，成年人的工作记忆容量是（7±2）个组块，中小学生则更少一点。工作记忆的容量限制个体理解，当认知任务超出容量范围时，机械记忆便成为学习的唯一途径，这将导致最低限度的理解。认知负荷是指认知活动中工作记忆的负荷。工作记忆容量虽有限，但可以变化组块规模与复杂程度，一个图式可作为一个组块被加工。TQVC 概念认知模型中手持技术所提供的直观曲线，可帮助学生实现零散、孤立知识的图式化，在有限工作记忆容量内，以新建构的图式作为组块，减轻认知负荷，释放认知资源空间用于后续信息加工及元认知监控，进而科学建构抽象概念，其作用过程如图 2-4 所示。

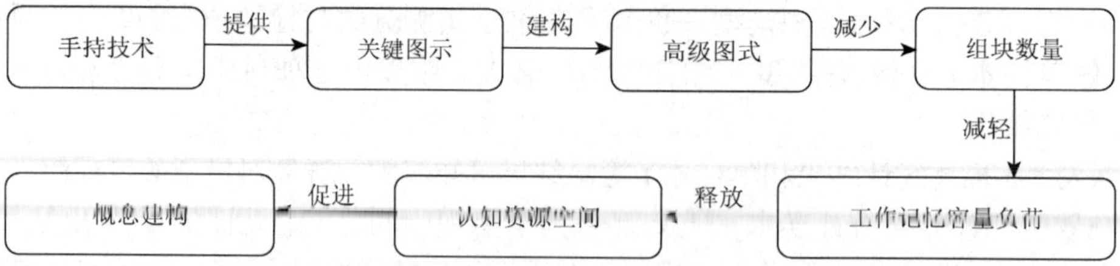

图 2-4　手持技术数字化实验在概念学习工作记忆阶段的作用过程

（五）TQVC 概念认知模型的引用

TQVC 概念认知模型将有助于教育工作者从心理学角度认识学生在手持技术环境下进行概念学习的认知规律，开发帮助概念学习的实验案例，在化学教育实践中科学有效地开展基于手持技术的信息化概念教学。TQVC 概念认知模型在《化学教育（中英文）》期刊 2020 年第 1 期封面刊载，截至 2020 年 2 月，有关 TQVC 概念认知模型的研究文献共 8 篇，对文献的研究主体、第一作者、发表年份、文献类型、文献来源、被引频次、成果类型、研究内容、教学内容、课型等方面进行分类，具体分析结果如表 2-6 所示。

表 2-6　“TQVC 概念认知模型”相关文献的分类统计

序号	研究主体	第一作者	发表年份	文献类型	文献来源	被引频次	成果类型	研究内容	教学内容	课型
1	本团队	王立新	2017	J	电化教育研究	10	理论研究	手持技术支持下概念学习的“多重转化、比较建构”认知模型——以“温室效应”概念学习为例	—	—
2	本团队	王立新	2018	J	远程教育杂志	9	理论研究	手持技术数字化实验与化学教学的深度融合：从“研究案例”到“认知模型”——TQVC 概念认知模型的建构	—	—
3	本团队	麦裕华	2019	J	现代教育技术	0	实证研究	教师对手持技术实验的态度探析——基于对“国培计划（2018）”H 大学化学研修班参训教师的问卷调查	—	—
4	本团队	王立新	2019	J	中小学数字化教学	1	理论综述	认知心理学视角下探究化学实验中手持技术的应用	—	—
5	本团队	朱庆	2019	J	化学教学	0	实证研究	化学教师对手持技术数字化实验应用的态度调查	—	—
6	本团队	陈秋伶	2020	J	化学教育（中英文）	0	实证研究	利用手持技术数字化实验促进学生原电池概念认知	原电池	概念课
7	本团队	林丹萍	2020	J	化学教育（中英文）	0	实证研究	手持技术数字化实验支持下的抽象化学概念学习——以探究比较丁醇同分异构体的分子间作用力大小为例	分子间作用力	实验课
8	本团队	李绮琳	2020	J	化学教育（中英文）	0	实证研究	利用手持技术数字化实验促进学生对配合物概念的学习	配合物	概念课

二、手持技术数字化实验结果分析的“四重表征”理论

（一）“四重表征”理论的提出背景

多重表征是化学概念教学的重要方法，能帮助学生通过化学概念的各种表征形式进行有意义学习，让学生的认知结构均衡发展。多重表征理论与化学概念教学的整合一直都是研究的焦点。Johnstone[9, 10]在 1982 年提出并于 1993 年完善的三重表征是多重表征最早的形式，国内对三重表征的研究起于毕华林[11]，三重表征具体指“宏观-微观-符号”（图 2-5）。1994 年，Nakhlehh 和 Krajcik[12]认为化学学科应该在宏观、微观、符号 3 种表征水平的基础上增加代数表征水平，其主要通过公式和图解来表示和处理物质的相互关系。

本团队经过深入分析，认为公式应属于符号表征，而代数表征的图解在化学中主要指

曲线，曲线并不属于符号表征，因此，钱扬义教授研究生刘彩燕[13]在其学位论文《高中化学概念的四重表征教学模式的设计与应用研究》中首次提出可增加“曲线表征”这一与传统观点不同的、结合信息技术的新观点，以解决实验实践中的曲线分析问题；此外，随着化学学科“定性—定量”的发展，以及具有即时收集数据和自动生成曲线的数字化手持技术逐步得到推广，曲线成为了化学教学的一种重要表征形式，由此提出“宏观-微观-符号-曲线”的四重表征教学模式（tetra-representation teaching model，TRTM）（图 2-6）。此外，四重表征教学模式也于 2009 年收录于钱扬义教授的著作《化学概念与化学“学科关键词”的学习与认知》[14]中。

图 2-5　三重表征模型的结构

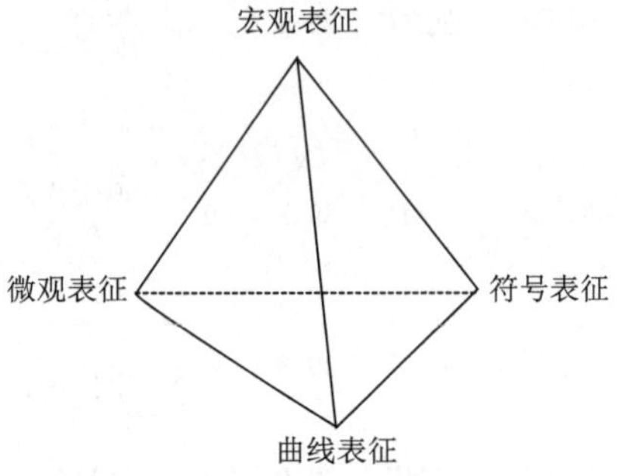

图 2-6　四重表征模型的结构

（二）四重表征教学模式的发展历程——反复实践、思考的结晶

四重表征教学模式的形成与完善经历了三个阶段。

第一阶段（2003～2009 年）是模式酝酿与形成阶段。

本团队基于传统的三重表征及 Nakhled 和 Krajcik[12]增加的“代数表征”，并以手持技术数字化实验即时收集数据和自动生成曲线作为技术背景，提出了四重表征教学模式。

第二阶段（2010～2014 年）是模式实践与积淀阶段。

本团队依托中小学研究与应用基地和高校联合研究基地，通过校外实践的方式传播四重表征教学模式的影响，其在国内化学教学中的应用研究已经初具规模。在探索四重表征教学模式运用于化学教学的实践中，尝试结合 POE［predict（预测）-observe（观察）-explain（解释）］、PDEODE［predict（预测）-discuss（讨论）-explain（解释）-observe（观察）-discuss（讨论）-explain（解释）］、SOLO［structure of the observed learning outcome（可观察的学习结果的结构）］分类理论等多种教学策略进行化学概念及原理的教学实践。在评价教学效果时，除了采用传统的纸笔测试、调查问卷、访谈等研究方法外，还尝试利用互动课堂反馈系统，以期在课堂上及时掌握学生的学习动态。

在此阶段，研究者不满足于四重表征教学模式的教学实践研究，开始探索四重表征在高考中的应用研究、培养学生化学观念的教学实证研究、多重表征转换能力测查研究及开发基于四重表征的手持技术数字化实验等。

在四重表征教学模式内涵的拓展与完善方面，钱扬义教授的研究生刘国英[15]提出基于加涅学习条件论的“化学三层次四模式教学模型”，为其作出了突出贡献。

第三阶段（2015 年至今）是模式深入应用及推广阶段。

本团队通过“国家级骨干教师培训”“省级骨干教师培训”“中学名师培养”等方式为四重表征教学模式的进一步应用提供更加广阔的平台，四重表征教学模式得到丰富与发展，涌现一大批优质的四重表征教学模式教学实践研究及手持技术数字化实验创新案例。

钱扬义教授的研究生林建芬在前人研究的基础上，建构系统化的四重表征内涵理论，提出其外显和内隐两重含义，并划分学生四重表征能力水平的要求[16]。陈益和孙夕礼[17]梳理十余年我国多重表征研究的成果，指出四重表征在化学教育研究领域已成为指导化学教育者、课程和软件开发者及教科书编制者工作的理论框架。钱扬义教授的研究生徐敏姗[18]在化学学科核心素养的背景下，研究四重表征教学模式对发展中学生模型建构能力的效果。

在此阶段，四重表征教学模式的教学实践不再局限于化学学科。在 2017 年，李金月首次在生物学科进行四重表征的教学实践研究。研究领域的拓展及实践研究成果的不断丰富，标志着四重表征的研究从专家团队的引领示范扩展到广泛教育工作者的积极参与，这也表示四重表征受到了前所未有的关注，未来将掀起四重表征的研究热潮。

（三）四重表征教学模式的内涵

四重表征教学模式是一种将宏观表征、微观表征、符号表征、曲线表征有机结合并应用于教学的模式。其内涵及说明如表 2-7 所示。四重表征相互联系，组成一个有机整体，有助于学生全面、透彻地认识和理解化学物质及其变化，同时也能培养学生对定量图像信息处理的能力。

表 2-7 四重表征的内涵及说明

四重表征	定义与内涵	举例说明
宏观表征	指可直接感知到的宏观层面信息的表征	物质及其性质、物质变化产生的现象、物质的存在与用途等
微观表征	指构成物质的微观层面信息的表征	微观粒子组成与结构、运动及相互作用、反应机理等
符号表征	指表示物质或微粒的组成、结构、性质等符号层面信息的表征。符号表征是宏观和微观信息的高度概括，也是其他三重表征之间的桥梁	①表示元素、原子的符号，如元素符号、离子符号； ②表示物质组成和结构的符号，如原子核外电子排布式、化学式、电子式及结构式等； ③物质变化的符号，如化学方程式、离子方程式、电子转移等
曲线表征	通常是以数字化手持技术作为技术手段获得的能表示物质变化的物理量与时间的关系的点的集合	pH 曲线、透光率曲线、电导率曲线和压强曲线等

钱扬义教授的研究生林建芬[19]于 2015 年丰富了四重表征教学模式的内涵，她提出从学习表征的角度来看，“四重表征”具有外显和内隐两重含义：①从外显学习表

征分析，四重表征是指宏观现象、微粒作用、符号系统、曲线图像等知识的外在呈现形式，如探究教学中教师呈现的外部学习信息——宏观现象的文本描述、微粒的动态模拟、匹配的反应方程式和曲线的图像变化；②从内隐学习表征分析，四重表征是指学生个体由所经历的这 4 类知识的外在经验来建构内在的、动态的心智模式，是学生个体用来推理预测实验现象、描述解释实验事实的一种内隐表征模式，如科学探究过程中学生在头脑中输入宏观实验现象等信息、构建微粒作用的模型、书写反应方程式和预测解释曲线图像。因此，四重表征教学模式多用于定量实验研究，提高实验教学的有效性，增强科学探究的指向性。

（四）学生四重表征能力水平的划分

钱扬义教授的研究生林建芬[19]提出学生的四重表征能力水平均可以划分为四个水平，具体如表 2-8 所示。

表 2-8　学生四重表征能力水平的划分

表征形式	学生的四重表征能力水平
宏观表征	水平 1：了解参与反应的物质及其性质 水平 2：预测可能出现的实验现象 水平 3：描述实验过程与实验现象 水平 4：解释现象变化与探究结果
微观表征	水平 1：知道微粒的组成和相互作用 水平 2：理解微粒表征所诠释的实验事实 水平 3：运用微粒作用理论解释实验现象 水平 4：建构微粒作用模型解决实验问题
符号表征	水平 1：了解化学符号及其相应表达式的含义 水平 2：建立化学符号之间的相互联系 水平 3：用化学符号多角度表征实验事实 水平 4：用化学符号的组合表达思维过程
曲线表征	水平 1：从定量角度认识化学反应中的物理量 水平 2：推理相关物理量间的定量关系 水平 3：预测解释曲线的变化趋势 水平 4：根据曲线上数据进行定量计算

（五）四重表征教学模式的教学环节

1. 基于 POE 教学策略的四重表征教学模式教学环节设计

POE 教学策略是指按照“预测-观察-解释”（predict-observe-explain）进行教学的策略。基于 POE 教学策略，四重表征教学模式一般按照“宏观-符号-微观-符号-曲线”的顺序设计认知发展路径，在此基础之上，由教师引导学生进行四重表征间的转换。2011 年，钱扬义教授的研究生彭豪[20]以“酸、碱、盐在水溶液中的电离”一课为例，说明了基于 POE 教学策略四重表征教学模式具体的教学阶段，如表 2-9、图 2-7 所示。

表 2-9 基于 POE 策略的四重表征教学模式的 4 个教学阶段及举例

阶段	四种表征转化	教学阶段	举例
S1	宏观表征⟶符号表征	创设问题情境，引导学生预测与猜想实验现象，并把描述宏观现象与书写化学符号联系起来	（P-预测）预测并（O-观察）观察物质导电性实验（NaCl 固体、纯水、NaCl 溶液）的现象 （E-解释）解释 NaCl 溶液导电的原因：有自由移动的离子。（P-预测）根据初中知识预测 NaCl 溶于水解离的离子，并用电离方程式表示该过程：$NaCl \xlongequal{} Na^{+} + Cl^{-}$
S2	符号表征⟶微观表征	通过展示微粒图或运用软件模拟微粒运动、相互作用机理，引导学生从微观层面解释宏观实验现象	（O-观察）NaCl 在水中的溶解和电离过程的微观粒子示意图 （E-解释）NaCl 溶于水，与水分子形成能够自由移动的水合钠离子和水合氯离子
S3	微观表征⟶符号表征	开展基于小组合作的问题讨论，引导学生将微粒反应与化学符号建立联系	回顾 NaCl 电离方程式，小组讨论其他酸、碱、盐的电离方程式
S4	符号表征⟶曲线表征	引入手持技术数字化实验，激发学生实验探究的兴趣，使学生在头脑中形成“曲线表征”的图像，使学生学会分析曲线，培养学生曲线分析能力和定量探究思维	（P-预测）通过“灯泡越来越亮”预测电导率曲线的变化 （O-观察）将 NaCl 固体不断地加入蒸馏水中，通过手持技术测量溶液电导率的变化 （E-解释）：起初溶液的电导率为零，说明蒸馏水几乎不导电；随着 NaCl 固体的不断加入，溶解并产生大量的自由移动的离子，溶液的导电性发生了较大的变化，电导率不断上升，原因是自由移动离子的浓度逐渐增高，溶液的导电性不断增强

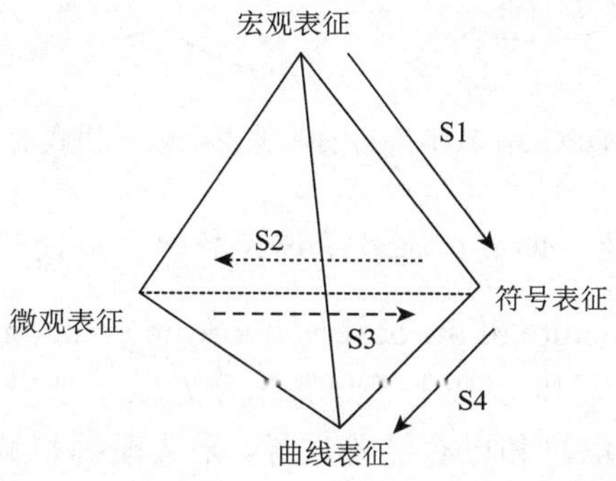

图 2-7 基于 POE 策略的四重表征教学模式的 4 个教学阶段

2. 基于 PDEODE 教学策略的四重表征教学模式教学环节设计

PDEODE 教学策略包括“预测、讨论、解释、观察、讨论、解释”6 个环节，是在 POE 教学策略上衍生和发展而来的新型教学策略，操作流程可以分为六个阶段：①教师设置实验问题情境，学生独立预测结果；②学生分组讨论预测观点；③组内形成共识，确定初步解释；④教师演示实验，学生观察记录现象；⑤组内合作分析，探讨预测和所观察现象间的差异；⑥组间学生解释差异，得出实验结论。

钱扬义教授的研究生林建芬[19]结合 PDEODE 教学策略和四重表征教学模式设计《金属电化学腐蚀》一课，穿插结合“一明一暗”两条教学思路，协助学生完成概念建构的过程，其中基于问题解决的六环节探究式教学是明线，基于 PDEODE 教学策略的 6 个阶段实验教学是暗线。教学流程分为 6 个阶段具体如表 2-10 和图 2-8 所示。

表 2-10　基于 PDEODE 教学策略的四重表征教学模式的 6 个教学阶段及举例

环节	教学阶段	举例
P-预测	提出探究问题	教师创设实验问题情境“在强酸、弱酸和中性条件下钢铁腐蚀时体系压强如何变化”，学生预测压强曲线
D-讨论	讨论探究问题	分组讨论、汇报，并展示预测曲线；讨论实验方案
E-解释	设计实验方案	组间交流、汇报预测曲线并对曲线走向进行解释；向全班汇报实验方案并解释设计依据
O-观察	手持实验探究	学生分组进行手持实验，收集压强曲线信息
D-讨论	四重表征分析	观察与描述现象（宏观表征）—建立微观模型、动画模拟微粒间反应（微观表征）—解释曲线走向（曲线表征）—书写电极方程式（符号表征）
E-解释	概念形成巩固	理解析氢腐蚀和吸氧腐蚀的概念、发生条件
	得出实验结论	延伸电化学腐蚀原理与防护方法

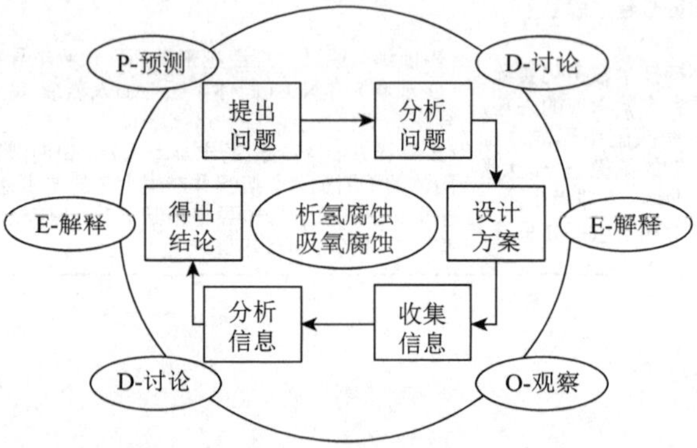

图 2-8　基于 PDEODE 教学策略的四重表征教学模式的 6 个教学阶段

3. 基于 SOLO 分类理论的四重表征教学模式教学环节设计

“SOLO”是英文“structure of the observed learning outcome”的缩写，意为可观察的学习成果结构。其对学生的思维水平由低到高划分为以下 5 个基本结构层次（图 2-9）：①前结构水平，学生被无关信息和已有经验误导，无法理解和解决问题；②单一结构水平，通过一个与问题相关的线索来建立问题和答案之间的联系；③多元结构水平，利用多个相互独立的线索和信息来连接问题与答案；④关联，学生能够将问题情境下的各个线索建立本质联系，使其成为一个有机整体；⑤拓展抽象，能够超越问题本身，归纳各种信息并进行更抽象的概括，使结构更加完整。钱扬义教授研究生韦新平[21]结合 SOLO 分类理论对“浓度对化学平衡的影响”进行四重表征教学模式教学，将其设计成 4 个环节，如表 2-11 所示。

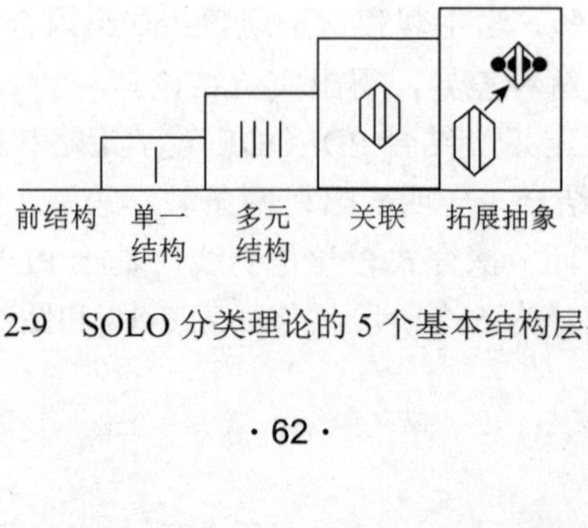

图 2-9　SOLO 分类理论的 5 个基本结构层次

表 2-11　基于 SOLO 分类理论的四重表征教学模式的 4 个教学环节

教学环节	SOLO 分类水平	四重表征水平	具体表现	举例
—	前结构水平	—	学生的前知识	—
环节 1	单一结构水平	宏观表征	设计并完成实验，观察实验现象	观察往重铬酸钾溶液中依次滴加氢氧化钠溶液和浓硫酸的现象
环节 2	多元结构水平	微观表征	模拟微粒运动，解释实验现象	播放微粒运动动画，描述 H^+、$Cr_2O_7^{2-}$ 、CrO_4^{2-} 等离子数量变化
环节 3	关联水平	“宏观-微观-符号”三重表征	结合化学符号进一步解释宏观现象与微粒运动	结合重铬酸钾溶液中存在的平衡及实验现象、微观动画解释原因 $Cr_2O_7^{2-}$（橙色）$+ H_2O \rightleftharpoons 2CrO_4^{2-}$（黄色）$+ 2H^+$
环节 4	拓展抽象水平	“宏观-微观-符号-曲线”四重表征	预测实验曲线趋势，引入数字化手持技术，完成数字化手持实验，导出曲线，并从“宏观-微观-符号-曲线”四个维度对曲线进行分析	运用手持技术测定向重铬酸钾溶液中分别滴加氢氧化钠溶液和浓硫酸的透光率曲线图。结合宏观现象、微观粒子动画、可逆反应及生成的透光率曲线加深对化学平衡的认识

（六）四重表征教学模式的作用与价值

四重表征教学模式的最大意义在于将化学教学与互联网工具和传感器等强大电子信息技术融为一体。四重表征教学模式的提出具有较高的价值和深远的影响，在学术研究与实践应用上被中学化学教师等化学教育工作者广泛采用[22, 23]，如在手持技术、高考题、教师教学探究、硕士论文选题等方面。和传统教学模式相比，四重表征教学模式对学生的问题表征能力、多重表征转化能力[24]、举一反三的能力的培养及图像分类观的建构有更好的促进作用，并能帮助学生更准确地获取图像中的有效信息。经问卷及访谈调查，四重表征教学模式还对发展中学生的模型建构能力具有显著的促进效果。

1. 四重表征在手持技术中的应用

四重表征教学模式是以手持技术数字化实验即时收集数据和自动生成曲线作为技术背景而提出的，所以其在手持技术中的应用十分广泛。该教学模式给出了手持技术数字化实验曲线结果的分析方法与技巧，体现了定性与定量结合、宏观与微观结合的学科思想。例如，为了探究铜锌原电池为何能产生电流，钱扬义教授的研究生盛晓婧利用数字化手持技术定量测定单液和双液铜锌原电池的反应电流、溶液的温度变化曲线，进而比较两种电池的效率，并从宏观、微观、符号、曲线表征 4 个方面深入分析，其四重表征分析结果如表 2-12 所示，由此得出结论：与单液铜锌原电池相比，双液铜锌原电池的电流稳定性较好，能量转化效率较高，因此电池效率也更高[25]。

表 2-12　原电池反应的四重表征

研究维度	原电池类型	
	单液铜锌原电池	双液铜锌原电池
实验现象（宏观表征）	开始时锌片上有少量红色物质析出，几分钟后，红色物质越来越多，锌片不断溶解；铜片上有少量红色物质析出	锌片没有明显变化，铜片上有少量红色物质析出

续表

研究维度	原电池类型	
	单液铜锌原电池	双液铜锌原电池
存在微粒（微观表征）	Cu^{2+}、Zn^{2+}、SO_4^{2-}	Cu^{2+}、Zn^{2+}、SO_4^{2-}、K^+、Cl^-
离子反应式（符号表征）	$Zn + Cu^{2+} \!=\!=\!= Zn^{2+} + Cu$	$Zn + Cu^{2+} \!=\!=\!= Zn^{2+} + Cu$
电流变化（曲线表征）	曲线先上升，后下降	曲线水平
温度变化（曲线表征）	曲线上升	曲线水平

2. *四重表征在高考题中的应用*

钱扬义教授的研究生杨洁[26]对2007～2012年全国各省（自治区、直辖市）的82份高考卷中与“化学反应速率”相关的70道高考题进行分析，发现其特点为：①“化学反应速率”高考题涉及的研究载体丰富而不限类型，甚至包括虚拟反应；②但无论是何种实验类型，高考题的考查内容均依据实验设计；③曲线是“化学反应速率”高考题中两种主要的数据呈现方式之一。与此同时，对曲线的分析是这一类高考题重要的考查方式之一。

除此之外，“化学反应速率”探究实验作为高中阶段经典定量实验，高考题还考查学生实验方案设计、实验现象描述、实验结论总结的“宏观表征”能力，理论分析与微观解析的“微观表征”能力，方程式书写、公式计算的“符号表征”能力[27]。

总体而言，“化学反应速率”高考题与四重表征紧紧联系，其中曲线表征地位尤为突出。

3. *三层次四重表征教学模式下的教学研究*

1）理论研究：“基于加涅学习条件论的三层次四重表征模型”的建构

钱扬义教授的研究生刘国英[15]基于多维分析系统（multidimensional analysis system，MAS）问题编码调查一线化学教师的多重表征水平和多重表征转换能力，并基于教学知识（content knowledge，CK）调查高中生新知识学习应用四重表征的顺序和侧重性，在加涅学习条件论和信息加工理论的指导下，建立三层次四重表征模型（图2-10）。

该模型由空间轴、抽象轴、信息加工轴和教学事件轴四个坐标轴组成。

①空间轴：从空间尺度变化来看，四重表征的空间尺度从宏观、曲线、符号、微观等表征，依次体现现象到本质变化的过程。

②抽象轴：沿着抽象轴，依次从最直观的宏观表征、曲线表征、可视化的微观表征、符号表征的转换体现直观到抽象的过程。符号表征之所以最为抽象是因为其除化学方程式、化学式和图形符号外，还包括了公式和规则算法，而且符号表征是其他表征之间的桥梁。

③信息加工轴：信息加工轴是在信息加工理论的指导下设计的，指学生在学习过程中的内部条件。信息加工轴划分为准备阶段、加工阶段、评价阶段三个层次，每个层次都包含了四种表征水平，但在每一个层次内四种表征水平的作用和呈现方式并不一样。

准备阶段指的是信息从感觉登记器进入短时记忆的过程。这一阶段各种表征之间是孤立的，并没有达成四种表征水平之间的转换（在模型上采用虚线表示各种表征之间的关系），在这一阶段，学习者只能对同一表征的带有区别性的刺激进行初步的选择性注意，不适宜同时呈现其余多种表征水平。加工阶段指的是信息从短时记忆通过选择性知觉和语义编码进行有意义建构进入长时记忆的过程。这一阶段不同表征水平之间不断地联系，以促使知识的有意义建构（模型采用实线），其最关键的行为是编码。评价阶段指的是信息从长时记忆提取到工作记忆，并通过反馈、强化、保持和迁移等方式概括提取的过程。这一阶段长时记忆的信息随时准备被提取恢复到短时记忆中，在学生引导出行为后马上加以反馈，教师的不断强化使学生四重表征之间的互相转换和深化达到保持和迁移的效果（模型采用实线）。

④教学事件轴：教学事件轴是在加涅学习条件论的指导下设计的，指教师在教学活动中的外部条件，以激活学生内部信息加工过程为目标，分为教学准备、教学实施、教学评价三个层次，各包含不同的教学事件。

教学准备包括引起注意、告知目标和刺激回忆，为学习者从事新的学习提供有利条件。教学实施包括呈现刺激和学习指导，对应于学习过程的核心环节——语义编码。呈现刺激目的是把学习者短时记忆中的知识块提取出来加工，学习指导是指引导学生有组织地联系各种刺激，并进行有意义建构。教学评价包括引出行为、提供反馈、评价行为和保持迁移，对应于学习者的反应和强化过程。引起行为和提供反馈属于反应阶段，要求学习者演示出相应的概念或规则，并加以反馈来证实学习者行为表现的正确性或正确的程度。评价行为和保持迁移属于强化阶段。

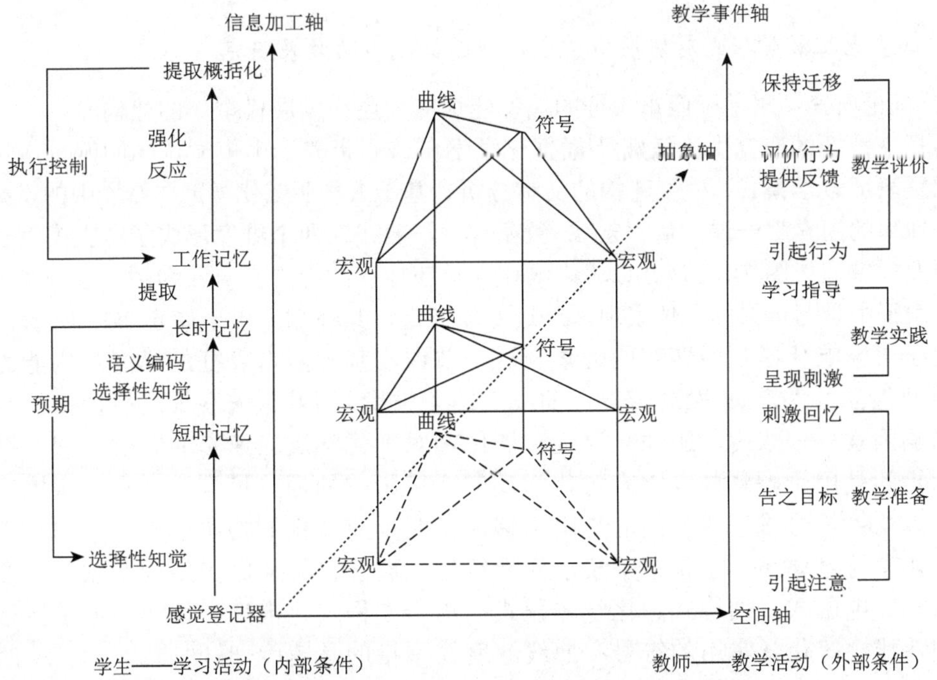

图 2-10　基于加涅学习条件论的三层次四重表征模型

2）基于三层次四重表征教学模式的教学研究

三层次四重表征教学模式设计应用于高三的复习及高二的实验课堂两个案例，利用不同的课型检验其教学效果。

（1）基于三层次四重表征教学模式的高三化学平衡图像复习课的教学研究

利用预测卷、前测卷和出声访谈了解高三学生对于以图像为载体的化学平衡抽象概念理解的迷思和困难，针对这些迷思和困难，结合四重表征模型设计四重表征教学策略和环节，利用互动反馈系统得到即时反馈结果，课后利用后测卷进行实验班和控制班的前后测并进行教学效果比较，以了解课堂教学效果、学生的概念理解和图像处理情况。研究发现：①高中学生在理解带有图像特征的抽象概念是存在迷思和困难的。这些迷思和困难包括知识和图像两个层面；②该模式在概念知识的系统性、获取图像信息的深广度、多重表征转化、图像分类观、知识的曲线问题表征能力、多变量图像处理方法本质的理解（对问题的举一反三），以及图像绘制的理解和方法上高于传统的教学模式。但在知识点的巩固和强化方面，由于习题练习的缺乏而略差于传统的教学模式。

（2）基于三层次四重表征教学模式的高二酸碱中和滴定曲线实验课的教学研究

利用手持技术直观表征酸碱中和滴定曲线，结合四重表征教学策略和 POE 教学策略，将该模式应用于高二新知识的实验课中，通过问卷测试和个别访谈调查被试对知识的理解情况及对教学过程的看法，以更全面地了解该模式的教学效果。研究发现，三层次四重表征教学模式应用于不同类型的课堂具有相同的效果，对于同类的化学概念，改变表征引入方法与不同阶段的表征转换方法，可以适用于不同的课型。

4. 四重表征教学模式对发展中学生模型建构能力的效果研究

1）理论研究：“基于四重表征的模型建构能力层级发展模型”的建构

钱扬义教授的研究生徐敏姗[18]根据化学学科核心素养当中模型认知的四个水平，通过对四重表征教学模式、模型建构的文献分析，基于人教版《化学》选修 4 中的“影响化学反应速率的因素”一课，从“宏观-微观-符号-曲线”四个维度形成了学生模型建构能力层级发展模型（图 2-11），并以“影响化学反应速率的因素”一课为例，划分了各水平在四重表征中学习结果的具体表现，经过专家评定，具体划分水平如表 2-13 所示。

对于“影响化学反应速率的因素”这一节课，基于四重表征的模型建构能力层级发展模型包含了“宏观-微观-符号-曲线”四个维度。其中，宏观维度模型指的是四大外界影响因素——浓度、压强、温度和催化剂对于化学反应速率的影响原理；微观维度模型指的是用于解释外界因素对化学反应速率影响的理论模型——有效碰撞理论及活化能理论；符号维度模型指的是用于解释说明反应过程的物质组成、结构、性质与变化等化学符号体系，它包括了表示元素符号、离子符号、原子结构示意图、原子电子排布式、电子式、结构式、化学方程式、离子方程式、电离方程式、电子转移的单线桥和双线桥等化学常用的符号；曲线维度模型指的是速度-时间曲线、浓度-时间曲线、压强-时间曲线、电导率-时间曲线、pH-时间曲线、透光率-时间曲线等一系列可以表达化学反应过程的曲线。

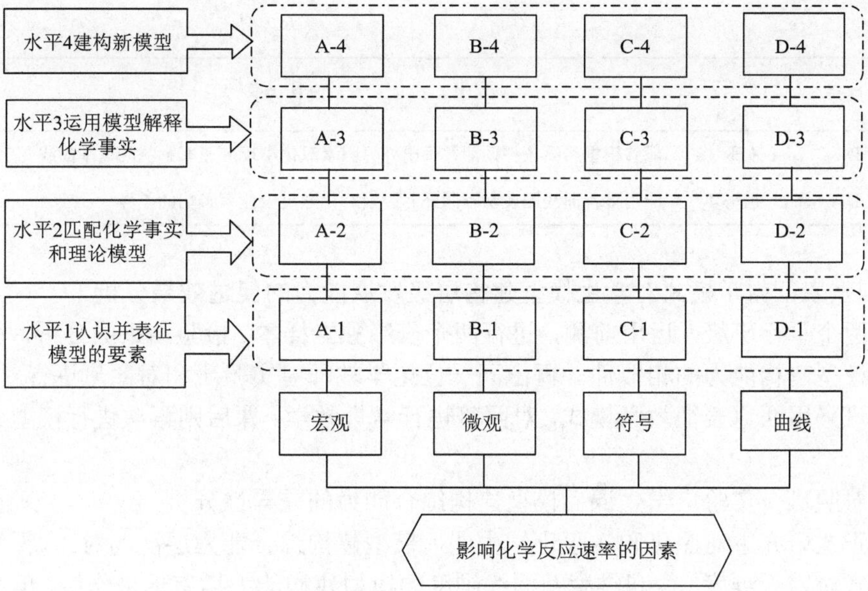

图 2-11　基于四重表征的模型建构能力层级发展模型

表 2-13　四重表征的模型建构能力层级划分水平

四重表征	序号	水平层次	具体内涵
宏观	A-1	水平 1	知道影响化学反应速率的外界因素主要包括浓度、压强、温度、催化剂
	A-2	水平 2	知道外界因素对化学反应速率的影响
	A-3	水平 3	能根据有效碰撞理论或活化能理论解释外界因素对化学反应速率的影响
	A-4	水平 4	①能自行构造出各外界因素影响化学反应速率的原理模型 ②指出所构造模型的局限性及改进方向
微观	B-1	水平 1	知道解释影响化学反应速率的外界因素的原因所采用的理论模型：有效碰撞理论、活化能理论
	B-2	水平 2	①知道有效碰撞理论及过渡态理论 ②知道过渡态理论的能量图并知道各部分代表的含义 ③知道有效碰撞、活化分子、活化能等的概念
	B-3	水平 3	能运用有效碰撞理论和活化能理论解释化学反应速率变化的原因
	B-4	水平 4	①能根据影响因素的不同，完善有效碰撞理论和活化能理论 ②知道有效碰撞理论及活化能理论的局限性
符号	C-1	水平 1	知道反应体系有哪些粒子，能用化学式正确地表示物质
	C-2	水平 2	知道反应溶液中各个微粒浓度的变化
	C-3	水平 3	能根据反应现象写出反应方程式、离子方程式，并标出电子转移
	C-4	水平 4	能写出陌生反应的方程式
曲线	D-1	水平 1	知道 v-t、c-t 可以表示化学反应速率
	D-2	水平 2	根据曲线推测反应体系所处的状态，并解释其原因

续表

四重表征	序号	水平层次	具体内涵
曲线	D-3	水平 3	能够根据所给条件预测并画出外界因素对化学反应速率影响的速率曲线变化趋势
	D-4	水平 4	能用多种曲线图表示不同外界因素对化学反应速率影响的差异

2）四重表征教学模式对学生模型建构层级发展能力的促进效果分析

选取两个平行班级，运用前测，进行两个班级独立样本 t 检验结果的分析，得知两个班级课前模型建构能力的相似性。再由同一位化学教师对实验班和对照班进行对比教学，其中实验班采用四重表征教学模式，对照班进行常规教学。课后则再次进行模型建构能力问卷测试。

（1）对照班、实验班学生课后模型建构综合能力的差异性分析

通过正式研究中对照班和实验班学生课后模型建构综合能力层次的对比，得知四重表征教学模式对宏观维度、微观维度及曲线维度的模型建构能力均有促进作用，但是对于符号维度的作用不大。根据各水平提升的幅度差异，可以推测四重表征教学模式对于模型建构能力处在水平 2 的学生发展至水平 3 有着最为显著的效果。

（2）课后实验班学生的半结构性访谈结果分析

基于问卷测试的结果，选取部分实验班学生参加半结构访谈，探查四重表征教学模式对促进学生模型建构层级发展的教学效果。根据课后实验班学生的半结构性访谈结果分析，可得出以下结论：①在微观维度，改变传统教学过程中的实验探究模式，有意识地引导学生分析宏观实验现象，使其从微观角度思考原因更为深刻；②在符号维度，符号维度的模型是学生多年来化学学习成果的积累，四重表征教学模式所起到的教学效果有限；③在曲线维度，利用手持技术数字化实验实时监测反应体系中的物质变化，学生分析曲线、理解曲线、运用曲线，甚至建构曲线的能力进一步提高。

（七）四重表征教学模式的研究成果

截至 2019 年 7 月，有关四重表征教学模式的研究文献共 69 篇，其中研究者为本团队成员的文章共 24 篇，研究者为与本团队合作的实践基地团队成员的文章共 9 篇，来自北京师范大学等单位的其他研究人员的文章有 36 篇，所有文章的被引频次为 414 次，广泛涉及基础教育和高等教育研究领域。对文献的发表时间、文献来源、被引频次、研究内容等方面进行的具体分析如下。

1. 发表时间

对四重表征教学模式研究成果的发表年份进行统计（除去 2019 年上半年 4 篇文献），结果如图 2-12 所示。可见四重表征自 2009 年被提出以来，其研究成果逐年稳定增加（除 2014 年外），并在 2015 年呈现爆发性增长（有 11 篇文献），此后每年稳定有 9 篇及以上

的文献研究成果，并在 2017 年达到峰值（14 篇），可见四重表征教学模式逐渐受到广大研究者及一线教师的重视，其在化学教育中的影响力逐年增强。

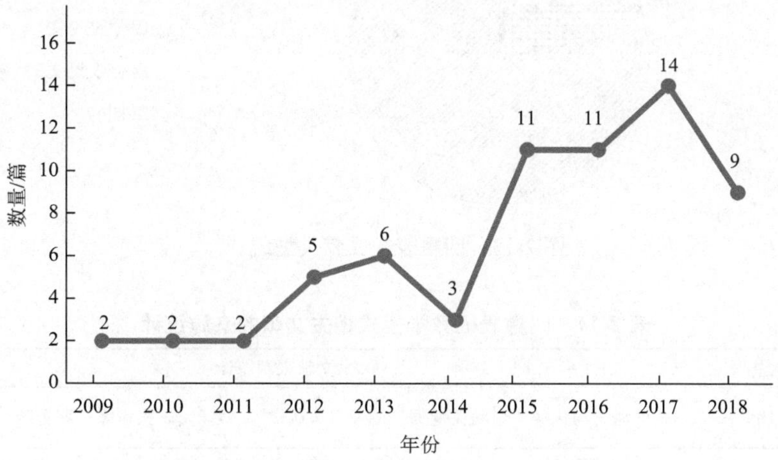

图 2-12 四重表征教学模式研究成果发表年份统计

2. 文献来源

四重表征教学模式文献来源有期刊[J]、学位论文[D]、会议录[C]及图书[M]四种类型，对各种类型所含的文献数目进行统计，结果如图 2-13 及表 2-14 所示。期刊论文共有 54 篇，占总数的 78.3%，可见期刊论文是四重表征教学模式研究成果的主要体现。学位论文共 13 篇（占总数的 18.9%）。涉及四重表征教学模式的图书是钱扬义教授的《化学概念与化学“学科关键词”的学习与认知》[14]，这也是首次提出四重表征教学模式的著作。会议论文是田晓梅的《数字化实验应用于高中化学四重表征教学模式的实践研究》[28]。

在期刊论文方面，对研究主体及期刊层次进行统计，其他研究人员发表期刊 25 篇（占 46%），为期刊主要来源，本团队发表 20 篇期刊（占 37%）紧跟其后，实践基地团队发表期刊 9 篇（占 17%）。而从期刊层次来看，钱扬义教授的研究生彭豪[29, 30]于 CSSCI 期刊《中小学信息技术教育》和《教育科学研究》分别发表一篇论文，是目前四重表征相关论文发表期刊层次最高的研究成果。此外，本团队还发表 16 篇北大核心期刊论文（占 80%），其他层次期刊论文仅 2 篇（仅占 10%），可见虽然本团队所发表的期刊论文总数不及其他研究人员，但期刊质量较高，这也体现了本团队在四重表征教学模式研究的重要地位。类似地，实践基地团队发表 9 篇四重表征期刊论文，其中 8 篇为发表于北大核心期刊。

在学位论文方面，13 篇关于四重表征的论文均来自国内高等院校，有 3 篇来自本团队（占总数的 23%），其余 10 篇分别来自国内不同的高等院校（包括 8 所大学、2 所学院），可见本团队是四重表征教学模式研究的主力军，四重表征教学模式研究逐渐受到高校研究生的青睐。

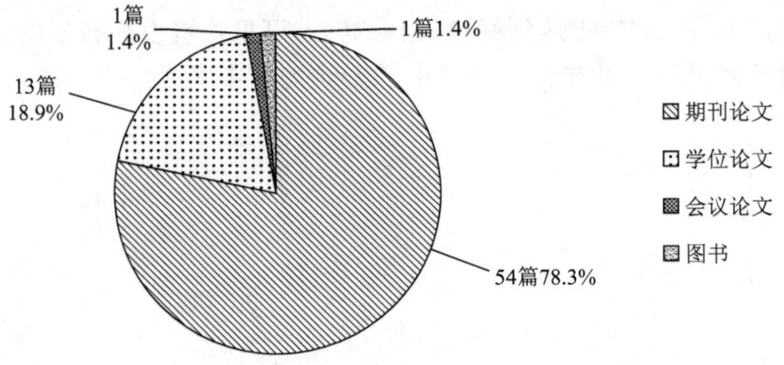

图 2-13　四重表征文献类型统计

表 2-14　四重表征教学模式相关文献的来源统计

文献类型	研究主体	文献来源统计	
M（1本）	本团队	《化学概念与化学“学科关键词”的学习与认知》（钱扬义，张积家，罗秀玲，等）1本	
J（54篇）	本团队（20篇，占37%）	CSSCI（2篇，占10%）	《中小学信息技术教育》1篇（彭豪）、《教育科学研究》1篇（彭豪）
		北大核心（16篇，占80%）	《化学教育》10篇、《化学教学》3篇、《中学化学教学参考》3篇
		其他期刊（2篇，占10%）	《教育与装备研究》1篇、《中小学数字化教学》1篇
	实践基地团队（9篇，占17%）	北大核心（8篇，占89%）	《化学教育》4篇、《中学化学教学参考》2篇、《中学生物教学》1篇、《生物学通报》1篇
		其他期刊（1篇，占11%）	《化学教与学》1篇
	其他研究人员（25篇，占46%）	北大核心（9篇，占36%）	《化学教育》4篇、《化学教学》1篇、《中学化学教学参考》4篇
		其他期刊（16篇，占64%）	《化学教与学》6篇、《教育与装备研究》（曾用名：教学仪器与实验）2篇、《实验教学与仪器》1篇、《中学化学》1篇、《高中数理化》1篇、《数理化解题研究》1篇、《考试周刊》1篇、《福建基础教育研究》1篇、《天津教育》1篇、《现代盐化工》1篇
D（13篇）	本团队	3篇（占23%）	华南师范大学刘彩燕、刘国英、徐敏姗
	其他研究人员	共10篇（占77%）	湖南师范大学张汝丽、南京师范大学崔雷蕾、天津师范大学王皖娣、宁夏大学任斌、广西民族大学艾玲玲、辽宁师范大学曲琰琰、西北师范大学冯垚、闽南师范大学陈婉贞、天水师范学院李花、合肥师范学院王文玉
C（1篇）	其他研究人员	《数字化实验应用于高中化学四重表征教学模式的实践研究》（田晓梅，来自《全国基础教育未来教育家论坛（2015）论文集》）1篇	

3. 被引次数

四重表征研究成果相关文献的研究主体及被引次数等统计结果如表 2-15 所示。本团队发表的被引 10 次以上的文献达 8 篇，其中有 5 篇文献被引 20 次以上。钱扬义教授研究生林建芬发表的期刊论文《化学“四重表征”教学模式的理论建构与实践研究——从 15 年数字化手持技术实验研究的回顾谈起》[16]被引次数达 33 次，钱扬义教授主编的《化学概念与化学“学科关键词”的学习与认知》[14]被引次数达 24 次，足见其在四重表征教学模式研究中的重要地位。另外，实践基地团队所发表的 9 篇文献中被引 10 次以上有 6 篇（占 67%），其中鲁新玲发表的期刊被引 24 次。而其他研究人员只有 1 篇期刊被引次数多于 10 次，相比之下，本团队及实践基地团队所发表的四重表征研究成果更受到广大研究者的关注。

表 2-15 四重表征教学模式相关文献的被引次数统计

<table>
<tr><th>研究主体</th><th>被引次数</th><th>数目及比例</th><th>被引次数达 10 次以上文献</th></tr>
<tr><td rowspan="3">本团队
（共 24 篇）</td><td>10 次以上</td><td>8 篇，占 33%</td><td rowspan="3">①被引 33 次：林建芬，盛晓婧，钱扬义《化学“四重表征”教学模式的理论建构与实践研究——从 15 年数字化手持技术实验研究的回顾谈起》[J]
②被引 30 次：彭豪《基于 POE 策略的高中化学“四重表征”概念教学研究》[J]
③被引 24 次：钱扬义，张积家，罗秀玲，等《化学概念与化学“学科关键词”的学习与认知》[M]
④被引 23 次：刘婷，林鸿锦，钱扬义，等《应用数字化手持技术实验探究“浓度对化学反应速率影响”的教学实践》[J]
⑤被引 22 次：韦新平《基于 SOLO 分类理论的化学“四重表征”教学研究——以“浓度对化学平衡的影响”为例》[J]
⑥被引 16 次：刘彩燕《高中化学概念的四重表征教学模式的设计与应用研究》[D]
⑦被引 15 次：盛晓婧，林建芬，钱扬义《利用数字化手持技术探究原电池电流和温度的变化》[J]
⑧被引 12 次：杨洁，钱扬义《“四重表征”在“化学反应速率”教学中的价值——由 2007—2012 年高考题得到的启示》[J]</td></tr>
<tr><td>6～10 次</td><td>4 篇，占 17%</td></tr>
<tr><td>0～5 次</td><td>12 篇，占 50%</td></tr>
<tr><td rowspan="3">实践基地团队
（共 9 篇）</td><td>10 次以上</td><td>6 篇，占 67%</td><td rowspan="3">①被引 24 次：鲁新玲《运用“手持技术”与“互动课堂反馈系统”的高三化学复习课教学实践与思考——基于 TRTM 四重表征教学模式的“离子浓度大小比较专题”教学设计》[J]
②被引 19 次：高妙添《运用手持技术在高三理科班实施“四重表征”化学教学模式实践研究》[J]
③被引 19 次：高妙添《基于“四重表征”与“手持技术”教学模式的实践研究——以“盐酸滴定碳酸氢钠和碳酸钠的 pH 变化”为例》[J]
④被引 18 次：刘建祥《“四重表征”化学教学模式与“手持技术”整合的案例研究——以“浓度对硫代硫酸钠与硫酸反应速率的影响”为例》[J]
⑤被引 16 次：曾国琼《运用“四重表征”教学模式培养学生化学基本观念的实践研究——以酸碱混合后溶液中离子浓度大小比较为例》[J]
⑥被引 13 次：高妙添《运用数字化手持技术改进“测量化学反应速率”实验的教学实践》[J]</td></tr>
<tr><td>6～10 次</td><td>1 篇，占 11%</td></tr>
<tr><td>0～5 次</td><td>2 篇，占 22%</td></tr>
<tr><td rowspan="3">其他研究人员
（共 36 篇）</td><td>10 次以上</td><td>1 篇，占 3%</td><td rowspan="3">被引 16 次：王春《“四重表征”教学模式在化学概念教学中的应用与思考》[J]</td></tr>
<tr><td>6～10 次</td><td>3 篇，占 8%</td></tr>
<tr><td>0～5 次</td><td>32 篇，占 89%</td></tr>
</table>

4. 研究内容

根据研究成果类型的不同，可将文献分为实证研究、实验开发和理论综述三类，其统计结果如图 2-14 所示。有关四重表征教学模式的研究成果文献主要集中在实证研究上（有 50 篇），占总文献总数的 72.5%，实证研究指有明确的研究主题及完整研究过程的研究文献或利用四重表征教学模式进行教学实践的文献。可见，如今四重表征教学模式在教学方面的应用备受重视，受到研究者的关注。实验开发指利用手持技术及四重表征改进课本实验或开发新实验的文献，占总数的 23.2%。利用四重表征可以直观展示实验的“宏观-微观-符号-曲线”四个方面的信息，可以让读者更快掌握实验的要点及核心，因此被广泛应用于手持实验开发论文的撰写。理论综述指对四重表征教学模式内涵的阐述及丰富，以及对四重表征教学模式文献的归纳整理、分析提炼和综合评述。目前只有 3 篇文献属于理论综述，分别是钱扬义教授主编的《化学概念与化学“学科关键词”的学习与认知》[14]、钱扬义教授研究生林建芬为第一作者的论文《化学“四重表征”教学模式的理论建构与实践研究——从 15 年数字化手持技术实验研究的回顾谈起》[16]及陈益和孙夕礼的《我国化学教育“多重表征”研究十余年回顾与展望》[17]。

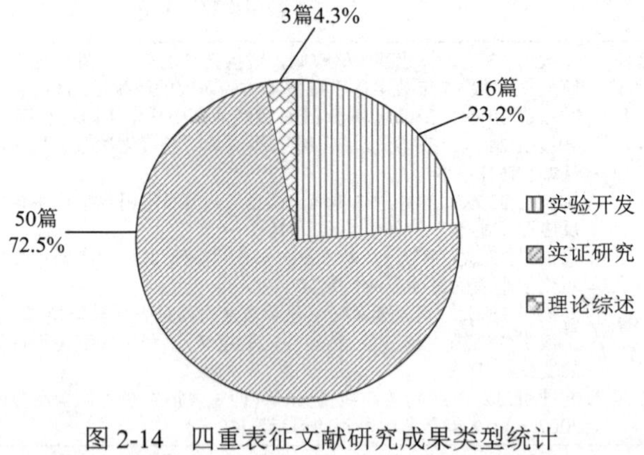

图 2-14 四重表征文献研究成果类型统计

在 50 篇实证研究文献中，研究内容除了四重表征在高考中的应用研究、多重表征转换能力的调查研究、四重表征教学模式在概念教学的效果研究、三层次四重表征教学模式下的高中化学学科关键词教学研究、四重表征教学模式对发展中学生模型建构能力的效果研究、培养学生化学观念的教学实践研究以外，绝大多数是四重表征教学模式的教学实践研究。在评价方式上，可以通过纸笔测试、调查问卷、量表、访谈及结合互动课堂反馈系统等方式进行评价；在教学实践当中常常结合 POE 教学策略、PDEODE 教学策略、SOLO 分类理论等进行教学。上述研究内容当中，绝大多数由本团队牵头研究，可以体现本团队四重表征教学模式研究内涵的丰富及在实践研究当中起引领作用。

而实证研究文献的教学内容和课型主要集中在化学学科，包括以下几个方面：①原电池、电离、物质的量、电解质、离子反应等概念课；②影响化学反应速率的因素、电解池、化学平衡、电离平衡、水解平衡、沉淀溶解平衡[31]、离子浓度大小比较[32]等原理课；③铝及其化合物、二氧化硫等元素化合物课；④乙醇与钠的反应、苯酚性质等有机化合物课；⑤化学反应速率的测量、酸碱中和滴定、中和反应热的测定等实验课。值得注意的是，四重表征教学模式同样适用于生物等理科教学，如实践基地团队华南师范大学生命科学学院的研究生李金月[33]运用四重表征教学模式进行酶的高效性原理课的教学。

四重表征教学模式在概念课及原理课上应用更为广泛[34-36]，主要是因为概念课和原理课的教学内容通常涉及较为复杂的反应过程，以及较为抽象的微观反应机理，四重表征教学模式则可以让学生从宏观、微观、符号、曲线四个维度对教学内容进行剖析，能帮助学生通过化学概念的各种表征形式进行有意义的学习，有利于学生更好地突破化学学习的困难，便于知识的储存与提取，提高问题解决能力，让学生更加系统有序地认识化学概念及理论。

三、手持技术数字化实验过程的“问题解决心理机制”理论

（一）手持技术数字化实验过程的“问题解决心理机制”理论的提出

问题解决一直是认知心理学的重要议题。问题解决指个体根据长期经验中获得的知识

和能力，处理问题情境提供的线索，获得相应结果而使问题得到解决的思维过程[37]。对于问题解决心理过程，行为主义、格式塔心理学在动物行为的研究中，提出“尝试错误说”和“顿悟说”作为解释[38]。杜威[39]围绕人实际的问题解决过程，提出问题解决的五阶段论：①感知难题；②定位和定义难题；③联想可能的答案或解决方法；④对联想进行推理；⑤验证个人的结论。探究学生使用手持技术时存在什么心理过程，以及各个过程耗时多少，是进一步开展手持技术数字化实验的前提和基础，本团队针对这方面提出了应用手持技术的化学实验问题解决理论，钱扬义教授研究生刘晓华[40]在2001年的硕士论文《中学生运用“手持技术”解决化学定量问题的心理机制的研究》中首先提出了手持技术用于解决化学定量问题的心理机制的概念，而研究生谢泽琛则在刘晓华的基础上继续深入研究，于2007年在CSSCI期刊《中国电化教育》中发表《中学生运用手持技术解决化学定量实验问题的心理过程分析》论文[41]，对手持技术数字化实验过程的“问题解决心理机制”理论进行了进一步的完善和补充。

（二）手持技术数字化实验过程的“问题解决心理机制”理论的背景

杜威[39]的五阶段论因为贴近人的实际行为，所以具有较好的实用价值，且对以后的问题解决过程研究产生一定程度的影响，但是现在研究者一般从信息加工心理学的角度解释问题解决的过程。Newell等[42]认为，问题解决过程的研究不仅需要考察人们直观的外显行为，还要考察人们头脑中的内隐行为。他们认为人们在遇到问题时，要对面临的问题情境和任务进行表征。由问题情境和任务的提取和编码的关键特征信息，与先前经验、推理等信息源共同形成问题空间。问题空间包括问题的初始状态、要实现的目标状态、可能经历的一系列中间状态、可以使用的认知操作（算子）、对问题情境和任务的规则与约束条件等。问题情境和任务决定着问题空间的结构。

问题解决在问题空间中实现。具体过程是人们通过一系列认知操作，将问题的初始状态，经历一系列中间状态，最后转变为目标状态，即在问题空间中找到一条或多条联系不同问题状态、穿越问题空间的路径。问题空间的结构决定着问题解决的具体过程和成功与否。

由此可见，人们对问题情境和任务的表征是非常重要的，它通过影响问题空间来影响着问题解决。很多时候，人们在开始时只对问题情境和任务有初步的表征，形成初步的问题空间。随着问题解决过程的深入，人们有了更深刻的理解，形成丰富的问题空间。问题空间是可以随着人们的表征情况而相应变化的，尤其在面对结构不良的问题时。

大量研究显示，影响问题解决的因素包括：①问题的结构；②问题解决者的知识结构；③问题解决者的联想；④问题解决者的定势；⑤问题解决者的态度和动机等。研究问题解决过程的方法一般是主试向被试提供相应的任务，要求被试一边完成任务，一边通过口头报告的方式叙述个人的思维过程。主试可以记录被试在问题解决不同阶段所用的时间，根据被试的具体行为来绘制问题解决行为图。

（三）手持技术数字化实验过程的“问题解决心理机制”理论的内容

1.“问题解决心理机制”理论

中学生在科学课程学习中面临着大量的科学问题解决任务。王磊等[43-45]提出符合中学生心理特点的科学问题解决心理机制模型。将学生的科学问题解决过程分为以下环节：①问题表征。学生界定问题内容和形成问题空间，建立问题解决的基础。②原型匹配。学生将问题与长时记忆中的相关原型进行匹配，确定问题解决的有效方式。③元认知监控。学生对问题表征和原型匹配中各种思维过程进行监控，提高问题解决的效率。学生对问题是否建立原型，影响着认知冲突的产生、问题空间的完善、问题解决策略的使用等。学生成功解决问题后，原有的原型可以得到强化，或者新的问题解决行为可以形成新的原型。

化学问题解决是科学问题解决的一个组成部分，也是化学教育领域关注的重要议题。化学实验是化学学科的重要内容。因此，一些研究者也对化学实验问题解决心理机制展开研究。王磊等[43-45]提出的化学实验问题解决心理机制包括 5 个环节，分别是：①问题表征；②问题解析；③设计实验方案；④实施实验方案；⑤检验、反思与调整。但是，孙同明[46]认为检验、反思与调整属于自我监控的内容，问题表征和自我监控都贯穿整个问题解决过程，并非独立的问题解决阶段。他提出的高中生化学实验问题解决心理机制分为 4 个环节：①问题确认；②问题解析；③实验设计；④实验操作。自我监控从不同维度监控问题解决过程。类似地，黄红梅[47]提出的高中生化学实验问题解决心理机制分为 3 个环节：①问题表征；②实验设计；③实验实施。自我监控贯穿于问题解决过程的各环节。

总体而言，不同研究者尽管对化学实验问题解决心理机制提出不一样的结构，但仍然有以下的共同点：①实验设计和实验实施均是问题解决的重要过程之一；②要注重自我监控在问题解决过程的作用。此外，问题解决者知识结构中与问题有关的原型会对问题解决过程产生影响，这也是值得充分考虑的内容。

2. 手持技术数字化实验过程的“问题解决心理机制”理论概述

在信息技术支持下，手持技术数字化实验仪器在拓展实验目的、简化实验过程、反馈测量结果等方面，具有诸多传统实验不具备的优点，可以成为学生认识化学知识、提升问题解决能力的工具。对于应用手持技术数字化实验仪器，完成化学定量实验的问题解决心理机制，钱扬义教授研究生刘晓华和谢泽琛分别开展研究。

在他们的研究中，多位高中生作为被试，需要经历 3 个研究阶段：①预实验。学生要熟悉手持技术数字化实验仪器、口语报告法的使用。②研究 1：学生要使用手持技术数字化实验仪器，完成简单定量实验。③研究 2：学生要使用手持技术数字化实验仪器，完成复杂定量实验。实验主题见表 2-16。

表 2-16　应用手持技术数字化实验仪器完成的化学定量实验主题

研究者	简单定量实验的主题	复杂定量实验的主题
刘晓华	探究温度对乙酸电离的影响	探究光照对绿色植物光合作用的影响
谢泽琛	实验 1：探究温度对水电离的影响 实验 2：探究温度对氯化铵溶液水解程度的影响	探究影响乙酸电离的条件及其具体影响情况

刘晓华[40]根据研究假设，记录学生在进行“探究温度对乙酸电离的影响”不同阶段的口语报告材料，分别提出应用手持技术的化学定量实验问题解决心理机制。刘晓华[40]提出的问题解决心理机制包括 5 个环节：①问题识别。学生要识别实验主题，判断是否为定量实验，是否可以应用手持技术数字化实验仪器。②问题表征。学生要用个人方式表述研究问题，确定定量实验中要测量的物理量。③实验设计。学生要设计完整的实验方案，设计实验装置，选用合适的实验仪器，设置数据采集方式等。④实验实施。学生要进行实验操作，控制实验过程，实现实验要求。⑤反馈调节。学生要观察和分析实验数据，获得实验结论。这 5 个环节在元认知监控下进行，并且认为这 5 个环节相互联系和转换，在元认知监控下完成其他环节和实施环节之间的转换。具体见图 2-15。

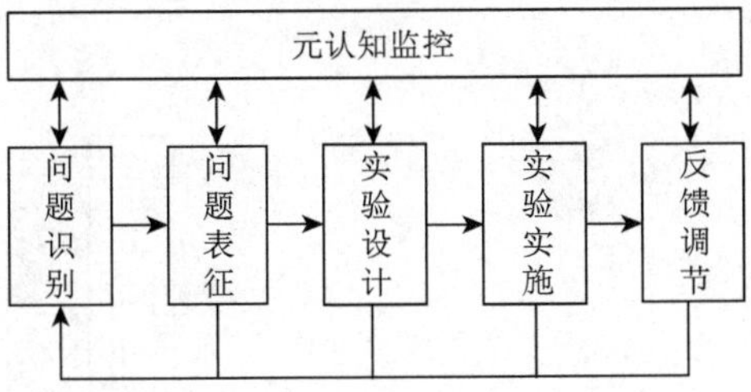

图 2-15　刘晓华提出的化学定量实验问题解决心理机制

刘晓华分析认为中学生在解决“探究温度对乙酸电离的影响”时经历的各环节及标志如表 2-17。

表 2-17　中学生在解决“探究温度对乙酸电离的影响”时经历的各环节及标志

环节	环节名称	完成该环节的标志
1	问题识别	当被试决定使用“pH 传感器”时
2	问题表征	当被试找出影响乙酸电离的影响因素时
3	实验设计	当被试决定用加热来改变温度、加入蒸馏水来改变浓度、加入乙酸钠作为外加电解质时
4	实验实施	被试开始实验到实验得出结论
5	反馈调节	包括控制、自我指导、评价、提问等

谢泽琛等[41]提出的问题解决心理机制包括 4 个环节：①问题表征。学生要识别问题空间，判断定量实验中需要测量的物理量和使用的手持技术数字化实验仪器。②联想与匹配。学生要从长期记忆中提取和加工与问题有关的知识、策略和原型，对实验的解决提出各种猜想。③设计实验方案。学生要设计完整的实验方案，设计实验装置，选用合适的实

验仪器，设置数据采集方式等。④实施实验方案。学生要进行实验操作，控制实验过程，实现实验要求。元认知监控渗透在4个环节的实施中。

谢泽琛等[41]也提出，在元认知监控下完成其他环节和进行环节之间的转换。具体见图2-16。

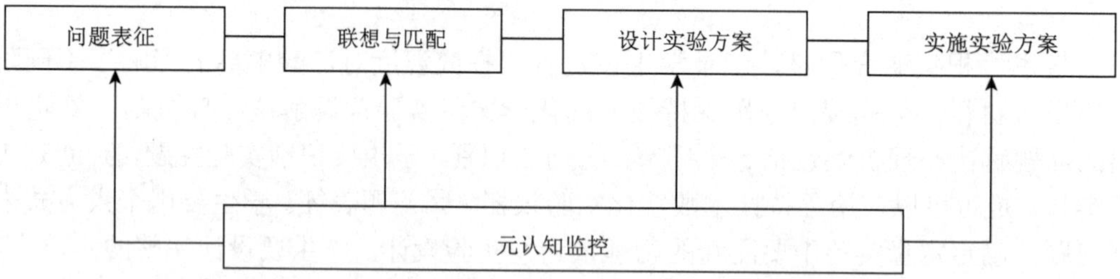

图2-16 谢泽琛提出的化学定量实验问题解决心理机制

将优差生各环节的相对时间分别取平均值，能更加直观地观察到不同程度被试各环节所用时间的差异，见图 2-17，对优差生解决问题各环节所用时间的显著性差异检验结果如表2-18。

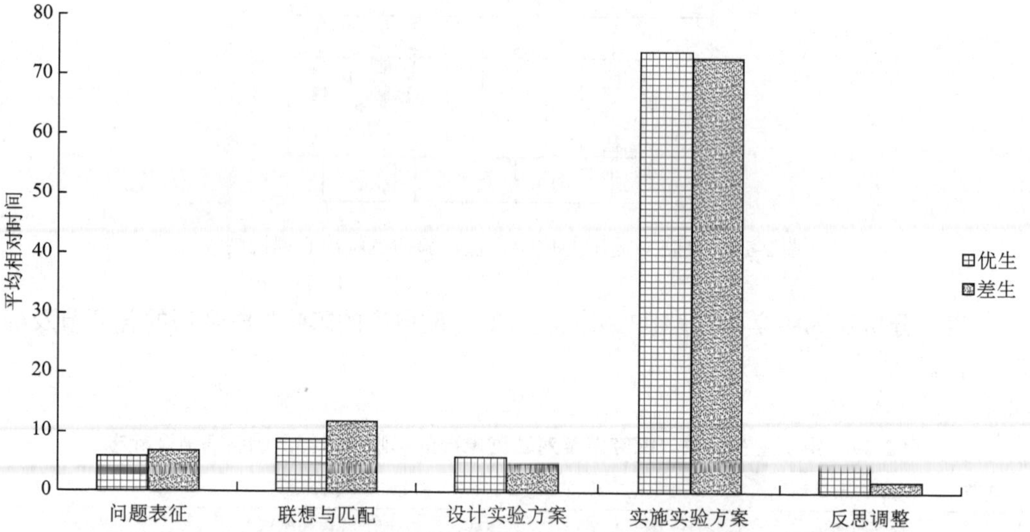

图2-17 优差生在解决问题时各环节所用时间的均数对比图

表2-18 优差生在解决问题时各环节所用时间的显著性差别检验

	莱文（Levene）方差均等检验		均值 t 检验				平均差值的95%置信区间	
	F值	显著性	t值	自由度	显著性（双侧）	差值	下限	上限
问题表征	0.335	0.577	2.994	9	0.015	2.523	0.6165	4.4302
	—	—	3.007	8.778	0.015	2.523	0.6177	4.4290
联想与匹配	1.364	0.273	2.197	9	0.056	2.120	−0.0625	4.3025
	—	—	2.147	7.610	0.056	2.120	−0.1775	4.4175

续表

	莱文（Levene）方差均等检验					均值 t 检验 平均差值的 95%置信区间		
	F 值	显著性	t 值	自由度	显著性（双侧）	差值	下限	上限
设计实验方案	3.427	0.097	−0.866	9	0.409	−0.820	−2.9620	1.3220
	—	—	−0.914	7.964	0.388	−0.820	−2.8903	1.2503
实施实验方案	4.391	0.066	−0.953	9	0.366	−1.777	−5.9957	2.4424
	—	—	−1.045	5.480	0.340	−1.777	−6.0343	2.4810
反思调整	4.546	0.062	−3.058	9	0.014	−2.660	−4.6277	−0.6923
	—	—	−3.324	6.071	0.016	−2.660	−4.6124	−0.7076

从图 2-17 可以看出，优差生都是在实施实验方案环节所用的时间最长，由于此测试题目是多个自变量影响一个因变量的题目，属于复杂的问题情境，被试需要进行三个小实验才能解决该问题，因此在实施实验方案环节耗时最长是由测试题目及此环节本身的特点所决定的。

在问题表征环节，优差生所占时间都相对较低，并且优生跟差生表征问题所耗的时间有显著的差异，这是因为优生在表征问题时倾向运用机理表征，善于使用所学的知识原理来理解问题，而差生倾向运用符号表征或者方法表征，容易造成错误的表征。而在手持技术的支持之下，有些差生虽然不能立刻识别出使用何种探头，但在经过手持技术的基本操作训练后，学生在头脑中建立一个定量地解决问题的意识，有助于在表征问题时正确把握问题解决的方向。

在联想与匹配环节中，优生所耗的时间明显比差生少。主要是因为优生平常在解决问题过程中善于将问题经验原型内化，形成了有效的心智活动模式和经验，在解决问题时直接从长时记忆中提取出类似的经验原型，根据问题的具体情况对问题原型进行相应改造和匹配，整个过程进行得非常顺畅，因此耗时较少。

元认知监控贯穿在整个实验过程中，学生在实验的同时不停地对自己的实验进行监察、控制、评价、反馈与调节，而其中反思与调整所耗的时间会因人而异，优生的反思调整所占的时间明显比差生多。手持技术能实时地显示数据的动态变化，因此学生可以直观地从实验数据检验自己的表征、实验计划及实验操作有无错误，并能随时通过实验数据思考实验结果，优生在这方面做得比较好，比较懂得利用手持技术这个优点。

3. 手持技术数字化实验过程的“问题解决心理机制”理论的作用和创新

刘晓华[40]和谢泽琛等[41]提出的应用手持技术数字化实验的化学定量实验问题解决心理机制在结构上存在一定差异，这主要是因为他们对于问题解决过程的划分不一致。例如，对于刘晓华的问题识别环节和问题表征环节，谢泽琛整合为问题表征环节和联想与匹配环节；对于刘晓华的实验实施环节和反馈调节环节，谢泽琛整合为实施实验方案环节。不同的研究者根据前人已有研究成果和个人对问题解决过程的不同理解，可以划分出不同的问题解决过程的环节，形成不同的关于问题解决心理机制的模型假设。每种模型假设都有它一定的合理性，因而难以非黑即白地认定某个模型假设是正确的，另外的模型假设是错误的。只要这些模型假设有助于我们对相关问题解决过程的认识，都应该被接受。

刘晓华[40]在他们提出的应用手持技术数字化实验的化学定量实验问题解决心理机制基础上，均发现学生在问题解决过程中出现了模型中的各个环节，但各环节的出现顺序因人而异。部分学生会出现各环节多次反复的情况，这显示学生的化学学业水平和问题解决能力的差异导致问题解决过程的具体差异。此外，研究还发现不同类型的学生在完成同一实验的总时间和各环节所占时间比例有差别，在解决复杂问题的正确率存在差别。

学生了解手持技术数字化实验仪器的操作步骤，相当于建立简单的原型。当学生面对化学定量实验时，容易产生应用手持技术实现问题解决的想法，提取原型与具体问题相匹配，提高成功解决问题的可能性。此外，由于手持技术数字化实验仪器能够定量、实时、直观地呈现不同物理量的实验变化结果，有助于学生即时对实验过程和实验假设作出判断，增加元认知监控的水平，也提供成功解决问题的可能性。

总的来说，应用手持技术数字化实验的化学定量实验问题解决心理机制研究有助于加深人们对化学实验问题解决的认识，也有助于中学化学教师在组织学生应用手持技术数字化实验开展实验探究活动时，根据不同问题解决过程的要求来提供适切的指导。

4. 手持技术数字化实验过程的“问题解决心理机制”理论的引用

手持技术数字化实验对发展学生化学实验问题解决能力有重要作用，部分研究者继续围绕化学定量实验问题解决机制的相关问题已经开展更深入的研究。截至 2020 年 2 月，有关“问题解决心理机制”理论的文献共 8 篇。其中研究者为本团队的文章共 3 篇，研究者为与本团队合作的实践基地团队的文章共 1 篇，具体情况如表 2-19 所示，4 篇文章的总被引频次为 58 次，涉及基础教育和高等教育研究领域。

表 2-19 “问题解决心理机制”理论相关文献的分类统计

序号	研究主体	第一作者	年份	文献类型	来源	被引频次	成果类型	研究内容	教学内容
1	实践基地团队	刘建祥	2009	J	中国电化教学	5	实证研究	高三化学选修班学生对“温室效应”的认知调查	—
2	本团队	张倩	2011	J	化学教育（中英文）	29	理论综述	手持技术在国内化学教学中的应用研究进展	—
3	本团队	钱扬义	2011	J	化学教育（中英文）	20	理论综述	手持技术与化学整合的研究进展——以中国知网 CNKI 2003 年至 2010 年文献为例	—
4	本团队	周群力	2014	J	化学教育（中英文）	4	实验开发	利用手持技术探究不同酸碱环境下生物体 pH 变化的规律	生物体 pH 变化

四、手持技术数字化实验支持下的“化学概念结构”理论

（一）手持技术数字化实验支持下的“化学概念结构”理论提出背景

1. 概念结构研究的心理学基础

概念是人脑反映客观事物本质特性的思维形式。概念结构是指组成一个概念的成分及各成分之间的组合关系和规律。从语义角度来看，概念和词有着紧密的逻辑关系，概念的内涵是词的思想内容，词是概念内涵表现的语言形式。如果若干个词含有相同的表示彼此共性的义素和相应的表示彼此差异的义素，并且连接在一起，互相规定、互相制约、互相作用，那么它们就构成一个语义场。按此理解，一个概念如果被看成一个大语义场，就可以细分为几个小语义场，那么，一个概念就可以用几个类似于“语义场”的事物来表征，这种表征关系即概念的结构。

概念结构的研究缘起于早期心理学家对概念形成的探索。随着信息技术的发展，认知心理学研究尝试将人脑类比为计算机运行程序，认为对信息加工的过程就是认知，现代认知心理学研究者也倾向用信息加工观点解释概念结构，代表理论有层次网络模型和激活扩散模型。

层次网络模型的核心观点是概念为语义记忆的基本单元，概念具有特定特征，关联概念通过上下级的关系进行组织，概念以节点的形式在概念网络中存储，概念之间的类属关系通过连线表示并构成层次网络。抽象概括水平较高的概念位于较高层次。概念节点仅存储该概念的特有特征，同层次概念的共有特征则储存于上层概念结点，语义判断需要在网络中推断。

概念结构的激活扩散模型由 Collins 等提出[48]。该模型放弃了概念网络中的层次结构，认为概念的组织是通过语义间的联系或语义的相似性形成。在激活扩散模型下，网络中的节点代表概念，临近概念相连接，当个体接受外部刺激时，长时记忆中有着联系特征的概念结将被激活。概念间联系以连线表示，其长短表示概念联系的紧密程度，连线越短，表明概念间的共同特征越多，概念越相似。该模型提出的扩散观点认为，信息提取的机制非常复杂，激活扩散模型包含两种过程，除了层次网络模型中也存在的搜索过程之外，另有一个决策过程，或者说是计算过程。

上述两个模型描述了概念建构过程中，各个概念之间是密切联系的，新概念纳入个体认知结构时必须与前概念建立丰富的联系。根据认知建构主义学习理论，学习是意义建构的过程，是通过新旧经验的相互作用而形成、丰富和调整自己认知结构的过程。核心概念的科学建构，需要大量关联概念的支撑，这些概念构成了以核心概念为核心的概念群。学习者需通过教师的引导、先行组织者的帮助，建立关联概念与核心概念之间的密切联系，才能科学建构核心概念的概念群，掌握核心概念的本质内涵。

2. 本团队的“化学概念结构”理论研究基础

科学知识除了科学概念外，尚有处于不同组织层次的科学事实、科学规则和科学原理等形式。化学知识包括化学概念、化学事实、化学规则和化学原理的内容。构成概念的属

性形成概念的内部结构，概念间可以构成命题，命题相互联系且形成概念的外部结构。概念的内部结构和外部结构都是概念结构的不同表现层面。事实、规则和原理又通过概念和命题来表现具体内容。化学知识可以归结为化学概念和命题间的关系，最简约的表现方式就是化学概念结构本身。因此，化学知识的学习就是化学概念和命题的学习，也可以看成是化学概念结构的学习。

本团队首次尝试将心理学中的概念结构研究方法运用到化学学科教育研究中，并取得了一定的成果。通过大样本的实证研究，确定了中学化学学科的核心概念，以及化学平衡、离子反应、氧化还原反应、原电池等核心概念各自的概念群。通过调查教师与学生认知结构中众多重要概念的组织情况，包括概念的组织维度、潜在分类情况等，获得了教师与学生关于化学学科核心概念的概念群、离子反应概念群[49]、氧化还原反应概念群[50]和原电池概念群的概念结构。通过比较教师与不同学生群体的概念结构，推断对于概念理解的不足及影响概念结构的因素，为进一步教学提供了有效建议。

概念群的确定，为目标概念的教学指引了方向，并且使研究者可以有针对性地探索目标概念的概念结构。“繁”“杂”是化学学习者对化学知识的普遍感受，这是因为在化学学习过程中存在大量陌生、抽象的概念，学习者在核心概念的学习过程中，需要通过归纳整理掌握核心概念与众多关联概念之间复杂的逻辑关系。据统计，中学化学教材中有400多个化学概念，学生初学或者复习某个目标概念时，教师若过分强调那些非常难却没有必要的化学概念，会给学生增加学习负担；若忽视那些简单且重要的化学概念，则不利于目标概念的科学学习。筛选并确定出少而精的目标概念的概念群，可以有针对性地探察高中师生的目标概念的概念结构，教学中也可以此为依据有区别、有侧重地开展概念教学，使学生更易于科学地掌握目标概念，优化目标概念的概念结构。表 2-20 为由离子反应核心关联概念组成的概念群。表 2-21 为由化学平衡核心关联概念组成的概念群。

表 2-20　由离子反应核心关联概念组成的概念群

序号	概念	序号	概念	序号	概念	序号	概念	序号	概念
1	离子反应	14	酸根	27	电离程度	40	酸式盐	53	难溶电解质
2	离子方程式	15	完全电离	28	离子符号	41	电解	54	碱式盐
3	电离平衡常数	16	弱酸	29	离子共存	42	自由移动离子	55	双水解
4	电解质溶液	17	电离度	30	盐	43	离子键	56	沉淀溶解平衡
5	电离平衡	18	离子扩散速率	31	离子检验	44	pH	57	导电
6	离子	19	电离方程式	32	水解平衡常数	45	水解平衡	58	配平
7	水的离子积	20	溶解平衡常数	33	电极反应	46	溶液	59	强酸
8	盐类水解	21	离子交换	34	强碱	47	络合反应	60	电解池
9	电离	22	部分电离	35	多元强酸	48	离子团	61	弱碱
10	溶液导电性	23	弱电解质	36	离子化合物	49	碱	62	电导率
11	中和反应	24	离子浓度	37	电荷守恒	50	酸碱中和滴定	63	化学方程式
12	电解质	25	阳离子	38	酸	51	易电离	64	电极反应式
13	阴离子	26	强电解质	39	多元弱酸	52	溶度积常数	65	置换反应

表 2-21 由化学平衡核心关联概念组成的概念群

序号	概念	序号	概念	序号	概念	序号	概念	序号	概念
1	平衡状态	6	平衡常数	11	可逆	16	产率	21	放热
2	化学平衡	7	电离平衡	12	转化率	17	有效碰撞	22	动态
3	勒夏特列原理	8	水解平衡	13	pH	18	吸热	23	反应物
4	平衡移动	9	溶解平衡	14	温度	19	催化剂	24	体积
5	反应速率	10	浓度	15	压强	20	溶解度	25	产物

学生化学概念结构的确定，能给予教学工作者重要决策依据，为被评价者自我完善提供帮助，是教学中起反馈调节作用的重要一环。通过比较优生与差生、学生与老师的概念结构差异，可以探索造成化学问题解决能力偏低的知识结构层面的因素，从而有针对性地引导低化学问题解决能力者进一步概括核心概念的认识思路，优化概念结构。图 2-18 为非重点高中理科学生的离子反应概念结构三维图，概念间距离越近，意味着学生认知结构中概念间有越强的相似性或主题关联，该结构图反映了学生对概念间关系的认识。在学生认知中，一个概念的理解涉及其与附近概念的重要联系，教师可据此结构三维图采取进一步针对性教学，完善学生的概念结构的不足之处。图 2-19 为高分组学生化学平衡概念自由分类的二维坐标图。

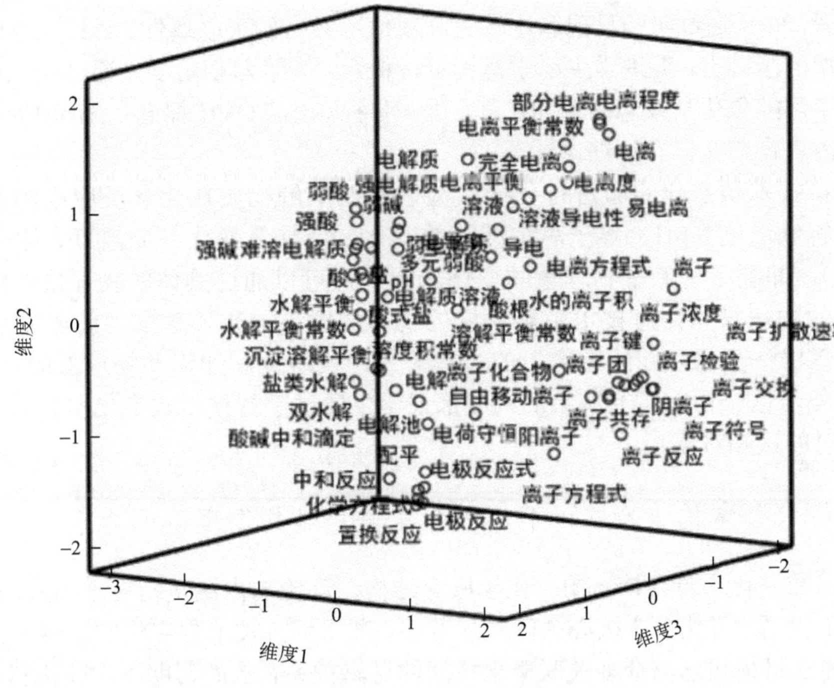

图 2-18 非重点高中理科生的离子反应概念结构三维图

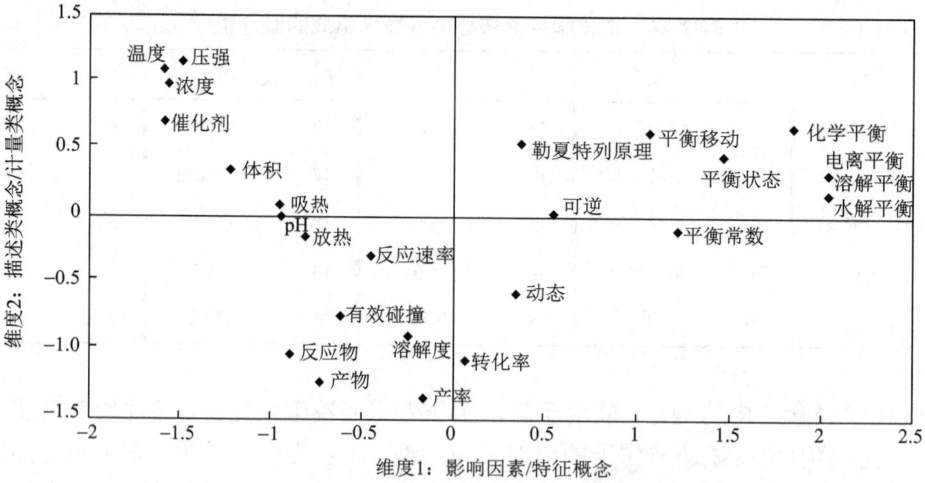

图 2-19　高分组学生化学平衡概念自由分类的二维坐标图

3. 手持技术数字化实验支持下的化学概念学习研究基础

本团队根据认知建构主义学习理论，针对手持技术数字化实验支持概念学习的问题，从“概念间转化、物质间转化、定性向定量转化、数据向图像转化、比较建构”的角度，提出“多重转化、比较建构”认知模型。在该认知模型中，教师需要寻找学生在学习目标概念前已掌握的、相关联的日常概念或科学概念，作为支持后续学习的关联属性与关联载体先行组织者，并且通过实验呈现和比较关联载体所具有的关联属性，最终在参照比较数据和曲线图像的基础上，促进学生科学建构目标概念。为了勾勒出学生通过完成手持技术数字化实验学习抽象化学概念的认知过程，进一步提炼出 TQVC 概念认知模型[5]。该认知模型的具体内容在前文已有详细论述。

使用手持技术数字化实验进行化学实验，是要了解物质在化学反应中的微粒浓度变化（如溶解氧浓度、pH、离子总浓度等的变化）或能量变化（如温度、电流、光强度等的变化），即要了解某种物理量的变化。因此，可以通过具体的物理量，将化学实验中待了解的物理量和信息技术中可测量的物理量联系起来，建立“化学知识—物理量—对应传感器—数据和曲线图像”的内部关系，实现化学知识和物理量的认识转化。除了传感器外，这个内部关系其余的构成都是学生通过手持技术数字化实验学习化学知识时需要面对的认知对象。

（二）手持技术数字化实验支持下的“化学概念结构”理论的内涵

手持技术数字化实验支持下的“化学概念结构”理论的内涵是指对于抽象、复杂的学科核心概念的理解，可从多个核心关联概念着手，利用手持技术数字化实验表征核心关联概念，并且建立目标概念与众多关联概念之间的逻辑关系，从而帮助学生建构科学的、严密的、有逻辑的、完整的、系统的目标概念的概念结构[51]。

例如，对于原电池概念的学习，原电池知识与此前学习的氧化还原反应、离子反应、电解质和反应中的能量转化等知识有着紧密的联系，并且与物理学科的电学知识息息相关，多数学生难以综合掌握原电池与众多关联概念之间的本质联系，建构抽象的原电池认知模型[52, 53]。此时教师可从原电池的关联概念着手，利用手持技术对原电池工作过程中相关物理量进行表征，并且构建各个关联概念与原电池之间的逻辑关系：通过对反应过程电流的表征，可以让学生直观感受到该化学过程中电能的产生，建立原电池与电能、化学能、电流、外电路、电子、氧化还原反应之间的逻辑关系；通过对反应过程电解质溶液中各区域离子浓度和 pH 的表征，可以让学生直观感受内电路通过离子移动导电的过程，建立原电池与电解质溶液、离子、内电路之间的逻辑关系；通过对反应过程温度的表征，可以让学生直观感受到原电池将化学能转化为电能的同时也伴随着热能的产生，其他条件相同时单液原电池比双液原电池的电能转换效率要低，建立原电池与能量转化率、温度之间的逻辑关系，最终帮助学生构建原电池认知模型。该认知过程可用图 2-20 表示。

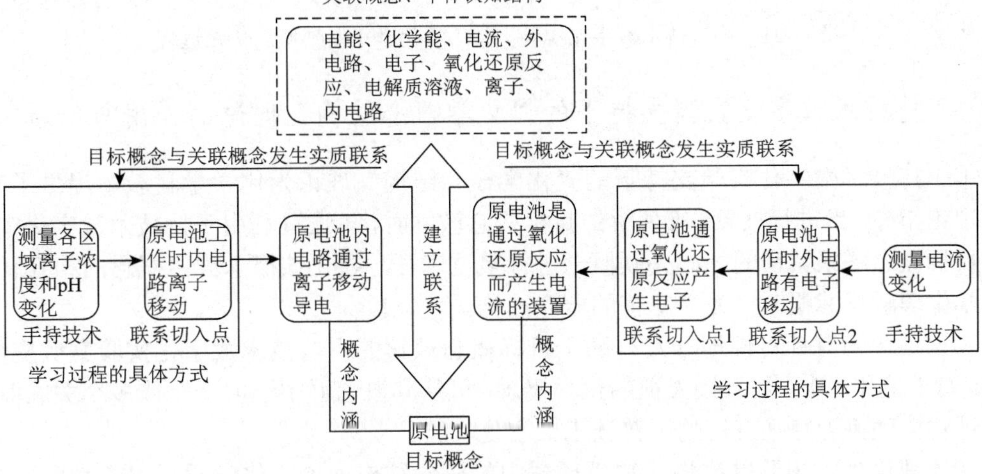

图 2-20　手持技术数字化实验支持下原电池概念认知过程

例如，对于化学平衡概念的学习，化学平衡是中学化学教材中的三大基本理论知识之一，以化学平衡这一概念为核心的一些相关概念会被引入，如有效碰撞、平衡常数等。学生对这些概念的理解也直接影响到对化学平衡的认识，多数学生在学习化学平衡相关概念时感到相当困难，难以建构抽象的化学平衡认知模型。如图 2-21 所示，此时教师可从化学平衡关联概念群中的 25 个概念着手，借助 TQVC 概念认知模型理论，找到化学平衡与正、逆反应速率之间的逻辑关系，而反应速率的大小与反应物或生成物的浓度有关。以 Fe^{3+}/SCN^{-}平衡体系为例，探究浓度对化学平衡的影响，可借助色度计传感器，以透光率数据来监控反应物或生成物颜色的变化，从而判断浓度的变化，最终间接得出平衡移动的方向。除此之外，对于其他实验，还可以对 pH、其他离子浓度、气压等进行监控，让学生直观感受到该化学平衡的建立与可测量的数据之间的联系，从而帮助学生建立化学平衡相关概念之间的联系。

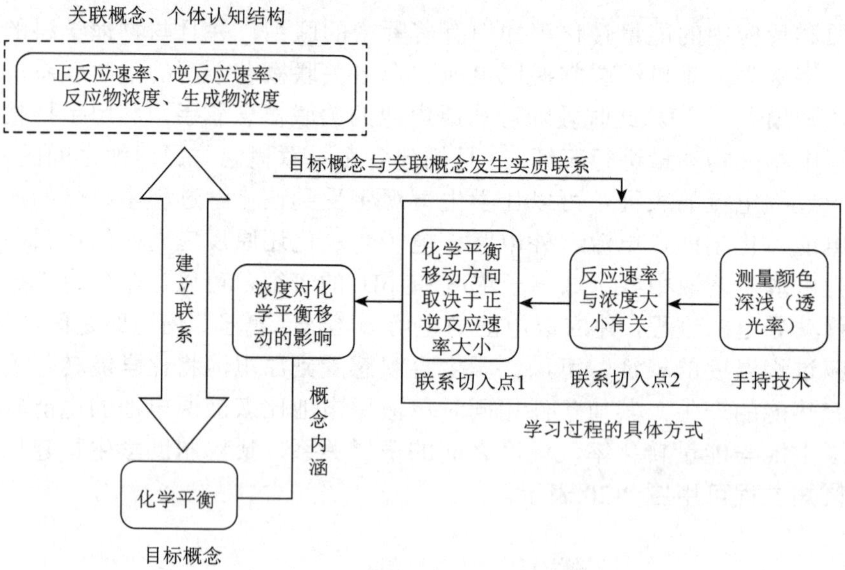

图 2-21　手持技术数字化实验支持下“化学平衡”概念认知过程

（三）手持技术数字化实验支持下的“化学概念结构”理论的作用与创新

①手持技术数字化实验支持下的“化学概念结构”理论为化学学科教学提供了有意义的理论指导。当进行抽象、难理解的目标概念教学时，可通过利用手持技术数字化实验，对与目标概念联系紧密的核心关联概念进行多重表征，显化该概念群内概念的相互联系，帮助学生理解目标概念，建立完善的概念结构。

②该理论为有针对性地开发有助于目标概念理解的手持技术数字化实验案例提供了方向。对于抽象、难以被直接表征的化学概念，可从其概念群中选取一个或多个关联概念，开发针对关联概念直观表征的手持技术数字化实验。

③该理论是本团队首次将认知心理学中的概念结构理论与化学学科概念教学研究相结合的成果，为化学学科概念教学研究提供了新的研究视角。

第二节　手持技术数字化实验教学应用理论

一、手持技术数字化实验的教学应用“三环节论证”理论

（一）手持技术数字化实验的教学应用“三环节论证”理论的提出

在科学教学中强调科学论证能够帮助学生发展批判性和理性思维，论证式教学有助于深化学生对科学本质的理解[54-56]，因此科学论证在科学教育中的重要性不断彰显，华南师范大学化学教学与资源研究所罗秀玲讲师[57, 58]针对这方面进行了深入研究，于中文核心期刊《化学教育（中英文）》发表了《高师化学教育中实施论证式教学探索》《“化学实验

教学论”课程中论证教学的探索——以喷泉系列实验为例》等论文，提出了教学应用“三环节论证”理论。

（二）手持技术数字化实验的教学应用“三环节论证”理论提出的背景

论证源自英文 argument 一词，有的文献将该词翻译为“论辩”或“辩论”。关于论证的定义非常多，如《牛津哲学词典》下的定义为：“论证就是产生支持结论的深思熟虑的过程或产物。”范爱默伦（van Eemeren）将论证定义为：“论证是语言的、社会的和理性的活动，在此过程中，基于对某一观点的可接受性进行合理性批判，提出证明或驳斥该观点的一系列命题。” 有学者提出“在科学学习中，论证是指根据实验数据或理论证据，通过说明理由或评价知识而将观点与数据联系的过程”。我们主要采用这个定义。随着学者对论证研究的不断关注，相应的论证理论成果也层出不穷。图尔明（Toulmin）在 1958 年出版了《论证之用》（The Use of Argument）一书，其中以他的名字命名的“图尔明论证模型”最为著名，因此人们认为当代论证理论兴起于图尔明。

图尔明论证模型（图 2-22）有三个最基本的要素：主张（claim）、资料（data）和根据（warrant），这三个要素在每个论证中都会出现，构成论证的基本构架。其完整模式（或扩展模式）包括了另外三个补充要素：支援（backing）、限定（qualifier）和反驳（rebuttal）。主张的外在表现形式是断言或假设，如果这个主张受到挑战，我们必须能使之成立。而我们要证明主张的合理性和无可非议所提供的事实就是资料，它们是当主张遇到挑战时我们所依据的事实，它们不再需要进一步的理由，它们是我们关于世界的知识不可或缺、最低限度的前提。根据是所给出的资料成为主张的依据的担保，是连接主张和资料的桥梁。支援是对根据的支援性陈述，支援既可以是一个单一的事实，也可以是一个由主张和资料组成的完整的论证。限定指从根据到主张的跳跃力量，如主张是肯定地得出，还是可能地得出。在图尔明论证模型中设置限定词这一元素，可以在即使无法由给定的资料再加上依据的担保获得主张的情况下，通过对主张的修正或限定，依旧可以达到让人信服的论证目的。反驳是指阻止从资料或根据得出主张的因素。

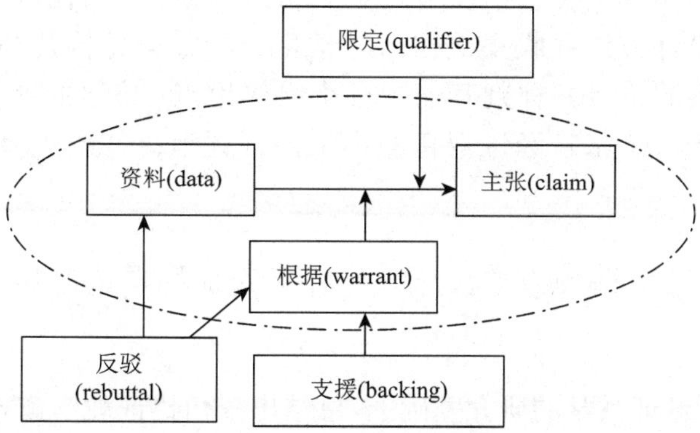

图 2-22　图尔明论证模型

图尔明论证模型是当今开展论证分析的一个基本模型，被广泛应用在法律、科学、管理、医学等领域，目前也受到科学教育者的青睐[59-60]。自图尔明论证模型提出后，论证作为一种重要的实践，日渐得以重视。科学教育者也提出了科学论证的概念并将其应用于科学课程的教学中[61]。

（三）手持技术数字化实验的教学应用“三环节论证”理论的内容

为了更好地开展论证教学，需要借鉴采用一些恰当有效的教学模型，因此对论证教学模型的研究也越来越多。目前研究最为广泛而且行之有效的教学模型是论证探究式教学模型（argument-driven inquiry instructional model）。

论证探究式教学是在探究式教学基础上发展起来，探究式教学旨在帮助学生学习科学知识，了解科学探究及理解“做”科学的本质。然而在实际实施中，由于种种原因被不断教条化，最后抽取出来让学生探究的往往只是“最无须思考的部分”，变成照方抓药式的探究。这种只强调“动手”的教学背离了探究式教学的初衷，因为除“动手”之外，还有“动嘴”和“动笔”，即以口头或书面的形式进行科学推理，从而能够基于证据和合理想象建构理论，即科学论证[62]。

《普通高中化学课程标准（2017 年版）》强调了培养学生的科学论证能力，提出“证据推理与模型认知”的核心素养，要求培养学生证据意识，要求学生能基于证据对物质组成、结构及其变化提出可能的假设，通过分析推理加以证实或证伪[63]；建立观点、结论和证据之间的逻辑关系。而 Kuhn[56]研究了个人基本推理论证能力，发现许多儿童和成人缺乏联系论据和理论的能力，而将论据和理论产生联系是构成论证的必要因素。Walker 等[62]的研究结果也表明了学生经常用证据支持他们的观点，但没有提供充分的理由如相关的科学概念与理论等来说明为什么证据支持这一观点，即缺乏分析推理论证来建构证据与结论之间联系的过程。

基于以上的认识，需要在探究式教学中强调论证作用，Sampson 等[64]提出一种强调科学论证的新型探究教学模型，即论证探究式教学模型，这种教学模型可以应用于初中、高中或大学科学课堂[58]。

论证探究式教学模型主要包括以下八个步骤：①教师介绍任务并提出指导性问题；②学生分组工作，设计方法并收集数据；③学生分析数据并构建初步论证；④学生在论证会议上分享他们的论点并评判其他同行小组的论点；⑤学生进行外显的反思讨论；⑥学生书写研究报告；⑦报告经过双盲的小组同行评审；⑧学生修改并向教师提交报告以进行评估。

（四）手持技术数字化实验的教学应用“三环节论证”理论的作用与创新——HEC 论证模式

在近几年对科学论证教学的研究基础上，总结出三角论证教学模式，取其英文首字母，简称 HEC 模式，如图 2-23 所示。H 是假设的英文 hypothesis 的首字母，假设是对变量间可能存在的关系的一种预测性陈述。E 是证据的英文 evidence 的首字母，证据要具有可靠性、相关性和充分性。C 是结论的英文 conclusion 的首字母，结论是在一定的前提条件下得到的，且具有开放性。假设与证据之间，通过控制实验条件的方案设计连接；证据与结论通过运用相关的化学概念、化学理论、微观解释和符号表征进行分析推理而建构联系；结论是对假设的修正完善和升华。

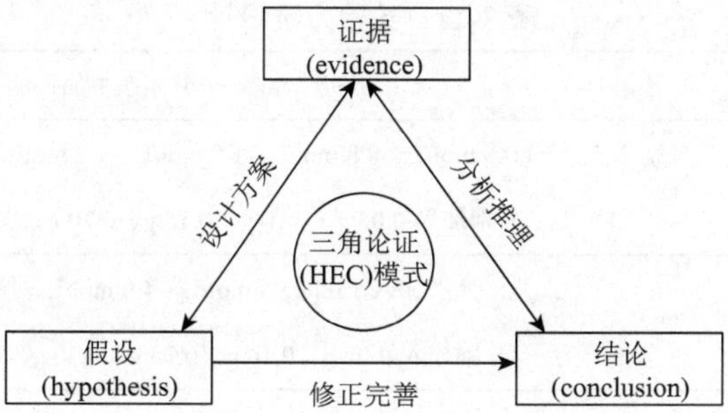

图 2-23　三角论证模式

手持技术数字化实验由于其定量性、准确性和简便性，在证据收集方面发挥着重要作用。证据是连接假设与结论的桥梁，是论证的核心[65]。在 HEC 模式中的证据环节采用手持技术数字化实验，即形成基于手持技术 HEC 论证探究模型，将其应用于课堂教学即手持技术数字化实验的教学应用“三环节论证理论”教学模式。因此将手持技术数字化实验与 HEC 模式结合更有利于论证探究式教学的开展。

下面以探究浓度对化学平衡的影响为例[66]，阐述手持技术数字化实验的教学应用“三环节论证”理论。

第一环节：转化问题，提出假设。教师确定一个需要研究的现象或问题，根据这个现象或问题引导提出唯一的一个研究问题，确定学生统一的研究任务。随后，教师要引导学生提出假设并作简单解释。

为了探究浓度对化学平衡的影响，需要选择合适的、可以具体实操的反应，这里选取教材上与此知识点相关的实验之一——$FeCl_3$ 与 KSCN 的络合反应为研究对象。$FeCl_3$ 溶液与 KSCN 溶液混合反应后，可以建立以下平衡：

$$FeCl_3 + 3KSCN \rightleftharpoons Fe(SCN)_3 + 3KCl$$

$$\text{离子反应：}Fe^{3+} + 3SCN^- \rightleftharpoons Fe(SCN)_3$$

根据反应原理可以引导学生提出假设：参与离子反应和未参与离子反应的物质浓度变化均影响化学平衡。根据化学反应方程式，考虑物质本身颜色的影响和可操作性，选取在离子反应中实质参与反应的 KSCN 和未实质参与反应的 KCl 来探究。两者又分为液体与晶体两种形态进行探究。

第二环节：设计实验，收集证据。在这一环节，学生根据小组提出的假设来一起设计并实施实验方案，收集证据。手持技术数字化实验在这一环节发挥作用。从证据的可靠性与充分性的角度出发，发挥手持技术数字化实验定量、便捷和综合的优点，分别设计了两个系列实验，如表 2-22 所示。系列 1 探究 KSCN 浓度对 Fe^{3+}/SCN^-平衡体系的影响，系列 2 探究 KCl 浓度对 Fe^{3+}/SCN^-平衡体系的影响，利用图 2-24 所示手持技术数字化实验装置获得相应的透光率变化曲线图（图 2-25～图 2-28，注：溶液的颜色越深，透光率越小）。

表 2-22　实验方案设计

组别	序号	往 Fe^{3+}/SCN^-平衡体系中加入的物质
系列 1	实验 1-1	分别加入 1 ml 0.6 mol/L、0.8 mol/L、1.0 mol/L、1.2 mol/L、1.4 mol/L、饱和 KSCN 溶液
	实验 1-2	分别加入 0.05 g、0.10 g、0.15 g、0.20 g、0.25 g KSCN 固体
系列 2	实验 2-1	分别加入 1 ml 0.04 mol/L、4.0 mol/L、饱和 KCl 溶液
	实验 2-2	分别加入 0.05 g、0.10 g、0.15 g、0.20 g、0.25 g KCl 晶体

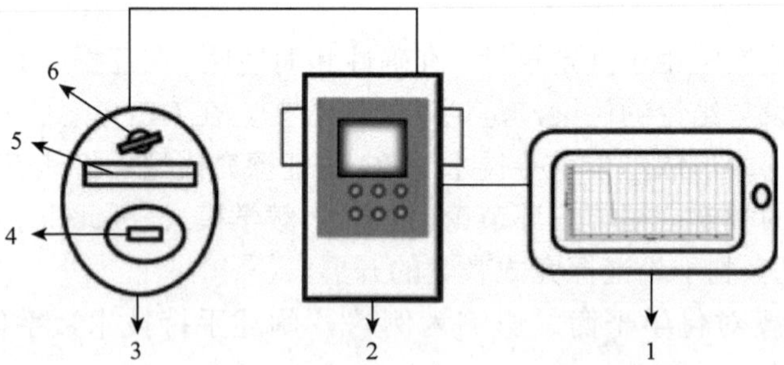

图 2-24　手持技术数字化实验装置示意图

1. 平板电脑；2. 数据采集器；3. 色度计；4. 比色皿；5. 滤光片（蓝色）；6. 调节旋钮

具体实验原理和操作，请参看“利用数字化手持技术探究浓度对化学平衡的影响”的慕课视频（网址：https://www.icourse163.org/course/scnu-1207045812，本视频见 3.3.2 节）。

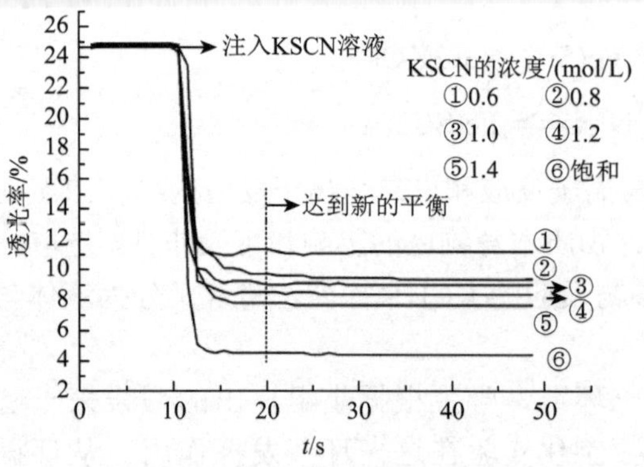

图 2-25　实验 1-1 的透光率变化曲线

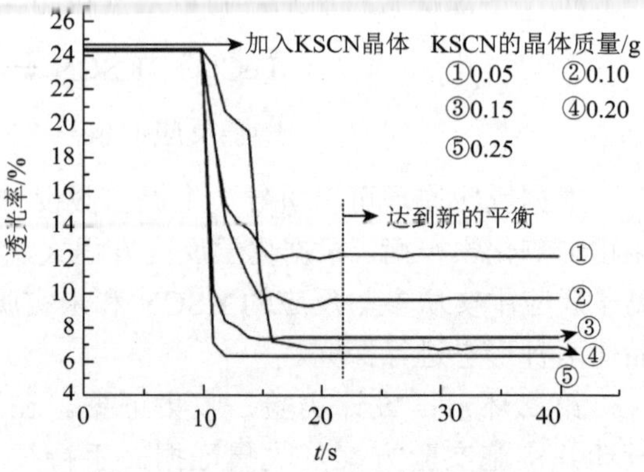

图 2-26　实验 1-2 的透光率变化曲线

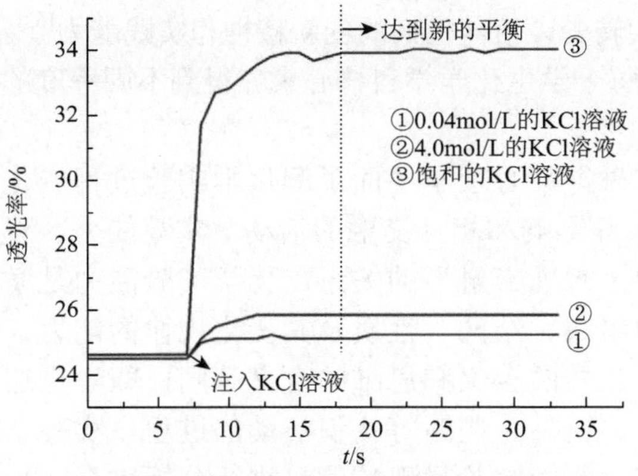

图 2-27　实验 2-1 的透光率变化曲线

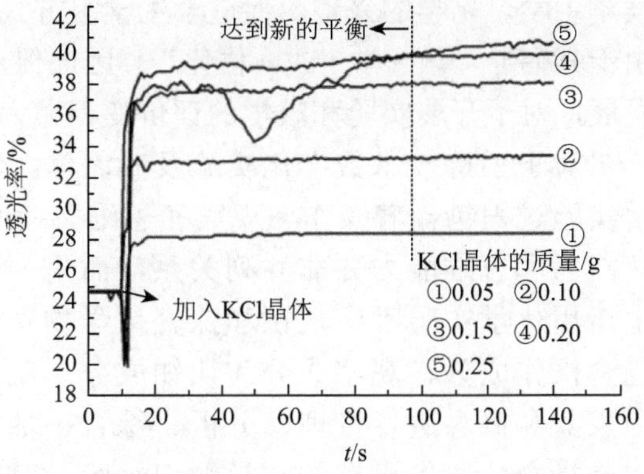

图 2-28　实验 2-2 的透光率变化曲线

第三环节：分析推理，得出结论。这一环节就是推理论证过程。小组分析、处理收集的数据，构建推理论证。论证包括直接回答研究问题的假设，用来证实或证伪其假设，以及使用理论、法则和科学概念等来解释证据如何证实或证伪假设的理由。

在探究 KSCN 和 KCl 的浓度对 Fe^{3+}/SCN^{-}平衡体系的影响中，根据所得数据推理分析得出以下结论。

①增大 KSCN 浓度，溶液透光率降低，化学平衡向正反应方向移动，说明参与离子反应的物质浓度变化会影响化学平衡。（这可运用勒夏特列原理进行解释。）

②增大 KCl 浓度，溶液透光率升高，平衡持续向逆反应方向移动，说明不参与离子反应的物质的浓度变化也会对化学平衡产生影响。（经查阅文献可知，KCl 使 Fe^{3+}/SCN^{-}平衡体系颜色变浅，是盐效应和配体取代反应共同作用的结果，二者的主次作用目前尚不明确。）

上面使用案例来介绍了手持技术数字化实验的教学应用“三环节论证”理论。最后，我们强调这个模式的三个关键特征。一是假设的重要性，即选择合适的研究对象，将一般性问题转化为具有可控变量的问题，提出初始观点。二是证据的相关性，尤其是充分性和可靠性。从科学史的角度出发，理论的得出或概念的形成，需经过反复的证实或证伪过程，不是由一个证据就得出一个结论。其中，实验仪器工具的发展起着关键作用。如质量守恒定律，经过一百多年的探索，并随着精密实验仪器的发明和出现，才最终确立。在化学教学中，手持技术数字化实验发挥着重要作用，由此提出基于手持技术数字化实验的论证探究式教学。三是结论是对假设即初始观点的修正、完善和升华，这也符合建构主义的学习观点，即学生是基于已有认识（假设）建构知识的意义（结论）。此外，得到的结论是有前提条件且具有开放性的。

二、手持技术数字化实验案例与教学案例评价理论

（一）手持技术数字化实验案例与教学案例评价理论背景

《普通高中化学课程标准（2017 年版）》提倡重视开展“素养为本”的教学，倡导真实问题情境的创设，开展以化学实验为主的多种探究活动，重视教学内容的结构化设计，激

发学生学习化学的兴趣，促进学生学习方式的转变，培养他们的创新精神和实践能力[63]。由于其倡导“教·学·评一体化”，因此促进每个学生化学学科核心素养得到不同程度的发展，对于开展实验和教学的评价变得尤为重要。

对于手持技术数字化实验及其教学，首先得从心理学层面了解化学实验过程。化学实验过程包含着操作、观察和思维 3 种相互影响和相互交融的活动。实验能力、观察能力和思维能力并非并列关系，而是一种“水乳交融”的关系。化学实验能力是学生运用化学实验手段认识和探究化学物质的组成、结构、性质及其变化规律的能力，包含操作成分、观察成分和认知成分。此处认知的含义和思维的含义等同，即学生运用表象和概念进行推理、分析、综合、抽象、概括、判断等认识活动的过程。实验认知是指个体凭借已有的化学知识经验，对有关化学实验呈现的信息进行分析综合、抽象概括等一系列复杂的加工处理，以理解实验课题、形成实验方案、获得化学概念、认识物质性质、揭示化学规律等的内在过程。实验认知贯穿于实验活动的全过程，是化学实验能力的核心成分。

正是由于实验能力的复杂性及实验教学的成效的难以鉴定，我们难以对其进行直接考查和测量，同时由于缺乏一种对学生能力变化的有效评价方法，因此学生的能力难以进行准确地评估，无法对学生的实验能力及探究能力提供有效的反馈和指导。针对如何评价学生进行手持技术数字化实验之后能力的变化问题，本团队经过分析学生进行手持技术数字化实验的一般过程和中学生进行化学实验的特点，提出了“手持技术数字化实验案例与教学案例评价理论”。

（二）手持技术数字化实验案例与教学案例评价理论的基础

1. 基本要素分析法

基本要素分析法是美国教师沃尔佛德（Walvoord）和安迪生（Anderson）研究的一种新的评价方法，该方法因其在学生的开放性作业及相关能力的评价上取得的良好效果而被广泛认可。

该评价理论认为，任何一种行为表现，包括行为的和认知的都会有一系列基本要素，这些基本要素构成学生学习某些知识、技能或行为表现的基本单元，只要将学生在这些基本单元的行为表现进行评定，学生在完成这些具体任务时的总体特征就可以得到适当的评定。

2. 视听教育理论

视听教育理论中最具代表性的人物是美国教育家戴尔（Dale）[67]，他提出了以“经验之塔”为核心的视听教学理论。

戴尔把人类学习的经验按照抽象程度分为 10 个层次，并从具体到抽象的方向，用一个塔形锥体图进行描述，有利于提高学生的实验素质和信息素养。

建立在传统实验装置基础之上的手持技术，恰恰把做的经验（在传统实验基础上介入数字信息化实验技术）、观察的经验（物体运动过程的实验演示）、抽象的经验（概念、规律）融为一体，特别是手持技术强大的数据采集和图像处理功能，为从具体经验概括抽象到概念、规律创造更好的条件，搭建一座桥梁。在整个序列中具有承上启下的作用，对于学生理解化学概念、化学规律具有积极的作用。而且手持技术为学生开拓了“具体经验”的范围和深度，为概念、规律的揭示的不同创设了更好的条件，有利于提高学生的实验素质和信息素养。构建手持技术数字化实验案例与教学案例评价理论对于了解学生的能力水平发展有重要意义。

（三）手持技术数字化实验案例与教学案例评价理论的内容

构建科学的、合理的对中学化学实验教学评价指标体系，将对中学化学实验课程改革和实验教学研究起到至关重要的作用。手持技术数字化实验案例与教学案例评价理论包括以下六个步骤：

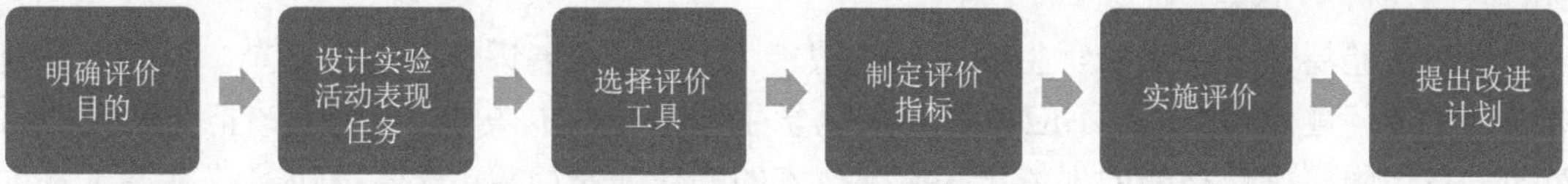

明确评价目的：中学生化学实验能力活动表现评价，首先应明确总的评价目的。评价目的是策划、实施和调整具体评价活动的有力依据。评价者必须根据课程标准规定的基本要求和具体的教学内容设定适当的评价目的。

设计实验活动表现任务：实验活动是评价学生实验能力的主要载体。实验活动的设计应服从于评价目的，符合学生的认知特点，既要适应于学生已有的基础，又要对学生造成一定的认知冲突。

选择评价工具：对于学生在化学实验活动中的表现信息，评价者可以通过多种途径和方法收集，常用的主要方法有观察和交流两种方式。交流方式包括书面交流和口头交流。

制定评价指标：根据评价目的和具体的实验活动表现任务确定详细的评价指标，并用清楚、简练、可测量的目标术语表述出来。

实施评价：反映学生实验能力发展状况的资料数据是评价学生实验能力的客观事实依据，评价资料的有效性是保证达成恰当的评价结论的基础。

提出改进计划：对学生实验能力的活动表现评价的根本目的是要促进改进、促进发展。因此，仅得出一个客观描述的分析报告是不够的，还需要在此基础上提出改进要点，制定改进计划。

（四）手持技术数字化实验案例评价量表与教学案例评价量表的设计

化学实验作为一种能动的实践活动方式，不仅是一种感性活动过程，更重要的是一种是理性思维过程，其本质上是理性思维的物化[68]。实验的方法、步骤、现象等都是一定化学原理的体现[69]。手持技术数字化实验案例与教学案例评价量表的设计要遵循基本的步骤，首先对学生实验及各项基本能力进行要素分析，确定构成影响学生能力的基本要素，根据各要素在整个能力中的内容进行重组。

中学生开展实验通常包括以下八个步骤：

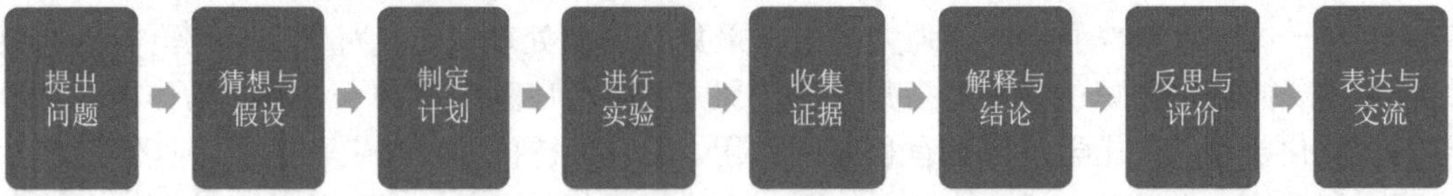

提出问题层面评价学生通过情境提出问题是否是合理的、适合科学探究的、有针对性的。

猜想与假设层面评价学生能否对问题提出合理的假设，指在此过程中学生从长时记忆提取问题解决原型，对原型加以改造，得到新的原型，确定思考的方向。

制定计划层面评价学生能否针对确定问题的初始状态和目标状态及问题空间，确认问题任务的类型，并将其分解成比较具体的子任务。在手持技术数字化实验中指学生判断需要采集何种数据，以及决定采用何种传感器进行测量的过程。设计实验方案是指根据所识别的问题任务制定实验计划。

进行实验层面主要评价学生的问题解决能力，这是开展评价的中心环节。为了更好地培养学生的问题解决能力，不应该过分在意学生的实验基本操作，也不应该把实验技能培养的重点局限在操作技能的训练上。手持技术的操作非常简单，学生很快熟练掌握了基本操作方法，在实验过程中极少存在操作上的困难，实验过程中得心应手，不存在操作上的心理压力，有利于思维水平的正常发挥。

收集证据层面评价学生观察记录实验现象的能力。在传统的中学实验室中，中学生已有的知识有限，掌握的测量方法较少，这会影响他们收集数据解决问题的能力。手持技术的功能强大，可以定量测量很多理科数据，如 pH、溶解氧、温度、光强度、压力等。因此学生在设计实验方案时有更多的思维空间可以设计更加合理、科学的探究方案与实验装置，收集更多有效的实验数据。

解释与结论层面评价学生能够根据收集的证据对所有的现象进行解释和推理。在传统的实验室中大多数实验只能呈现静态的数据结果，显得机械呆板，学生解题后也只关心答案。而手持技术采集数据时的直观性、动态性和实时性，更注重评价学生在看到数据的动态变化过程中能否根据实验数据及时检查自己的表征是否有误、制定的实验计划是否合理、操作是否正确、自己的预测与实验结果是否一致等。

反思与评价层面评价学生是否能够发现自身的优点和不足，以及点评他人的实验设计，并提出合理建议。

表达与交流层面评价学生能否完成实验报告或者小论文。

（五）手持技术数字化实验案例评价量表与教学案例评价量表的作用与价值

手持技术数字化实验案例评价量表与教学案例评价量表的作用与价值如下：①构建了手持技术数字化实验案例评价量表与教学案例评价量表理论，为中学有效开展手持技术数字化实验提供指导；②通过构建手持技术数字化实验案例评价量表与教学案例评价量表的设计框架，对评价测量学生的实验能力和探究能力有指导意义；③在以往的研究中，往往忽略对学生进行手持技术数字化实验前后的能力评价方面的内容，本理论凸显了在进行手持技术数字化实验后的评价研究的重要性，完善了手持技术数字化实验“教·学·评一体化”方面的内容。

三、手持技术数字化实验慕课应用混合式教学理论

（一）手持技术数字化实验慕课应用混合式教学理论的提出背景

1. 慕课教学的兴起

1）慕课教学的概念内涵

慕课是一种大规模开放网络课程（massive open on-line courses，MOOCs）。massive（大规模的）是指对注册人数没有限制，因此慕课容纳的学生规模极其庞大；open（开放的）是指任何人均可参与，并且通常是免费的，这体现出教育的公平性和资源的共享性，不同身份和地区的学习者都能根据自己的兴趣和需求，进行最优质的课程资源的学习，在学习平台的交互中实现资源的共享，实现联通主义学习理论的学习方式，在不断交互中生成新的知识；on-line（网络的）是指学习活动主要发生在网络上；course（课程）是指在某研究领域中围绕一系列学习目标的结构化内容。慕课诞生的信念是“将世界上最优质的教育资源，送达地球最偏远角落”。

2）慕课带来的教学变革

相对于传统的教学模式，慕课运用了与信息技术结合的在线学习方式，结合大数据进行分析，能够实现高效的教学[70]。学习者在线上进行学习和评价的同时，其学习行为、学习信息等丰富的数据资源就可以通过学习分析技术被收集和分析，为教育研究问题提供了研究数据的支持，从而改进了相关教学方式，促进了教育变革。同时分析结果也为课程的制定者提供了参考，进一步优化了课程资源。

教师和学生在运用慕课进行教学的同时，其自身的功能也对应发生了转变。教师的任务是提供优质的课程资源，创造良好的在线学习环境，引导学习者进行更好地学习。因此相应的教学管理也会发生变化，教师只需做简单的平台管理和学习认证。学习者更多的是依靠自我管理，按时完成课程的学习和作业的提交，相对于传统课堂，这种学习方式更体现了“以学生为中心”的教学理念，优化了课堂结构，符合课程改革中师生角色的定位。

3）慕课的不足和发展趋势

在慕课的不断发展中，一些问题也逐渐显露出来[71]，遭到了相关研究者的评判，如何解决对应的问题，让慕课成为未来教育发展的新的方向，国外的教育专家也提出了相关研究。其中最大的问题是学习者的高注册率和低完成率问题。出现这类现象的原因在于学习者没有对自身学情进行准确评价，学习者自身知识基础与课程并不匹配，导致课程进行不下去。再者由于慕课无法像传统课堂一样对学习者的学习进度和纪律进行管理和约束，对于注册不完成的学习者没有惩罚机制，导致自我管理能力差的学习者无法顺利结业，这也是慕课主要被人诟病的地方。

针对慕课发展出现的问题，未来的慕课应该围绕课程建设和平台完善发展，不仅要制作高质量的视频内容，教育部门也要建立相应的课程标准，加快慕课课程的规范化，提高其适用性，同时要拓宽慕课的应用面，除了高校课程，也要开发基础教育的课程，让慕课的教育功能实现最大化。相应教学模式需继续发展完善，以帮助慕课教学达到更好的效果[72]。

2. 混合式教学模式的兴起

随着教育信息技术的发展、慕课等教学形式的出现，一般认为混合式教学是一种将线上的数字化在线教育与线下的课堂教学相结合的教学方式，在教学实践过程中突出以学生为中心，充分发挥学生作为学习主体的积极性、主动性、创造性，并借助在线教育资源与信息技术促进课堂教学，提高教学效率，提升教学效果。

在混合式教学过程中，提倡培养学生的科学探究能力与自主学习能力，强调以教师为主导、以学生为主体的教育理念。学习者借助互联网技术和网络资源，同时运用在线交互、自主学习的形式建构知识，从而将知识进行内化，这符合建构主义的学习理论[73]。在运用慕课资源进行学习的过程中，学习者可以自主选择学习的时间、空间，自主掌握学习计划和进度安排，并能够通过网上的交互平台，进行讨论和评价[74]。借助慕课创造的情境，学习者以已有的知识为基础，通过线上、线下混合式学习进行交互作用，建构起新的知识。在此过程中，教师的主导作用并不仅仅是引导学生掌握知识，而是为学生创设有意义的学习情境，提供多样化的学习资源与路径、学习与评价方式。这充分体现了建构主义理论在混合式教学模式中的重要作用[75]。

（二）手持技术数字化实验慕课应用混合式教学理论的内涵与特征

运用慕课进行混合式教学的内涵可以理解为：借助慕课平台，将传统的线下授课方式与线上自主学习方式进行结合，充分发挥教师的主导地位及学习者在学习过程中的自主性，融合多种学习资源、教学方式、评价方式等，以期达到最佳的教学效果。基于慕课资源的混合式教学模式的特征，始终体现人本主义中以学生为中心的教育理念，提倡多种教学方式的融合，重视学习者之间及学习者与授课者的交互作用，包括线上和线下的交流，及时得到教学反馈，从而采取有效的补救措施[76]。

化学是一门以实验为基础的学科，建构实验主题慕课教学模式对促进基础教育的改革具有重要作用。化学实验课的目的除了帮助学生理解相应的概念知识，还在于培养学生的科学探究能力，因此运用混合式教学模式进行实践，线下的教学不仅解决学习者线上的疑惑，还要进行实验设计、实验操作、完成实验报告等过程。这就要求教师结合课程实际情况，灵活运用混合式教学模式，以获得更好的实验教学效果。

根据化学实验教学的特点，为充分发挥运用慕课进行混合式教学的优势，本团队提出，基于手持技术的混合式教学过程可按“课前线上手持慕课自主学习——课中线下课堂/实验室小组合作探究——课后线上手持慕课和 QQ + 线下课堂巩固考核”3 个阶段进行，而每个阶段中又包含教师和学生两个参与者的活动，该过程的框架见图 2-29。

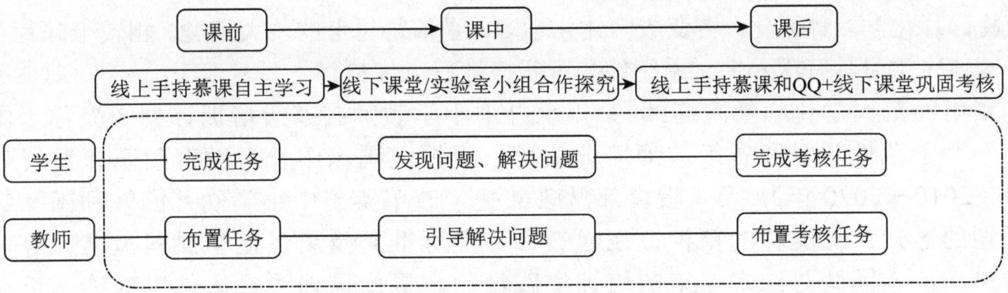

图 2-29　手持技术数字化实验慕课应用混合式教学过程框架

教师把教科书内容经过筛选后转化为几个核心问题，之后整个模式的 3 个阶段将紧紧围绕这几个核心问题进行教学。首先是由教师选取合适的线上慕课资源，让学生通过线上学习对问题的解决“预热”。之后在线下的课堂学习中，设置了理论学习活动和动手实验活动，更好地发挥手持技术数字化实验的认知功能，在此阶段主要以小组合作的形式，引导学生通过理论和实验两类学习活动真正解决问题，建构化学知识。最后课后通过线上线下两种形式，让学生对知识进行巩固和终结性评价，了解学生对知识的理解掌握情况和能力素养发展情况。3 个阶段的教与学活动，能让学生在教师引导和小组合作中，高效而自主地建构化学知识，有助于提高学生自主学习、问题解决等能力，提高教学目标的达成度，落实学生学科关键能力和核心素养的发展。

基于慕课资源的混合式教学模式在实践中与传统教学模式相比，其教学模式存在以下特点：①将线上学习和线下学习相结合。学生在线上通过慕课学习基础知识，教师在线下课程中进行疑难解决和补充提高，并对部分同学进行个性化辅导，促进学生学习的高效化。②充分体现以学生为主体，教师为主导的理念。与传统教学模式相比，基于慕课的混合式教学模式更强调以学生为中心的教育理念，学生在线上进行慕课的自主学习，线下进行合作探究学习，教师在其中帮助学生解决线上学习的疑问，混合式学习重视学生根据情境主动建构知识，培养学生学习的积极性和主动性。③自主学习和合作探究相结合。学习者在进行学习的时候，可以根据自身的实际情况选择线上学习的时间和空间，同时在线下进行师生、生生之间的互动交流和合作探究，不仅能够培养学生发现问题、解决问题的意识，还有助于提高学生自主学习和合作探究的能力，有利于学生开展深度学习。

第三节　手持技术数字化实验培训推广理论

一、手持技术数字化实验培训应用的“一体化”理论

（一）培训“一体化”理论的提出背景

在科技进步、互联网发展及学习载体不断改变的时代背景下，碎片化学习应运而生。然而碎片化学习具有一定的局限性，如学习时间不连贯、学习效率不高、知识片面化等。

如何将碎片化学习体系化，转变成一体化学习，是值得思考的一大问题。相较于碎片化学习，一体化学习具有深入性、系统性和可碰撞性三大优势。

华南师范大学化学学院连续 9 年承办中小学教师国家级培训计划（简称“国培计划”）示范性项目和省级教师培训项目。根据《国家中长期教育改革和发展规划纲要（2010—2020 年）》及《教育部财政部关于改革实施中小学幼儿园教师国家级培训计划的通知》等文件的精神，在《教师专业标准》及新《化学课程标准》等理念的指引下，本团队总结多年来的培训实践经验，提出培训“一体化”理论，旨在更新化学教师培训者的培训理念，拓展化学教育学科发展的视野，真正提升化学教师培训者的综合教学能力，进而培养出具有高尚师德、现代教育核心素养及创新精神的化学学科教育专家。

（二）培训“一体化”理论的内涵

培训“一体化”理论指基于特定的培训主题，对于总体培训目标与分目标的确定，培训相关资源与课程环节的科学整合及系列培训内容的设计的指导理论。该理论遵循以参训学员为主体的互动性原则、理论与实践相结合的有效性原则、“教•学•评一体化”的系统性原则和评价多元化原则。基于培训“一体化”理论，培训工作者通过剖析培训“大主题”，设计并确定培训的总体目标及分目标，并以培训目标为依据，设计相应的培训内容，再整合已有培训资源，对课程具体开展环节进一步调整，最后形成一体化的课程体系与培训模式。以手持技术数字化实验主题培训一体化为例[77]，培训“一体化”理论的内涵主要包括如下内容。

1. 课程系统化

手持技术数字化实验主题培训一体化的课程设计具有系统化的特点，内容具有全面性及逻辑性。课程内容在总体上可划分为理论学习、实践应用和成果提炼三大模块。理论学习模块涵盖了理论讲座和优质案例演示；实践应用模块包含了手持技术数字化实验探究和高考题命制两大内容；成果提炼模块涉及了思维导图的绘制、实验报告的撰写和高考题的改编命制三大成果。通过“理论学习—实践应用—成果提炼”的系统化课程培训，学员能够掌握基础理论知识，并将其运用到实践操作中，最终总结提炼成一套系列成果。

2. 培训集中化

手持技术数字化实验培训是连续性的培训，开展周期为一个星期，具有集中化的特点。第一，相比于碎片化学习，集中学习的优势更突出。学员在集中培训中能发展全面意识和大局意识，更加系统化地学习相关知识。第二，集中培训能有效提高学员的学习专注度。在特定的空间和时间内，随着学员注意力的高度集中，教学资源能被充分利用，培训的效果也大幅提升。第三，集中培训能够促进思维的碰撞。在培训期间，通过互相交流思想和学识，来自不同地区的学员们可以相互借鉴经验，在合作和竞争中切磋研究成果，达到共同提高的目的。

3. 团队精英化

培训的专家组由华南师范大学化学教学与资源研究所钱扬义教授工作室成员及多位省内外专家构成，培训团队的专业水平较高。钱扬义教授是该次培训的首席专家，于 1998 年在国内率先提出手持技术数字化实验，开展了 22 年的深入研究，在手持技术数字化实验研究领域具有一定的权威，对该内容与方向研究甚深，这保障了课程内容的深度和广度。

4. 评价多元化

为了提高培训质量，促进学员全面发展，该次培训采取多元化的评价方式。学员考核评价主要采用过程性评价与结果性评价相结合、学习行为表现评价与学习成果文本汇报评价相衔接的评价方式来进行。评价考核内容主要分为学员平时学习活动表现及学习过程中的文字汇报资料两大部分。通过以评促学、评学结合的方式，有效地发挥考核评价的促进、鼓励功能。

5. 成果集册化

该次培训的最大亮点在于将学员培训所得成果化，整合并制作出了一本成果集。通过调查发现，学员大多是中学中级教师，平均年龄达 35 岁。从经验型教师成长为研究型教师，要求教师能积极主动地反思自己的教育教学行为并在教学实践中进行研究，成为一名反思者和研究者。据了解发现，大多数教师虽然在日常教学生活中常常能敏锐地发现教学问题，但也止步于深度研究并提炼成果。将所察、所思成果化，是目前大多数教师所匮乏的。基于此，将培训所得成果化，不仅能形成可供翻阅的成果集，还能培养经验型教师提炼成果的意识。

（三）培训“一体化”理论的作用与价值

1. 提高培训成效与质量

大多数教师培训项目的集中培训时间是 14 天左右，集中时间短，而培训内容多。因而，在培训目标的设计上需要从培训内容的选择和编排上提前做好准备，才能保证培训的顺利展开。否则，参训教师往往会感到课程内容过于繁多冗长，学习压力过大，使培训成效大打折扣。而“一体化”理论能够使培训内容模块化、体系化，提高参训教师的学习热情与学习信心，有利于培训目标的达成，提高培训实际效果与培训质量，进一步促进化学教师的能力提升和专业发展。

2. 创新培训方式与评价方式

“一体化”理论强调理论与实践相结合、“教·学·评一体化”。基于“一体化”理论，在培训内容的架构上，根据培训主题目标实行模块化设置，紧扣培训目标，选择知名授课专家及精心准备授课内容。在培训方式上，注重创新性与科学性，根据培训主题与目标要求，采取专题报告、实践考察、讨论式、任务驱动式等多种方式开展培训，强化学员互动参与，增强培训吸引力和感染力。如可以做到如下几个方面：

①强化实践性环节，创新实践方式：通过对名校、名师课堂教学的实地考察，深入了解化学学科教育一线，深化对培训对象与培训需求的调研；实地考察名校与名师工作室，了解和学习区域教研、校本教研等方面的创新性研究模式；通过两次以上的讨论分享、展示交流等活动，切实提升培训者的设计开发、独立思考、表达交流、合作学习等能力。

②专题讲座与参与式研修相结合：知识性强或信息量大的课程，以专题讲座和专家与学员的对话为主；情境性和操作性强的模块，以参与式研修为主。如“利用手持技术数字化实验探究分子间作用力大小”专题讲座。该专题讲座照片如图 2-30 所示。

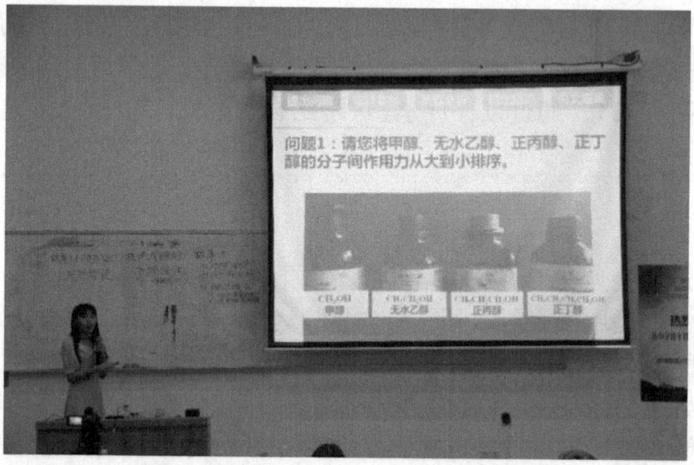

图 2-30　“利用手持技术数字化实验探究分子间作用力大小”专题讲座照片

③自主研修与展示分享相结合：合理调整教学环节，把握教学进度，给予学员一定的自主研修时间，让学员能够进一步思考与消化所学内容，学以致用，事半功倍。其次，在自主研修期间，可结合具体的培训分目标，布置实验方案设计等小组学习任务，并通过分组展示的方式，实现互动与交流，促进学员们的相互认识与相互熟悉，使学员在和睦的氛围里中学习，在互帮互助中发展。

在评价方式上，“一体化”理论主张评价多元化、个性化。可以运用形式多样、方式丰富的手段对学员加以考核评估，将过程性评价与结果性评价相结合、学习行为表现评价与学习成果文本汇报评价相衔接以评促学、评学结合，尽可能发挥评价的促进、鼓励功能。

（四）培训“一体化”理论的应用效果

“一体化”理论在 2019 年广东省乡村中小学实验教师专项培训高中化学班中得到了实践。通过问卷调查与收集学员感想可知，其应用效果较好，预期目标基本实现，学员学习热情高涨，且满意度高。具体应用效果可见本书第六章第二节的“在‘省培计划’中的应用”。

二、手持技术数字化实验推广应用的“U-G-2E-S”理论

（一）“U-G-2E-S”理论的提出背景

“U-G-S”模式是指师范大学（university）、地方政府（government）、中小学（school）三方合作、协同创新的模式。其突出特点是在政府支持下，各参与单位遵循目标一致、责任共同、各司其职、利益分享等原则，从而促进问题的有效解决和目标的达成[78]。

2007 年，东北师范大学[79]首次提出并实施了“U-G-S”教师教育新模式，有效解决了教师教育中的师范生实习难、中小学教师培训水平低、教师教育者教研无效等制约教师专业发展的瓶颈问题，促进了区域基础教育均衡发展。近几年来，“U-G-S”模式还在化学实验教育创新[80]、乡村教师培养[81]、大学外部治理结构变革[82]等方面得到广泛应用和发展。

其次，还延伸出“U-G-S-S”[83]、“U-G-E”[84]等模式。其中，“E”代表技术企业（enterprise）。赵建立等[84]构建“U-G-E”协同视角下的大学生就业创业扶持模式。通过开展高校—政府—企业协同合作，密切三者之间的联系，有效整合教育资源、政策资源和社会资源，为创新型人才培养、地方社会发展和企业可持续成长[80, 85-88]营造有利的外部环境，有助于提高大学生就业创业的成功率。

2018 年，为贯彻落实习近平总书记关于粤港澳大湾区建设的重要指示精神，根据教育部《关于加快建设高水平本科教育全面提高人才培养能力的意见》、省教育厅《关于加强本科高校在线开放课程建设和应用的意见》等文件规定，为进一步加强广东省在线开放课程建设和应用，推动粤港澳大湾区高校人才培养交流合作，广东省教育厅发起粤港澳大湾区高校开展在线开放课程共建共享研讨，并积极支持成立粤港澳大湾区高校在线开放课程联盟。联盟组建不仅得到中山大学、华南理工大学、华南师范大学等省内高校的积极响应，还得到了香港大学、香港中文大学、澳门大学等港澳高校的积极支持。

2019 年，本团队积极响应广东省教育厅号召，根据手持技术数字化实验的 21 年研究与实践成果，包括中学教学实践、中小学基地建设、职前教师培养应用、在职教师培训应用等，开发与上线“化学教学论手持技术数字化实验”在线开放课程（MOOC），并提供此课程作为粤港澳大湾区在线开放课程联盟共享课程，大力推动了手持技术数字化实验的应用，并推进了粤港澳大湾区高校课程建设水平。在此实践基础上，本团队总结凝练出手持技术数字化实验推广应用的“U-G-2E-S”理论。

（二）“U-G-2E-S”理论的内涵

在“U-G-2E-S”理论中，“U”（university）代表华南师范大学、广州大学、韶关学院等粤港澳在线开放课程联盟高校，“G”（government）代表广东省政府，“2E”（enterprise）代表提供手持技术数字化实验仪器支持的上海江凤光学仪器有限公司、提供在线开发课程制作与运行服务的广州超星信息技术有限公司，“S”（school）代表基地中小学。“U-G-2E-S”理论指以“高校主导、地方政府支持、企业技术提供、中小学校参与”为合作体制，以“互利共赢，和谐互动，资源优化”为合作原则，在政府的支持下，

企业为高校提供技术支持，粤港澳大湾区高校间课程共享，学分互认，高校向中学提供在职教师培训与手持技术数字化实验慕课资源，从而促进手持技术数字化实验的推广应用与持续发展，培养教师的实验创新素养和手持技术数字化实验教学能力，推动中学化学教学改革。“互利共赢，和谐互动，资源优化”合作原则的具体表现如下：

①在政府的政策保障与资金支持下，高等院校、中学和企业在协同合作过程中，高校与中学都能获得实验创新和教师教育方面的收益，企业也能获得相应的利益。在线开放课程平台的建设也将提高粤港澳大湾区高校建设质量和人才培养质量，实现广东高等教育内涵式发展，满足广东和粤港澳大湾区的经济社会发展对高素质人才的需要。此为互利共赢。

②广东省教育厅每年均投入专门经费，组织联盟高校建设体系化、结构化的在线开放课程，供粤港澳大湾区高校免费使用；各高校活用课程资源，变革教学模式，积极推动在线开放课程的学分认可和学分互认；高校与企业通过有效的沟通与交流，表达各自的需求，并制定一系列合理的合作条例与实施方案；中小学通过与高校签署基地协议，可以免费使用“化学教学论手持技术数字化实验”在线开放课程作为教学资源，构建教育教学新生态，促进教育理念更新、模式变革、体系重构。此为和谐互动。

③高等院校充分发挥自身优势，通过与技术企业合作开发在线开放课程、向粤港澳大湾区高校在线开放课程联盟供课、在初高中教师培训项目中开设相关专题讲座课程、到中学开展混合式教学或开设相关校本课程等途径，扩大资源的应用范围和受益面，帮助学科资源构建与优化。此为资源优化。

（三）“U-G-2E-S”理论的作用与价值

1. 促进资源的利用与共享

由于手持技术数字化实验仪器较为昂贵，许多中学未能给化学教师配备手持仪器。为了帮助中学在职教师及职前教师突破地域、资金、资源与时间等限制，本团队在研究期间，不断更新与完善实验设施，开发多个实验案例，包括核心概念类、课标难点类、生活情景类等。实验室现使用的是“E1”——上海江凤光学仪器有限公司提供的 Vernier（威尼尔）实验仪器。其次，通过与“E2”——广州超星信息技术有限公司（以下简称“超星公司”）合作，开发在线开放课程“化学教学论手持技术数字化实验”，并在中国大学 MOOC 平台上线开课，为化学师范生、在职教师等广大学习者提供学习手持技术数字化实验的机会。学习者通过计算机或手机设备即可进入课程，了解手持实验仪器的使用方法、学习手持技术数字化实验优秀案例，掌握手持技术数字化实验研究论文的撰写技巧等，从而实现实验室资源的充分利用和教育资源的共享。

2. 响应政府号召，推动金课建设

中国慕课自 2013 年起步，经过几年的快速发展，上线慕课数量已达 15 000 门，中国慕课已成为推进教育公平、提高教育质量的关键一招。吴岩在 2018 年第十一届“中国大学教学论坛”上提出要建设中国“金课”。教育部于 2019 年出台的《教育部关于一流本科课程建设的实施意见》也提到“金课”建设。本团队结合教学创新人才的培养目

标，积极响应政府的号召，打造出一门彰显实验教学特色的在线开放课程“化学教学论手持技术数字化实验”，并在中国大学MOOC平台与超星公司的“一平三端”智慧教学系统上线推广。

3. 回应国家要求，促进科学普及

从国家层面来说，在2016年召开的“科技三会”上，习近平总书记提出：“科技创新、科学普及是实现创新发展的两翼，要把科学普及放在与科技创新同等重要的位置。”2019年5月30日，习近平总书记在全国科技创新大会中再次强调科技创新和科学普及的重要性。

从高等教育层面来说，高等师范院校开设科普教育类课程无疑具有必要性和重要性。然而，目前各院校科普教育类课程开设规模甚小，使师范生在科普教育方面存在理论与资源的匮乏。由此可知，高等师范院校开设科普教育类课程是一大难点。

高中新课程标准明确指出，要重视手持技术数字化实验等实验探究活动。“化学教学论手持技术数字化实验”慕课正好弥补科普教育的缺口，很好地回应了新课程标准的要求，满足了国家发展的需要，为师范生、在职教师等学习者学习科普教育知识提供理论指导与资源支持，为日后开展创新实验奠定基础。

4. 突破开发困难，填补慕课缺口

经检索发现，目前在我国各大慕课平台上，实验类慕课数量较少，手持技术数字化实验慕课更是无人开设，这说明我国实验类慕课存在较大的缺口。开发实验类慕课的难度较大，主要困难包括经费困难和人力困难。而通过“U-G-2E-S”四方合作，本团队积极申请政府科技项目资金，合理统筹资金使用，突破经费困难；与技术企业密切协作，提高整体效益；并动员多所高校与中学师生，成立课程的“三师”团队（共计30人），有效解决人力难题。其中，高校教师团队负责实验立意与关键的核心讲解，中学教师团队负责实验的教学应用与问题，课程与教学论和学科教学专业研究生团队负责实验的原理讲解与操作演示。

参考文献

[1] 钱扬义. 手持技术在理科实验中的应用研究[M]. 北京：高等教育出版社，2003.

[2] 钱扬义. 手持技术在研究性学习中的应用及其心理学基础[M]. 北京：科学出版社，2006.

[3] 钱扬义. 手持技术在化学学习中的应用与建模研究[M]. 北京：科学出版社，2009.

[4] 黄碧芸，钱扬义. 手持技术与化学整合的研究进展——以中国知网CNKI 2003年至2010年文献为例[J]. 中国电化教育，2011，(11)：95-101.

[5] 王立新，钱扬义，苏华虹，等. 手持技术数字化实验与化学教学的深度融合：从“研究案例”到“认知模型”——TQVC概念认知模型的建构[J]. 远程教育杂志，2018，36（4）：104-112.

[6] 陈波. 论记忆表象和想象表象[J]. 社会科学家，1989，(6)：36-38.

[7] 任红艳. 化学问题解决及其教学的研究[D]. 南京：南京师范大学，2005.

[8] 苏华虹，钱扬义. 基于“手持技术”实验比较液体有机物分子间作用力大小——以醇类同系物和同分异构体为例[J]. 化学教育（中英文），2017，38（15）：49-54.

[9] Johnstone A H. Macro and microchemistry[J]. Notes and Correspondence，1982，(12)：377-379.

[10] Johnstone A H. The development of chemistry teaching：A changing response to changing demand[J]. Journal of Chemical Education，1993，70（9）：701-705.

[11] 毕华林，黄婕，亓英丽，等. 化学学习中“宏观-微观-符号”三重表征的研究[J]. 化学教育（中英文），2005，26（5）：51-54.

[12] Nakhleh M B，Krajcik J S. Influence of levels of information as presented by different technologies on students' understanding of acid，base，and pH concepts[J]. Journal of Research in Science Teaching，1994，31（10）：1077-1096.

[13] 刘彩燕. 高中化学概念的四重表征教学模式的设计与应用研究[D]. 广州：华南师范大学，2009.

[14] 钱扬义，张积家，罗秀玲，等. 化学概念与化学“学科关键词”的学习与认知[M]. 北京：科学出版社，2009.

[15] 刘国英. 三层次四重表征教学模式下的高中化学学科关键词的教学研究[D]. 广州：华南师范大学，2011.

[16] 林建芬，盛晓婧，钱扬义，等. 化学“四重表征”教学模式的理论建构与实践研究——从 15 年数字化手持技术实验研究的回顾谈起[J]. 化学教育（中英文），2015，36（7）：1-6.

[17] 陈益，孙夕礼. 我国化学教育“多重表征”研究十余年回顾与展望[J]. 化学教育（中英文），2016，37（23）：6-13.

[18] 徐敏姗. 四重表征教学模式对发展中学生模型建构能力的效果研究——以《影响化学反应速率的因素》为例[D]. 广州：华南师范大学，2018.

[19] 林建芬. 基于 PDEODE 策略和四重表征模式探讨“金属电化学腐蚀”概念的进阶教学[J]. 中学化学教学参考，2016，(3)：11-14.

[20] 彭豪. 基于 POE 策略的高中化学“四重表征”概念教学研究[J]. 化学教学，2011，(10)：24-27.

[21] 韦新平. 基于 SOLO 分类理论的化学“四重表征”教学研究——以“浓度对化学平衡的影响”为例[J]. 化学教学，2013，(10)：31-33，49.

[22] 刘婷，林鸿锦，钱扬义，等. 应用数字化手持技术实验探究“浓度对化学反应速率影响”的教学实践[J]. 中学化学教学参考，2012，(8)：10-13.

[23] 鲁新玲. 运用“手持技术”与“互动课堂反馈系统”的高三化学复习课教学实践与思考——基于 TRTM 四重表征教学模式的“离子浓度大小比较专题”教学设计[J]. 中学化学教学参考，2010，(4)：18-21.

[24] 冯垚. 高中生化学四重表征转换能力的测查研究[D]. 兰州：西北师范大学，2018.

[25] 盛晓婧，林建芬，钱扬义. 利用数字化手持技术探究原电池电流和温度的变化[J]. 化学教育（中英文），2016，37（5）：61-66.

[26] 杨洁，钱扬义. “四重表征”在“化学反应速率”教学中的价值——由 2007—2012 年高考题得到的启示[J]. 化学教学，2012，(11)：58-62.

[27] 邱惠芬. 高考题对“多重表征”教学的需求——以“化学反应原理题”为例[J]. 化学教与学，2015，(4)：8-11.

[28] 田晓梅. 数字化实验应用于高中化学“四重表征”教学模式的实践研究[C]//全国基础教育未来教育家论坛（2015）论文集. [出版地不详]：[出版者不详]，2015：408-412.

[29] 彭豪. 基于信息技术的“四重表征”图形化教学设计——以《酸与碱之间会发生什么反应》为例[J]. 中小学信息技术教育，2010，(9)：58-60.

[30] 彭豪. 运用不同传感器促进学生化学概念建构的实验研究——以“中和反应”为例[J]. 教育科学研究，2013，(6)：57-61.

[31] 曾国琼，董军. 运用“四重表征”教学模式培养学生化学观念的实践研究——以“沉淀溶解平衡的应用”高三复习课为例[J]. 化学教与学，2015，(2)：9-14.

[32] 曾国琼. 运用“四重表征”教学模式培养学生化学基本观念的实践研究——以酸碱混合后溶液中离子浓度大小比较为例[J]. 中学化学教学参考，2012，(10)：8-12.

[33] 李金月，李韶山. “利用手持技术探究酶的高效性”教学设计[J]. 中学生物教学，2017，(8)：48-50.

[34] 任斌. 基于四重表征教学模式的高中化学概念教学研究[D]. 银川：宁夏大学，2016.

[35] 张汝丽. 高中化学概念多重表征教学模式的设计与应用研究[D]. 长沙：湖南师范大学，2017.

[36] 艾玲玲. 基于“多重表征”的微课程在高中化学教学中的应用研究[D]. 南宁：广西民族大学，2017.

[37] 中国大百科全书总编辑委员会《心理学》编辑委员会. 中国大百科全书•心理学[M]. 北京：中国大百科全书出版社，

1991：410.

[38] Robertson S I. 问题解决心理学[M]. 张奇，等，译. 北京：中国轻工业出版社，2004：38-41.

[39] 杜威. 我们如何思维[M]. 伍中友，译. 北京：新华出版社，2010：60.

[40] 刘晓华. 中学生运用“手持技术”解决化学定量问题的心理机制的研究[D]. 广州：华南师范大学，2004.

[41] 谢泽琛，钱扬义，罗秀玲，等. 中学生运用手持技术解决化学定量实验问题的心理过程分析[J]. 中国电化教育，2007，(4)：81-84.

[42] Newell A，Simon H A. Human Problem Solving[M]. Englewood Cliffs，NJ：Prentice Hall，1972.

[43] 王磊. 科学学习与教学心理学基础[M]. 西安：陕西师范大学出版社，2002：114.

[44] 王磊，胡久华. 中学化学实验问题解决心理机制的初步研究[J]. 化学教育（中英文），2000，(5)：11-13，36.

[45] 王磊，胡久华. 高中生解决化学实验问题的心理过程及其影响因素的进一步研究[J]. 心理发展与教育，2001，(3)：40-46.

[46] 孙同明. 高中生解决化学实验问题心理机制的研究[D]. 南京：南京师范大学，2003.

[47] 黄红梅. 高中生化学实验问题解决行为的研究[D]. 扬州：扬州大学，2007.

[48] Collins A M，Loftus E F. A spreading activation theory of semantic processing[J]. Psychological Review，1975，82（6）：407-428.

[49] 王立新. 高中师生“离子反应”概念结构的研究[D]. 广州：华南师范大学，2018.

[50] 唐文秀. 高中师生“氧化还原反应”概念结构的研究[D]. 广州：华南师范大学，2019.

[51] 王立新，钱扬义，李言萍，等. 手持技术支持下概念学习的“多重转化、比较建构”认知模型——以“温室效应”概念学习为例[J]. 电化教育研究，2017，38（10）：100-105.

[52] 陈秋伶，钱扬义，麦裕华，等. 利用手持技术数字化实验促进学生原电池概念认知——Zn-Cu-稀硫酸原电池与 Zn 和稀硫酸反应的比较[J]. 化学教育（中英文），2020，41（1）：67-73.

[53] 林建芬，盛晓婧，解慕宗，等. 基于 SOLO 分类理论和数字化手持技术的“原电池”概念教学研究[J]. 教育与装备研究，2018，34（7）：53-56.

[54] Nationa R C. A Framework for K-12 Science Education：Practices，Crosscutting Concepts，and Core Ideas[M]. Washington，D C：The National Academies Press，2012.

[55] 唐小为，丁邦平. “科学探究”缘何变身“科学实践”？——解读美国科学教育框架理念的首位关键词之变[J]. 教育研究，2012，(11)：141-145.

[56] Kuhn D. Science as argument：Implications for teaching and learning scientific thinking[J]. Science Education，1993，77（3）：319-337.

[57] 罗秀玲. 高师化学教育中实施论证式教学探索[J]. 化学教育（中英文），2014，(14)：43-45.

[58] 罗秀玲，肖信. “化学实验教学论”课程中论证教学的探索——以喷泉系列实验为例[J]. 化学教育（中英文），2016，37（6）：46-49.

[59] 张晓娜. 图尔敏论证模型研究[D]. 北京：中国政法大学，2013.

[60] 任红艳，李广洲. 图尔敏论证模型在科学教育中的研究进展[J]. 外国中小学教育，2012，(9)：28-34，40.

[61] Yeh K H，She H C. On-line synchronous scientific argumentation learning：Nurturing students' argumentation ability and conceptual change in science context[J]. Computers & Education，2010，55（2）：586-602.

[62] Walker J P，van Duzor A G，Lower M A. facilitating argumentation in the laboratory：The challenges of claim change and justification by theory[J]. Journal of Chemical Education，2019，96（3）：435-444.

[63] 中华人民共和国教育部. 《普通高中化学课程标准（2017 年版）》[M]. 北京：人民教育出版社，2018.

[64] Sampson V，Enderle P，Grooms J. Argumentation in Science Education[J]. Science Teacher，2013，80（5）：30-33.

[65] 钱扬义，杜永锋. 掌上实验技术（The lab in Hand technology）与中学理科探究[J]. 化学教育（中英文），2004，(8)：12-16.

[66] 唐文秀，钱扬义，陈雪飞，等. KCl 浓度对 Fe^{3+}/SCN^-平衡体系影响的实验探究[J]. 化学教学，2018，(11)：85-89.

[67] Dale E. Audiovisual methods in teaching[M]//Edgar D. Audio-Visual Methods In Teaching. New York：Dryden Press，1946.

[68] 王祖浩，杨玉琴. 基于 Rasch 模型的“化学实验认知能力”测验工具编制及测评研究[J]. 化学教育（中英文），2012，

33（9）：95-102，108.
[69] 黄璨，唐劲军. 量表法评价中学生化学科学探究能力[J]. 化学教育（中英文），2007，28（4）：30-32.
[70] 易庆竑. 基于慕课的翻转课堂及其教学结构研究[J]. 现代教育技术，2015，25（4）：94-100.
[71] 卫志民. “慕课”本土化开发面临的问题及对策[J]. 西北师大学报（社会科学版），2015，52（1）：78-84.
[72] 贺斌. 慕课：本质、现状及其展望[J]. 江苏教育研究，2014，（1）：3-7.
[73] 刘和海，张舒予，朱丽兰. 论“慕课”本质、内涵与价值[J]. 现代教育技术，2014，24（12）：5-11.
[74] 陈玉琨. 中小学慕课与翻转课堂教学模式研究[J]. 课程•教材•教法，2014，34（10）：10-17，33.
[75] 王秋月. “慕课”“微课”与“翻转课堂”的实质及其应用[J]. 上海教育科研，2014，（8）：15-18.
[76] 邓宏钟，李孟军，迟妍，等. “慕课”时代的课程知识体系构建[J]. 课程教育研究，2013，（21）：5-7.
[77] 钱扬义，林惠梅，陈柳青，等. 手持技术数字化实验主题培训“一体化”的设计与实践——以 7 天“省培计划”集中培训为例[J]. 化学教育（中英文），2020，41（19）：75-82.
[78] 贾国锋. 教师教育实践范式转换研究——基于美国教师专业发展学校与中国“U-G-S”模式分析[J]. 现代中小学教育，2013，（12）：77-80.
[79] 李广. “U-G-S”教师教育模式建构研究——基于教师教育创新东北实验区建设的实践与思考[J]. 北京教育（普教版），2013，（10）：6.
[80] 李丽萍，唐俊颖，赵亮，等. U-G-S 模式在化学实验教育协同创新中的应用[J]. 大学化学，2018，33（4）：1-6.
[81] 蔡华健，曹慧英，张相学. 基于 U-G-S 合作范式的新时代乡村教师培养研究[J]. 教育理论与实践，2019，39（26）：27-30.
[82] 杨朔镔. 利益相关者治理模式下的大学外部治理结构变革——以“U-G-S”为例[J]. 黑龙江高教研究，2014，（6）：24-27.
[83] 程红艳. 学校变革新模式：从 U-G-S 到 U-G-S-S[J]. 北京教育学院学报，2018，32（6）：1-7.
[84] 赵建立，丁慧东. “U-G-E”协同视角下的大学生就业创业扶持模式研究[J]. 经济师，2015，（9）：223-224.
[85] 郑爽，崔照笛. 卓越教师协同培养机制改进研究——对 U-G-S 模式的思考[J]. 石家庄学院学报，2019，21（1）：140-143.
[86] 郭真珍. “U-G-S”合作培养师范生模式研究[D]. 临汾：山西师范大学，2016.
[87] 吴昕春，陈明生，钱雯，等. “UGS” 三方合作培养模式调研报告[J]. 安徽基础教育研究，2015，（2），14-15.
[88] 张艳霞. “U-G-S”教师教育模式的运行现状及其优化策略研究[D]. 锦州：渤海大学，2018.

第三章 Chapter 3

手持技术数字化实验开发策略与教学范式的构建

核心观念（大概念）

1. 手持技术数字化实验案例开发的“七环节”策略
2. 手持技术数字化实验深度教研的“1+8 套餐”策略
3. 基于问题解决的手持技术数字化实验“3×*n*”教学模式
4. 基于化学学科核心素养的手持技术数字化实验“五线谱”教学模式
5. 基于慕课资源的手持技术数字化实验“3×2”混合式教学模式
6. 手持技术数字化实验“1 +1 +4”主题一体化教师培训模式
7. 手持技术数字化实验推广应用的“U-G-2E-S”模式
8. 手持技术数字化实验在后疫情时代的“南北西东”四方联动直播推广模式

本团队在 22 年手持技术的探索研究中，不断发展相关理论，拓展实践研究，开发了极其丰富的手持技术数字化实验案例和基于手持技术的教学案例。为了帮助广大教师提升教研能力，创新教学手段，设计并开发具有创新性的实验案例和教学案例，本团队在大量实验案例和教学案例的基础上，总结出了手持技术数字化实验教研资源开发的六大策略、手持技术数字化实验教学的三大模式及手持技术数字化实验培训推广的三大模式，为广大教师的设计、应用、推广提供了方法指导。

本章将介绍手持技术数字化实验案例的开发策略与教学范式的构建。在第二章手持技术数字化实验教学理论的指导下，如何将一个手持技术数字化实验案例，从实验选题、设计到得出实验结果，进行成果凝练，最后再应用到教学实践中，并在相关培训中进行推广，手持技术的相关研究和推广可以提供参考建议。图 3-1 为手持技术数字化实验开发策略与教学范式关系图。

第一节　手持技术数字化实验教研资源开发策略

手持技术数字化实验的开发不仅能够扩充教学资源，促进手持技术在课堂中的深度应用，还能提升学生的学习兴趣和教师的教学水平，提高课堂的教学效率，培养学生的学科核心素养。本团队在 22 年研究历程的回顾中，总结出了手持技术数字化实验案例开发的三种策略（“七环节”策略、“概念结构”策略、“融合创新”策略），应用实验案例开发教学资源的三种策略（“1 + 8 套餐”策略、校本课程开发策略、微课资源开发策略）。

通过以上两种形式的开发策略，以期为一线教师和教育研究者提供开发思路和教学参考。策略之间的关系如图 3-2 所示。

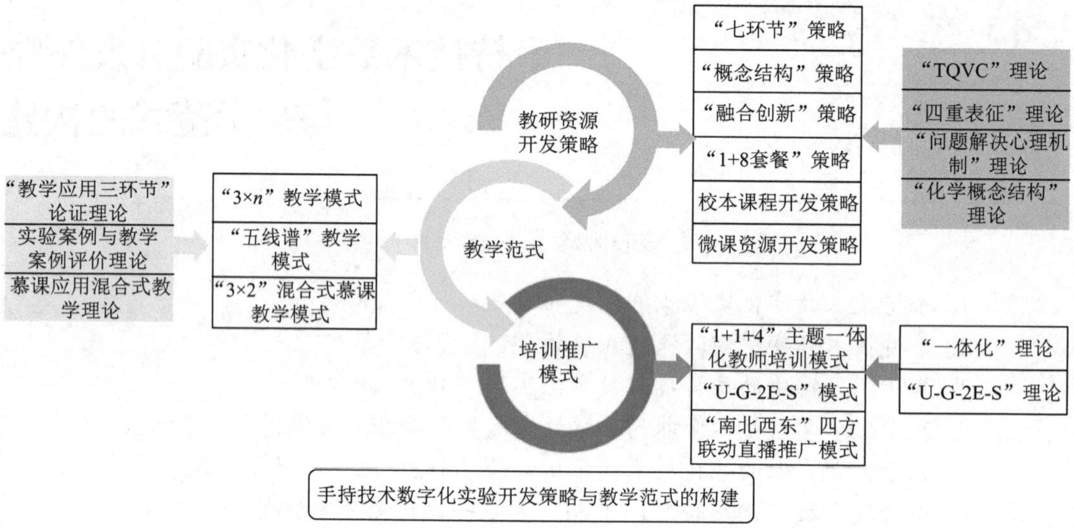

图 3-1　手持技术数字化实验开发策略与教学范式关系图

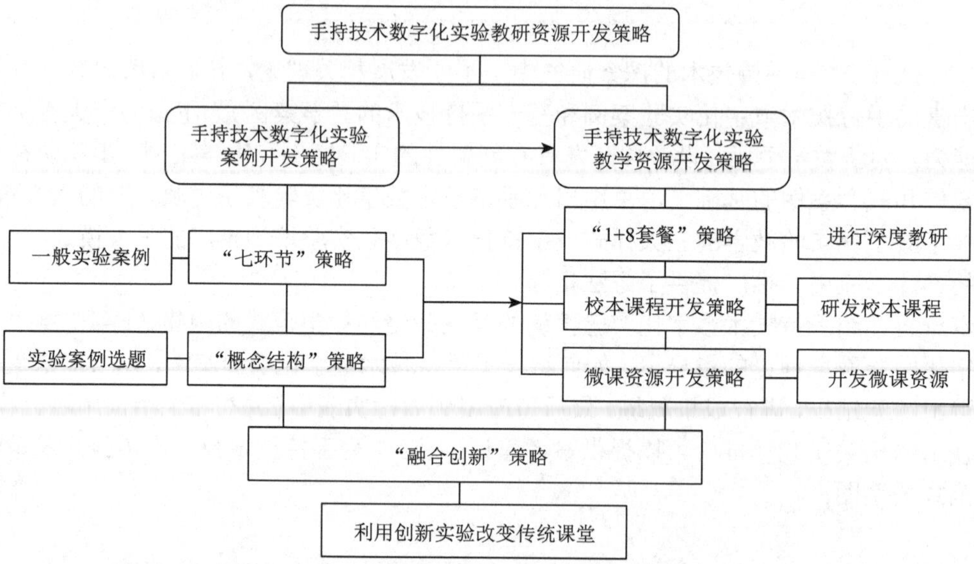

图 3-2　手持技术数字化实验案例开发策略与教学资源开发策略的关系

手持技术数字化实验案例开发策略适应用于不同类型的实验案例开发。"七环节"策略用于指导刚接触手持技术数字化实验的老师开发一个完整、科学、具有创新性的手持技术数字化实验，七个环节涵盖了从如何实验选题、怎样设计实验到进行凝练成果等七个步骤。"概念结构"策略是进行手持技术数字化实验选题的好工具，能够帮助一线教师和教育研究者有针对性地设计系列主题实验案例。手持技术数字化实验案例开发的"融合创新”策略是利用手持技术数字化实验案例对传统实验进行改进创新，自主开发实验装置，并将其应用到课堂实践当中，改变传统课程，帮助学生进行认知，最后达到课程资源和课程教学的创新。

手持技术数字化实验教学资源开发的三种策略则是帮助教师将实验案例应用到实际课程教学中。“1＋8 套餐”是钱扬义教授提出的针对一节手持技术数字化实验公开课或微格教学课所要开展的 8 个微研究，在多年应用中取得了突出了成绩，受到了一线教师和教育研究专家的高度赞扬。“1＋8 套餐”策略包括“1＋8 大套餐”策略（针对 40～45 min 的课程）和“1＋8 小套餐”策略（针对 10～15 min 的课堂微格教学），能够指导一线教师将手持技术数字化实验案例应用在课堂教学中，开展深度教研，设计出一堂精彩的手持技术数字化实验课程。校本课程开发策略是将手持技术数字化实验案例应用到校本课程的开发当中，培养学生的科学探究能力和创新精神。微课资源开发策略则是将手持技术案例开发为实验微课资源，从而帮助教师提高教学效率和效果。

一、手持技术数字化实验案例开发的“七环节”策略

（一）提出背景

钱扬义教授为研究生、本科生（包括科学教育专业、化学课程与教学论专业、化学学科教学专业）开设的手持技术数字化实验必修及选修课程中，课程评价中要求学习者开发一个手持技术数字化实验新案例，并进行成果总结与凝练，撰写达到发表水平的期刊论文，并将实验案例制作成慕课资源在平台上线。如何设计一个具有创新性的手持技术数字化实验案例，并制作为慕课资源，对于中学老师而言具有一定的挑战性。本团队根据手持技术数字化实验案例开发需求，结合长期的实践经验，总结提出了手持技术数字化实验案例开发的“七环节”策略，为一线教师提供有效的方法指导。图 3-3 为钱扬义教授工作室成员进行案例开发的讨论。

图 3-3　钱扬义教授工作室成员进行案例开发的讨论

手持技术数字化实验案例开发的“七环节”策略的内容包括：①实验选题；②文献综

述；③实验设计；④实验过程；⑤实验报告；⑥实验论文；⑦慕课拍摄。通过实验选题和文献综述找到实验的目标概念，再将目标概念转化为先行组织者（关联属性和关联载体），然后利用手持技术数字化实验选择测量数据，从而实现定性到定量、数据到图像的认知。具体流程如图 3-4 所示。

（二）具体内容

1. 实验选题

1）参考经验

手持技术的选题，可以参考来源于不同方面的经验，进行多维度的思考和创新。选题时，可以根据自身或前人的教学经验，将传统实验中无法解决或需要改进的地方，结合手持技术数字化实验的五大特点——便携、实时、准确、定量、直观，进行改进与创新。除此之外，还能够针对日常教学的重难点、探究社会热点、拓展实践时空等进行思考，通过手持技术数字化实验将生活情境与化学知识联系起来，培养学生提出问题、解决问题的能力。

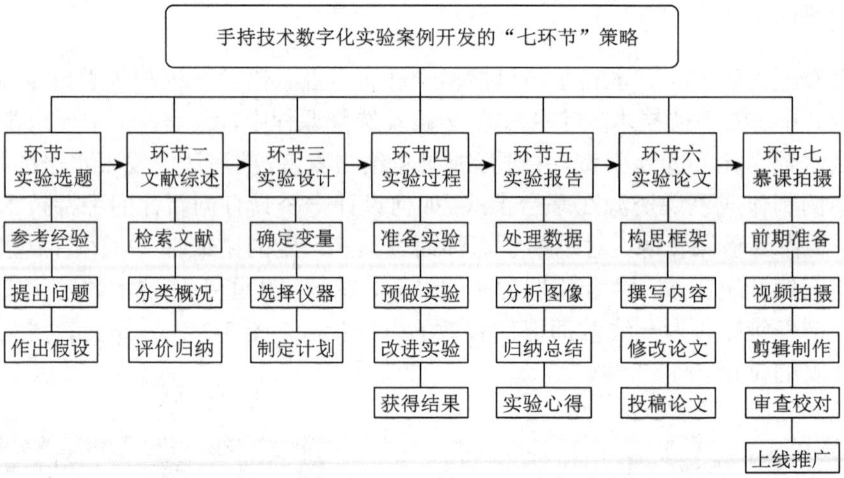

图 3-4 “七环节”策略具体流程图

2）提出问题

通过参考以往经验，根据自己分析的初步结果，凝练出一个或多个亟待解决的实验问题，并利用手持技术数字化实验仪器有效解决该实验问题。提出的问题要有研究意义、创新性、可行性，能够在现有的实验条件下解决教学问题，促进学生的概念认知，提高课堂的教学效率和学生的科学探究能力。

3）作出假设

针对提出的实验问题，结合化学学科专业知识，以及手持技术数字化实验的功能特点，提出合理假设。在作出假设的过程中，要多角度、全面化地根据实验原理对实验结果进行预测。

2. 文献综述

1）检索文献

在提出实验问题后，需要进行文献检索，可检索同主题或者相同课题的文献。

2）分类概括

在查阅相关文献后，需要对相关文献进行分类编码，概括出相关研究的进展与不足，从而为自己的实验提供参考与建议。

3）评价归纳

在已有研究的基础上，通过对比评价已有研究与自己实验设计的异同点，不仅可以凸显自己设计的实验的创新性和适用性，还能在前人的基础上为自己的实验的修改寻找方向，不断完善实验方案。

3. 实验设计

1）确定变量

确定变量是手持技术数字化实验设计中的重点。根据所要解决的目标问题，通过预测手持技术数字化实验的过程与结果，确定该实验过程中的因变量和自变量。如在“系列实验一：比较正丁醇及其同系物分子间作用力大小”实验中，实验目的为测量正丁醇及其同系物的分子间作用力大小，从中确定自变量为正丁醇及其同系物甲醇、乙醇、正丙醇，再通过“TQVC”理论将“测量分子间作用力大小”转化为“测量相同时间内有机物挥发时的温度变化情况”，进而确定因变量为温度。

2）选择仪器

手持技术数字化实验仪器包含多种传感器，如 pH 传感器、CO_2 传感器、O_2 传感器、温度传感器、电流传感器、电压传感器等。针对所确定的变量，选择对应的仪器即可。

3）制定计划

在设计实验时，应制定好实验计划。如准备好手持技术数字化实验的相关仪器、实验的仪器及试剂，初步拟定实验的装置及步骤。在有条件的情况下，可以将初步制定的实验计划与专家、同伴等进行交流与评价，以达到完善实验计划的目的。

4. 实验过程

1）准备实验

在实验开始前，按照实验计划，准备好对应的仪器及实验所需的药品，然后按照实验设计准确无误地搭建好实验装置。

2）预做实验

按照实验计划进行预实验。实验过程中应密切注意实验的现象与数据、图像变化，并做好实验记录，若出现异常现象或数据，应初步思考出现该结果的原因。

3）改进实验

在预做实验后，若发现实验的结果与所作出的假设不符，可从实验仪器、实验药品、实验步骤进行反思，找到原因后，即对原有的实验步骤进行修改。若发现实验的结果与作出的假设基本符合，仍可以继续完善实验计划，提高实验的准确性及重现性。通过不断地进行实验、改进实验，以修正、完善实验过程，最终得出准确性、重现性高的实验结果。

4）获得结果

实验结束后，记录好得到的各项实验数据，包括现象、曲线等，利用“TQVC”理论和“四重表征”理论对实验的结果分析，再归纳结论并总结实验。

5. 实验报告

在进行实验后，应将该实验写成一份完整的实验报告，其中最重要的部分是对实验的结果进行分析，包括处理数据、分析图像及归纳总结三大步骤。在实验报告的最后可撰写实验心得，将实验时的心路历程记录下来，也可以是与实验相关的问题，如实验成功的关键点等，为其他研究者提供宝贵的经验。

6. 实验论文

1）构思框架

在撰写实验论文前，应先对论文的框架进行构思。在此，我们为读者提供一个模板作为参考，如图 3-5 所示。

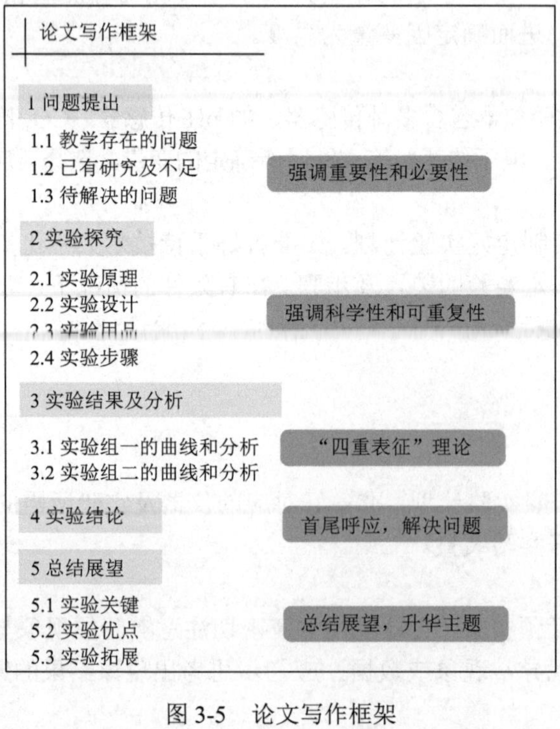

图 3-5 论文写作框架

2）撰写内容

确定好框架后，将内容按照既定框架格式进行撰写编排。撰写时应注意语言的科学性、流畅性、简洁性，不要出现规范性的错误。

3）修改论文

在论文初步撰写完毕后，可与同伴讨论交流，进行初步修改，再请相关的专家为论文提出宝贵的修改意见，进而对文章做进一步修改和完善。

4）投稿论文

在投稿论文前，根据论文的研究类型选择投稿的期刊，然后再将论文按照期刊所给出的格式进行修改，反复检查无误后可进行投稿。

7. 慕课拍摄

在完成实验后，将实验案例制作成慕课资源，不仅可以保存实验资料，还能制成教学资料，让学生利用课下的时间进行线上学习，培养学生的自主学习能力。同时利用慕课进行线上线下混合式教学，能够有效提高教学效率和教学效果。慕课的开发包括前期准备、视频拍摄、剪辑制作、审查校对和上线推广五个步骤：前期准备慕课素材，包括解说稿，授课 PPT、评价练习，以及拍摄装置和对应的实验器材；接着将素材按照预期的步骤拍摄成视频，包括理论介绍、实验讲解及结果分析等；然后进行实验视频的剪辑制作，使视频的呈现方式更加美观；之后进行上线前的审查校对，保证视频内容准确无误；最后在慕课平台进行上线。通过制作视频还可以锻炼教师的信息素养，多方面促进自身教学技能的提升。

（三）案例介绍

现以钱扬义教授的研究生徐敏姗硕士（现任教于广州市从化区第二中学）开发的实验"利用手持技术数字化实验探究混凝剂净水效果比较及净水机理研究"为例，详细介绍手持技术数字化实验案例开发的"七环节"策略的过程。该论文已经发表在《化学教育（中英文）》期刊 2020 年第 41 卷第 11 期。

1. 环节一：实验选题

在选题的过程中，作者先查阅并整理手持技术的相关文献，发现手持技术数字化实验主要应用于中学化学实验改进及创新上，利用手持技术数字化实验探究混凝剂净水效果仍存在较大的研究空间。回想起初中曾经见到让人惊讶的明矾净化效果及高中时期学过的盐类水解、胶体净水的原理，作者对混凝剂净水产生了浓厚的研究兴趣，结合手持技术数字化实验的便捷、实时、准确、综合、直观等特点，确定了采用手持技术数字化实验作为研究混凝剂净水效果的手段。在进一步查阅混凝剂相关文献及书籍资料的过程中，基本确定混凝剂净水效果研究的基本思路和方法，并最终确定选题为"基于数字化手持技术的混凝剂净水效果比较及净水机理研究"。

混凝剂净水的原理及现象是中学化学的内容之一。初中对于混凝剂净水主要集中在明矾净水的现象上[1]，到了高中，则对混凝剂净水的原理进行相关的介绍[2-3]，并在人教版高中《化学》必修 1 的实践活动栏目中让学生对比铝盐和铁盐（明矾和硫酸铁）的净水作用[3]，但是仅限于对净水效果的定性分析，学生对于铝盐和铁盐的净水作用没有深刻的认识，对于混凝剂净水的机理也只是一知半解。

2. 环节二：文献综述

以“净水”和“教学”为主题词，在中国知网全文数据库进行搜索，发现把混凝剂应用在中学教学的文献主要集中在初三明矾净水实验教学，具体内容包括以下几个方面：明矾净水实验的改进尝试[4-5]、机理研究[6-8]、教学实践研究[9-11]，少见净水条件的探究，对净水机理的研究也并非根据实验探究得出。偶有净水条件的探究实验[12-14]，采用的判断方法却是通过肉眼观察来定性判断，鲜有定量判断。仅有 1 篇文献采用定量方法探究明矾净水的条件[15]，但其只通过比较浊度变化值来判断净化效果，未考虑明矾对于 pH 的影响，不足以让人信服，对于明矾净水的机理解释也不够深入；另外，未有文献研究明矾及其他混凝剂净水效果的对比分析。

而以“净水”为关键词在中国知网全文数据库进行搜索，则发现在工业生产方面，混凝剂的净水效果对比[16-20]及净水条件探究[21]的文献在净水效果的评价方式上过于复杂及专业，一般需要同时检测水质的浊度去除率、化学需氧量、生化需氧量、pH、铁、锰、硫酸盐、氯化物、氟化物等多个指标，实验过程烦琐复杂，不适合应用在中学化学课堂教学及学生研究性学习；另外，大部分文献都是在对比净水前后的判断指标，没有数据变化的实时反馈过程。

基于上述原因，本实验决定结合数字化手持技术，对常见的三种混凝剂（明矾、硫酸铁及聚合硫酸铁）的净水效果进行比较，并研究混凝剂净水的一般净水机理。其中，明矾为无机小分子铝盐代表，硫酸铁为无机小分子铁盐代表，聚合硫酸铁$\{[Fe_2(OH)_n(SO_4)_{3-0.5n}]_m$，以下简称 PFS$\}$为无机高分子铁盐代表。

3. 环节三：实验设计

1）初始方案

通过文献综述，在前人研究的基础上寻求创新点，然后进行实验的设计。

采用正交实验法，探究混凝剂种类、用量、pH、沉降时间对净水效果的影响，并选出最佳净水条件。

（1）自变量设置

混凝剂种类：明矾、硫酸铁、聚合硫酸铁（PFS）。

混凝剂用量：每升水中加入 50 mg、100 mg、150 mg。

pH：5、7、9。

沉降时间：20 min、40 min、60 min。

（2）因变量设置

评价指标包括色度变化值（采用色度计传感器检测）、pH 变化值（采用 pH 传感器检测）等。

（3）正交实验表

初始方案正交实验表如表 3-1 所示。

表 3-1　初始方案正交实验表

实验序号	混凝剂种类	混凝剂用量/(mg/L)	pH	沉降时间/min
1	明矾	50	5	20
2	明矾	100	7	40
3	明矾	150	9	60
4	硫酸铁	50	7	60
5	硫酸铁	100	9	20
6	硫酸铁	150	5	40
7	PFS	50	9	40
8	PFS	100	5	60
9	PFS	150	7	20

2）改进方案

通过进一步查阅相关文献，发现净水效果随混凝剂用量的增多呈现先增加后减少的趋势，也就是说不同的混凝剂都有各自的最佳投入量，经过钱扬义教授的指导，认识到探究不同混凝剂的最佳投入量是重要的实验亮点之一。但是采用正交实验法进行探究，无疑增加了寻找不同混凝剂最佳投入量的难度，因此决定改为探究不同混凝剂在浓度梯度（50 mg/L、100 mg/L、150 mg/L、200 mg/L、250 mg/L）下的净水效果变化，以找出最佳投入量。

另外，经过查阅相关标准，决定采用《生活饮用水标准检验法》（GB 5750—1985）[22]中的分光光度法，并采用原理一致但更为轻便的色度计代替分光光度计，来检测净水前后的透光率变化，依据线性拟合得出的透光率-浊度标准曲线计算净水前后的浊度。此外，在评价指标方面，通过进一步查阅混凝剂相关文献，决定采用更为专业的浊度去除率作为检测指标。

具体而言，主要利用色度计传感器和 pH 传感器探究混凝剂种类及用量对净水效果的影响，并根据水质检测的两个重要指标——净水前后模拟水样的浊度及 pH，分析比较不同浓度及种类混凝剂的净水效果。设计了两因素（混凝剂种类、用量）共 15 水平（3×5）的实验，选择明矾、硫酸铁及 PFS 3 种混凝剂种类，以及 50 mg/L、100 mg/L、150 mg/L、200 mg/L、250 mg/L 5 个浓度的净水效果作为研究对象，从浊度变化及 pH 变化两个指标进行分析。设计方案如图 3-6 所示。

4. 环节四：实验过程

1）预实验

（1）透光率-浊度标准曲线绘制的操作步骤

①福尔马肼浊度标准液的配置。吸取 5.00 ml 10g/L 的硫酸肼溶液与 5.00 ml 100g/L 的

六次甲基四胺溶液于 100 ml 容量瓶中，混匀。在（25±3）℃下放置 24 h 后，用水稀释至刻度，混匀。此溶液为 400 NTU，可保存 1 个月。

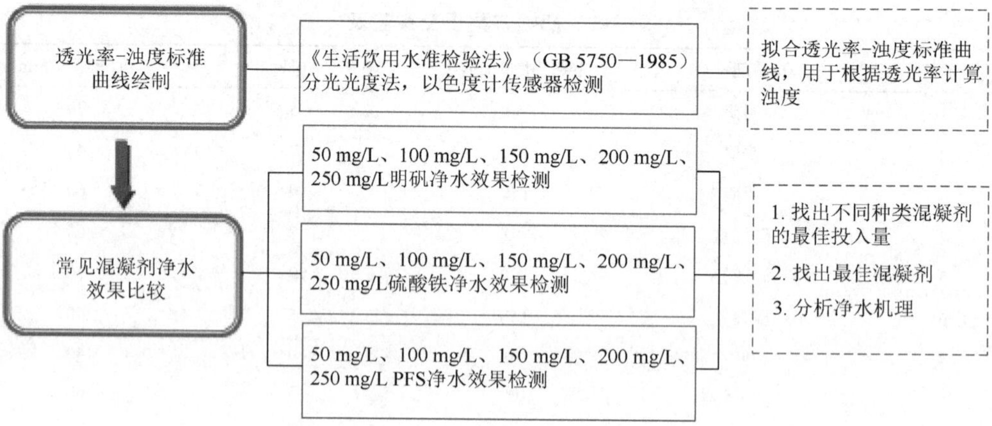

图 3-6　改进实验设计方案

②透光率-浊度标准曲线绘制。吸取浊度标准液 0 ml、0.50 ml、1.25 ml、2.50 ml、5.00 ml、10.00 ml 和 12.50 ml，置于 50 ml 容量瓶中，加水至标线。摇匀后即得浊度为 0、4、10、20、40、80、100 的标准溶液。并以去离子水为参比溶液校准色度计传感器，测量各浊度标准液的透光率，绘制透光率-浊度标准曲线。

（2）常见混凝剂净水效果比较的操作步骤

实验装置示意图如图 3-7 所示。

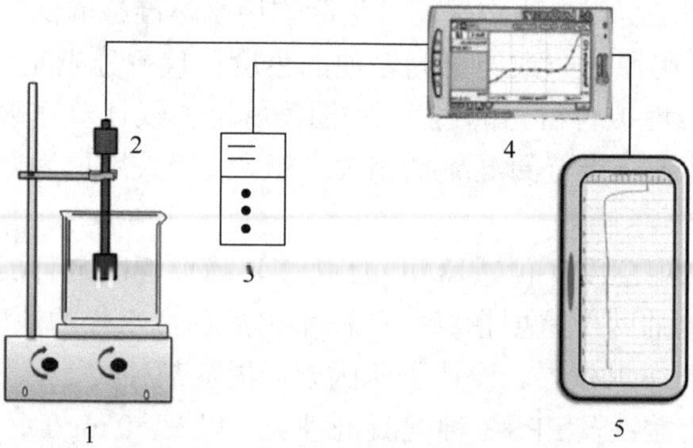

图 3-7　实验装置示意图

1. 带铁架的磁力搅拌器；2. pH 传感器；3. 色度计传感器；4. 数据采集器；5. 平板电脑

具体检测步骤如下：

①连接实验装置（图 3-7），启动数据采集器，设置采样频率为 1 次/s，时间为“继续”；

②配置缓冲溶液，校正 pH 传感器。以去离子水为参比溶液，校正色度计传感器；

③初始透光率、pH 测定：取 200 ml 模拟浑浊水样于 250 ml 烧杯中，使用色度计传

感器检测初始透光率，记为 T_0，使用 pH 传感器测定初始 pH，记为 pH_0，并同时使用 pH 传感器检测 pH 的变化值；

④快速搅拌，投入混凝剂：先在快速搅拌（400 r/min）条件下向水样中分别加入 0.2 ml、0.4 ml、0.6 ml、0.8 ml、1.0 ml 的 5%明矾溶液、5%硫酸铁溶液、5%PFS 溶液于烧杯中，加完后继续搅拌 2 min；

⑤慢速搅拌：调整磁力搅拌器的速度至 100 r/min，并搅拌 10 min；

⑥静置：停止搅拌后静置 20 min；

⑦静置结束，从上清液液面下 2 cm 处取适量静置后的溶液于比色皿中，记录静置结束后的透光率值，记为 T_1，pH 记为 pH_1，并导出 pH 变化曲线；

⑧整理实验数据，并进行结果分析。

（3）实验结果

①绘制透光率-浊度标准曲线：实验结果如图 3-8 所示，透光率-浊度的标准曲线为 $Y = 99.36049 - 0.27403X$，相关系数 R 为 -0.99904，线性良好。因此，可根据此实验结果检测浊度。

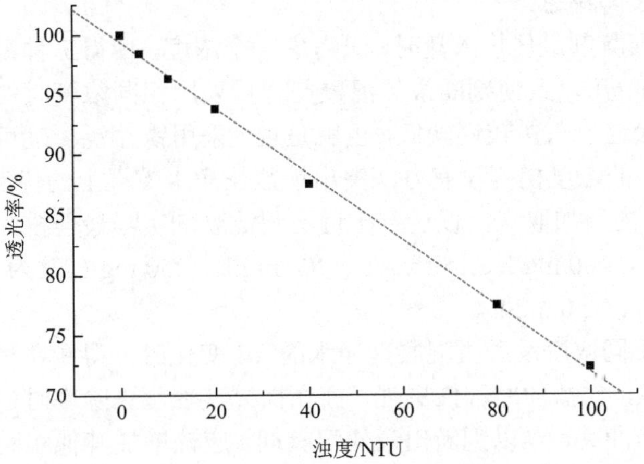

图 3-8　透光率-浊度标准曲线

②不同浓度及种类混凝剂净水前后悬浊水样浊度去除率、pH 变化比较：采用色度计检测不同浓度及种类的混凝剂净水前后模拟水样的透光率，并根据拟合得出的透光率-浊度标准曲线计算，得出净水前后的浊度，根据计算得出的浊度去除率，绘出不同种类混凝剂的浊度去除率随浓度变化的曲线，如图 3-9 所示。采用 pH 传感器检测不同浓度及种类的混凝剂净水前后模拟水样的 pH，绘出不同种类混凝剂的 pH 变化值随浓度变化的曲线，如图 3-10 所示。

根据图 3-9 和图 3-10 可知：①明矾、硫酸铁、PFS 的最佳投入量均为 100 mg/L；②在最佳投入量下，PFS 的净水效果最好，硫酸铁次之，明矾最差，最佳净水剂是 PFS；③明矾的 pH 变化值受浓度变化的影响较小，而硫酸铁、PFS 受浓度变化的影响均较大。

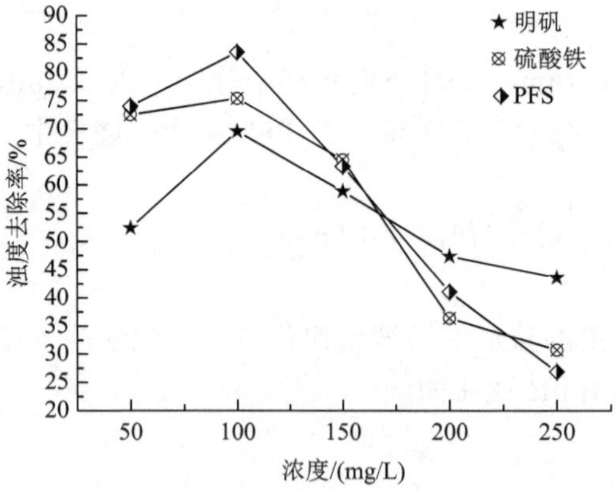

图 3-9 不同浓度及种类混凝剂净水的浊度去除率曲线

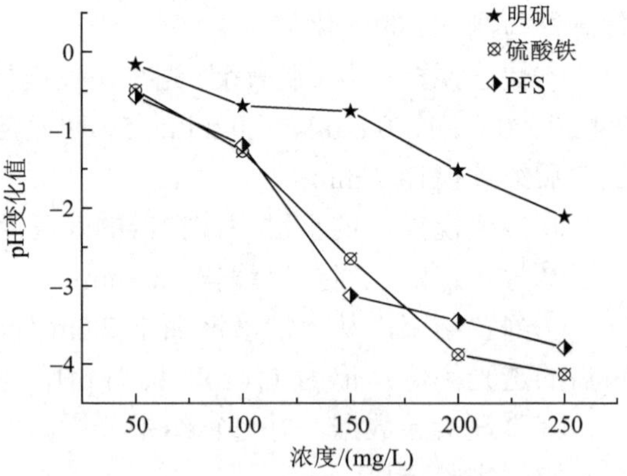

图 3-10 不同浓度及种类混凝剂净水的 pH 变化曲线

2）正式实验

（1）存在问题及解决思路

本研究在选择混凝剂最佳投入量时，只考虑 5 个浓度，使得三种混凝剂的最佳投入量实验结果均为 100 mg/L，致使判断最佳混凝剂时只采用相同浓度时的浊度去除率比较。但事实上，铁盐的最佳投入量较铝盐低，也就是说，采用铁盐混凝剂可大大降低混凝剂的投入量。区分度不高的浓度梯度没有办法突出铁盐在净水效果上的优越性能，后续实验应该在 50～150 mg/L 内增加取点，以达到接近不同混凝剂实际最佳投入量的目的。因此，把浓度梯度 50 mg/L、100 mg/L、150 mg/L、200 mg/L、250 mg/L 改为 50 mg/L、75 mg/L、100 mg/L、125 mg/L、150 mg/L。

另外，在探究不同浓度及种类混凝剂净水的 pH 变化时，得知在相同浓度下，铁盐净水前后 pH 下降更多，铁盐的腐蚀性更强，而在探究其浊度去除率时，得知铁盐净水效果更好，两个结论有所冲突，难以判断出最佳混凝剂。应该增加其他实验维度说明铁盐的综合性能更好。因此，后续增加了不同混凝剂的净水效率、pH 适应范围等两组实验，以充分说明铁盐，尤其是高分子铁盐 PFS 在净水效果方面的优越性。

（2）实验设计方案

经过进一步改进及反复实验，确定实验内容为利用手持技术数字化实验的色度计和 pH 传感器，测量 3 种混凝剂的投入量、净水效率、pH 适应范围、腐蚀性等方面的净水效果。共设计了五因素（混凝剂种类、投入量、静置时间、初始 pH、净水前后 pH 变化）共 4 组（51 个）实验，选择了无机小分子铝盐明矾、无机小分子铁盐硫酸铁及无机高分子铁盐 PFS 等 3 种混凝剂，以及 5 个投入量浓度（50 mg/L、75 mg/L、100 mg/L、125 mg/L、150 mg/L）、6 个静置时间（5 min、10 min、15 min、20 min、25 min、30 min）、5 个初始 pH（4.42、6.14、7.57、9.01、10.58）的浊度去除率及 100 mg/L 的 3 种混凝剂在初始 pH 为 7.57 下静置 20 min 前后的 pH 变化等作为研究对象，以浊度去除率及 pH 变化为两个实验指标进行分析，具体实验设计方案如图 3-11 所示。

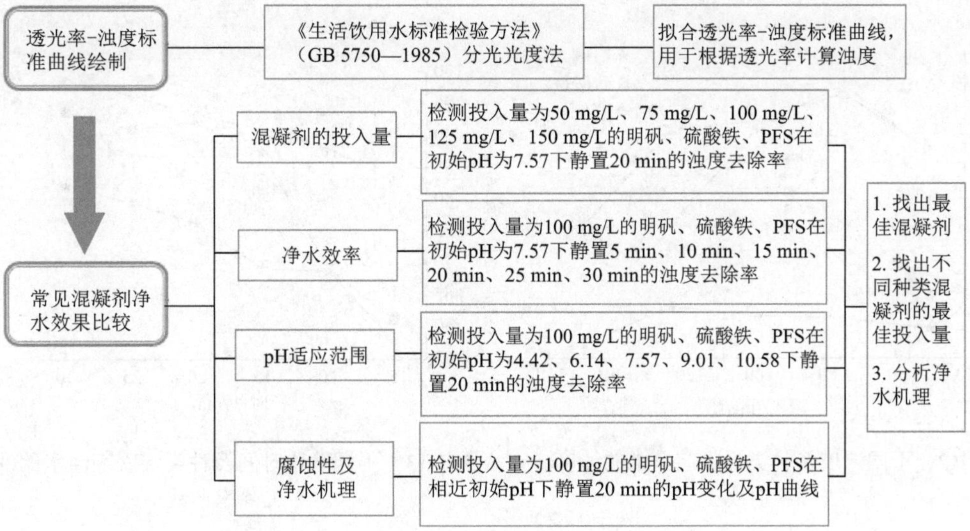

图 3-11 实验设计方案

（3）注意事项

①手持技术数字化实验仪器使用注意事项：色度计传感器需要以去离子水为参比溶液，校正为 100%；使用 pH 传感器前，需要用 3 mol/L 的 KCl 溶液活化 8 h 以上，并配制标准缓冲溶液，以校正 pH 传感器。

②试剂配制及使用注意事项：福尔马肼浑浊度标准液有效期为 1 个月；利用成套的 pH 缓冲试剂配制标准缓冲溶液时，需将粉剂完全倒入，并用水冲洗 1～2 遍塑料袋；一般用蒸馏水或超纯水作为溶剂；配制好的缓冲剂保存期不宜超过五天；配制模拟悬浊水样需采用自来水。

③实验操作注意事项：加入混凝剂前启动搅拌器，搅拌模拟悬浊水样，并在加入混凝剂的同时开始计时。

5. 环节五：实验报告

1）最佳混凝剂及最佳投入量分析

不同混凝剂的投入量分析、净水效率分析、pH 适应范围分析如图 3-12～图 3-14 所示，腐蚀性分析如表 3-2 所示。

表 3-2 不同种类混凝剂净水前后的 pH 变化

实验编号	混凝剂种类	pH 变化
1	明矾	−0.69
2	硫酸铁	−1.27
3	PFS	−1.19

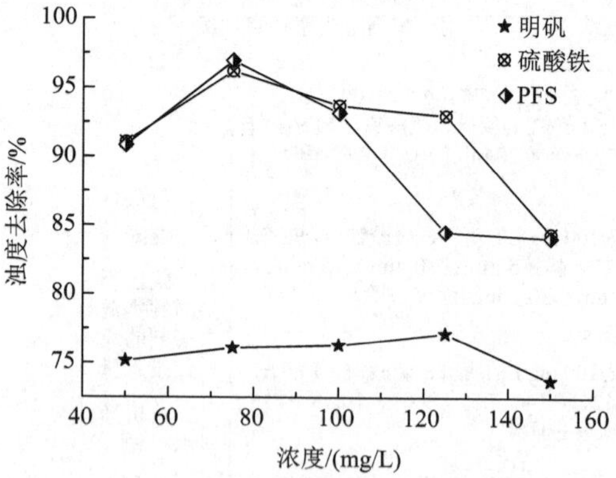

图 3-12　不同浓度及种类混凝剂净水的浊度去除率曲线

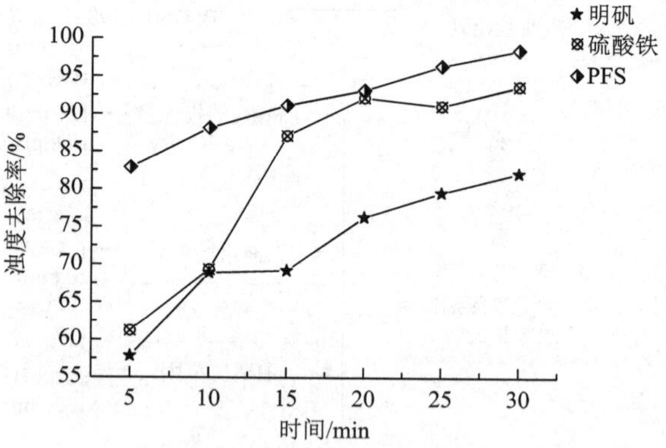

图 3-13　不同静置时间及种类混凝剂净水的浊度去除率曲线

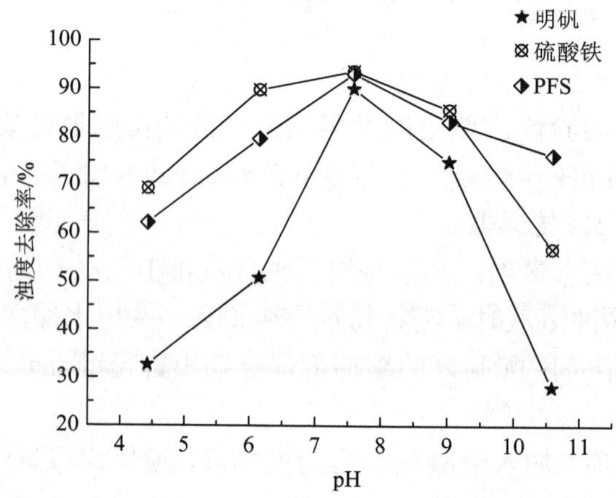

图 3-14　不同 pH 及种类混凝剂净水的浊度去除率曲线

根据混凝剂投入量、净水效率、pH 适应范围及腐蚀性 4 个角度对小分子铝盐明矾、小分子铁盐硫酸铁及高分子铁盐 PFS 的净水效果进行研究，可得出以下结论：从混凝剂投入量看，硫酸铁、PFS 的最佳投入量相对于明矾较低，能节省混凝剂用量，另 PFS 净水效果比硫酸铁略胜一筹，硫酸铁和 PFS 的最佳投入量约 75 mg/L，而明矾的最佳投入量约 125 mg/L；从净水效率看，硫酸铁、PFS 表现优异，PFS 絮凝时间短，沉降快，净水效率最高；从 pH 适应范围分析，PFS 占有很大的优势；而从腐蚀性上看，铁盐腐蚀性较强，明矾腐蚀性弱。但由于铝对于人体来说是低毒物质，经各种渠道进入人体后，会在一些机体组织中积蓄，并参与许多生物化学反应，能将体内必需的营养元素和微量元素置换流失或沉积，从而破坏各部位的生理功能，导致人体出现铝性脑病、铝性贫血等中毒病症[23]。因此，本研究得出 PFS 是三种常见混凝剂中净水效果最佳的混凝剂。

2）混凝剂净水机理分析

以 100 mg/L 硫酸铁溶液净水过程的 pH 变化曲线（图 3-15）为例，从“宏观-微观-

曲线-符号”四重表征角度进行分段分析，可以把混凝剂净水 pH 变化曲线分为以下四大阶段，分析结果如表 3-3 所示。

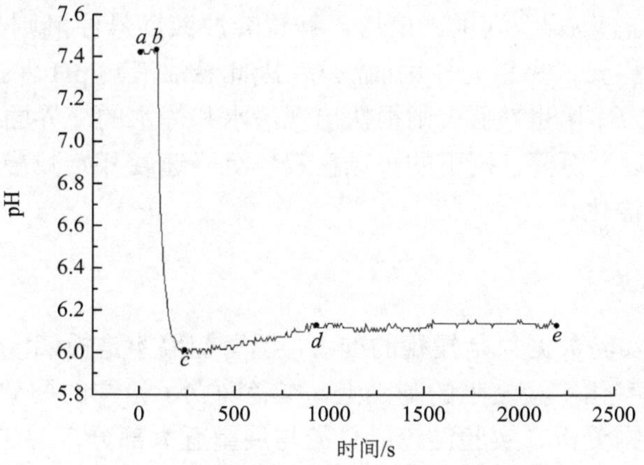

图 3-15　100 mg/L 硫酸铁溶液净水过程的 pH 变化曲线分析图

表 3-3　100 mg/L 硫酸铁溶液净水过程的 pH 变化曲线的四重表征分析表

pH 段	曲线表征	宏观表征（现象）	符号表征（离子方程式）	微观表征（微粒）	解释
ab	平稳延伸	白色悬浊液	—	高岭土沉淀（$Al_2O_3 \cdot 2SiO_2 \cdot 2H_2O$）	初始阶段——未加入硫酸铁溶液的高岭土悬浊液，反应未发生，故 pH 变化不大
bc	急剧下降	白色悬浊液变为浅黄色悬浊液	$Fe_2(SO_4)_3 = 2Fe^{3+} + 3SO_4^{2-}$ $Fe^{3+} + 3H_2O \rightleftharpoons Fe(OH)_3 + 3H^+$	H^+、Fe^{3+}、SO_4^{2-}、$Fe(OH)_3$ 胶体、高岭土沉淀（$Al_2O_3 \cdot 2SiO_2 \cdot 2H_2O$）	凝聚（快速搅拌）阶段——加入硫酸铁，经快速搅拌，硫酸铁迅速分散到水中，Fe^{3+}水解呈酸性，故 pH 急剧下降
cd	小幅上升	悬浊液颜色逐渐变浅	$Al_2O_3 + 6H^+ = 2Al^{3+} + 3H_2O$	H^+、Fe^{3+}、Al^{3+}、SO_4^{2-}、$Fe(OH)_3$ 沉淀、SiO_2 沉淀	絮凝（慢速搅拌）阶段——带正电荷的硫酸铁及带负电荷的高岭土溶液的胶粒发生电中和作用而使之脱稳团聚，然后沉降下来。故此阶段的 pH 小幅上升
de	平稳延伸	出现大量浅黄色沉淀，澄清液面逐渐变宽	—	H^+、Fe^{3+}、Al^{3+}、SO_4^{2-}、$Fe(OH)_3$ 沉淀、SiO_2 沉淀	沉降（静置）阶段——此时悬浊液已形成较多沉淀，主要依靠重力作用而沉降，故 pH 变化不大

本实验通过检测投入混凝剂后快速搅拌、慢速搅拌及静置过程悬浊液的 pH 变化，得出了快速搅拌阶段悬浊液的 pH 急剧下降、慢速搅拌阶段悬浊液的 pH 小幅上升、静置阶段悬浊液的 pH 平稳延伸的规律。

化学混凝的处理对象主要是水中具有稳定性的微小悬浮固体及胶体杂质，这些微小悬浮固体及胶体杂质一般都带有负电荷，例如，本实验采用的模拟悬浊水样（经搅拌静置后的高岭土悬浊液）就带有负电荷。首先，在投入混凝剂铝盐或铁盐后，混凝剂在快速搅拌的过程中迅速分散到水中，并快速水解成胶体，使溶液酸性大大增强，并提供大量的正电荷，悬浊液处于凝聚阶段。该阶段以异向絮凝为主，强烈的水力搅拌可加剧凝聚作用[24]。然后，进入慢速搅拌阶段。在这一阶段，混凝剂水解产生的正电荷与模拟悬浊水样自带的负电荷产生电中和、吸附架桥及网捕等作用，使悬浊液的 pH 缓慢升高，悬浊液处于凝絮阶段。此阶段则以同向絮凝[16]为主。最后，静置悬浊液，悬浊液则处于沉降阶段。经过凝絮阶段形成的絮体主要依靠重力作用而沉降，因此悬浊液的 pH 保持不变。静置开始时，水中絮体浓度高，重力作用也较强，则很快出现清水和浑水的交界面。随着静置时间的延续，大颗粒的悬浮物逐渐沉降，剩下的小颗粒絮体沉降速度开始减慢，最终使上层清液界面增大，污水也得以净化。

6. 环节六：实验论文

完成实验、整理实验数据只是投稿的准备，撰写初稿才是投稿漫漫长路的第一步。在充分研读手持技术数字化实验文献的基础上，作者确立了论文的框架：问题的提出、实验设计、实验结果及数据分析、实验结论、总结与展望五大部分，并进一步细分若干小点。为了让读者更好地理解文章，文章的逻辑性非常重要。撰写初稿、进一步修改润色之后，需要请专家及同行阅读并修改论文，只有当对本实验不甚了解的同行也能理解本实验时，方能投稿。

作者在完成论文后，按照《化学教育（中英文）》期刊的格式完成修改，然后进行投稿。投稿的过程也不是一帆风顺，作者在第一次投稿后，并没有直接录用，而是修后可用（图 3-16），专家评审会根据文章的研究问题、实验方案、论文撰写等多方面提出修改建议。此外，在文章修改的过程中，还需要查阅大量文献用于支撑和解释实验结果。作者按照编辑部的意见进行修改，继续完善，再次进行投稿。

修改意见及相关说明

1. 图6中3条曲线是彩色的，打印出来将是黑白色度，请使用有区分度的黑白色度的标识表示出来。

　　图6的彩色曲线已改为有区分度的黑白曲线

2. 图7中的字母abcde改成斜体（已修改）

3. 表6中pH段字母改成斜体，其他同（已修改）

4. 参考文献格式修改（已修改）

5. 请再通读全文，保证语句通顺、无错别字、格式规范、表格和图片清晰规范、化学符号和数据准确。

　　已修改本文个别语句及表述（详见修改本文的批注）

图 3-16 《化学教育（中英文）》编辑部退修说明

7. 环节七：慕课拍摄

在完成论文的撰写与投稿后，为了让实验成果得到更广泛的利用，将实验制作成慕课视频进行线上传播。教师可以用手机或者摄像机进行拍摄，或者可以和慕课制作公司进行合作拍摄。本节“基于数字化手持技术的混凝剂净水效果比较及净水机理研究”的慕课视频已经和其他手持技术数字化实验课程作为“化学教学论手持技术数字化实验”上线“中国大学 MOOC”。

“基于数字化手持技术的混凝剂净水效果比较及净水机理研究”的实验慕课可登录中国大学 MOOC 官网进行学习，网址如下：https://www.icourse163.org/learn/scnu-1207045812?tid =1207393212#/learn/content?type =detail&id =1214146083&cid =1217739152。

二、手持技术数字化实验案例选题的“概念结构”策略

（一）化学概念结构的含义

概念是思维的基本形式，是人脑对客观事物的本质特征的认识。概念结构是指概念的构成成分间的组合关系和规律。概念结构的研究缘起于早期心理学布鲁纳（Bruner）等对概念形成的探索，其采用的分类思想是概念结构研究领域出现最早的，也是当今呈现学科概念结构的主导思想。

化学概念是将化学的现象与事实经过比较、综合、分析、归纳和类比等方法抽象出来的理性知识，深刻反映着化学现象及事实的最本质特征，是化学学科知识体系的基础。《普通高中化学课程标准（2017 年版）》强调化学教材应围绕化学核心概念确定教材内容主题，将核心概念与情境、活动和问题解决融为一体。化学知识包括化学概念、化学事实、化学规则和化学原理的内容。构成概念的属性形成概念的内部结构，概念间可以构成命题，命题相互联系且形成概念的外部结构。概念的内部结构和外部结构都是概念结构的不同表现层面。事实、规则和原理又通过概念和命题来表现具体内容。因此，化学知识的学习就是化学概念和命题的学习，也可以看成是化学概念结构的学习。化学概念作为化学知识的学习载体，其学习过程要求掌握大量与目标概念相关联的概念及它们之间的相互联系，这对于学生而言是一项艰巨的学习任务。

化学教师需要帮助学生自主建构科学的、严密的、有逻辑的、完整的、系统的概念结构。因此在教学中教师应注重学生化学概念结构水平，在课堂教学中引导学生进一步概括核心概念的认识思路，形成基于认识思路的结构化，提升化学核心概念和观念的结构化水平，发展化学学科核心素养。

（二）化学“概念结构”策略

现代认知心理学认为，概念作为人脑对客观事物的本质特征的认识，是对一类事物本质属性的心理表征。

基于此，“概念结构”策略有以下四个特点。

①“概念结构”策略关注学生的概念结构。要准确地使学生建立核心概念之间的联系，可以通过直接的途径进行认知，但更多地需要通过观察、感受、分析、抽象概括引出相关概念，间接地获得所研究对象的足够知识。

②“概念结构”策略注重通过手持技术数字化实验获得鲜明、直接的感性材料。使用数字传感器获取的数据往往连贯且直观，做出数据图像后能够明显地观察到各项指标的变化，帮助学生理解和记忆。

③“概念结构”策略关注核心概念和关联概念的联系。通过手持技术数字化实验表征

建立的概念结构本身具有连贯的逻辑，设计具体的实验项目可以有效防止概念模糊及交叉。

④“概念结构”策略强调培养学生研究具体化学问题的方法及思路。手持技术数字化实验提供的多种传感器能够对实验的各个指标进行观测，引导学生积极探索相关概念，以强化对化学核心概念的认知。

化学“概念结构”策略遵循以下思路：第一，锁定化学学科大概念。根据钱扬义教授的《化学概念与化学“学科关键词”的学习与认知》一书，确定化学学科关键词；第二，确定具体学科大概念的组成成分，确定目标概念群。化学学科大概念内涵抽象、组分庞杂，认知难度高，但每个化学学科大概念由很多概念群组成，概念群里又包括若干个具体子概念，主要分为直接概念和间接概念两种。因此，确定与学科大概念紧密相关的若干具体子概念（直接概念）尤为重要；第三，确定某个目标概念。从学科大概念群中确定某个具体直接概念，并进行后续有针对性的策略设计；第四，将选定的目标概念转化成可量化的概念（间接概念）。本团队提出的 TQVC 概念认知模型[25]可以给出线索：针对具体目标概念科学设计手持技术数字化实验，学科大概念的组成成分中的每个具体目标概念都通过手持技术数字化实验来测量、量化，从而间接表征出学科大概念的内涵，使其易于认知。

(三)“概念结构”策略指导下的实验设计

概念结构学习理论为化学学科教学提供了有意义的理论指导。在进行目标概念教学时，教师需要注意对与目标概念相关联的概念的表征，显化该“概念群”内概念的相互联系。当遇到抽象、难理解的目标概念时，可通过对与目标概念联系紧密的核心关联概念进行多重表征，帮助学生理解目标概念，建立完善的概念结构。

“概念结构”策略指导下的实验设计如图 3-17 所示。

图 3-17 “概念结构”策略指导下的实验设计

1. 确定目标概念

核心概念是化学学科的主干内容，化学核心概念及其相互关系构成了中学化学的基本框架。可根据教材的核心概念、练习中的高频错题、学生的迷思概念等入手，从化学用语、化学计量、物质的组成和分类、元素周期律和周期表、溶液、化学反应速率和化学平衡等几个方面进行思考，以确定目标概念。

2. 转化关联概念

化学核心概念是学生分析问题和解决问题的基础，具有高度的概括性、抽象性和严密的逻辑性。因此确定的目标概念往往难以形象地理解，需要将抽象的目标概念转化为学生个体认知结构上已经建立的关联概念。

3. 数据量化关联概念

利用手持技术数字化实验，使用传感器对某种物理量进行信号检测，并且把检测结果即时转换为数据和曲线图像。使用手持技术数字化实验进行化学实验，是要了解物质在化学反应中的微粒浓度变化（如溶解氧浓度、pH、离子总浓度等的变化）或能量变化（如温度、电流、光强度等的变化），即要了解某种物理量的变化。因此，可以通过具体的物理量，将化学实验中待了解的物理量和信息技术中可测量的物理量联系起来。

4. 曲线表征关联概念

将获取的数据用图表的形式呈现出来，通过分析图表中的数据和曲线图像变化情况，辅助学生理解概念的核心要素和相关概念之间隐含的逻辑联系。

5. 建立有效联系

通过宏观、微观、符号、曲线的四重表征和“TQVC”理论使学生建立“化学知识—物理量—对应传感器—数据和曲线图像”的内部关系，实现化学知识和物理量的认识转化，构建核心概念与关联概念之间的逻辑联系，增强对核心概念的整体认知。

以“分子间作用力”为目标概念构建的实验设计如图 3-18 所示。

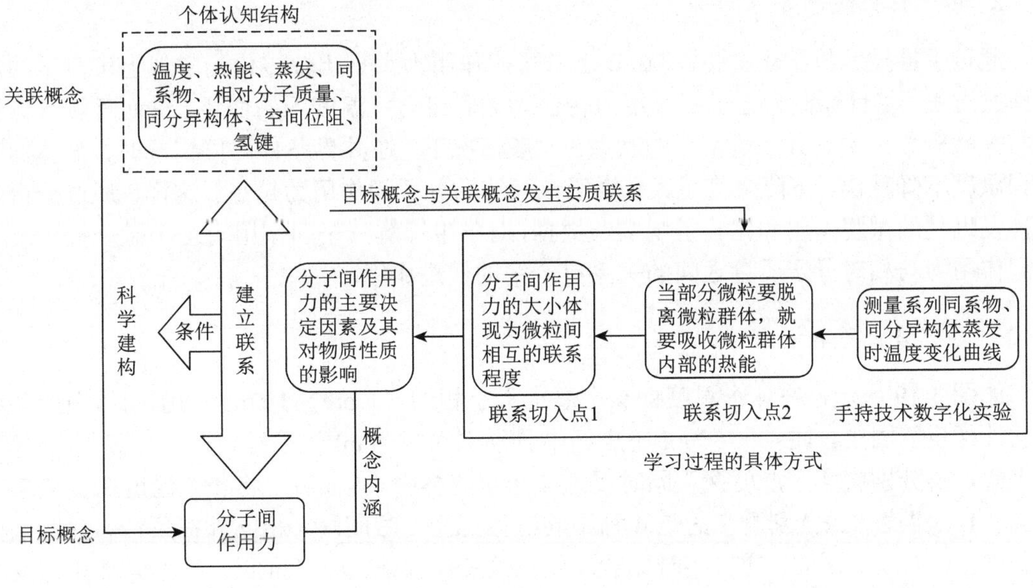

图 3-18 “概念结构”策略指导下的“分子间作用力”为目标概念构建的实验设计

（四）利用“概念结构”策略的实验设计实例

案例：基于“手持技术”实验比较液体有机物分子间作用力大小——以醇类同系物和同分异构体为例。

现以钱扬义教授硕士生苏华虹（现任教于佛山市第一中学）开发的实验“基于‘手持技术’实验比较液体有机物分子间作用力大小——以醇类同系物和同分异构体”为例，详细介绍利用“概念结构“策略进行手持技术数字化实验案例开发的过程。该案例论文已经发表在《化学教育（中英文）》期刊 2017 年第 15 期，并被选为该期的封面文章，实验案例的教学论文《利用手持技术和分子模型发展化学学科核心素养——以“分子间作用力”教学为例》发表在《化学教学》期刊 2019 年第 11 期。该实验案例是“一验两文”的典例。

1. 确定目标概念

分子间作用力是指除了化学键外，基团间和分子间相互作用力的总称。它主要包括范德瓦耳斯力和氢键。对于结构相似的物质，范德瓦耳斯力大小主要与分子的相对分子质量有关，相对分子质量越大，分子间作用力越大。在高中学习阶段，要求学生能理解这一规律。

但分子间作用力是微观层面上的概念，微观层面的概念抽象难懂，学生理解该概念本身就存在一定难度。再加上高中学生还未学习范德瓦耳斯力的三种来源、极性和极化率等知识，就更难从本质上理解相对分子质量与分子间作用力之间的关系，学生通常对该规律只能停留在记忆水平。

2. 转化关联概念

通过手持技术数字化实验，将微观上分子间作用力大小比较转化为宏观上可测量的液体挥发过程，将目标概念分子间作用力转化为关联概念“温度”的变化，进而理解目标概念与关联概念“相对分子质量”的联系。一般情况下，在外界条件相同情况时，液体挥发过程温度下降越快，下降幅度越大，说明该液体的分子间作用力越小。这样，通过分析液体挥发过程的微观本质和比较宏观实验数据，对学生理解分子间作用力这个微观概念及分子间作用力与相对分子质量之间的关系有一定的促进作用。

3. 数据量化关联概念

如图 3-19 所示，在 4 个温度探头上裹上大小相同（1 cm×3 cm）的医用纱布，并用一次性橡皮筋固定。往 4 个 50 ml 小烧杯中分别倒入 20.0 ml 的甲醇、无水乙醇、正丙醇、正丁醇，再分别将 4 个温度探头同时浸入 4 个小烧杯中。5 s 后，将 4 个温度探头提起，这样，4 个温度探头分别测定的是 4 种不同液体在同一时间段（相同外在条件）挥发过程的温度变化情况。至此，通过实时比较 4 条温度变化曲线，即可推测 4 种不同液体挥发的快慢，进而比较 4 种液体分子的分子间作用力大小。

但该实验装置比较麻烦，整个实验过程都需要提着 4 个温度探头，因此在此基础上，设计了一个固定温度探头的实验架，这样温度探头在蘸取液体后，即可固定在实验架上，使实验的可操作性更强，也使该实验更适合用于展示，最终的实验装置图如图 3-20 所示。

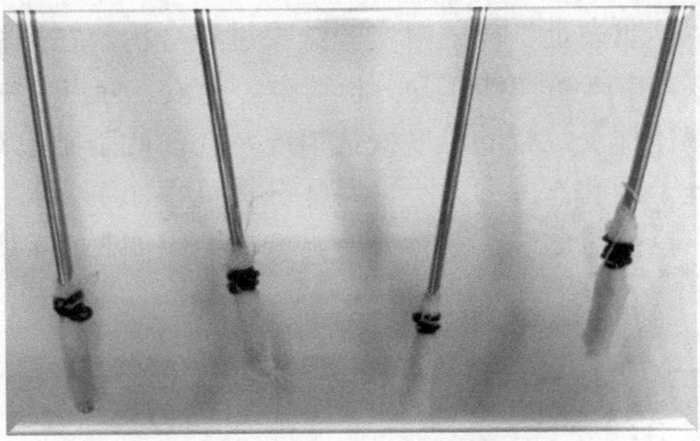

图 3-19　阶段 3 的实验装置图

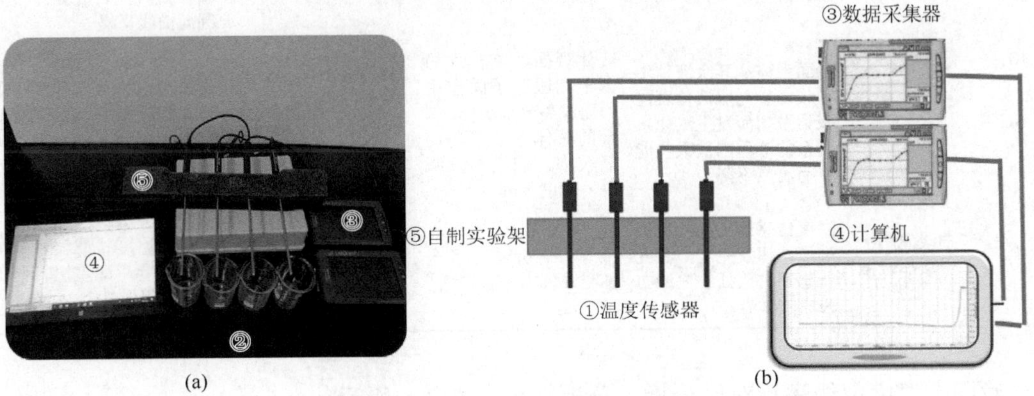

图 3-20　本实验最终采用的实验装置图

①温度传感器；②4 个 50 ml 烧杯（分别装有 20.0 ml 甲醇、无水乙醇、正丙醇、正丁醇）；③数据采集器；④计算机（附有配套软件）；⑤自制实验架

4. 曲线表征关联概念

将实验得到的量化数据导入到 Origin 软件里作图，得到结果如图 3-21 所示。

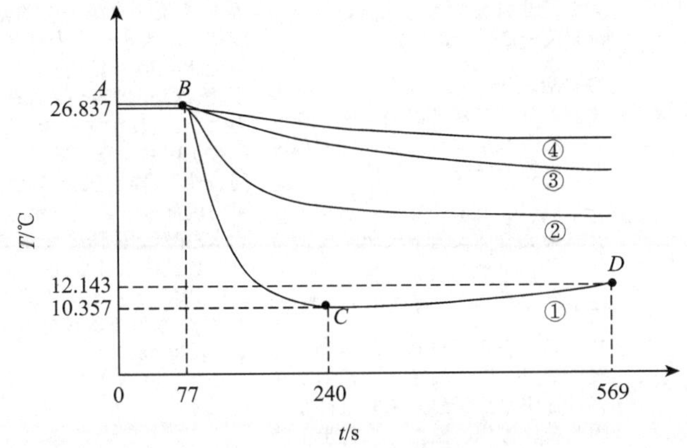

图 3-21　4 种液态醇的同系物挥发时的温度曲线

曲线①②③④分别表示甲醇、无水乙醇、正丙醇、正丁醇在相同条件下挥发的温度变化曲线

本实验案例采用“四重表征”模式对实验结果进行分析。在分析过程中，由点到线，再由线到面，即先选取其中 1 条曲线作为分析对象，分段、分点（主要是拐点）分析该曲线的变化规律，阐述液体挥发过程的温度变化情况，并在此基础上对比 4 条曲线的异同，从而比较出 4 种液体分子间的作用力大小。具体分析过程如下。

运用“四重表征”模式对曲线①进行分析，分析结果如表 3-4 所示。

表 3-4　温度曲线①的分析结果

曲线段	曲线	宏观	微观	符号	结论
AB	曲线平缓	温度传感器此时测量的是室温	—	—	该阶段温度传感器测量的是实验条件下的室温，室温在短时间内稳定不变，因此曲线平缓
BC	曲线下降	表面液体从其余液体中吸收能量克服液体表面张力做功而发生汽化，剩余的液体因被吸收能量而温度下降	液体表面动能较大的分子克服分子间作用力而脱离分子表面，剩余的液体分子平均动能较小，因而能量减少，温度下降	CH_3OH（l）$\rightleftharpoons$ CH_3OH（g），该阶段中，反应向正反应方向即汽化方向进行	该阶段温度传感器测量的是未挥发的液体的温度。挥发过程中，剩余液体温度下降
CD	曲线先趋于平缓后缓慢上升	温度传感器尖头处的甲醇液体挥发完全，温度传感器尖头处的白纱布没有液体存在	甲醇液态分子已经全部变成气态分子	—	该阶段温度传感器测量的环境温度，即室温，因而温度缓慢上升

对四个温度曲线进行对比分析，分析结果如表 3-5 所示。

表 3-5　醇的同系物蒸发时的温度变化曲线

曲线	曲线走向	曲线分析	对比分析	结论
①	曲线先下降后趋于平缓，最后曲线再上升	77～240 s，甲醇在温度传感器上挥发，汽化的液体需要从未汽化的液体吸收能量以克服液面表面张力做功，因此甲醇液体温度下降，曲线下降。240 s 后，甲醇已经全部挥发完全，此时温度传感器测量的是室温，因此温度逐渐上升	在相同条件下，4 种液体醇挥发时温度曲线下降的幅度和速率大小顺序为：甲醇＞无水乙醇＞正丙醇＞正丁醇。这是因为分子间作用力大小比较：甲醇＜无水乙醇＜正丙醇＜正丁醇。在相同条件下，能克服分子间作用力脱离分子表面的甲醇、无水乙醇、正丙醇、正丁醇分子数量依次减少，因此剩余液体的分子平均动能依次增多，温度下降幅度和速率依次减少	在相同条件下，不同液体挥发时，温度曲线变化不同。温度曲线下降幅度越大，下降速率越大，对应的液体分子的分子间作用力越小
②	曲线先下降后趋于平缓	77 s 后，无水乙醇在温度传感器上挥发，挥发时液体温度下降，而后无水乙醇趋于挥发完全，因此温度曲线也趋于平缓		
③	曲线缓慢下降	77 s 后，正丙醇在温度传感器上挥发，挥发时液体温度下降，在该过程中，正丙醇并未完全挥发，因此在该过程，温度一直处于下降趋势		
④	曲线先平缓后缓慢下降	77 s 后，正丁醇在温度传感器上挥发，挥发时液体温度下降，由于在该过程中，正丁醇并未完全挥发，因此在该过程，温度一直处于下降趋势		

5. 建立有效联系

通过对数据和图表的分析，得出如下实验结论：本实验将液态醇分子间作用力大小的比较转化为测量其挥发过程中剩余液体的温度变化幅度和速率。通过实验验证甲醇、无水乙醇、正丙醇、正丁醇 4 种液态醇分子间作用力大小：甲醇＜无水乙醇＜正丙醇＜正丁醇。利用温度传感器实时测量液体挥发时的温度变化情况，进而比较液态醇的分子间作用力大小，发现其与相对分子质量之间的联系，建立关联概念温度、相对分子质量与目标概念分子间作用力的联系。

三、手持技术数字化实验案例开发的“融合创新”策略

（一）背景

手持技术数字化实验作为信息技术与学科教学融合的典型代表、科学技术的发展产物，具有思维高阶性、形式创新性等特点，对于提高学生的创新能力、设计能力和实践能力具有积极作用。通过开发手持技术数字化实验案例，能够帮助学生从新的视角认识化学实验，让学生体会技术手段的创新对于化学学科发展的重要价值，形成严谨求实的科学态度，还能从实践层面鼓励学生以不同角度分析和解决问题，培养学生的发散思维和创新精神。

（二）具体内容

本团队在 22 年研究历程中，设计与开发了大量实验创新案例。在总结设计思路与开发经验的基础上，提出“融合创新”策略，为开发手持技术数字化实验创新案例提供理论支持与思路指导。“融合创新”策略的主要含义包括以下 4 个方面。

1. 传统实验—创新实验

传统实验指利用传统仪器和传统实验方法展开的实验，一般来源于教材或课程标准。传统实验在实验结果的准确性、实验现象的可观察性和再现性上往往存在不足。而手持技术数字化实验具有定量、实时、直观、准确等特点，能够将难以观察的、定性的实验现象以易于观察的物理量数值即时呈现，还能够实时测量、自动处理得出数据曲线图。通过将传统实验与手持技术进行融合，开发出创新实验，能够很好地解决传统实验存在的问题，实现定量测量，保证实验结果的准确性和可靠性，提高实验的再现性。此方法为同质性创新，是在原有实验基础上融合新技术，实现实验手段的创新。

如“利用手持技术数字化实验测量化学反应速率”实验。人教版高中《化学》选修 4 第二章第一节中的实验 2-1 是利用锌与不同浓度硫酸的反应，通过观察针筒上的刻度，确定生成气体的体积和快慢，从而判断并计算出反应速率。该实验在实际操作中会出现很多误差，如①注射器滑动阻力太大；②加入的硫酸对体系压强的影响不可忽略；③反应速率太快。因而实验结果的准确性差强人意，且实验结果再现性差，难以达到实验预期目标。

而手持技术数字化实验创新案例是利用压强传感器，以 $\Delta p/\Delta t$ 来表示反应速率，定量地测量气体产生的速度，还能锻炼学生收集、分析实验数据等技能。实验具有操作简单、灵敏度强、重现性高、实验效果良好等优点。

2. 单一实验—系列实验

传统实验往往是单一实验，在探究性、开放性上有所欠缺。实验开发者可以从传统实验出发，在充分理解实验原理及相关化学知识的基础上，思考传统实验的不足之处并加以改进，进一步拓展实验目的，延伸实验内容，开发出一系列不同进阶的实验。还可以设计平行实验与对照实验，增强实验结果的可信度。这要求实验开发者具有一定的迁移与创新能力，且在思维上具有一定的深度与广度。此方法为异质性创新，通过融合新的实验，实现系列实验的开发，从而达到实验创新的目的。

如“利用手持技术数字化实验探究浓度对化学平衡的影响”实验。该实验选自人教版高中《化学》选修 4。教材实验通过往氯化铁与硫氰化钾混合溶液中滴加 4 滴 1 mol/L 硫氰化钾，观察溶液的颜色变化情况来判断化学平衡是否移动，以及往哪个方向移动。然而，由于颜色变化不明显，肉眼观察存在困难，且受人为因素影响大，存在视觉色差，从而难以得出实验结论。该实验为单一实验，改变某个物质的浓度时，只改变了一个浓度，没有再探究加入其他浓度的硫氰化钾后化学平衡的变化情况。而从科学史的角度出发，一个理论的得出需要经过反复的证实或证伪，如质量守恒定律，经过了科学家一百多年的多次实验探索才得出。因此，从证据的可靠性角度来看，教材实验存在不足。此外，该实验只探究了在离子反应中实质参与反应的物质，没有探究在离子反应中未实质参与的物质，存在探究不充分的问题。

基于以上认识，我们可以利用手持技术，从定性与定量相结合的视角改进实验。首先，利用色度计传感器定量地测量溶液的颜色变化情况，以时间-透光率曲线加以呈现，从而解决教材实验现象难以观察等问题。然后，探究不同浓度的物质对化学平衡的影响及其影响异同。在教材所探究的 1.0 mol/L 硫氰化钾的基础上，增加了以下 6 个浓度：0.6 mol/L、0.8 mol/L、1.0 mol/L、1.2 mol/L、1.4 mol/L、饱和 KSCN 溶液。最后，探究在离子反应中未实质参与反应的物质对化学平衡的影响，如氯化钾，从而提高探究实验的未知性、开放性，提高实验证据的可靠性与充分性。

3. 单一数据—多种数据

传统实验一般是通过物质颜色变化、气泡或沉淀的产生等现象来判断反应情况。手持技术数字化实验是通过传感器所测量的数据来判断。在利用手持技术进行实验改进时，实验开发者可考虑使用组合传感器，同时测量多种数据，不仅能提高实验的效度与信度，还能提高学生对实验的洞察力，培养学生对多种实验数据、多个曲线图等实验信息进行分析推理、验证假设并得出合理实验结论的能力，发展学生的证据推理核心素养。此方法为异质性创新，通过融合多种实验数据，提高实验的探究性、综合性，发展学生的发散思维。

如“利用手持技术数字化实验探究原电池温度和电流的变化”实验。利用温度传感器和电流传感器，测量单液原电池和双液原电池的温度及电流变化情况，从而对比得出两者的电流稳定性、能量转化效率与电池效率等情况，提高实验的探究深度与广度，使学生能够更全面地认识单液原电池和双液原电池，并了解两者的优缺点与异同点，在对比中加深对概念的理解。

4. 传统装置—自制装置

为了能够使实验现象更明显且易于观察、实验操作更加简单与连贯，实验开发者还可以从实验装置的角度对实验进行改进，根据具体的实验要求与实验目的，改装传统装置或自主制作新实验装置。

如“利用手持技术数字化实验探究钠和氧气的反应”实验。利用自制T形管，通过连接温度传感器、二氧化碳传感器、氧气传感器，同时测量温度、氧气浓度、湿度等多种数据的变化情况。该装置“简单而不普通”：一根简单的三口玻璃管，能够做到“一器多用”，实现多种物理量的测量，而且操作简单，功能多元化，有利于系列实验的进一步开发。

（三）意义

1. 为实验创新案例的开发提供方向

随着手持技术数字化实验在化学教学中的应用的广泛化与深入化，越来越多化学教育工作者，如中学教师、化学教研员等，开始重视手持技术数字化实验，尝试设计开发手持技术数字化实验案例，并将其凝练成实验研究论文或运用到实际教学中。然而，手持技术数字化实验的开发难度不小，对教育工作者的创新能力和构思能力要求较高。许多教育工作者无法找到改进实验的切入点，更不知如何设计手持技术数字化实验。“融合创新”策略给教育工作者提供了明确的四个思考方向，有效拓宽了教育工作者的开发思路，帮助教育工作者从多种角度对化学实验进行改进创新，有助于更多手持技术数字化实验创新案例的开发，强化信息技术与化学教学的深度融合，促进中学实验教学改革与进步。

2. 发展学生的创新意识与合作精神

手持技术数字化实验作为一种新型实验，有着不同于传统实验的独特魅力。手持技术数字化实验创新案例类型多样，包括科学探究类、实验验证类、课标重难点类等。既贴近教材，又能丰富教材，更能延伸教材，体现了化学与社会生活的紧密联系，有利于进一步激活中学化学课堂。

通过在化学教学中融入手持技术数字化实验创新案例，能够激发学生对化学实验的学习兴趣与学习热情。在课堂教学中，引导学生对创新实验案例的实验原理作出假设，观察并如实记录定性实验现象和定量数据，结合理论证据，利用“四重表征”理论进行分析，得出结论。利用实验创新案例进行教学，能够促进学生对化学知识的深度思考，发展学生的实验操作技能，对培养学生的定量思维、发散思维、创新精神和实践能力均有促进作用。此外，通过与同学进行合作交流，对实验过程和结果进行反思，说明假设、证据结论之间的关系，并用恰当的形式展示实验成果，也能很好地培养学生的合作精神。

四、手持技术数字化实验深度教研的“1+8套餐”策略

（一）手持技术数字化实验深度教研的“1+8套餐”策略概述

将开发的实验案例应用到课堂教学中才能发挥实验的功能和价值，促进学生科学探究能力的提升，培养学生的化学学科核心素养。将手持技术数字化实验案例应用在课堂教学中，需要一线教师基于手持技术数字化实验进行教学资源的开发，才能以实验案例开展教学活动，通过教学实践促进教师专业发展，提升自己应用手持技术数字化实验实施教学的研究能力。

对此，钱扬义教授开发了“1+8 套餐”策略，旨在帮助一线教师利用手持技术数字化实验开发出一节课的系列教学资源。“1+8 套餐教学资源”有利于教师形成系列教学资源、提升自己教研能力。下面详细介绍“1+8 套餐”策略，以帮助老师在教学实践中发现问题、改造实验、重构课堂、自我提升。

1. 理论依据

1）中学教师“三次成长论”

中学教师在工作的前 5 年经历第一次成长，随着上课实践经验的增长，逐渐积累了教学经验。第一次成长方式以模仿为主，主要表现为教学中行为方式的变化，这是随着工作的进行自然开始的，并且所依靠的外部支持大多来自同伴的示范。通过第一次成长，新手型教师成长为经验型教师。

中学教师在工作的 5 年后会进入职业生涯的第一次高原期，需要教师用自己的观点和主张进行上课以突破第一次高原期。第二次成长在工作 10 年后，是教师在教育理论的指导下对自身教育教学行为及经验深刻反思的结果，主要表现在教师看问题的方法立场发生了重大转变。通常第二次成长的起因是教师受到较大挫折或有强大外力推动（专家名师的指导）。通过第二次成长，经验型教师成长为一名研究型教师。

中学教师经历第二次成长后，在工作的第 15 年会经历职业生涯的第二次高原期。虽然教师积累了丰富的教学经验，却很难实现自我突破，此时教师需要提炼总结教学观点，建构自己的教学思想。第三次成长在工作 20 年后，教师在前人理论研究的基础上，结合自身独有的教学经验，建立自己的教学思想，成为一名教育理论专家，能将自己的思想传播给其他青年教师。此时的成长决定于教师自身的理想信念。通过第三次成长，研究型教师成长为一名专家型教师。图 3-22 为教师成长程度与教学年龄图。

2）中学教师教学与教研的现状

图 3-23 为中学教师结构的鸡蛋模型。

从数量上看，职初教师和卓越型教师在中学教师结构中占少数，大部分教师停留在第二次成长阶段。处于第二次成长阶段的教师，已经有相当长的教龄，往往已成为

学校骨干教师。即使他们自身再努力，教学能力也没有明显的提升，因为自身与同伴的教育知识水平处于同一层次，两者相互学习借鉴效果甚微，所以骨干教师长时间处在教学能力的瓶颈期，难以再取得突破。

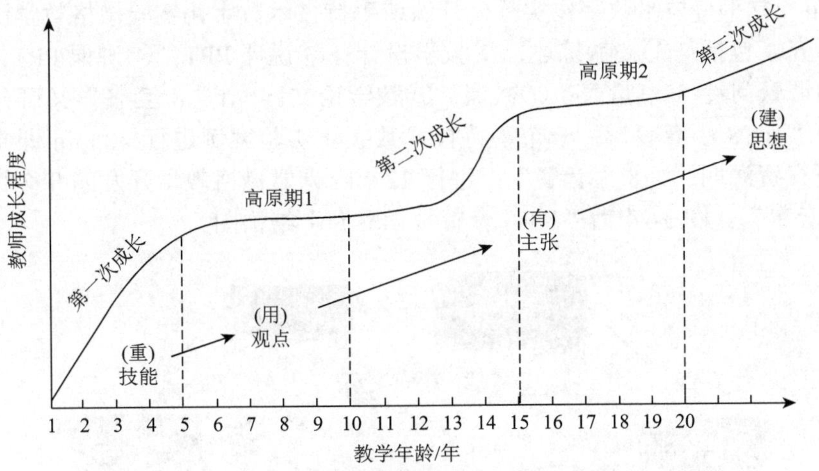

图 3-22　教师成长程度与教学年龄图

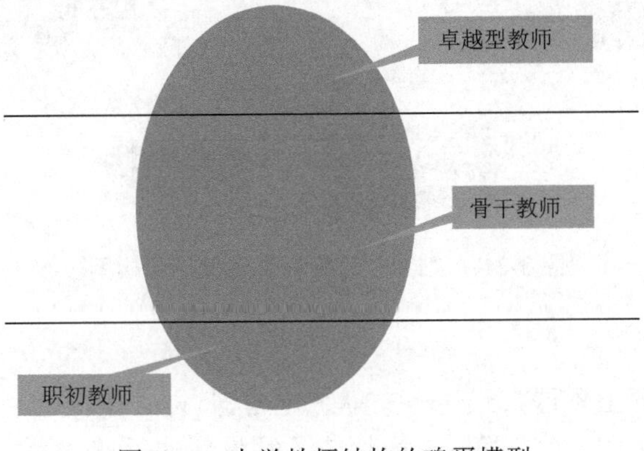

图 3-23　中学教师结构的鸡蛋模型

骨干教师的教学与教研现状为：①有潜在教研动机，缺乏“有效案例”激发；②有潜在教研能力，缺乏“实用操作”指导；③教学教研两张皮，教研只是贴脸面；④教学工作有效果，教研工作无成果；⑤课堂教学很精练，教学思想无提炼。

2. “1＋8 套餐”策略的提出目的及意义

“1＋8 套餐”策略的提出是为了拓展中学教师第一次成长的学习方式，加快教师第一次成长；给中学教师的第二次成长提供理论指导，帮助教师突破瓶颈；丰富中学教师培训的内容和理念，提高教师教研能力。“1＋8 套餐”策略能够为中学教师提供一种新的教学研究理论和思想，为教师教研提供有效案例和操作指导，为教师教学和教研提供教学成果总结的方式。

3. “1+8套餐”策略的具体内容

“1+8套餐”指的是1节手持技术数字化实验案例教学课程要进行8个微研究，其中“1”是指一堂手持技术数字化实验公开课或手持技术数字化实验微格教学课，“8”是指8个微研究，包括：①文献综述；②教学设计；③说课PPT；④讲课PPT；⑤学案；⑥测试题和调查问卷5点量表；⑦微课；⑧教学论文。“1+8套餐”又可分为“1+8大套餐”和“1+8小套餐”：一个手持技术数字化实验案例进行40 min课堂教学开发的8个微研究资源叫“1+8大套餐”；进行12 min课堂微格教学开发的8个微研究资源叫“1+8小套餐”。图3-24为“1+8套餐教学资源”结构图。

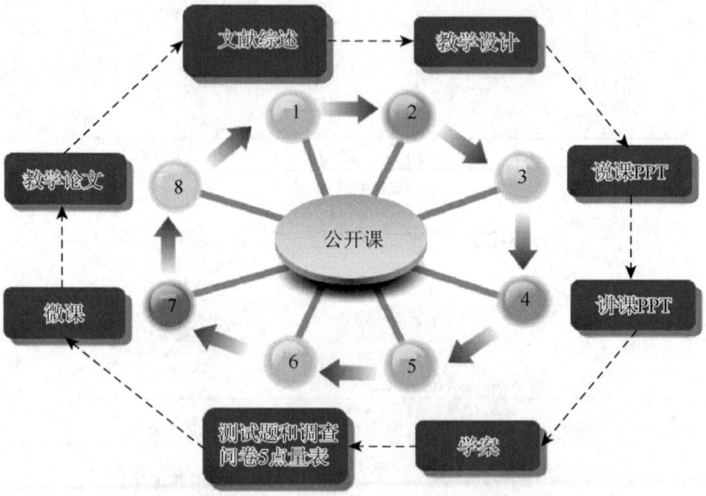

图3-24 “1+8套餐教学资源”结构图

1）文献综述

课前采用新的研究型备课方式——文献综述备课，即在中国知网等数据库或借助百度云投稿等信息化平台查阅文献。第一，教师能了解最新的手持技术数字化实验信息，获悉最新的教学理论思想；第二，教师能了解已发表的教学论文，避免重复研究，提高研究效率；第三，教师在阅读一定量文献后，有助于发现之前研究的不足，提高自己研究的质量；第四，有利于厘清教师自身的研究思路，明确研究目的，确定手持技术数字化实验的选题。要做到以上几点，在文献综述备课时需思考以下问题：①你研究的是“什么问题”？（教什么？学什么？评什么？）；②“为什么”要研究这个问题？（为什么这样教、学、评？）；③目前这个问题的研究处于什么状况？（如何教、学、评？）；④解决这个问题的关键是什么？（最佳的方法、手段？）；⑤你得到了什么结果？⑥你的结果与已有的结果相比改进了什么或得到了什么新东西？

2）教学设计

教学设计要遵循一定的规范和格式，并达到以下几点要求：①教学设计的题目体现教学理念和学科思想（目标观、教学观、学生观、素养观和学科思想等）；②教学设计要有研究性和“二次建构性”（综述研究、评价研究等如前测、后测；③教学设计标题明确，突出重点；④教学设计中融入教学理论；⑤教学设计要关注几个关键点（教学目标的设计与达成、教学内容生成和组织、教学情境的选取与使用、问题设计与解决、学习活动设计与实施）。

3）说课 PPT 与讲课 PPT

首先，说课 PPT 与讲课 PPT 的制作要简洁大方；其次，PPT 能体现教学设计的结构，充分利用标题的作用；最后，能够把握重点，恰当处理 PPT 和板书的关系。

4）学案

对于学案来说，其主要内容就是通过化学教师对新课程理念的了解及对自己所教授的学生的实际水平进行考查之后所编制的学习方案资料。在《基础教育课程改革纲要（试行）》的核心课程理念“以学生为本”的指导下，目前很多中学教学采用学案导学，同时研究者也对目前出现的一些问题进行研究，教师要避免出现“无序化、求异化、习题化、知识化、一统化”等学案中易出现的问题。

5）测试题和调查问卷 5 点量表

依据教学设计制定公开课的学习效果——测试题和调查问卷 5 点量表。测试题包括前测试题和后测试题，主要测试三维目标中“知识与技能”的掌握情况，可逐题逐点一一对应。对于本节课三维目标的掌握情况及学生对本节课的喜爱程度等调查采用利克特 5 点量表制定法进行设计，并用 SPSS 软件进行问卷信度、效度检验及各项数据分析。

6）微课

微课可以为其他教师提供手持技术数字化实验的教学资源，更重要的是帮助教师进行教学反思，这里所指的微课主要是微课视频，将教学视频剪切成课例片段或教师自行拍摄授课视频，每个视频时间以 5～8 min 为宜，视频内容反映教师在课堂教学过程中针对某知识点或教学环节而开展的教与学的活动。教师也可对视频进行再编辑，插入配音、动画等，丰富视频内容。

7）教学论文

教学论文是对前面所有研究成果的总结，围绕本节手持技术数字化实验课的内容进行论文撰写。一方面，可以对本节课的实验改进研究进行论文撰写，论文分为以下几部分：①实验文献综述；②实验设计和改进；③实验研究启示和建议。另一方面，可以针对本节课教学进行论文撰写，论文分为如下几部分：①问题的提出——文献综述；②问题的解决——教学设计；③问题的成效——测试与 5 点量表；④问题的反思——微课的反思。

经过前面的 7 个微研究，再进行论文撰写，论文有资料（文献综述）、有内容（教学设计）、有数据（量表和测试题）、有反思（微课制作）。

（二）以“金属钠与氧气反应”为例展示“1+8 小套餐”策略

本案例由钱扬义教授的研究生陈德成进行研发设计。钱扬义教授指导陈德成同学在第十届东芝杯·中国师范大学理科师范生教学技能创新大赛（2019 年）中以“金属钠与氧气反应——基于证据推理视角”一节模拟教学课斩获“东芝创新奖”（全国唯一奖项）和化学组“二等奖”，受到众多化学教育领域专家的一致好评。

扫一扫，可在慕课“手持技术数字化实验 1+8 套餐（案例分享）”中获取“金属钠与氧气反应”完整案例的“1+8 套餐教学资源”

扫一扫，可获得“金属钠与氧气反应”完整案例的“1+8 套餐教学资源”

密码：123456

通过分析教材，作者发现人教版、苏教版和鲁科版现行的三种高中化学教材对“金属钠与氧气反应”的描述均停留在定性描述的层面，无法从定量的角度来表征反应特点及呈现不同条件下反应过程的异同。第一，通过“切割金属钠”实验，我们可以观察到金属钠的切面迅速失去金属光泽，变暗。三种教材对“金属钠切面变暗”这一现象的解释为“金属钠在空气中被氧气氧化”。但是，空气中的气体成分很多，得出“金属钠与氧气发生反应”这一结论缺少科学、准确的实验证据支撑，仅仅通过经验认知金属钠与氧气反应没有说服力。第二，金属钠与氧气的反应随着反应条件的不同，生成的产物不一样，反应现象也完全不同。且三种教材中的教学实验相对粗糙，具有缺乏科学性、实验现象不容易观察和干扰因素多等缺点，不利于教师的课堂教学和学生建立对金属钠与氧气反应的实质认知。图 3-25 为探究金属钠与氧气反应时氧气含量变化装置图。本课例基于手持技术数字化实验，借助氧气传感器检测密闭体系下金属钠与氧气反应时氧气含量的变化，呈现出反应过程中氧气含量的变化趋势和变化量，得出金属钠与氧气反应的“陡 V 图”（图 3-26），首次从“量”的角度对金属钠与氧气的反应进行实验探究和课程设计。

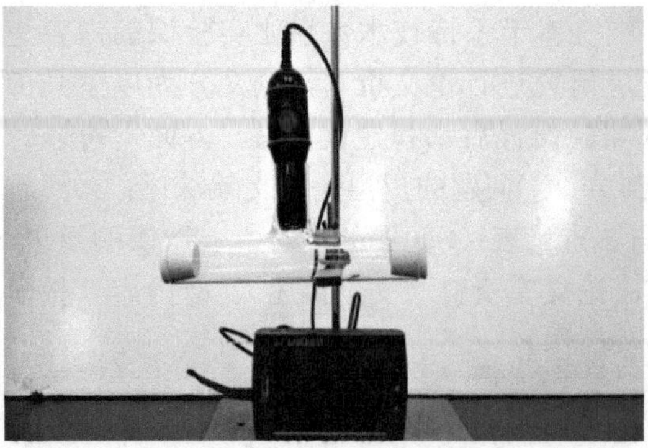

图 3-25　探究金属钠与氧气反应时氧气含量变化装置图

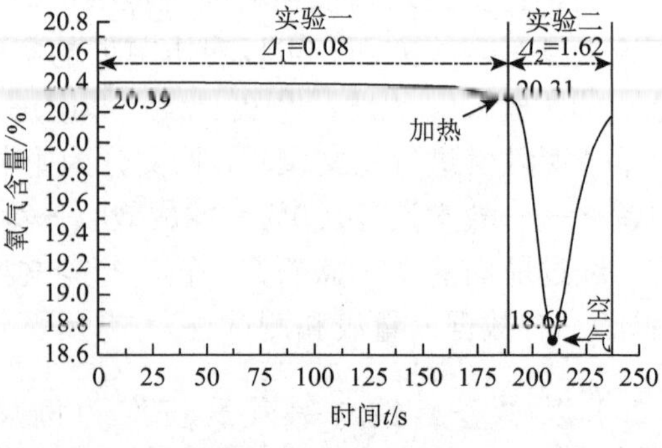

图 3-26　氧气含量变化“陡 V 图”

“金属钠与氧气反应”教学设计如下。

1. 教学总体设计思想

1）证据推理式教学

本节课内容选自人教版高中《化学》必修1第三章第一节，以驱动式问题为教学载体，引导学生从传统实验中获得定性证据，接着借助手持技术数字化实验从标准曲线上获取真实确切的定量证据。结合定性证据和定量证据推理出金属钠与氧气可发生化学反应，建立对金属氧化的实质认知，发展“证据推理与模型认知”核心素养。

2）问题驱动式教学

“问题驱动”教学模式，是一种以学生为主体、以问题为核心规划教学活动，使学生围绕问题寻求解决方案的一种学习方法。这一教学模式能够充分体现教师的主导作用和学生的主体地位。在这个模式下，教师将学生原有的知识经验作为新知识的生长点，引导学生从原有的知识经验中，主动建构新的知识经验。本节课立足于建构主义学习基本理论，通过设置情境，提出系列问题，由浅入深，层层递进，引导学生在活动中发现、分析并解决问题，形成结论。

3）“四重表征”策略

四重表征是一种基于“宏观—微观—符号—曲线”的多重表征方法。其中“曲线表征”是以手持技术数字化实验所得曲线为分析模板，学习者要将曲线的起点、终点、拐点等特殊点、曲线变化趋势及不同线段与实验现象、微粒变化和反应方程式建立联结。四重表征突破了定性认识化学反应的局限性，实现了在定量角度，即从数据或者图像曲线上建立对金属钠与氧气反应的实质认知。结合本节内容，依照“宏观—曲线—微观—符号”的表征方法，先通过手持技术数字化实验获取现象证据和数据证据，再从微观角度解释本质，再用化学方程式表征。为了让学生直观认识金属钠与氧气的确发生了反应，借助手持技术数字化实验，通过监测反应体系中氧气浓度的变化来绘制工作曲线以证实。“四重表征”策略帮助学生有序、系统地建立“金属钠与氧气反应”的实质认知。

4）手持技术数字化实验教学

通过文献研究和教材研究，发现教材实验证明“金属钠与氧气反应”缺少说服力，要分析问题并提出解决方案。另外，教材对金属钠与氧气反应后的产物没有进行验证，存在实验留白的不足。本节课引入手持技术数字化实验，采用自主研制的反应仪器，在学生对金属钠与氧气反应有了经验认知和定性认知的基础上，从传统实验到数字化创新实验，由定性到定量，通过“金属钠在常温下反应”和“金属钠在加热的情况下反应”的对比实验，从曲线上认识金属钠在两种条件下反应消耗氧气的数值不同和单位时间内消耗氧气的速度不同，产物的颜色也不一样，有效帮助学生形成对金属钠与氧气反应的实质认知。同时，为了全面认识金属钠在空气中的反应，本节课的最后一个教学环节发展了学生“证据推理与模型认知”和“科学探究与创新意识”化学学科核心素养，体现了信息技术与化学课程的有效融合。图3-27为“金属钠与氧气反应”教学设计总体设计思想图。

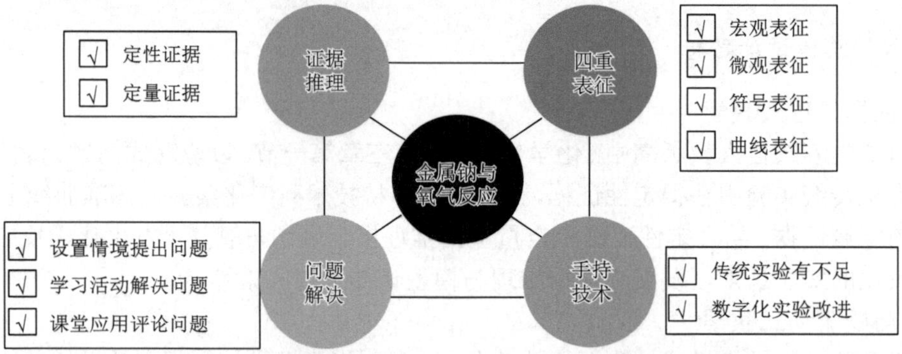

图 3-27 “金属钠与氧气反应”教学设计总体设计思想图

2. 教学内容分析

1）课程标准分析

①内容要求：结合真实的应用实例或实验探究，了解钠、铁及其重要化合物的主要性质，了解这些物质在生产、生活中的应用。

②教学策略：重视开展高水平的实验探究活动；紧密联系生产和生活实际，创设丰富多彩的真实情境；鼓励使用多样化的教学方式和学习途径。

③学业要求：能利用氧化还原反应等概念对常见的反应进行分类和分析说明；能列举、描述、辨识典型物质重要的物理和化学性质及实验现象。能用方程式正确表示典型物质的主要化学性质；能从物质类别、元素价态的角度，预测物质的化学性质和变化，设计实验，进行初步验证，并能分析、解释有关实验现象；能根据物质的性质分析实验、生产、生活及环境中的某些常见问题，说明妥善保存、合理使用化学品的常见方法。

2）教材分析

“金属钠与氧气反应”的内容在高中化学元素化合物知识的学习中起着承上启下的作用，体现初中化学到高中化学的知识水平进阶。承上主要体现在两个方面。一方面，学生在初中已经学习了铁、镁、铝等常见金属的相关知识及金属活动性顺序表等知识。另一方面，高中《化学》必修 1 学习了物质分类、氧化还原反应等概念，学生知道活泼金属单质常用作还原剂，为从物质分类和氧化还原反应角度对金属钠进行认识打下良好基础。启下是指金属钠作为一类活泼金属单质的代表，学习金属钠与氧气的反应完善了不同活泼类型金属性质的认知，掌握研究金属及其化合物性质的一般方法，为后面的元素及其化合物的学习提供借鉴。

“金属钠与氧气反应”具有十分重要的社会价值。金属钠与氧气反应是金属化学性质的一个代表。金属发生氧化还原反应广泛存在于生产和生活中。学习金属钠与氧气反应，有利于学生分析实验、生产、生活及环境中的某些常见问题，了解妥善保存、合理使用化学品的方法，帮助学生辩证看待化学变化在生产和生活中的双面性。对金属钠的化学性质进行实验探究，一方面有助于学生体会到化学实验的魅力，另一方面也让学生认识到了解和掌握化学变化的实质和规律，就能做到趋利避害，让化学变化更好地为社会进步、科技发展和提高生活质量服务。

3）学情分析

分析学生基本学习情况可知，学生基本掌握了研究元素化合物和科学探究的基本步骤，能从定性的角度认识金属钠与氧气的反应，但未能形成“定量”意识，不能从定量的角度认知常温和加热条件下金属钠与氧气反应过程的异同。通过手持技术数字化实验测定密闭条件下金属钠与氧气的反应的氧气含量变化值，直观地理解金属钠与氧气反应。

3. 基于核心素养的教学目标

①通过金属钠储存在煤油中的真实情境，初步认识金属钠的化学性质。

②通过分析金属钠的原子结构，解释钠与氧气反应的本质，并能用化学方程式进行表征。

③通过定性实验和定量实验，能从产物颜色和手持技术数字化实验数据获取证据，分析和解释实验现象，能绘制金属钠与氧气反应时氧气含量变化曲线。

④通过手持技术数字化实验，从定量的角度直观地认识金属钠放置在空气中会与水蒸气、二氧化碳发生反应。

⑤通过手持技术数字化实验，增强证据意识，提高科学探究能力。

4. 教学重点、难点

①重点：金属钠与氧气反应的现象、本质、化学方程式及实验操作。

②难点：金属钠与氧气反应的本质、定量认识金属钠与氧气反应、绘制氧气含量变化曲线。

5. 教学策略

1）问题引入策略

通过金属钠储存在煤油中的情境导入新课，并基于金属钠与氧气反应提出三个核心问题：“金属钠在常温下反应，用什么实验来证明？”“加热条件下金属钠与氧气的反应有何不同？”“金属钠能与水反应，那金属钠能与水蒸气反应吗，用什么实验来证明？久置的金属钠能与二氧化碳反应吗？用什么实验来证明？”。

2）创新实验策略

结合自主研制的 T 形管，利用手持技术数字化实验改进教材传统实验，学生不仅能从定量的角度更加直观地观察金属钠与氧气的反应，还能直观地认识到金属钠放置在空气中会与水蒸气/二氧化碳反应。

3）对比策略

将有锡纸包裹的金属钠与同样大小的没有锡纸包裹的金属钠放入 T 形管中，测定相同时间内氧气的含量变化，以验证氧气含量下降是由于与金属钠发生反应。图 3-28 为对比实验曲线图。

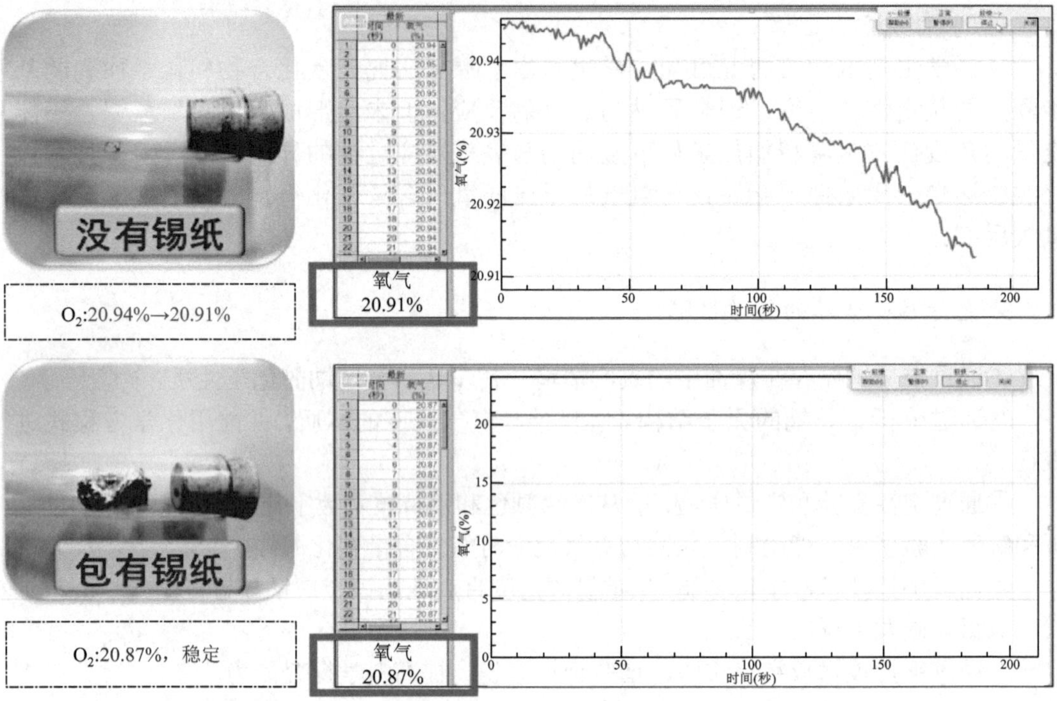

图 3-28　对比实验曲线图

6. 教学结构：钱扬义教授提出的“五线谱”教学设计

图 3-29 为“金属钠与氧气反应”的“五线谱”教学结构图。

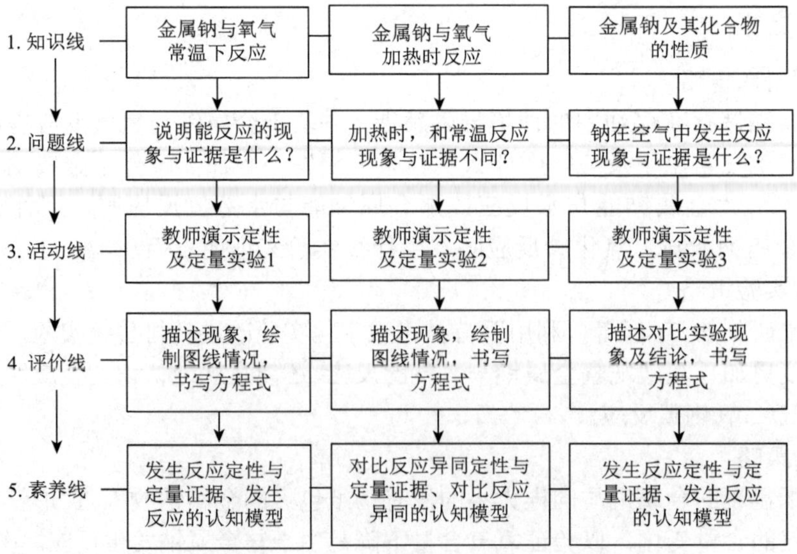

图 3-29　“金属钠与氧气反应”的“五线谱”教学结构图

（三）以"焰色反应"为例展示"1+8小套餐"策略

本案例由钱扬义教授研究生林惠梅进行研发。钱扬义教授指导 2019 级研究生林惠梅同学在第九届东芝杯·中国师范大学理科师范生教学技能创新大赛（2018 年）以"焰色反应——基于证据推理视角"一节模拟教学课斩获化学组"二等奖"。案例亮点有：一是在宏观实验事实的支持下发展学生的微观认识，培养学生"宏观辨识与微观探析"核心素养；二是通过手持技术数字化实验获取定量证据，培养学生"证据推理与模型认知"核心素养；三是用喷粉法、自主研制龙卷风焰色反应装置和手持技术数字化实验改进了教材中焰色反应实验的不足，丰富了学生的视觉体验。

扫一扫，可在慕课"手持技术数字化实验1+8套餐（案例分享）"中获取"焰色反应"完整案例的"1+8套餐教学资源"

扫一扫，可获取"焰色反应"完整案例的"1+8套餐教学资源"
密码：123456

（四）以"原电池"为例展示"1+8大套餐"策略

本案例选自华南师范大学钱扬义教授研究生盛晓婧（目前就职于浙江省衢州第二中学）2013 年在广东广雅中学的一节公开课教学。本案例在选题方面，将单液原电池和双液原电池进行对比教学，采用了科学探究教学策略，通过手持技术数字化实验培养了学生"科学探究与创新意识"核心素养；在思路方面注重科学探究的各个环节，将传统实验与手持技术数字化实验结合，层层递进且思路清晰。以下是"原电池"课例围绕"1+8 套餐教学资源"开发策略总结出的 8 个微研究资源。

扫一扫，可在慕课"手持技术数字化实验1+8套餐（案例分享）"中获取"原电池"完整案例的"1+8套餐教学资源"

扫一扫，可获取"原电池"完整案例的"1+8套餐教学资源"
密码：123456

图 3-30 为钱扬义教授提出的 3×5 教学结构。

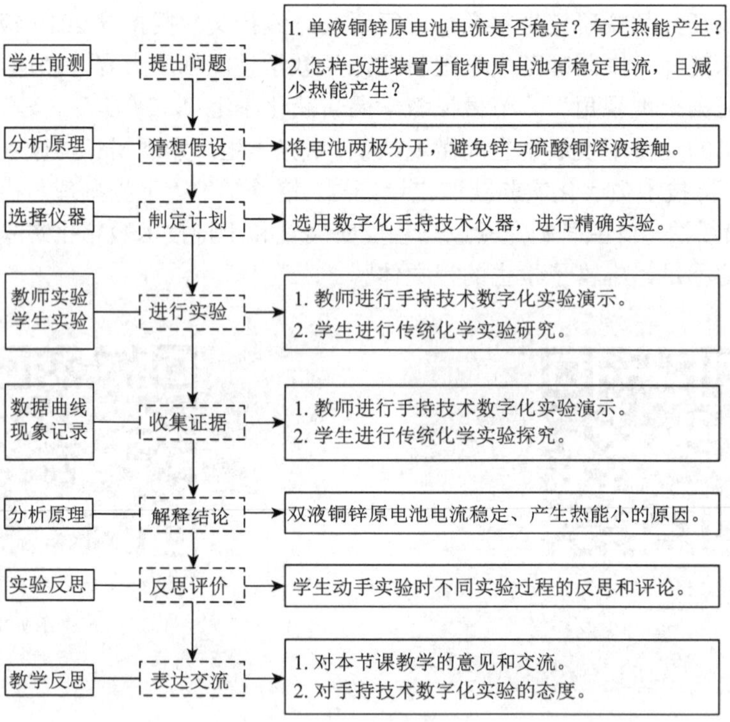

图 3-30　3×5 教学结构图

（五）以“金属与非金属反应”为例展示“1＋8 大套餐”策略

本案例是广东仲元中学骨干教师庄建德老师的一堂区公开课，同时也是华南师范大学钱扬义教授带领的省骨干教师研修项目的公开课，本堂课获得钱教授、教研员与在场教师的一致好评。区教研员陈谦明老师评价这堂课有三个亮点，一是注重培养学生“宏观辨识与微观探析”核心素养；二是在教学中突出以学生为主体的地位；三是注

扫一扫，可在慕课“手持技术数字化实验 1+8 套餐（案例分享）”中获取“金属与非金属反应”完整案例的“1+8 套餐教学资源”

扫一扫，可获取“金属与非金属反应”完整案例的“1+8 套餐教学资源”
密码：123456

重对学生思维的启发，尤其在预测环节能够从四个方面激发学生对金属钠的知识体系的思考。

五、手持技术数字化实验案例校本课程开发策略

（一）手持技术与校本课程结合的基础与价值

中学科学教育的根本目的在于提高学生的科学素养。科学探究是一种重要的学习方式，对提高学生的科学素养具有不可替代的作用。完整的科学探究一般包括提出问题、猜想与预测、制定计划、进行实验、收集数据、分析数据、解释与结论、反思与交流等。而这些方面都是学生科学素养的重要方面。其中，收集数据与分析数据这一环节主要体现了一种“定量”的思想。然而综观传统的化学实验，不难发现，大多只是倾向定性结论的验证，即使为数不多的定量实验（如酸碱中和滴定实验）也常常因为实验步骤较烦琐而让学生“望而生畏”。

此外，自20世纪90年代开始，国际教育界出现了以信息技术的广泛应用为特征的发展趋向。而手持技术作为一项新技术，凭着其本身的优势，为实验更新和实验教学改革提供了新思路。

（二）手持技术数字化实验校本课程目标的设定

设定目标时，应结合手持技术数字化实验的特点、学生的学习需要及学校的办学宗旨等方面进行考虑。手持技术数字化实验校本课程目标设定为：①利用手持技术数字化实验拓展学生化学视野，加深学生对与国家课程相关化学知识的理解；②利用手持技术数字化实验满足学生强烈的探究欲望，实现探究能力的提升、化学素养的提高。该目标的设定侧重于知识、技能、科学方法3个领域，也兼顾到了情感态度目标领域。手持技术数字化实验作为一种实验手段不能超越化学学科本身而存在，手持技术数字化实验的进行均为化学学习服务，手持技术数字化实验只是知识提升、技能发展与能力提升的重要载体。与传统化学实验类选修课程相比，“手持技术数字化实验”校本课程更强调数字化实验的独特性与便利性。

（三）“手持技术数字化实验”校本课程内容的选择

课程内容是构成课程的要素之一，选择哪些课程内容和怎样选择也是设计手持技术数字化实验校本课程的核心问题。课程内容的选择依据所设定的课程目标而定，但也需考虑课程实施的年级、所对应的教学对象及课程实施所持续的时间和已有的课程资源。通过查询相关书籍及各大期刊网站，我们可以发现目前已有许多开发好的手持技术数字化实验案例，这是校本课程内容的重要来源。依据课程的目标选取和整合恰当的现有手持技术数字化实验案例，并在课程实施中不断创建新的课程内容应是一条可行路径。

下面，列举广东实验中学所开展的“手持技术数字化化学实验”校本课程的部分课程内容，以供各位读者参考。

手持技术数字化化学实验

一、手持技术介绍及仪器使用培训
二、利用温度传感器表征和测量化学反应中的能量变化
三、利用温度与压强传感器测量化学反应速率
四、利用温度与电流传感器测量单双液原电池能量与电流的变化规律
五、利用 pH 传感器绘制中和反应滴定曲线并测量饮料中酸碱度
六、利用 pH 传感器“四重表征”理论表征氯气的重要化学性质
七、利用 pH 传感器测量化学平衡常数

（四）手持技术数字化实验校本课程内容实施

校本课程的实施应按照课程设计，在学校的要求和指导下逐步展开。

例如，江苏省某中学的手持技术数字化实验校本课程开设于高一年级上下 2 学期，每周授课 1 次，1 次上课 1 h，且课程为选修课，由学生自由报选。该课程分为三个主要模块：以“熟练掌握数字化实验技术及实验研究的基本手段和方法”为中心的方法模块，以“利用手持技术数字化实验拓展对化学学科知识的深度理解，进而形成对国家课程的有效补充”为重点的知识模块及以“手持技术数字化实验手段进行化学活动探究（研究）”为侧重的探究模块，3 个模块之间逻辑清晰且相互关联，层层递进。首先对学生进行培训，掌握相关的仪器及基本的实验操作，然后进行模块二——针对《化学 1》《化学 2》模块的相关实验，再进行与生活、环境等息息相关的探究性实验。

（五）“手持技术数字化实验”校本课程的评价

课程评价是指检查课程的目标、编订和实施是否实现了教育目的及实现的程度如何，用来判定课程设计的效果，并据此做出改进课程的决策。根据文献，目前尚没有权威的校本课程评价方法和工具，故校本课程的评价主要以过程性评价为主，制作调查问卷，对参与并完成该课程修习的学生进行调查与访谈，以作为对课程的评价。

六、手持技术数字化实验微课资源开发策略

微课（microlecture），又名微课程，是相对常规课来说的一种微小的课程，用以讲授单一知识点或突破某个教学问题，通常由简短的微课视频及配套资源组成，教师可在课堂上利用微课作为授课的素材，而学生可通过微课进行预习、复习等，实现自主学习。同时，简短的微课视频让学生更好地集中注意力，把握课程要点，作为一种现代化的教育新形式，微课受到国内外教育者的广泛关注，在移动学习和在线学习等方面得到应用并取得了良好的教学效果[26]。

（一）手持技术微课开发背景

微课的雏形最早见于美国北艾奥瓦大学（University of Northern Iowa）的有机化学教

授 McGrew 和 Lerov 在 1993 年提出的“60 秒有机化学课程”[26-28]，目的是让非科学专业人士在非正式的场合中也能了解化学知识。

2008 年，美国新墨西哥州胡安学院（San Juan College）戴维·彭罗斯（David Penrose）正式提出了微课这一概念，并运用于在线课程。他认为，微课[29]是一种以建构主义为指导思想，以在线学习或移动学习为目的，基于某个简要明确的主题或关键概念为教学内容，通过声频或视频音像录制的 60s 课程。微课不仅可用于在线教学、混合式教学、远程教学等，也可为学生提供了自主学习的资源，让学生随时随地进行知识巩固学习[30]。

国内研究者对微课有着不同的解读，率先提出微课概念的广东佛山教育局研究员胡铁生将之定义为：“按照新课程标准及教学实践要求，以教学视频为主要载体，反映教师在课堂教学过程中针对某个知识点或教学环节而开展教与学活动的各种教学资源有机组合。其核心内容是课堂教学视频（课例片段），同时还包含与该教学主题相关的教学设计、素材课件、教学反思、练习测试及学生反馈、教师点评等教学支持资源，即以一定的结构关系和呈现方式共同营造了一个半结构化、主题突出的资源单元应用‘生态环境’，是在传统的教学资源类型的基础上继承发展而来”。

为了更好地让教师认识微课资源及促进微课在教学上的应用，钱扬义教授博士研究生张一川 2013 年在 CSSCI《远程教育杂志》上发表了题为《国内外“微课”资源建设与应用进展》的研究论文，截至 2020 年 3 月，该论文已被引用 920 次。此后，本团队对微课的设计进行了进一步的研究，提出了手持技术数字化实验微课资源开发策略（图 3-31）。

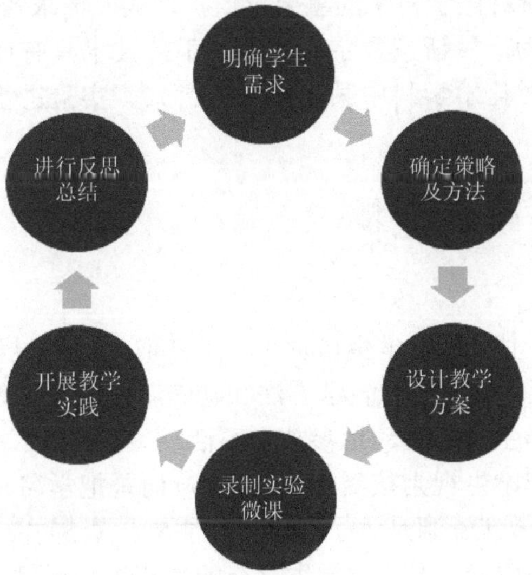

图 3-31　手持技术数字化实验微课资源开发策略

（二）手持技术微课资源特点

在开展微课编制之前，需要明确微课与传统的常规课存在明显的区别。本团队通过对文献及微课资源网站的研究，发现微课与传统的常规课的区别，具体见表 3-6。

表 3-6 微课与常规课的区别

	微课	常规课
授课内容	单个知识点	多个知识点
适用学科/内容	理科或不需要持续讲解探讨的内容	所有学科
授课方式	以教学视频、音频等信息技术媒体为载体，可根据需要反复观看课程视频	面对面讲授、课程无法重复
授课时长	10 min 以内（部分微课的授课时长在15～20 min）	40 min
教学场地	任何场所进行	学校教室进行
知识点针对性	强	一般
对教师信息技术要求	较高	较低
对网络环境要求	较高	较低

相比于常规课，微课对师生及校园基础设施建设提出了更高的要求。对学生而言，微课能促进学生自主学习与个性化学习，通过观看微课视频，对知识进行查漏补缺，自主选择性强，同时，微课还要求学生具有收集、分析和应用信息的能力。对教师而言，授课场所不局限于教室，教师通过录制微课视频，让学生随时随地进行学习，而这不仅需要教师具备学科知识与教学技能，还需教师提高信息技术水平，改进教学方法，并在简短的时间内讲授知识点。《普通高中化学新课程标准（2017 年版）》要求“应适当增加数字化实验、定量实验，让学生在实验探究活动中学习科学方法，认识科学探究过程，体会、认识技术手段的创新对化学科学的重要价值，形成严谨求实、勇于实践的科学态度，发展实践能力”[31]。作为一种新型数字化实验，手持技术具有便携、实时、定量化和可视化的特点[32]，可以针对化学学科中某个概念、公式、实验进行针对性的教学，其情况符合编制微课的要求。

（三）手持技术微课开发基本原则

1. 学生主体性

学生是学习行为的主体，是指学生自觉主动地获取知识的过程。教师充分发挥主导作用，用循序渐进的教学设计、灵活的教学方法和趣味新奇的教学策略，以调动学生的主观能动性为根本，强调让学生积极主动地参加学习活动。

微课资源建设不能把学生视为接受知识的客体，而是把学习知识的过程作为学生发挥主体性的手段，教师开发微课资源是为了引导学生主动地查漏补缺，推动学生的学习活动。作为一种非即时性的学习中介，无法对学生存在的疑惑进行反馈，微课的开发更要求教师开发微课内容时要真正做到以学生为中心，在了解学习者现有的知识结构、学习困境、学习态度、学习偏好后进行设计。

2. 内容适用性

微课的特点是针对某一个知识点或者某一教学环节而设计的资源，形式上可以采用教育游戏理念的设计，基于娱教技术或信息技术，将教学目标同游戏的形式结合，如利用“520 化学桌游”突破化学用语学习困难[33]，让学生在特定的情境中通过玩牌、闯关、做任务等多种游戏化学习的形式达成相应的教学目标[34]。

3. 内部逻辑性

开发微课时教师必须在把握零碎知识点的基础上，开展系统性的考虑，使知识点之间存在内在联系。可以结合学生现有的知识结构，把握选择的知识点在知识结构中的作用，如知识点的难度逐级递增、知识点内容的呈现由表现到本质、符合新课标对于学生能力的阶级性评价等。

4. 呈现直观性

目前微课视频仍以课堂实录片段为主，内容的连贯性不强，加之视频录制效果不佳，导致微课在教学上的应用效果大打折扣。在设计微课内容时应采用相对丰富的呈现形式，除真人讲解演示外，卡通动画、电子黑板等形式都可以让微课更加生动有趣，知识要点的呈现更加简明，能引起学生的兴趣，符合其心理特点。

目前网络上的大量软件可以在计算机上录制授课视频，如 EduCreations、ApowerREC 等。教师在有限的条件下可以利用这些简单的应用软件并添加一些简易动画、图片等来丰富微课内容的呈现形式。同时，教师还可以结合先进的数字化仪器设备进行微课资源开发，如利用数字化手持技术制作实验类微课，该仪器能将物质变化过程、实验数据及曲线图实时、准确地记录并呈现，使得微课的形式得以拓展，让学生在学习实验操作、观察宏观实验现象时，能根据数据、曲线的变化分析实验原理。此外，微课内容除了通过老师讲解外，也可借鉴国外添加字幕的方式帮助学生理解知识、强调重难点，避免因教师语速过快而使学生忽略了细节内容。

5. 教学有效性

开发微课资源的根本目的仍是为有效的课堂教学服务，在课前观看微课有助于推动学生对新知识的快速了解，在课堂中观看微课能起到促进教学目标达成的效果，在课后观看微课有助于学生进行查漏补缺，起到巩固课堂所学的作用。化学是一门接近生活的学科，结合手持技术直观、有效的特征开发、探究身边的生活问题，开发相应的微课，对于构建良好的教学情境有良好的促进作用。但是需要注意的是，微课并不是每节课都适用，微课应当是教学的辅助而不是教学的首要内容。

（四）手持技术微课开发具体内容

1. 明确学生需求

微课要做到“微而不微”，其选题就必须精炼，需要聚焦解决学生存在的疑惑或者教学目标中的某一重点问题。以问题为中心才能促进学习者的学习。明确学生现有的发展水平，让微课教学内容直指具体的某一问题，在开展教学任务之前要先告知学习者，该内容在学习之后能够做什么或者解决什么问题，从而激发学习者的兴趣。但是需要注意的是，限于微课的体裁大小，问题不能过大或者过小，过大则 10 min 不能将知识点讲透，过小则不利于充分利用时间。

2. 选择策略及方法

微课虽小，但是一个完整的教学活动，由抽象变直观、化繁为简的数字化教学内容，又包含学生应如何与教学内容互动、与师生互动，以及如何得到教师的解答和支持等学习服务。这些看似是教学活动所必须具备的基本环节，但实现起来却并不简单。我们通常使用的教学策略有利用多媒体（如图片、动画、视频）直观地组织和呈现教学信息，通过创设模拟情境（如游戏等）解决教学中的问题，通过链接改变教学过程的组织，等等。作为微课的设计者在编写教学设计稿本时一定要考虑这些教学策略是否适合用微课来实现，更要深思它们能否实现和如何实现的问题。这就涉及微课制作的技术问题，只有将这些教学策略的实现方法确定下来之后，才能着手做教学设计方案。

3. 设计教学方案

教学方案的设计应充分地考虑学生“最近发展区”。维果斯基认为，在进行教学时必须注意到儿童有两种发展水平：一种是儿童的现有发展水平，另一种是即将达到的发展水平。维果斯基把两种发展水平之间的差异称为“最近发展区”。维果斯基强调弄清楚儿童发展的两种发展水平将大大促进教学对发展的作用。教学可以定义为人为的发展，教学主导着或决定着儿童智力的发展，教学“创造”着最近发展区，儿童两种水平之间的动力状态是由教学决定的。

从已有的知识出发创造“最近发展区”是非常有效的方法。在设计微课教学方案时，可以按照以下 3 步：

①创设问题、回忆旧知：创设现实的情境内容，提出关键问题，激发学生回忆相关的知识概念等，为后续解决问题奠定基础。

②新知引入、实验解惑：导入新的知识，通过手持技术数字化实验的方式既可以直观地展现其操作步骤，又能实时呈现研究数据及结果。由于本部分内容知识性强，可以撰写脚本，补充何时应插入教师讲解内容，或者暂停让学生进行思考。

③尝试应用、解决问题：尝试应用手持技术数字化实验的结果解答问题，教师在此阶段可以适当地指导学生完成知识的学习，也可以加入相关的练习题，由易到难，按照思考量循序渐进。

4. 录制实验微课

在微课视频录制前要做好准备工作，主要包括开发工具的选择、脚本编写和素材处理，在录制微课视频的过程中要注意保持周围环境的安静，避免干扰录制工作，从而影响录制的质量，微课视频制作完成之后，为了美化或增强视频的效果，制作者可以根据教学需要对视频进行一定的加工和处理，如在适当地方添加醒目的注释、去除噪声等，在微课视频经过编辑处理完善之后，要进行输出和发布，制作者需要根据微课的承载平台要求对微课的输出格式进行相应设置后再输出，必要的时候还需要对微课视频先以某种格式进行输出，再借助于格式工厂等转换工具将输出的微课视频转换成自己需要的格式。

5. 开展教学实践

为了检验本研究开发的初中化学微课资源的质量，并进一步发现微课资源开发及使用过程中存在的问题，教师可以在班级进行实践研究，即在根据教学进度，配置使用开发的微课资源，并让学生根据微课资源的应用要求来观摩使用。使用过程中及时对学生使用微课的技术及方法进行指导和培训，并收集学生的反馈意见。

6. 进行反思总结

对于学生反映的问题，有针对性地修正微课的教学设计，将意见作为改进教学的重要推手，完善微课中存在的重点不突出、内容讲解的节奏等问题。反思及总结对完善微课资源设计和建设有着重要意义，对进一步推进微课的高质量建设有重要价值。

（五）微课建设成果和应用

基于微课资源开发策略，对高中教学中的核心问题有针对性地开发，目前已经建设超过 30 个微课内容，构建了手持技术数字化实验案例微课和手持技术数字化实验教学案例系列微课。该资源能为职前和在职教师有效地学习和使用手持技术数字化实验，促进信息技术与化学教学的融合起到重要作用。且该系列微课已在各类在职教师的培训中得到广泛应用，如在华南师范大学“国培计划”“省培计划”及广东省骨干教师培训。“化学教学论手持技术数字化实验”系列微课由于其鲜明的特点，获得了一线化学教师的高度认可。

第二节　手持技术数字化实验教学范式

本团队提出的手持技术数字化实验教学范式包括三种教学应用模式：“$3\times n$”教学模式、“五线谱”教学模式及“3×2”混合式慕课教学模式。2013 年，华南师范大学钱扬义教授基于“专家进课堂”的教学实践活动提出了“$3\times n$”教学模式的概念。“$3\times n$”教学模式主要是强调问题解决理念，即以问题为导向，在教师引导下进行以学生为中心的教学过程。“五线谱”教学模式的五条线分别是知识线、问题线、活动线、评价线和素养线，其更强调核心素养的培养，倡导真实问题情境的创设，重视教学内容的结构化设计，进而激发学生学习化学的兴趣，以达到落实“立德树人”的根本任务。这两种教学模式最初都是用于解决教师如何从一般的公开课转型为研究型课堂的难题，后续逐渐延伸服务于微格教学比赛和 40 min 公开课课堂的教学设计。此外本团队还针对手持技术慕课教学，建构了“3×2”混合式慕课教学模式，拓展了手持技术的教学模式，为手持技术的慕课教学提供参考。手持技术数字化实验的教学范式示意图见图 3-32。

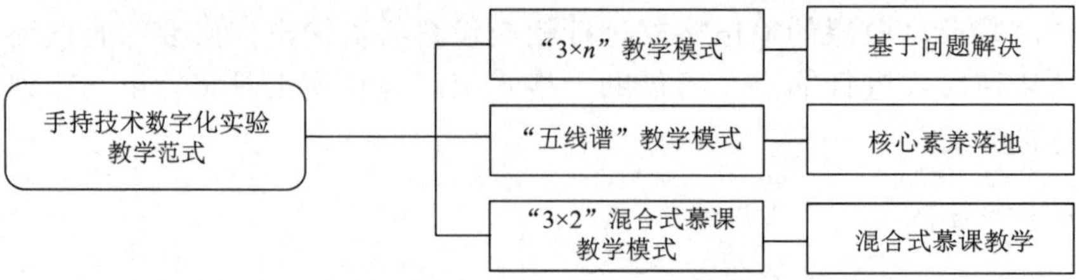

图 3-32　手持技术数字化实验的教学范式示意图

一、基于问题解决的手持技术数字化实验“3×n”教学模式

（一）“3×n”教学模式提出背景

1. 化学新课标提出重视培养学科核心素养

学科核心素养是学科育人价值的集中体现，是学生通过学科学习而逐步形成的正确价值观念、必备品格和关键能力[35]。学科核心素养的提出着力解决化学教学中学生仅通过记忆习得知识的现状，记忆知识而非建构知识，导致化学知识大多只有应试价值，而不具有迁移应用价值，难以在真实情境中发挥作用[31]。

2. 基于“素养为本”的课堂是落实培养学科核心素养的主要阵地

2014 年《教育部关于深化全面深化课程改革落实立德树人根本任务的意见》中指出“各级各类学校要从实际情况和学生特点出发，把核心素养和学业质量要求落实到各学科教学中”。化学课堂是培养和发展学生化学学科核心素养的主要阵地，学生在化学课堂的学习过程中逐渐形成、培养和发展化学学科核心素养。

3. 研究型教学是实现基于“素养为本”的课堂的重要保障

研究型教学与传统教学最本质的转变在于从“教师主体”到“学生为中心”，学生不是被动的接受者，而是知识的建构者、研究者。研究型教学重视学生掌握知识本体的同时，更重视学生思维和能力、价值观的培养和发展，开展研究型教学的教师对于学生的情况有明确的把握，根据学生情况合理设置情境，开展相应的小组活动，采取多种教学策略突破教学重难点，重视知识建构过程对学生思维能力的培养。因此，研究型教学是实现基于“素养为本”的课堂的重要保障。

（二）“3×n”模式的构建

1. “3×n”模式的理念

1）问题解决理念

基于问题解决的教学是以问题为导向，在教师引导下进行以学生为中心的教学过程，创设问题情境是基于问题解决教学的前提，精心设计并组织课堂活动是问题解决教学的核心，设置合理的应用是评价问题解决教学的重点。

2）注重“教·学·评一体化”理念

“教·学·评一体化”是化学课堂教学的重要指导理念，直接影响教学的有效性，是实施“素养为本”的化学课堂的重要教学策略。《普通高中化学课程标准（2017 年版）》中明确指出，化学教学要做到“实施‘教·学·评’一体化，有效开展化学日常学习评价”。评价不能脱离教与学，应和教师的教、学生的学紧密联系在一起。

3）情境教学理念

创设具体的生活情境是学生发展和形成学科核心素养的重要平台，在化学课堂中利用情境创设出生动、有趣的教学氛围，可有效激发学生的学习兴趣，有效改善传统教学模式中呆板、不生动的课堂氛围，架起化学与生活之间的桥梁。

2.“3×n”模式的框架

“3×n”模式框架图如图 3-33 所示的“二维表格”：纵向维度为教学环节，横向维度为教学模式。在“3×n”模式中，课堂被划分为 n 个环节，每个环节均由 3 个板块构成，分别是“在情境中提出问题—在活动中解决问题—在应用中评价问题”。

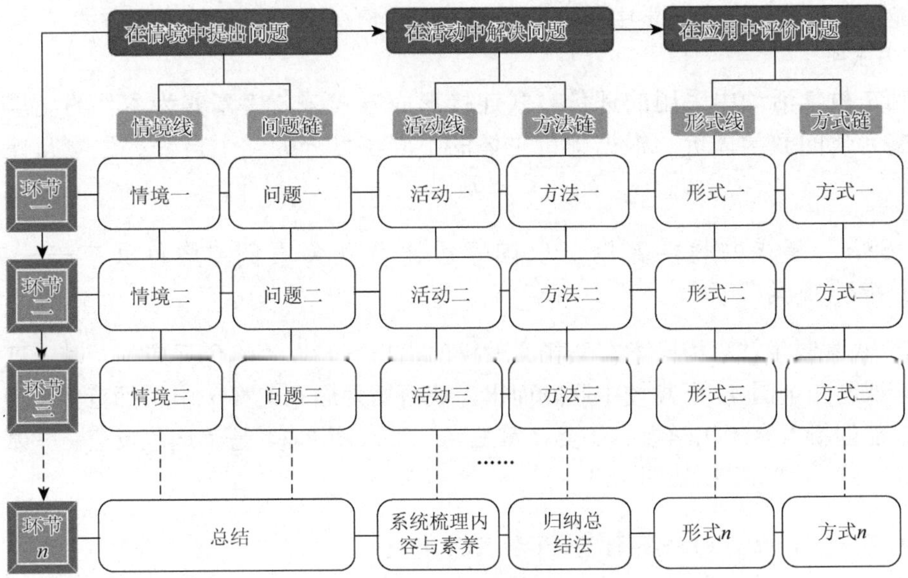

图 3-33 “3×n”模式框架图

3.“3×n”模式的具体内容

“3×n”模式基于“教·学·评一体化”的教学理念，将教学模式中的三个组分深入细分为 6 个组分：把情境中提出问题分为情境线和问题链，把活动中解决问题分为活动线和方法链，把应用中评价问题分为形式线和方法链，以此构成“三线三链”。“三线三链”使得教学思路更加清晰，落实并细化“教·学·评一体化”，下面为“三线三链”的具体含义。

1）情境线

教学情境是指以具体的活动作为背景，并将知识运用其中。基于情境教学理论，将每个环节的情境串联形成情境线，情境间紧密关联。教师创设情境引发学生思考，并引发学生的认知冲突。

2）问题链

问题链是“$3\times n$”模式的核心，问题贯穿整个教学过程，而问题的解决过程是一个知识再发现、再创造的过程，促进学生化学学科核心素养和认知的发展。

3）活动线

教学活动的开展能有效转变教师模式，实现“学生为主体”式教学，充分考虑学生的主观能动性。教师设计相应的教学活动，有效辅助学生建构并掌握知识。

4）方法链

在实际教学中，教师结合教学目标和具体的教学情况，选择合适有效的教学方法。在实际教学中，教师多采用“实验研究法”“实验演示法”“小组合作法”等教学活动。

5）形式线

教师在教学活动中采用评价形式连接形成形式线，基于“教·学·评一体化”理念，评价不能脱离教与学，在教学中教师应根据不同的情况采用多元的评价方式。

6）方式链

教师在教学活动中采用的评价方式连接形成方式链，“素养为本”的化学课堂强调进行多元化的教学评价。根据评价主体的不同，可分为学生自评、生生互评、组间评价等。

（三）“$3\times n$”模式的教学实例—以国家级比赛获奖案例“焰色反应——基于证据推理视角”为例

2015 级本科生林惠梅同学在钱扬义教授的指导下，以“焰色反应——基于证据推理视角”一课题在全国 49 所高校中脱颖而出，获得第九届东芝杯·中国师范大学理科师范生教学技能创新大赛“化学组二等奖（第三名）”，图 3-34 是“焰色反应——基于证据推理视角”的“$3\times n$”框架图。

1. 环节一——酒精灯法鉴别 NaCl 和 KCl 溶液

首先教师创设问题情境：有四瓶未知溶液，分别是 NaCl、KCl、$BaCl_2$、$CuCl_2$，请同学们鉴别一下，引发学生思考。学生利用已学知识鉴别 $BaCl_2$、$CuCl_2$，阅读教材并思考如何鉴别 Na^+、K^+。教师演示教材酒精灯法鉴别 NaCl 和 KCl 溶液，学生观察宏观现象的同时掌握焰色反应的基本实验步骤。

2. 环节二——喷粉法鉴别 NaCl 和 KCl 固体

教师提出问题：“如何使上述实验现象更明显？”学生分析实验不足，并思考如何改进。教师演示喷粉法鉴别 KCl 和 NaCl 固体，学生通过观察宏观现象：发现焰色相同，但实验现象更加明显，以此培养学生“科学探究与创新意识”学科核心素养。

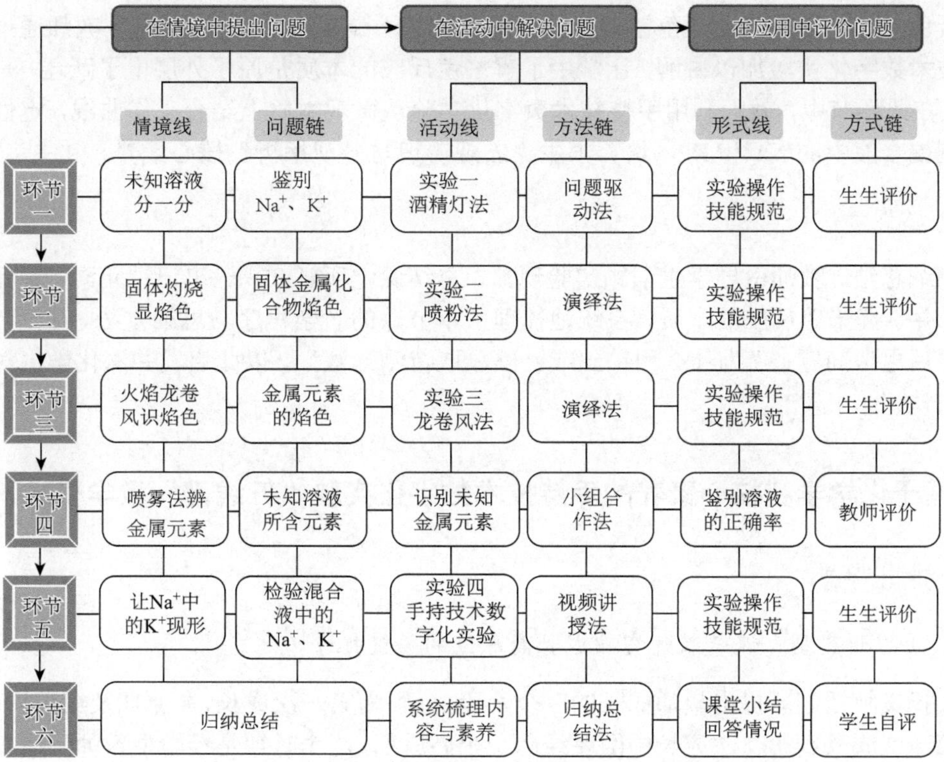

图 3-34　“焰色反应——基于证据推理视角”的“3×n”框架图

3. 环节三——龙卷风法鉴别其他金属元素

教师提出问题：“为什么上述物质化学性质不同，但是焰色相同？”学生通过教师讲解，认识到这些物质因为含有相同的金属元素，而呈现相同的颜色：钠元素的焰色是黄色，钾元素的焰色是紫色。教师进而提出问题：“其他金属元素的焰色是什么颜色？”教师演示自主研制龙卷风创新实验，借助龙卷风装置展示单金属元素的焰色并制成“单金属元素龙卷风焰色反应图谱”，让学生了解其他金属元素的焰色，激发学生的学习兴趣。在上述实验定性证据的基础上，教师引导学生归纳实验关键步骤并建构焰色反应概念，培养学生“证据推理与模型认知”核心素养。

4. 环节四——喷雾法鉴别未知金属溶液

教师提出问题：“有四瓶未知溶液，分别是 NaCl、KCl、$SrCl_2$ 和 $CuCl_2$ 溶液，请结合图谱，利用喷雾法将它们一一鉴别出来。”学生利用喷雾法实验，结合实验现象和图谱，以鉴别未知的溶液，以此提高学生的知识运用能力。在学生学会如何鉴别单元素的基础上，教师进而提问：我们应该如何鉴别混合双金属元素呢？教师展示 1∶1 混合双金属元素图谱，帮助学生解决问题。

5. 环节五——手持技术数字化实验定性和定量检测 Na^+ 和 K^+

教师提出问题：“老师现在用任意比例混合 Na^+、K^+ 溶液，通过喷雾法我们看不到明显的紫色，如何在不借助蓝色钴玻璃的情况下使藏于 Na^+中的 K^+现形？”教师通过演示手持技术数字化实验加以讲解，让学生了解焰色反应的本质是原子外层电子跃迁，是物理变化。在此环节中，教师利用手持技术数字化实验从微观本质上结合工作曲线，定性和定量检测混合液中的 Na^+和 K^+，培养学生“宏观辨识与微观探析”核心素养。

6. 环节六

归纳总结。教师引导学生回顾实验现象，总结课堂所学知识，牢记钠元素、钾元素的焰色，并掌握焰色反应的本质，系统地梳理了本节课的教学程序与思维方法。最后，教师提出课后思考问题：“为什么用铂丝或铁丝蘸取待测溶液”，以此启发并深化学生对焰色反应的认识。

二、基于化学学科核心素养的手持技术数字化实验“五线谱”教学模式

（一）提出背景

1. 上“研究型”课是教师突破成长高原期的关键把手

钱扬义教授创新提出教师成长的三个阶段，分别为第一次成长、高原期及第二次成长。

第一次成长到第二次成长中间要经历一个高原期，这个时期是经验型教师到研究型教师转型的关键时期，实现由教师到名师的转变必需突破教师成长高原期。教师进入高原期的标志是：①感觉自己在重复做很多事情，很难像第一次成长那样快速成长；②能保持中等状态的教学效果，但即便很努力，也没有明显的提高；③不知发展空间。偶尔新尝试，但不见效果；④发现自己从同伴那里不能再学到更多的东西；⑤工作热情明显下降；⑥开始关心教学理论，但会觉得这些理论与自身的感受不一致。

如何突破专业成长高原期，并迅速成长为骨干教师，成为当前教师专业发展的研究热点。经验型教师到研究型教师的转变宏观表现为上课类型的转变，而上“研究型”课成为教师突破成长高原期的关键把手。“研究型”课或“研究型”教学，通常是指结合教学理论与教学实践经验展开，教学目标既包含知识本体，又涵盖发展学生思维和能力及关注学生世界观和价值观，具备培养学生核心素养的课堂。由知识为主的课堂到由素养为主的课堂变化是突破教师专业成长高原期的关键。

2. 基于“素养为本”的教学设计是上“研究型”课的重要保障

教育部印发的《教育部关于全面深化课程改革 落实立德树人根本任务的意见》研究制定了学生发展的核心素养体系，核心素养成为新一轮课程改革的方向[35]。依随教育改革趋向，2017 年新修订的各学科课程标准也确定相应学科具体能培养的核心素养。具体至化学学科，《普通高中化学课程标准（2017 年版）》对化学学科教学提出许多新要求，重视开展“素养为本”的教学，倡导真实问题情境的创设，开展以化学实验为主的多种探究活动，重视教学内容的结构化设计，激发学生学习化学的兴趣，促进学生学习方式的转

变，培养他们的创新精神和实践能力[34]。为了跟上时代要求及教育发展进程，教师需要学会设计基于“素养为本”的教学，而“素养为本”的教学是目前“研究型”教学的主流，因此基于“素养为本”的教学设计是上“研究型”课的重要保障。

3. 基于“素养为本”的课堂是落实“立德树人”根本任务的主要动力

基于“素养为本”的课堂，涵盖3个素养教学观、3个需培养关键能力及6个素养培养策略。3个素养教学观分别为学科本质（化学味）、学生学习和立德树人；3个需培养关键能力包括阅读能力、独立思考能力及表达能力；6个素养培养策略涵盖整体化、情境化、深度化、活动化、自主化及意义化。

根据多年的研究实践经验，钱扬义教授团队创新提出“五线谱”范式。这种教学模式是“$3\times n$”模式在2017新课标时代背景下的进阶版，研究其在一般中学化学课程教学中的应用，可以帮助中学化学教师开展“素养为本”的化学教学，为高原期教师提供“研究型”课堂的参考范式，促进化学教学的改革，有效发展学生学科核心素养，推动落实“立德树人”的根本任务。

（二）“五线谱”模式的构建

1. 问题解决理念

基于问题解决的教学是以学生为中心，以问题贯穿整个教学过程。《普通高中化学课程标准（2017年版）》指出：“鼓励教师将实验活动转化为探究性的实验任务，增加学生查找文献资料、深入阅读分析文献资料，并在此基础上设计和优化实验方案的机会。鼓励学生开展综合性、长周期的研究项目，培养学生通过团队合作与持续不断的努力来发展问题解决能力”。

2. “教·学·评一体化”模式

化学日常学习评价不能游离于化学教与学之外，应与化学教与学活动有机地融合在一起。教师应紧紧围绕发展学生化学学科核心素养这一主旨，注重教学目标与评价目标、学习任务与评价任务、学习方式与评价方式的整体性、一致性设计，通过学生在实验探究、小组讨论、方案设计等活动中的表现，运用提问、点评等方式，对学生的学习质量和化学学科核心素养的发展水平给予准确的把握，并给出进一步深化的建议，充分发挥化学日常学习评价的诊断与发展功能。

3. 基于“素养为本”

以“素养为本”的化学课堂是倡导真实问题情境的创设，开展以化学实验为主的多种探究活动，重视教学内容的结构化设计，激发学生学习化学的兴趣，促进学生学习方式的转变，培养他们的创新精神和实践能力。《普通高中化学课程标准（2017 年版）》尤其重视对学生“素养为本”的教学，发展学生的化学学科核心素养成为高中化学教学乃至中学化学中落实“立德树人”根本任务的着力点。

（三）“五线谱”模式的框架

发展学生的“核心素养”成为新一轮的课程改革的核心，要开展“素养为本”的化学课堂，教学模式是关键因素之一。根据多年的研究实践经验，钱扬义教授团队创新提出“五线谱”模式。由图 3-35 可知，从横向看，该教学模式是由五条“线”组成，分别是知识线、问题线、活动线、评价线及素养线，且这五条线层层递进。从纵向看，课堂被划分为几个环节，每条线即由几个环节组成，且每个环节的五条线一一对应。

（四）“五线谱”模式的具体内容

“五线谱”模式由知识线、问题线、活动线、评价线、素养线组成，下面将逐一解读这五条线的含义。

1. 知识线

知识线由课本知识连接而成，是整个教学范式的根本。准备一节化学课，须根据新课标、教材确定这节课的教学目标及教学重难点，再根据某种逻辑把这些知识点串联成一条线。

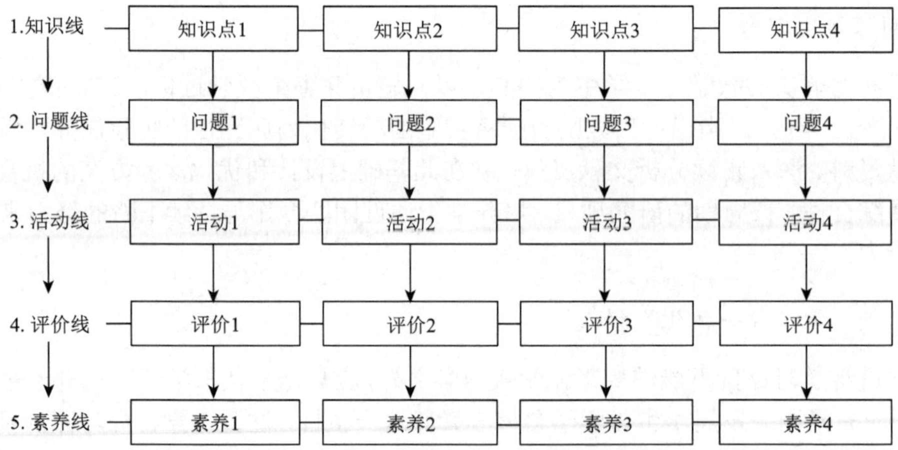

图 3-35　化学教学设计的“五线谱”模式

2. 问题线

问题线由教学核心问题连接而成，是整个教学模式的核心。教师可根据这节课的知识线，设计一系列的问题与之一一对应。在化学教学中，问题可以分为显性问题和隐性问题，显性问题主要来源是教学目标中的知识目标，而隐性问题则主要来源于教学目标中的方法或素养目标。

3. 活动线

活动线由教学活动连接而成，指学生解决问题需要完成的学习任务，是知、情、行等相互交织和协调发展的过程。在实际教学中，教师应根据这节课的问题线设计出一系列的教学活动与之一一对应，充分调动学生的积极性，体现学生在课堂上的主体作用。

4. 评价线

评价线由教学活动中的评价形式和评价方式连接而成，主要说明每个教学环节利用何种类型进行教学评价和教学评价的主体，常见的评价形式是习题评价、提问评价、任务完成情况评价等。常见的评价方式有教师评价、学生自评、生生互评、小组评价等。

5. 素养线

素养线由五大化学学科核心素养连接而成，是整个教学模式的精髓所在。课堂上，每一个知识点对应着一个问题，学生通过教学活动解决问题，然后再通过某种评价方式和形式得到评价，形成反思。这一过程中无形地培养了学生某种化学核心素养，使其学到根本内容。

（五）“五线谱”模式的教学实例——以国家级比赛获奖案例“金属钠与氧气反应”为例

钱扬义教授指导2016级本科生陈德成同学在第十届东芝杯·中国师范大学理科师范生教学技能创新大赛（2019 年）中以“金属钠与氧气反应——基于证据推理视角”一节模拟教学课斩获教案“东芝创新奖”和化学组“二等奖”两项国家级大奖。

1. “金属钠与氧气反应”的“五线谱”框架图（图3-36）

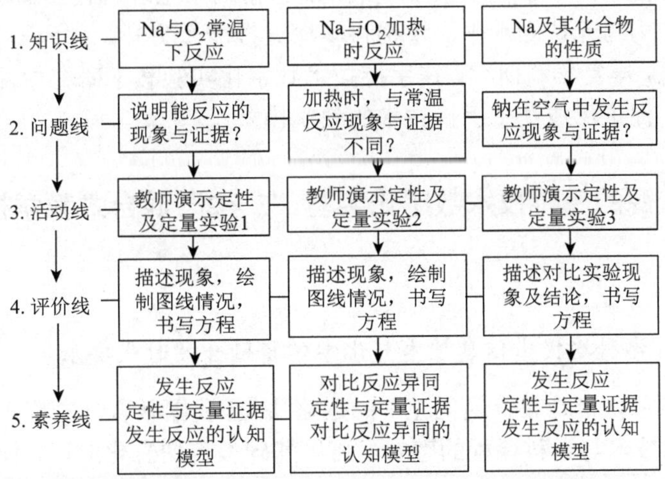

图3-36　“金属钠与氧气反应”“五线谱”框架图

2. “金属钠与氧气反应”的“五线谱”设计

“金属钠与氧气反应”围绕3个核心知识点进行教学设计。

第一，探究钠与氧气在常温下的反应。学生通过“金属钠保存在煤油中”的导入情境提出猜想：金属钠可能与空气中的氧气发生化学反应。教师提出问题“有何证据说明钠与氧气发生反应？”引发学生思考。为了改进课本教材实验缺乏科学准确的实验证据和现象不明显的不足，教师引入创新实验，通过演示手持技术数字化实验 1 帮助学生观察到“金属钠表面失去金属光泽”以获取定性证据，同时通过氧气传感器检测到的氧气含量的下降数值获取定量证据。学生通过此环节能描述反应现象，绘制出氧气含量变化的大致趋势并能书写反应方程式，增强了“变化观念”与“证据意识”，形成了对“钠与氧气在常温下的反应”的定量认知模型，教师在此过程中对学生的水平进行评价。

第二，探究钠与氧气在加热条件下的反应。教师提出问题：“如果加热金属钠，会有什么现象？”通过改变实验条件与常温下的反应形成对比。教师演示手持技术数字化实验 2，学生观察到加热条件下反应更加剧烈，生成一种淡黄色的固体（过氧化钠），同时可直观地读出氧气含量的下降数值比常温条件下的更大，进而认识到加热条件下金属钠与氧气反应与常温下不同。学生通过此环节能获取关于“钠与氧气在加热条件下反应”的定性和定量数据，绘制出此条件下的氧气含量的大致趋势并能书写反应方程式，完善了对“钠与氧气反应”的实质认知，形成了对“钠与氧气反应”的定量认知模型。

第三，探究钠在空气中发生的反应。教师提出问题：金属钠放置在空气中会不会与其他物质反应，教师通过演示手持技术数字化实验 3，在原有的实验装备的基础上加入湿度传感器（检测水蒸气含量）和二氧化碳传感器来探究金属钠及其化合物发生的反应。学生通过此环节能从定量的角度直观、全面地认识到金属钠在空气中能发生的多个反应，系统地形成“钠在空气中反应”的认知模型。

构建基于手持技术的中学化学教学模式，能够帮助学生理解化学概念或原理，提高学生化学问题解决能力与元认知水平，增强科学探究技能。另外，作为一种经验教学模式，完善研究理论体系，丰富学科研究，在手持技术数字化实验教学研究中提供一种把握研究对象的概念框架，促进形成基于手持技术的教学模式。

三、基于慕课资源的手持技术数字化实验“3×2”混合式教学模式

（一）提出背景

1. 国家及教育学科均提出信息技术与化学学科融合的时代要求

为实现“以信息化带动教育现代化”的战略决策，我国教育部高度重视教育信息化工作，大力推进信息技术与学科课程的整合，强化基础教育信息化应用，促进信息技术与教育教学深度融合[36, 37]。《普通高中化学课程标准（2017 年版）》也相应地提出了重视信息技术应用的化学课程实施建议[31]。由此可见，从国家政策、教育趋势到学科发展，均提出了强化信息技术与学科融合的时代要求。

2. 应用手持技术进行中学化学教学是发展学生核心素养的重要手段

手持技术数字化实验的定量化和可视化等特点，既可作为认知工具帮助学生克服一些概念及相关原理学习中的“认知难点”[38]，使学生在现有认知发展水平上，科学

感知与建构抽象化学概念及相关原理，又可以发展学生的信息意识和信息技术等信息素养。利用手持技术数字化实验可帮助学生在直观的感受下进行资料、数据等信息的处理、分析与讨论，切实发展学生的“宏观辨识与微观探析”“证据推理与模型认知”等化学核心素养。

3. 应用手持技术数字化实验MOOC进行混合式教学能促进教与学方式的转变

混合式教学是将在线教学和传统教学的优势结合起来的一种“线上”+“线下”的教学，旨在通过两种教学组织形式的有机结合，改进线上教学的不足，从而把学习者的学习由浅到深地引向深度学习[39]。目前，我国应用MOOC进行混合式教学的研究正在逐渐丰富，许多研究证明了混合式教学能促进教与学的积极转变，但其在中学阶段的研究有非常大的发展空间和前景。具体至化学学科的教学，应用手持技术数字化实验MOOC进行混合式教学，能从时空、资源上改变教与学的方式，为教学、教研、培训活动提供理论和实践指导，强化化学学科与信息技术的融合，响应当今时代对教与学的要求。

（二）基于慕课资源的手持技术数字化实验“3×2”混合式教学模式的构建

1. 基于慕课资源的手持技术数字化实验“3×2”混合式教学模式的理念

1）混合式教学理念

混合式教学充分发挥互联网的优势，通过多个学习资源、多种交流互动及多元评价方式，有机地结合了线上和线下教学的优势，为学生的个性化学习提供了空间和支持。其中线上MOOC为学生提供随时反复观看学习的资源，既减轻了手持技术数字化实验在学生学习过程中的负担，节约课堂时间，对基础知识进行“预热”，为线下深入学习探究做准备，又能帮助学生牢固建立化学概念与原理等知识，培养学生终身发展的必备品质。

2）注重“教·学·评一体化”理念

“教·学·评一体化”是化学课堂教学的重要指导思想，直接影响教学的有效性，是实施“素养为本”的化学课堂的重要教学策略。本模式将教学核心问题设计为一个对应教学环节，并设置特定的教学情境，层层递进地提出核心问题，再通过合适的教学活动与方法解决核心问题，最后通过评价落实核心问题的解决，实现概念的有效教学与学生关键能力的发展。

3）小组合作理念

新课标倡导“以人为本”及“全面发展”，小组合作学习是其中一种倡导的学习方式。学生在小组合作学习中，不断地交流、协作，使他们在合作实践中提升素养，促进其全面发展。另外，利用小组合作可增加学生在混合式教学的良好体验感。

2. 基于慕课资源的手持技术数字化实验“3×2”混合式教学模式的框架

基于慕课资源的手持技术数字化实验“3×2”混合式教学模式（下面简称“3×2”模

式）是从教学阶段和教学参与者活动两个维度出发建构，其框架图如图 3-37 所示：基于手持技术的混合式教学过程按“课前线上手持 MOOC 自主学习——课中线下课室/实验室小组合作探究——课后线上手持 MOOC 和 QQ + 线下课室巩固考核”3 个阶段进行，而每个阶段中又包含教师和学生两个参与者的活动。

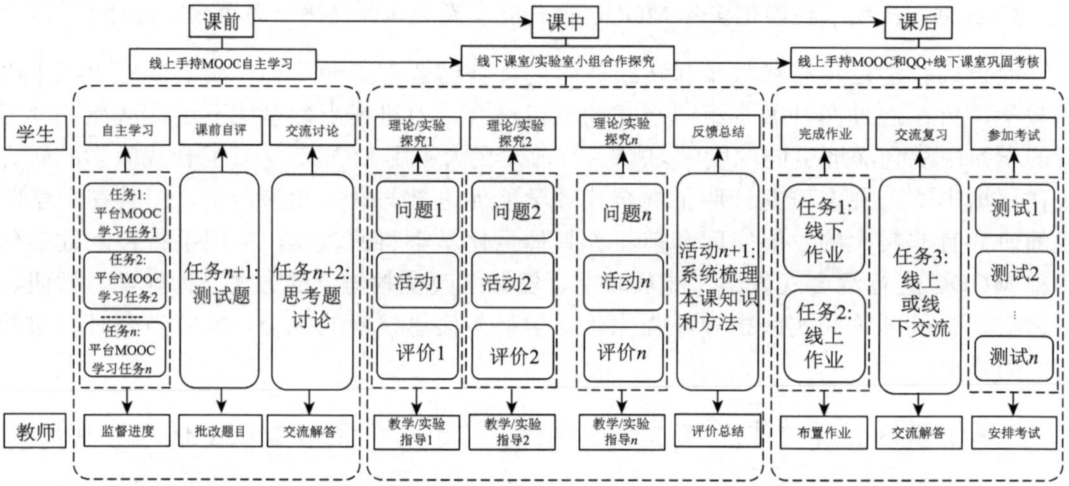

图 3-37　基于慕课资源的手持技术数字化实验“3×2”混合式教学模式框架图

3. 基于慕课资源的手持技术数字化实验“3×2”混合式教学模式的具体内容

“3×2”模式中的“3”表示手持技术数字化实验混合式教学模式中的 3 个阶段：课前线上手持 MOOC 自主学习——课中线下课室/实验室小组探究——课后线上手持 MOOC 和 QQ + 线下课室巩固考核。

课前线上手持 MOOC 自主学习阶段：在该阶段，学生需要根据学习计划清单的要求，利用手持 MOOC 线上平台资源完成自主学习、课前自评、交流讨论 3 个学习活动。其中增设了 QQ 等通信工具进行提问和交流，旨在让学生掌握基础知识和基本实验操作的认知。教师在该阶段需要监督学生学习进度，批改学生自评题目，做好交流答疑工作，这能更好地了解学生预习情况，为线下有针对性的教学做准备。可见，该阶段是整个模式的首要和基础阶段。

课中线下课室/实验室小组合作探究：该阶段相当于传统线下教学，也是该模式的最重要阶段。该模式遵循“理论联系实际”的教学思想，将线下教学活动分为两部分，既有在课室进行的理论教学部分，主要是以几个问题解决式的教学活动，通过“TQVC”理论将化学知识进行转化，设计系列手持技术演示实验，通过一组或多组数据，帮助学生在比较中建构概念，突破课程重难点；也有在实验室进行手持实验操作部分，旨在让学生亲自动手进行手持技术数字化实验，巩固“TQVC”认知过程，深化学生对概念知识的认识，同时培养其动手能力。整个阶段均采用小组合作学习的形式，旨在提高学生学习的积极性，培养其交流和合作能力。

课后线上手持 MOOC 和 QQ + 线下课室巩固考核：该阶段学生主要是在线上线下进

行“完成作业—交流复习—参加考试”三个活动。其中线上的巩固学习途径有两种，第一是在线上 MOOC 平台反复观看视频、进行测试，第二是通过线上 QQ 群等交流提问。线下的途径是与同学老师面对面进行交流提问，对知识和技能进行巩固练习，并准备参加最终评价考核。教师在该阶段应做好在线上、线下混合地布置作业、交流解答及安排考试的工作。

“3×2”模式中的“2”表示该模式中学生和教师这两个参与者的活动线。任何教学都离不开学生的学习活动和教师的教学活动，因此，在每个阶段应该具体设计出学生的 n 个学习活动，以及与之相对应的教师 n 个教学活动。在学习开始通过学习计划清单，设置适当的情境，为后面的各阶段教学铺垫，并明确提出该次教学任务，任务包括自主进行平台中的 MOOC 学习任务，完成课前自评测试题及对思考题进行交流讨论。其中在线下课室/实验室小组合作探究阶段分为理论讲解活动和手持实验活动，主要遵循“在情境中提出问题—在活动中解决问题—在应用中评价问题”的教学程序，通过相关情境、活动和应用实现教学核心问题的解决。另外，参与者如根据实际情况拓展，如加入实验员、MOOC 平台管理员等，使整个模式变成“3×n”的结构。

（三）基于慕课资源的手持技术数字化实验“3×2”混合式教学模式的教学实例——以一线教学实践案例“分子间作用力”为例

在钱扬义教授的指导下，团队成员以人教版《化学》必修 2 第一章第三节中的“科学视野”“分子间作用力”为题，在中学进行为期 3 周的教学实践与研究，获得师生一致的好评。图 3-38 和图 3-39 为“分子间作用力”的“3×2”模式框架图，表 3-7 和表 3-8 分别为理论课和实验课教学活动设计表。

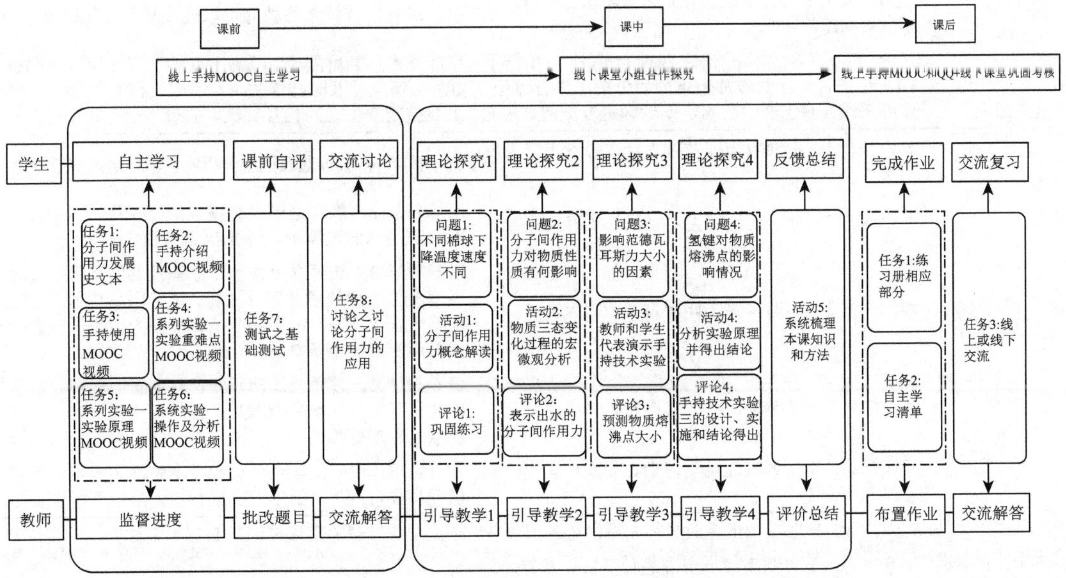

图 3-38　“分子间作用力”的基于慕课资源的手持技术数字化实验“3×2”模式理论课框架图

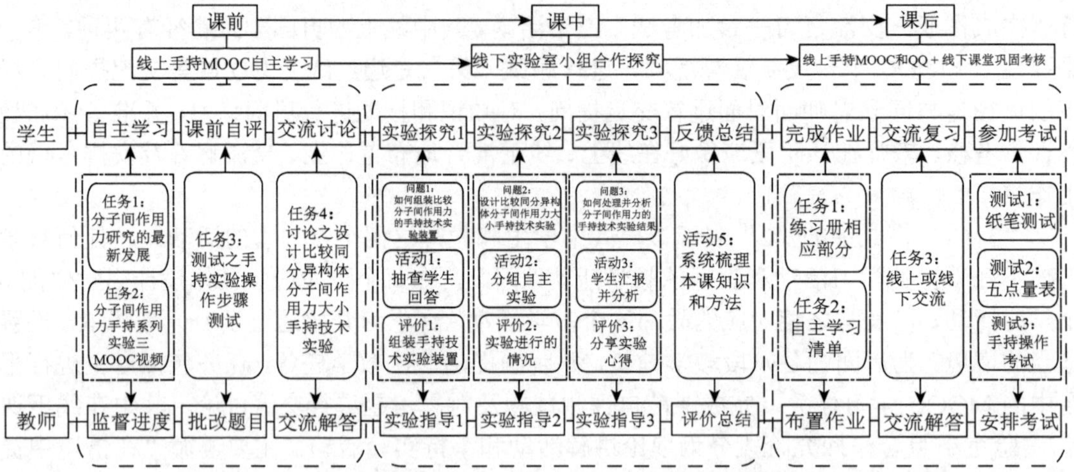

图 3-39 “分子间作用力”的基于慕课资源的手持技术数字化实验“3×2”模式实验课框架图

“分子间作用力”分成理论课及实验课两课时进行“3×2”模式教学设计。

表 3-7 “分子间作用力”概念理论课教学活动设计表

阶段	学生活动	教师活动
课前线上手持MOOC自主预习	自主学习：学生在课程QQ群获取学习清单后，根据清单指引到MOOC平台进行阅读文本和观看视频等6个自主学习活动，初步学习基础知识与手持技术数字化实验操作	监督进度：教师需通过课程QQ群或平台公告等途径，监督学生的学习进度
	课前自评：学生在自主学习后需完成自评测试题1，若在做题期间遇到不懂的地方，可以选择返回看视频或文本，亦可到讨论区或课程QQ群中进行讨论，直到完成全部自评测试题，加深对知识与手持技术数字化实验的印象	批改题目：教师需批改学生自评测试题并及时给予反馈。可以是教师先批改小组长的测试题，再由小组长作为小老师批改组员测试题。也可以由教师全部批改。另外，有技术的教师可以设置网上自动批改
	交流讨论：学生除了完成课前自评外，还需到MOOC的讨论区对教师留下的思考题1进行讨论，亦可在课程QQ群中与同学或老师进行交流、提问	交流解答：教师要密切关注MOOC的讨论区和课程QQ的情况，及时与学生进行互动交流与答疑，同时也要鼓励学生之间相互交流、答疑
课中线下课室小组合作探究	理论探究1：不同液体挥发时为什么温度下降速度不同	引导教学1：教师通过微观分析法，帮助学生初识概念
	理论探究2：分子间作用力对物质性质有何影响	引导教学2：教师通过微观模型法，在物质三态变化宏微观不同的过程中，深化概念内涵
	理论探究3：影响范德瓦耳斯力大小的因素	引导教学3：教师通过演示正丁醇及其同系物挥发时温度变化手持技术数字化实验，进行同系物挥发实验四重表征分析，归纳影响范德瓦耳斯力大小的因素及其对熔沸点影响规律
	理论探究4：氢键对物质熔沸点的影响规律	引导教学4：教师通过演示正己烷和正丙醇挥发时温度变化手持技术数字化实验，推理得出氢键对物质熔沸点的影响规律
	反馈总结：学生经过理论学习后，分享已掌握的概念原理和方法	评价总结：教师在学生分享和总结时给予一定的语言指导与评价，并与学生一起进行该课的线下授课总结
线上手持MOOC和QQ＋线下课室巩固考核	完成作业：学生在线下完成教师布置的练习册作业	布置作业：教师直接在线下布置纸笔作业
	交流复习：学生利用线上资源进行反复观看复习，或利用线下的作业课本等资源进行复习，在提问交流方面，可以通过线上MOOC的讨论区和课程QQ或线下直接询问老师两个途径解决	交流解答：教师通过线上MOOC的讨论区和课程QQ或者线下面对面指导，与学生交流，帮助学生解答疑问

表 3-8　“分子间作用力”概念实验课教学活动设计表

阶段	学生活动	教师活动
课前线上手持MOOC自主学习	自主学习：学生继续根据清单的指引到 MOOC 平台进行阅读文本和观看视频等 2 个自主学习活动，加深对该概念手持技术数字化实验的原理、操作和结果分析	监督进度：教师需通过课程 QQ 群或平台公告等途径，监督学生的学习进度
	课前自评：学生在自主学习后需完成自评测试题 2，若遇到不懂的地方，可以选择返回看视频，亦可到讨论区或课程 QQ 群中进行讨论，直到完成全部自评测试题，加深对知识与手持实验的认识	批改题目：教师需批改学生自评测试题并及时给予反馈。可以是教师先批改小组长的测试题，再小组长作为小老师批改组员测试题。第二，教师全部批改
	交流讨论：学生完成课前自评后，应到 MOOC 的讨论区对教师留下的思考题 2 进行讨论，亦可在课程 QQ 群中与同学或老师进行交流、提问	交流解答：教师要密切关注 MOOC 的讨论区和课程 QQ 的情况，及时与学生进行互动交流与答疑，也要鼓励学生之间相互交流、答疑
课中线下实验室小组合作探究	实验探究 1：学生与老师一起回顾手持技术数字化实验知识	实验指导 1：提问抽查学生对手持技术数字化实验的掌握度
	实验探究 2：学生利用已有的知识和手持技术数字化实验认识，通过设计和进行手持技术数字化实验解决教师在课前布置的物质分子间作用力大小比较思考题	实验指导 2：巡堂指导实验操作和实验分析
	实验探究 3：学生代表汇报并分析实验结果，其余学生评价讨论	实验指导 3：教师听取学生汇报，及时给予评价反馈
	反馈总结：学生经过实操的学习后，分享已掌握的概念原理和方法技能，并通过多种形式如思维导图、写学习心得等与教师共同总结本课概念原理和方法技能	评价总结：教师在学生分享和总结时给予一定的语言指导与评价，并与学生一起进行本课的线下授课总结
线上手持MOOC 和QQ+线下课堂巩固考核	完成作业：学生在线下完成教师布置的练习册	布置作业：教师直接在线下布置纸笔作业
	交流复习：学生利用线上资源进行反复观看，或利用线下资源进行复习；另外可以通过线上 MOOC 的讨论区和课程 QQ 或线下直接询问老师两个途径解决	交流解答：教师通过线上 MOOC 的讨论区和课程 QQ 或者线下面对面指导，与学生交流，帮助学生解答疑问
	参加考试：学生参加线上及线下考试	安排考试：教师发布已有线上测试，印发考试卷，并引导学有序进行线下考试

第三节　手持技术数字化实验培训推广模式

教师培训是提高教师专业素质的重要途径，关系到教师自身的成长，关系到学生素质的提高，关系到教育事业的成败。因此，教师培训工作一直是教育界关注的重点和难点。随着教育改革的进一步深化，教师的进修和培训工作愈发受到重视，而如何使培训能够有效地促进教师专业发展的同时让培训的投效比实现最大化和最优化成为一个关键性问题。目前教师专项培训大多存在拼盘式培训、逻辑性和针对性不强、培训评估缺乏系统性和培训模式过于单一等问题。钱扬义教授针对培训推广环节中存在的共性问题开展研究，开创性地提出了“1＋1＋4”主题培训一体化模式和手持技术数字化实验推广应用的“U-G-2E-S”模式，为提升教师培训效果，加强我国中学教师队伍建设，推进当前课程改革的顺利实施提供了有效助力。图 3-40 为“1＋1＋4”主题培训一体化模式和手持技术数字化实验推广应用的“U-G-2E-S”模式。

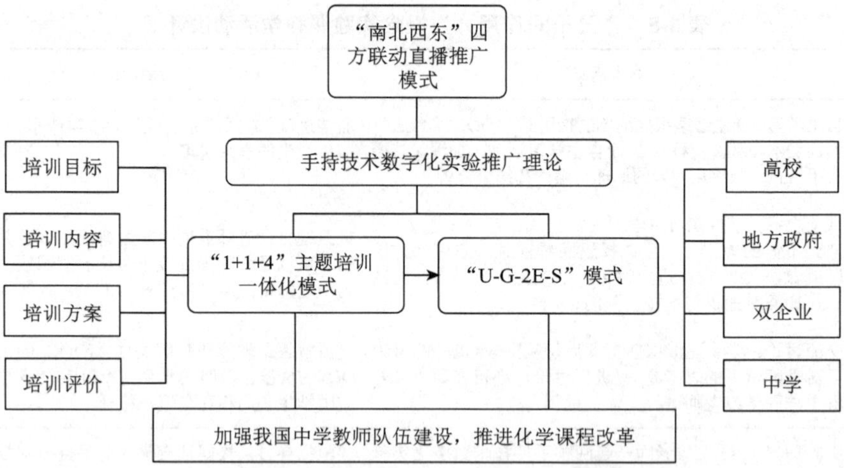

图 3-40 "1 + 1 + 4"主题培训一体化模式和手持技术数字化实验推广应用的"U-G-2E-S"理论

一、手持技术数字化实验"1 + 1 + 4"主题培训一体化模式

（一）手持技术数字化实验"1 + 1 + 4"主题培训一体化的总体设计框架

手持技术数字化实验指基于手持技术进行的实验，主要由数据采集器、传感器和计算机及相应软件构成[40]。该系统可以实时、精准地测量实验过程中涉及的各类物理量，如气体压力、pH、电流强度等[41]，并通过计算机呈现出可视的图像信息。"主题培训一体化"指以某一主题为基点、中轴和核心[42]，科学整合教学资源与教学环节，将理论教学与实践教学融为一体而构建的一体化课程体系与培训模式。基于此，"手持技术数字化实验培训一体化"指的是以手持技术数字化实验为培训主题的一体化集中培训。

基于手持技术数字化实验的"1 + 1 + 4"主题培训一体化模式是指依托 1 套培训资源，以 1 个主题为中心，设计培训目标、培训内容、培训方案、培训评价的一体化教师培训范式[43]，如图 3-41 所示。

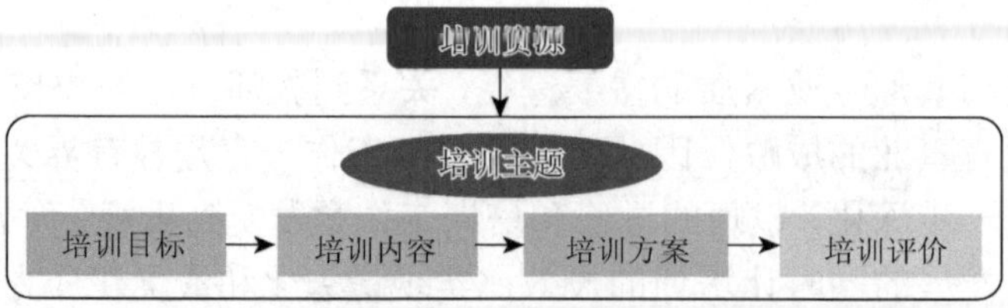

图 3-41 "1 + 1 + 4"主题培训一体化模式关系图

基于实验技术改革、教师型态转变、学习方式改变的时代发展趋势，制定手持技术数字化实验主题培训一体化的总体设计目标。以总体设计目标为指导，规划培训的课程内容并进一步细化培训的课程目标。在设计和实践的过程中，形成自身的五大特色，即课程系统化、培训集中化、团队精英化、评价多元化和成果集册化。具体设计框架如图 3-42 所示。

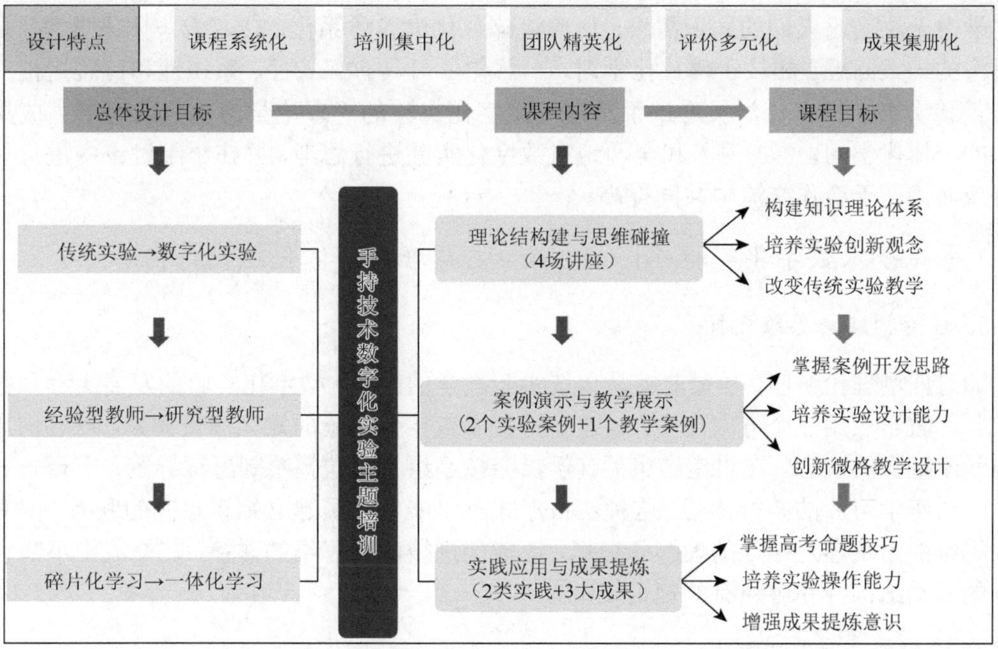

图 3-42　主题培训一体化设计框架

（二）手持技术数字化实验"1+1+4"主题培训一体化的总体设计目标

1. 从传统实验到数字化实验的过渡

《普通高中化学新课程标准（2017 年版）》要求"应适当增加数字化实验、定量实验，让学生在实验探究活动中学习科学方法，认识科学探究过程，体会、认识技术手段的创新对化学科学的重要价值，形成严谨求实、勇于实践的科学态度，发展实践能力"[31]。作为一种新型数字化实验，手持技术具有便携、实时、定量化和可视化的特点[32]。该培训将引导学员们从传统实验过渡到数字化实验，学会将手持技术数字化实验作为课堂教学的认知工具，帮助学生学习抽象化学概念，以实现信息技术与中学化学教学相结合[39]。

2. 从经验型教师到研究型教师的转型

新课改要求教师应由经验型转向研究型，突破自身专业发展。研究型教师是相对于经验型教师而言的，指善于将教学与反思、教育与研究有机地结合在一起的教师。除了要掌握基本的学科知识外，研究型教师还要具备一定的研究意识和研究能力[44]。通过手持技术数字化实验一体化培训，学员能够养成研究习惯，学会反思教学实践中存在的问题，针对问题积极探索研究，创造性地找到解决问题的新方法、新思路、新观点和新理念，并从中提炼出研究成果，向研究型教师转型。

3. 从碎片化学习到一体化学习的转变

随着科技的进步和互联网的发展，人们越来越关注便捷的碎片化学习。然而只依靠碎片化学习无法满足人们的知识需求，如何将碎片化学习体系化，转变成一体化学习，是值得思考的一大问题。相较于碎片化学习，一体化学习具有深入性、系统性和可碰撞性三大优势。该次培训旨在让学员通过手持技术数字化实验的“理论学习—实践应用—成果提炼”的一体化学习，更加深入和全面地对数字化实验进行思考，并在小组讨论中进行思维的有效碰撞，于合作交流中共同提高。

（三）手持技术数字化实验“1＋1＋4”主题培训一体化的设计内容

1. 理论构建与思维碰撞

通过四场理论讲座，学员能够从传统实验教学的改革、数字化实验的发展历程和数字化实验的教学应用三个方向出发，构建手持技术数字化实验的知识理论体系，发展信息技术与教学融合的观念。在讲座结束后，学员会按小组为单位，绘制思维导图，上台一一分享理论讲座学习后的心得体会。这种汇报形式不仅能使学员建立知识点间的联系、提高发散性思维能力及增进知识的理解和记忆，还能促进彼此间思维的碰撞，在交流中不断优化自己的认知结构，完善原有的理论模型。

2. 案例演示与教学展示

整合典型的优质案例以供参考，是推动学员从理论构建走向实践应用的重要条件。通过演示“分子间作用力系列实验”和“浓度对化学平衡的影响”两个案例，以及展示获教育部二等奖的微格教学比赛案例“焰色反应”，培养学员对手持技术数字化实验的设计和开发能力，启发学员在中学化学实际教学和微格教学比赛中融入手持技术数字化实验。典型化、多样化和优质化的案例提供了最直接、有效的参考，能促进学员在深度学习和思考后，内化成自己的成果，自主开发出手持技术数字化实验并运用到实际教学中，提升自己的教学研究素养。

3. 实践应用与成果提炼

实践应用与成果提炼是手持技术数字化实验培训一体化最关键的一个模块。本模块分为“实验操作与报告撰写”和“考题命制与二次修改”两部分。第一，学员在网络教学平台上观看慕课，预习分子间作用力系列实验的理论部分后，分组到手持技术数字化实验室进行实验操作，并根据实验呈现的曲线数据撰写实验报告。基于线上慕课预习和线下实验操作的混合式教学，能够提高学员的实验操作能力，以及对数据的四重表征能力。第二，学员在命题讲座结束后初次尝试命制手持技术数字化实验高考题，并在专家点评后根据建议进行修改。从一次建构到二次修改，学员加深了对手持技术数字化实验高考题的理解，提高了改编和命制此类高考题的能力。

（四）手持技术数字化实验“1＋1＋4”主题培训一体化开展的条件

1. 要具备配套的培训资源

培训资源是开展主题培训一体化的支撑条件，包括学术性资源和保障性资源两部分。

学术性资源指的是相关理论基础、研究成果及专家团队。理论基础是开展培训的根本基础，研究成果是培训价值的判断标准，专家团队是推进培训的根本动力。具备过强过硬的学术性资源能有效保障培训的质量，调动学员的培训积极性。保障性资源指的是教学工具、网络设备、培训场地等资源，是开展主题培训一体化的基本要求，能确保培训环境的舒适性和培训课程的顺利完成。

2. 要确定科学的培训主题

确定培训主题是开展主题培训一体化的核心步骤。培训主题要具有必要性、创新性和时代性，才能达到“训”而科学、“训”而有效。培训主题的必要性能够使参训教师对培训成果进行“落地”，打破“空有理论，学而无用”的培训现象。而培训主题的创新性和时代性能够让教师紧跟时代发展背景，掌握现代化理论，更新文化知识，发展专业能力，提升自我价值。

3. 要设计一体化的培训体系

以 1 个主题为中心，设计培训目标、培训内容、培训方案和培训评价是主题一体化教师培训模式的主体部分。首先，基于国家、社会和学校三大层面确定培训目标，从理论基础—实践应用—成果提炼的三大模块出发设计培训内容，对参训教师进行系统化和全面化的集中培训。设计培训方案时，应关注参训教师的多元化学习需求，借助多样的信息技术丰富培训形式，追求理论和实践相结合，以确保参训教师的学习积极性和有效性。为了检验是否达到培训目标，需对培训效果进行评价，可采取访谈法、问卷法、测验法等了解参训教师对培训的整体看法及培训内容的掌握情况，以此评价该次培训的实践效果，对后期培训的改进提供参考价值。

二、手持技术数字化实验推广应用的“U-G-2E-S”模式

（一）“U-G-2E-S”模式的提出背景

在“互联网＋”的时代背景之下，在线开放教育成为我国高等教育技术改革的核心趋势。在第十一届“中国大学教学论坛”上，高等教育司司长吴岩作了题为“建设中国金课”的报告，报告提出：“慕课是‘互联网＋教育’衍生出的新形态课程，国家精品在线开放课程是国家线上‘金课’；大力推进在线开放课程建、学、用是实现中国高等教育质量‘变轨超车’的关键。”而在线开放课程建设离不开多方合作，要“大力推进在线开放课程建、学、用”离不开政府的资助和高校的打造，以及相关企业的技术支持与各级学校的应用。通过加强政府、高校、企业和学校在政策、技术和应用等方面的合作，课程体系建设、管理方法、服务规范和评价机制才能逐渐系统化、体系化。

（二）“U-G-2E-S”模式的构建

随着国家精品在线开放课程认定工作的开展，高校在在线开放课程建设上的多方合作模式日益完善，课程质量日益提高，成果显著。在此背景下，本团队基于“U-G-2E-S”

理论，构建“U-G-2E-S”模式。“U-G-2E-S”模式是指政府、高校、双企业和学校紧密合作，走深走实，通过政策支持、技术合作、资源共享、平台共建等方式，充分发挥教育振兴战略的“高校力量”和“企业力量”，形成“政—研—产—学—用”的创新合作系统。

本团队基于“U-G-2E-S”模式，根据《广东省教育厅关于开展本科高校2018年度省级系列在线开放课程立项建设工作的通知》（粤教高函〔2018〕166号）安排，积极申报省级系列在线开放课程，并成功立项教师教育基础课程——化学教学论手持技术数字化实验。通过与技术企业、粤港澳大湾区各大高校、中学多方合作，协同互助，积极提供课程资源，使优质课程资源得到最大限度开放，惠及了大量学生和社会在职人员，促进教研融合，推动师资协同化、资源共享化。图3-43为“U-G-2E-S”模式图。

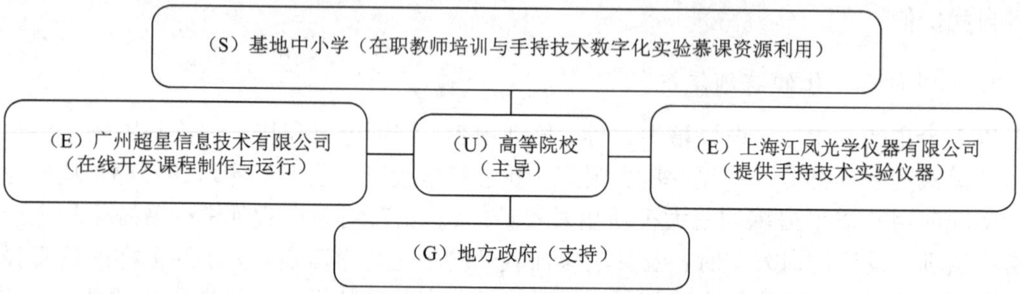

图3-43　“U-G-2E-S”模式图

“U-G-2E-S”模式中，“U”（university）代表华南师范大学、广州大学、韶关学院等粤港澳在线开放课程联盟高校，“G”（government）代表广东省政府，“2E”代表提供手持技术数字化实验仪器支持的上海江凤光学仪器有限公司、提供在线开发课程制作与运行服务的广州超星信息技术有限公司，“S”（school）代表基地中小学。该模式指以“高校主导、地方政府支持、企业技术提供、中小学校参与”为合作体制，以“互利共赢，和谐互动，资源优化”为合作原则，在政府的支持下，企业为高等师范院校提供技术支持，粤港澳大湾区高校间课程共享，学分互认，高校向中学提供在职教师培训与手持技术数字化实验慕课资源的多方合作、协同创新的模式。

（三）“U-G-2E-S”模式的应用成效

目前，“化学教学论手持技术数字化实验”慕课在中国大学MOOC平台三次开课人数超1.4万人。该课程是广东省本科高校2018年度省级系列在线开放课程“化学教学论手持技术数字化实验”（项目编号：粤教高函[2019]28号）成果之一，并作为粤港澳大湾区在线开放课程联盟共享课程，开课后在职前化学师范生课程培养、在职化学教师培训等方面均有所应用，得到了社会的广泛认可和学习者的高度评价。

由此可见，推广应用“U-G-2E-S”模式具有较好的实效性与可操作性。通过“高校-地方政府-双企业-中学”合作实践模式的实施，形成四方及其内部之间的合作发展共同体，在扩大手持技术数字化实验的应用辐射范围、培养优秀师资力量、提供优质教师培训、促进资源优化、推进实验教学改革、传播先进教育理念和推动教学技术创新等方面做出了一定的贡献。

三、手持技术数字化实验在后新冠肺炎疫情时代的“南北西东”四方联动直播推广模式

（一）学生创新能力发展呼唤创新实验应用推广，教师创新实验教学呼唤教师培训创新模式

为增强广大中学理科教师认识手持技术数字化实验在中学生创新能力培养和学科教学的应用，为践行师范专业认证、新课程标准、新教育装备标准中“信息技术与学科融合”的要求，华南师范大学钱扬义教授主动会同中文核心期刊《化学教育（中英文）》编辑部，结合后新冠肺炎疫情时代的现状，有针对性地制定教师培训方案，提出“南北西东”四方联动教师培训创新形式，在“师盟铭课”直播平台组织系列专题公益直播课，向全国中学化学教师发出学习邀请，切实提高教师应用手持技术数字化实验开展创新实验教学的能力。

“南北西东”四方联动由南方（广州）的华南师范大学钱扬义教授发起，组织北方（北京）的北京教育学院王春副教授、西方（南充）的四川南充市化学教研员白涛老师、东方（上海）的上海特级教师唐增富老师共同完成。这是一次“南北西东”四方联动（图 3-44），大学和中学化学教育者联动，发达地区和西部地区联动，手持技术的研究者、应用者和供应商联动的“四方联动”公益直播课，也是一次手持技术数字化实验推广和应用的大型交流会。

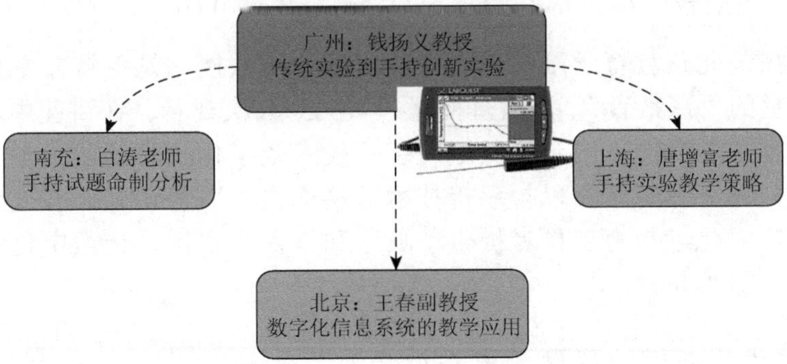

图 3-44　“南北西东”四方联动公益直播

（二）“师生同台演绎创新实验，手持慕课与教材双剑合璧”——华南师范大学钱扬义教授作《从传统实验演示与设计到手持技术数字化创新实验——以教育部东芝杯教学技能创新大赛获奖作品为例》讲座

钱扬义教授在讲座中详细讲解了如何开发和设计一节从传统实验转变为手持技术数

字化创新实验的优质课（图 3-45）。该次直播课共 9105 人次观看。钱扬义教授以 2 个“东芝杯”手持技术数字化实验教学案例获奖作品“焰色反应”（新教材称作“焰色试验”）和“金属钠与氧气反应”为例，展示了他提出的“$3\times n$”问题解决教学设计模式，并分享了将传统实验设计为手持技术数字化创新实验的思路。在讲座中，钱扬义教授分享了《手持技术数字化化学实验教学研究：理论的构建与创新实践》一书和在中国大学 MOOC 开设的“学教学论手持技术数字化实验”慕课。

图 3-45　钱扬义教授与林惠梅、陈德成“师徒三人”共直播

（三）“革新实验教学，解答教学难题”——北京教育学院王春副教授作《数字化信息系统在中学化学实验教学中的应用》讲座

王春副教授是北京教育学院教授、全国优秀科研教授，是手持技术数字化实验革新传统实验课堂的“探索者”。该次直播课共 7663 人次观看。在讲座中，王春副教授以化学反应速率主题为例，展示了其运用手持技术数字化实验解决中学化学实验教学难题的丰硕研究。王春副教授以“手持技术数字化实验”为钥匙，有效解决实验教学中的难题，为广大化学教育工作者提供了典范和丰富的案例，让数字化实验在化学教育中落地生根（图 3-46）。

（四）“手持技术进考试，试题考出手持味儿”——四川南充市教育科学研究所教研员白涛老师作《手持技术数字化创新实验在中学化学试题分析与命制中的应用》讲座

白涛老师是四川南充市教育科学研究所教研员，是手持技术数字化实验研究领域的“后起之秀”。在讲座中，白涛老师运用手持技术数字化实验重现中考、高考的化学试题，结合大学化学知识分析试题的真实性与科学性（图 3-47）。

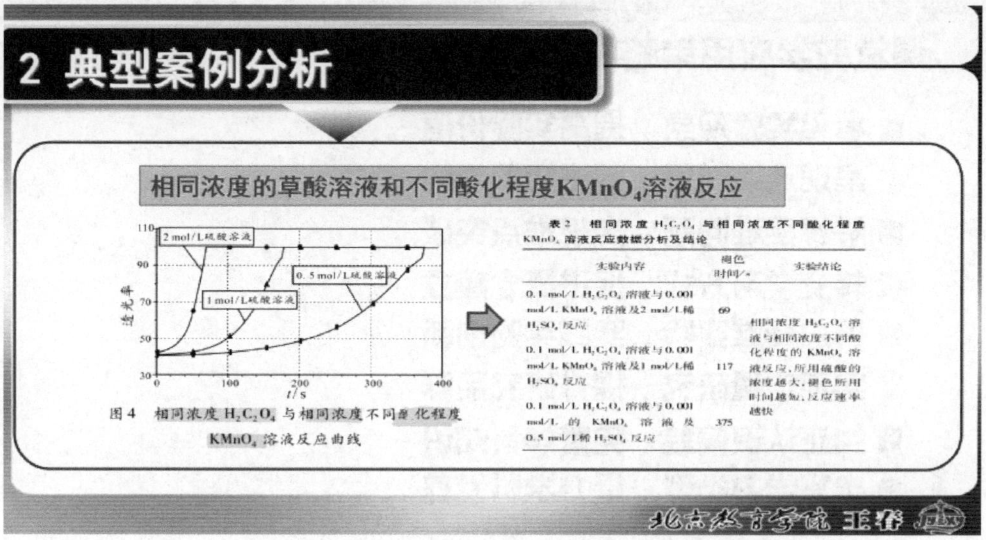

图 3-46　王春副教授分析手持技术数字化实验典型案例

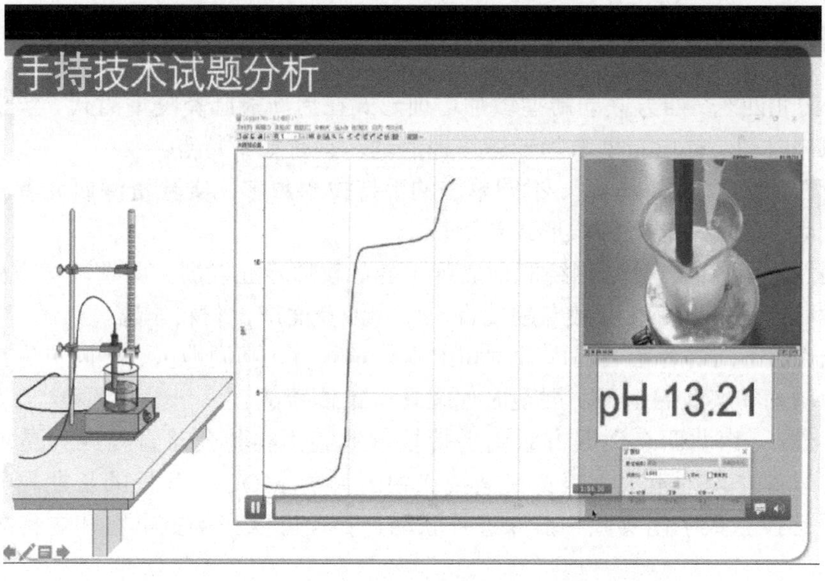

图 3-47　白涛老师用手持技术数字化实验分析中考题

（五）“手持技术进课堂，化学课堂提质量”——上海市特级教师唐增富老师作《中学化学教学中应用手持技术数字化实验的有效策略》讲座

唐增富老师是上海特级教师，多次获得全国手持技术数字化实验创新设计教育应用一等奖。该次直播课共 3964 人次观看。在讲座中，唐增富老师精炼地提出 8 个实施手持技术数字化实验教学的有效策略，结合具体实验案例分享详尽的教学思路，展示了如何使手持技术数字化实验与中学课堂教学相辅相成（图 3-48）。

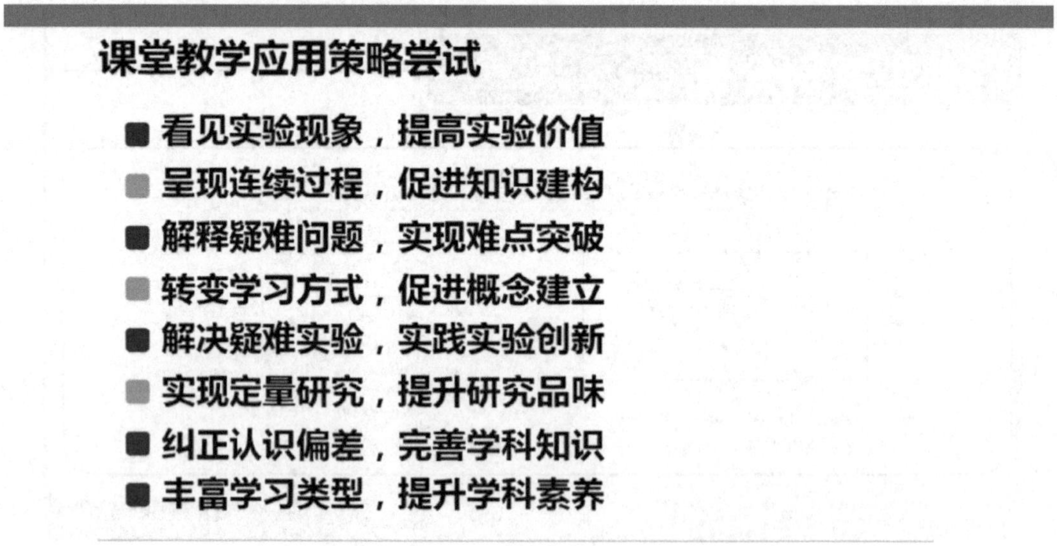

图 3-48　8 个手持技术数字化实验教学的有效策略

（六）“南北西东”四方联动模式新颖，引发教师研习效益

该次“南北西东”四方联动新型教师培训形式在后新冠肺炎疫情时代，实现研究和实践优势资源的联动，提出新型教师专题培训活动，具有如下特点：

①创新性。首次由不同地区、不同单位的手持技术数字化实验资深研究者和实践者担当完成该活动，活动构想奇特，形式新颖。

②专题性。不同讲者分别围绕职前教师培养、教师专业发展、课堂教学方式、高考试题命制、学科问题解决等议题做专题发言，内容涉及面广，材料丰富。

③代表性。不同讲者代表国内大学和中学化学教育、不同地区、不同单位在手持技术数字化实验研究和实践的水平，展现时代强音，集体智慧。

④延续性。“南北西东”四方联动手持技术数字化实验公益直播课只是短期教师培训活动，可以和华南师范大学钱扬义教授在中国大学 MOOC 开设的长期教师培训“化学教学论手持技术数字化实验”慕课进行联动，听者可以获得更丰富和更持久的学习资源和机会。

该次“南北西东”四方联动手持技术数字化实验公益直播课超过 24 000 人次观看，涉及全国各省（自治区、直辖市）。听完该公益直播课后报名参加“化学教学论手持技术数字化实验”慕课第 3 期开课的学员达到 4500 人。该活动成功将手持技术数字化实验出点及面地辐射到了全国各地，把应用手持技术数字化实验的时代潮流春风吹至全国的化学教育者，为众多化学教育者在新课程改革背景下提供新思考、新方向。

参考文献

[1] 人民教育出版社，课程教材研究所，化学课程教材研究开发中心. 义务教育教科书 化学 九年级 上册[M]. 北京：人民教育出版社，2014：75.

[2] 人民教育出版社，课程教材研究所，化学课程教材研究开发中心. 普通高中课程标准实验教科书化学 选修1 化学与生活 [M]. 北京：人民教育出版社，2015：87.
[3] 人民教育出版社，课程教材研究所，化学课程教材研究开发中心. 普通高中课程标准实验教科书 化学 必修 1[M]. 北京：人民教育出版社，2009：58-59，62.
[4] 李文东. 九年级化学演示实验“明矾净水”的改进[J]. 课程教材教学研究：中教研究，2015，(Z2)：91.
[5] 刘晓渝. 明矾净水实验的问题在哪里[J]. 教学仪器与实验，2006，(1)：32.
[6] 严宣申. 关于明矾净水[J]. 化学教育（中英文），2003，(5)：42.
[7] 赵永强. 明矾为什么能净水[J]. 农村青少年科学探究，2009，(10)：13.
[8] 蒋贤斌. 明矾净水实验的探究[J]. 中学教学参考，2009，(32)：129.
[9] 张庆华. 净水实验的流程化整合尝试的教学案例[J]. 新课程（中学），2015，(12)：86-87.
[10] 孙维陵，龙琪. 九年级人教版《水的净化》教学设计[J]. 中学化学教学参考，2006，(7)：24-26.
[11] 胡玉娇，郭敬社. 探讨中学化学实验教学模式的创新与应用[J]. 化学教育（中英文），2006，27（5)：54-55，64.
[12] 汪肖楠，张贤金. “氢氧化铁胶体净水”实验条件的探索[J]. 化学教学，2009，(2)：8，16.
[13] 刘云，吴仕元，戴毅. 明矾快速净水的研究[J]. 中国科教创新导刊，2010，(15)：55-56.
[14] 吴永娟，杜书轩，连泽宇，等. 聚碱式氯化铝制备实验探索[J]. 化学教育（中英文），2014，35（10)：29-31.
[15] 杨飞，马宏佳. 明矾净水实验的探究[J]. 化学教学，2010，(6)：12-13.
[16] 贾汝林. 碱式氯化铝和聚合硫酸铁净水效果比较[J]. 城镇供水，1996，(3)：23-25.
[17] 范荻，袁春晖，李主恩，等. 固体聚合硫酸铁与铝盐类混凝剂的净水效果比较[J]. 实用预防医学，1996，(1)：25.
[18] 杨沛宇，廖文杰. 混凝剂——聚合氯化铝与硫酸铝净水效果比较[J]. 柳钢科技，2012，(3)：52.
[19] 秦祖群. 几种铁盐混凝剂的净水效果与经济效益[J]. 建筑技术通讯（给水排水），1991，(2)：15-19.
[20] 于艳玲，孟虹，周明. 两种铝盐净水剂净水效果的比较[J]. 中国公共卫生，2000，(3)：265.
[21] 苗晶，岳钦艳，高宝玉，等. 高浓度聚合氯化铁混凝剂的净水效果[J]. 环境化学，2004，23（1)：62-65.
[22] 中华人民共和国卫生部. 中华人民共和国国家标准生活饮用水标准检验法[M]. 北京：中国标准出版社，1985.
[23] 张瑛，阮晓红. 水处理混凝剂及其发展方向[J]. 污染防治技术，2003，(4)：45-49.
[24] 王亚芝，曹培锋，任毅斌. 聚合氯化铝（PAC）混凝剂研究的进展[J]. 内蒙古石油化工，2009，(10)：13-16.
[25] 王立新，钱扬义，苏华虹，等. 手持技术数字化实验与化学教学的深度融合：从“研究案例”到“认知模型”——TQVC概念认知模型的建构[J]. 远程教育杂志，2018，36（4)：104-112.
[26] David Shieh. These Lectures Are Gone in 60 Seconds[J/OL].[2013-04-28]. The Chronicle of Higher Education, 2009, 55(26). A13. http://chronicle.com.
[27] McGrew，Leroy A. A 60-second course in organic chemistry[J]. Journal of Chemical Education，1993，70（7)：543.
[28] 梁乐明，曹俏俏，张宝辉. 微课程设计模式研究——基于国内外微课程的对比分析[J]. 开放教育研究，2013，19（1)：65-73.
[29] 关中客. 微课程[J]. 中国信息技术教育，2011，(17)：14.
[30] Educause Learning Initiative. 7 Things you should know about microlecture[EB/OL]. [2012-11-01]（2020-08-26）. http://www.educause.edu/library/resources/7-things-you-should-know-about-microlectures.
[31] 中华人民共和国教育部. 普通高中化学课程标准（2017年版）[M]. 北京：人民教育出版社，2018：32.
[32] 钱扬义，杜永锋，李佳，等. 掌上实验室（Lab in Hand）的特点及其功能[J]. 电化教育研究，2003，(10)：59-62.
[33] 胡铁生. “微课”：区域教育信息资源发展的新趋势[J]，电化教育研究，2011，(10)：63-57.
[34] 王平安. 基于化学核心素养的高中化学创新实验研究[D]. 南宁：广西民族大学，2019.
[35] 郑长龙. 2017年版普通高中化学课程标准的重大变化及解析[J]. 化学教育（中英文），2018，(9)：41-47.
[36] 乔玉全. 全面深化课程改革落实立德树人根本任务[J]. 中国现代教育装备，2014，(16)：6-8.
[37] 中华人民共和国教育部. 基础教育课程改革纲要（试行）[J]. 人民教育，2001，(9)：17-19.
[38] 中华人民共和国教育部. 基础教育二司2017年工作要点[J]. 基础教育参考，2017，(5)：3-5.
[39] 张其亮，王爱春. 基于“翻转课堂”的新型混合式教学模式研究[J]. 现代教育技术，2014，24（4)：27-32.

[40] 钱扬义，陈健斌，吴宗志，等. 在掌上实验室探究酒精灯火焰温度——得出不同的结论[J]. 化学教育（中英文），2003，24（1）：39-41.

[41] 钱扬义，杜永锋. 掌上实验技术（The lab in Hand technology）与中学理科探究[J]. 化学教育（中英文），2004，25（8）：12-16.

[42] 王洪席，郝德永. 新课程背景下主题式课程模式开发初探[J]. 辽宁教育研究，2007，（4）：53-55.

[43] 钱扬义，林惠梅，陈柳青，等. 手持技术数字化实验主题培训“一体化”的设计与实践——以 7 天“省培计划”集中培训为例[J]. 化学教育（中英文），2020，41（19）：75-82.

[44] 冯洁. 化学实验教学中培养研究型教师的思考教育与现代化[J]. 研究生教育研究，2005，（1）：66-70.

第四章 Chapter 4 手持技术数字化实验装配与实验室建设

核心观念（大概念）

1. 520远程化学实验室
2. 手持技术数字化“探究实验室”
3. 手持技术数字化“微格教学实验室”
4. 手持技术数字化“三维实验室”
5. 手持技术“AR虚拟”化学实验室

第一节　手持技术数字化实验的国家装配及化学课标要求

手持技术数字化实验不仅是教育信息化进程中产生的先进认知工具，其在中学化学实验探究教学中的有效应用，也是信息技术与课堂教学深度融合的成功典范[1]，在课堂教学中发挥着越来越重要的作用。所以，无论是初高中的课程标准，还是初中化学教学装备配置标准，都对手持技术数字化实验的装配提出了相关要求。

一、手持技术数字化实验仪器的装配标准与要求

《初中化学教学装备配置标准》（JY/T 0620—2019）[2]（简称《配置标准》）是教育部继2006年所颁布的《初中理科教学仪器配备标准》（JY/T 0386—2006）之后，为深入贯彻党的十九大精神，进一步推动城乡义务教育一体化发展，完善城乡统一的学校基本装备配置标准，健全与国家课程标准相匹配的中小学装备配置标准体系，规范和引领全国义务教育学校学科教学装备的科学配备所发布的新标准。

相较于旧标准，《配置标准》中明确了义务教育阶段的化学学科核心素养：宏观辨识与微观探析、变化观念、证据推理、科学探究、科学态度；增加了具有现代科技含量的数字化、信息化、集成化、微型化等多元化教育装备，包括有利于教师有效教学和学生有效学习的信息载体、信息采集加工处理数字化设施、学习情境模拟设备等。

《配置标准》的“配置栏目”包含“必配”和“选配”两类要求。“必配”是所有开设初中化学课程的学校均应达到该栏目的配备要求；而选配则对有条件的学校，在达到“必配”要求的基础上，应选择配备“选配”的器材，以满足教学的多样化和特色化需要。

值得注意的是，在《配置标准》中新增了针对“科学探究”主题学习的器材清单，即手持技术数字化化学实验的仪器，并给出数量的要求与实践活动的建议（包括活动目标及活动建议）。具体手持技术数字化实验器材清单见表 4-1。

表 4-1　初中化学教学装备配置要求手持技术数字化实验器材清单

类别	器材名称	配备要求	数量	单位
科学探究（数字化探究实验）	计算机（便携式）	选配	1～9	台
	实验数据采集处理软件	选配	1～9	套
	数据采集器		1～9	个
	温度传感器		1～9	只
	高温传感器		1	只
	电导率传感器		1～9	只
	氧气传感器		1～9	只
	二氧化碳传感器		1～9	只
	气体压强传感器	选配	1～9	只
	浑浊度传感器		1～9	只
	相对湿度传感器		1～9	只
	溶解氧传感器		1	只
	溶解二氧化碳传感器		1	只
	pH 传感器		1～9	只

二、《义务教育化学课程标准（2011 年版）》中的相关要求

随着信息技术在教育中应用的不断发展和完善，在义务教育阶段的化学教育中，《义务教育化学课程标准（2011 年版）》指出：学生要学会运用信息技术进行学习，提倡信息技术环境下师生互动的学习方式，让学生通过计算机或掌上电脑、传感技术（手持技术）进行自主学习，提高教育教学效率。同时也鼓励实验教学创新，提出条件较好的学校，应积极开展改进、创新教师演示实验和学生实验的活动，创造条件让学生接触一些先进的实验仪器和设备，努力提高实验条件和实验手段的现代化水平。[3]

将手持技术引入中学化学实验教学中，是运用现代教育技术将现代化的教育资源手段对传统的教学的改良和优化，不仅可以开阔学生的视野，提高学生的化学学习兴趣，帮助学生对概念的学习与理解，还为研究型实验教学提供了必要的条件，促进中学化学实验教学的现代化发展。

三、《普通高中化学课程标准（2017 年版）》中的相关要求

《普通高中化学课程标准（2017 年版）》指出：教师应根据学校实际情况，合理地选择实验教学形式，注重发挥现代信息技术的作用、积极探索现代信息技术与化学实验的深度融合；应鼓励教师运用信息技术提高课堂教学效率和质量，强化信息技术与

化学教学的深度融合，促进教师教学方式和学生学习方式的改变，提倡运用化学软件处理数据，培养学生运用软件技术学习化学及处理数据的能力。课标对于教材的要求："教材应精心设计学生必做实验，适当增加微型实验、家庭小实验、数字化实验、定量实验和创新实践活动等"。[4]

结合上述，手持技术数字化实验是教育信息化进程中产生的先进认知工具[1]。将手持技术数字化实验融入科学探究的过程，让学生在实验探究活动中学习科学方法，认识科学探究过程，体会、认识信息技术手段的创新对化学科学的重要价值，对学生形成严谨求实、勇于实践的科学态度，发展科学实践的能力大有裨益。

四、初高中手持技术数字化实验的教学目标与内容

在初高中手持技术数字化实验的教学中，应针对不同学段的学生，设置不同层次的教育目标及具体的教育内容。表 4-2 为整理出的不同学段对应的教育目标与内容，供读者参考。

表 4-2　初高中手持技术数字化实验的教学目标与内容

	初中	高中		
		高一	高二	高三
教育目标	①引导学生了解手持技术数字化实验的组成、仪器及其特点。 ②开展手持技术数字化实验课堂实验，同时帮助学生学习手持技术数字化实验仪器的使用方法。 ③鼓励学生运用手持技术数字化实验，在教师指导下开展创新学生实验，参与科学探究。 ④借助手持技术数字化实验，开阔学生视野，提高化学学习兴趣，培养学生证据推理的素养	①引导学生了解手持技术数字化实验的组成、仪器及其特点。 ②开展手持技术课堂实验，同时引导学生学习手持技术数字化实验仪器的使用方法。 ③帮助学生学会使用信息技术处理手持技术数字化实验获得的数据及图像，培养学生证据推理与模型认知的核心素养。 ④根据教学需要，利用手持技术数字化实验改进教材实验并演示，引导学生学习利用手持技术数字化实验进行改进、创新实验的方法。 ⑤鼓励学生进行手持技术数字化科学探究实验，并在教师指导下完成完整的科学探究实验过程，指导学生撰写实验报告，培养学生科学探究与创新意识的核心素养。 ⑥通过手持技术数字化实验与化学实验的结合，让学生在实验探究活动中学习科学方法，认识科学探究过程，体会、认识信息技术手段的创新对化学科学的重要价值		
教育内容	初识仪器	认识仪器	熟悉仪器	设计实验
	了解仪器	使用仪器	改进实验	撰写报告
	使用仪器	了解实验	处理数据	创新意识
	探究实验	掌握实验	表征意识	证据推理

五、手持技术数字化实验的认知工具功能

手持技术数字化实验作为认知工具，可以促进概念学习。而且手持技术数字化实验中拥有数量众多的传感器，利用不同的传感器及其组合，可以对不同的概念进行针对性的实验，促进学生对化学概念的学习，具体见表 4-3。

表 4-3　手持技术数字化实验支持下的化学概念学习案例汇总表（共涉及 62 个化学概念，17 种传感器）

序号	概念	实验内容	数据	传感器
1	温室效应	利用手持技术仪器探究：在接受相同的太阳光照射和地面辐射下，空气中 N_2、O_2 和 CO_2 温度变化情况；红外灯照射下空气和 CO_2 的温度变化情况；在相同太阳光照射和地面辐射下，含有不同浓度的 CO_2 的大气气温变化情况。从而比较它们的温室效应强度	温度	温度传感器
2	酸碱性	使用 pH 传感器测定三种溶液的 pH：苏打水、牛奶和碳酸饮料	pH	pH 传感器
3	酸碱中和滴定	利用电导率传感器测定酸碱滴定过程中 pH 和电导率的变化，通过滴定曲线上的转折点确定滴定终点	电导率 pH	电导率传感器 pH 传感器
4		使用邻苯二甲酸氢钾（$KHC_8H_4O_4$）滴定标准化测量氢氧化钠溶液	pH	pH 传感器
5		利用已知浓度的碱性溶液进行滴定来测出两种酸性溶液的摩尔浓度	体积	滴数传感器
6	金属电化学腐蚀	利用气压传感器测定 Zn-Cu 原电池在一定时间密闭体系气压变化，得到压强-时间曲线，根据曲线斜率分析反应速率，进而解决“金属腐蚀速率”问题	气压	气体压强传感器
7	原电池	利用数字化手持技术定量测定单液和双液铜锌原电池的反应电流、溶液的温度变化曲线，进而比较 2 种电池的效率	电流 温度	电流传感器 温度传感器
8		使用电压传感器，测定一个 Cu-Pb 伏打电池电势。测试两个使用未知金属电极的伏打电池并识别金属材料。准备一个铜浓差电池并测量它的电势。准备一个铅浓差电池并测量它的电势，使用能斯特（Nernst）方程计算 PbI_2 的 K_{sp}	电势	电压传感器
9	摩尔质量	在密闭（保持体积不变）体系中，加入少量丙酮，加热使之完全转化为蒸气，根据查理定律、道尔顿分压定律及克拉佩龙方程，跟踪温度、气压变化，计算丙酮摩尔质量	气压 温度	气体压强传感器 温度传感器
10	喷泉实验	利用手持实验技术，并借助气压传感器，实时监测氨的喷泉实验过程中体系内的气压变化，分析氨气充入量、烧瓶容积和实验流程等对内压变化的影响	气压	气体压强传感器
11	电离过程	利用手持技术测定冰醋酸稀释过程中溶液温度和 pH 随时间的变化	pH 温度	pH 传感器 温度传感器
12	电离平衡常数	根据朗伯-比尔定律，运用吸光光度法，借助色度计传感器测定甲基橙的电离常数 K_a	pH 透光率	pH 传感器 色度计传感器
13		利用乙酸和氢氧化钠的反应，通过半滴定法，计算乙酸的 K_a 值	pH	pH 传感器
14	溶解热	物质溶解于水往往使溶液的温度发生变化。选取 NH_4NO_3、NaCl 和 NaOH 3 种物质溶解于水时，应用现代化的测量技术——手持技术，定量测量其温度的变化，探求物质溶解于水时温度变化的规律	温度	温度传感器
15		使用温度传感器测量尿素样品在水中溶解引起的温度变化		
16	中和热	测量氢氧化钠和磷酸溶液反应的温度变化，计算中和热 ΔH，并将计算得到的中和热与理论值进行比较	温度	温度传感器
17	燃烧热	用燃烧一粒花生产生的能量来加热一定量的水。监测水的温度变化，利用 $q = C_p \times m \times \Delta t$ 计算每克花生燃烧产生的热量	温度	温度传感器
18		用燃烧一定量的石蜡产生的能量来加热一定量的水。监测水的温度变化，利用 $q = C_p \times m \times \Delta t$ 计算每克石蜡燃烧产生的热量		
19	焓变	使用盖斯定律，通过温度传感器测量反应温度，确定氨水和盐酸反应的焓变	温度	温度传感器
20		使用温度传感器和热量计来测量氢氧化钠溶液滴定盐酸标准液时的焓变		

续表

序号	概念	实验内容	数据	传感器
21	盖斯定律	利用温度传感器测量固体氢氧化钠溶解于水、稀氢氧化钠溶液与稀盐酸混合、固体氢氧化钠溶解于稀盐酸中3种变化中溶液的温度变化，以溶液在反应的热效应证明“盖斯定律”	温度	温度传感器
22	溶解氧	测定不同水样中的溶解氧，对影响溶解氧的因素进行探究	溶解氧	氧气传感器
23	水解反应	利用手持技术数字化实验探究影响 $FeCl_3$ 溶液水解的因素（浓度、温度、酸碱性）	pH 透光率	pH传感器 色度计传感器
24	灭火条件	将手持技术应用于二氧化碳的灭火实验中，探究灭火条件	光 氧气	光传感器 氧气传感器
25	反应速率	利用手持技术演示“验证浓度对硫代硫酸钠与稀硫酸反应速率影响的实验”，实时采集并呈现反应物浓度不同的各体系中透光率随时间变化的曲线图，揭示浓度对化学反应速率的影响	透光率	色度计传感器
26		在不同条件下催化分解过氧化氢计算该反应的速率常数，确定反应的速率定律表达式	压强 温度	气体压强传感器 温度传感器
27		利用色度计传感器，通过测定不同浓度KI和 $FeCl_3$ 的反应过程中颜色变化情况，确定反应的速率定律表达式	透光率	色度计传感器
28		在不同条件下对乙酸乙酯进行碱水解，计算反应的速率常数 k，确定反应的速率定律表达式	电导率	电导率传感器
29	分子间作用力	通过温度比较液体挥发的速率，从而比较醇的分子间作用力大小。已有实验有：正丁醇及其同系物分子间作用力大小、正丁醇及其同分异构体分子间作用力大小、正丙醇和正己烷氢键、丙酮与三氯甲烷混合液氢键、丁醇同分异构体纯净物和混合物分子间作用力大小、丙二醇两种同分异构体分子间作用力大小	温度	温度传感器
30	离子反应	利用电导率传感器和pH传感器测量 $Ba(OH)_2$ 和 H_2SO_4 反应过程中溶液的电导率和pH的变化，以溶液中离子浓度的变化反映离子反应	电导率 pH	电导率传感器 pH传感器
31	配合物的形成与破坏	利用电导率传感器和pH传感器测量铜氨配合物的形成与破坏过程中溶液的电导率和pH的变化，以溶液中离子浓度的变化反映“配合物的形成与破坏”的本质	电导率 pH	电导率传感器 pH传感器
32	铝三角转化	利用电导率传感器和pH传感器测量强碱与铝盐、强酸与偏铝酸盐的正反滴定实验共4个滴定实验，以溶液中离子的变化反映铝的化合物之间的相互转化过程	电导率 pH	电导率传感器 pH传感器
33	化学平衡移动	以 Fe^{3+}/SCN^- 平衡体系为例，探究KCl浓度对平衡体系的影响	透光率	色度计传感器
34	化学平衡常数	利用威尼尔分光光度计对 Fe^{3+}/SCN^- 反应体系进行测量，基于吸光度进行平衡常数的测定	吸光度	分光光度计传感器
35	酒精灯焰层温度高低	（1）利用高温传感器定量测量火焰各部分的温度，以不同焰层高度的温度来定量比较酒精灯火焰焰层温度 （2）利用高温传感器定量测量不同燃料酒精灯火焰各部分的温度，以不同焰层的温度来比较不同燃料的酒精灯的火焰燃烧情况 （3）比较不同浓度乙醇溶液酒精灯的火焰燃烧情况	温度	高温传感器
36	焰色反应	（1）通过待测液灼烧产生的火焰在可见光波长范围内光谱波长定性检测 Na^+ 和 K^+ （2）通过待测液灼烧产生的火焰在特定波长下光谱强度的大小定量检测NaCl和KCl。不同浓度的 Na^+ 和 K^+ 的光谱强度不同，利用浓度与光谱强度绘制标准工作曲线，借助曲线的线性关系计算出待测液中的 Na^+ 和 K^+ 的浓度	波长 光强度	光纤传感器 分光光度计传感器

续表

序号	概念	实验内容	数据	传感器
37	分子量	通过测量十二烷酸凝固点和十二烷酸和苯甲酸混合物凝固点确定苯甲酸分子量	温度	温度传感器
38	气体摩尔体积	通过镁与盐酸反应产生的氢气，验证阿伏伽德罗的假设	温度 气压	温度传感器 气体压强传感器
39	氧化还原电位滴定	利用氧化还原反应来测定硫酸亚铁铵水合物$(NH_4)_2Fe(SO_4)_2·6H_2O$ 的固态样品中的铁离子含量	电位 体积	氧化还原传感器 滴数传感器
40	氧化还原电位滴定	利用过氧化氢和高锰酸钾的反应进行电位滴定，测量该反应的电势变化，确定过氧化氢溶液的浓度	电位	氧化还原传感器
41	摩尔比	利用反应放出的热量测定氢氧化钠溶液和未知酸的摩尔比	温度	温度传感器
42		用等摩尔连续变化法来确定氢氧化钠和乙酸的摩尔比		
43	摩尔浓度	根据朗伯-比尔定律，运用吸光光度法，借助色度计测定硫酸铜（$CuSO_4$）溶液的摩尔浓度	透光率	色度计传感器
44	溶度积	通过测定饱和 $Ca(OH)_2$ 溶液中溶解的氢氧根离子的摩尔浓度，计算 K_{sp}	pH	pH 传感器
45	辐射	建立一个 α、β 和 γ 射线被物质吸收的模型。利用辐射传感器来测量空气、纸张和铝对 α、β 和 γ 射线的吸收，对比分析计数率数据与模型的一致性	辐射	辐射传感仪
46		建立一个物质吸收 β 辐射的模型。使用辐射传感器研究 β 射线是如何被硬纸板吸收的。用实验数据验证模型的有效性		
47		使用一个辐射传感器来确定纸和铝对 β 射线的吸收		
48	气体定律	通过测量相同温度下针筒内不同体积的气体的压力、相同体积下不同温度的气体的压力、相同压力下不同温度的气体的体积、相同的温度和体积下不同分子数的气体的压力，描述气体定律	气压 温度	气体压强传感器 温度传感器
49	阿伏伽德罗常数	测量铜锌原电池在电镀过程中沉积的铜量，并确定平均电流。计算阿伏伽德罗常数的值，并将其与理论值进行比较	电流	电流传感器
50	汽化热	测量一个含有挥发性液体的密封容器内的压力，测定挥发性液体的压力和温度之间的关系，计算液体的汽化热	气压 温度	气体压强传感器 温度传感器
51	半衰期	使用辐射传感器测量钡-137 样品的衰变，计算钡-137 的衰变常数和半衰期	辐射	辐射传感仪
52	活化能	测量温度对结晶紫和氢氧化钠溶液的反应速率和速率常数的影响，计算该反应的活化能 E_a	透光率 温度	色度计传感器 温度传感器
53	比尔定律	利用比尔定律来测量一个未知浓度的硫酸铜（Ⅱ）溶液的浓度	透光率	色度计传感器
54	依数性	测定水样品的沸点	温度	温度传感器
55	蒸汽压	使用气体压力传感器和温度传感器测定室温条件下乙醇的蒸汽压	压强 温度	气体压强传感器 温度传感器
56	酶活性	使用酵母粉中的过氧化氢酶催化分解过氧化氢，通过测量 H_2O_2 分解得到的氧气的压强来确定酶活性	压强 温度	气体压强传感器 温度传感器
57	酵母代谢	通过测量发酵容器中的气体压强确定酵母的代谢活动		
58	熔点	使用威尼尔（Vernier）熔解站来测固体物质的熔化温度，第一次实验大概确定熔点范围，在随后的实验中，会准确测定样品的熔点，从而确定化合物	温度	Vernier 熔解站
59	沸点	蒸馏甲苯和环己烷，使用宽范围温度传感器监测挥发性液体在气相中的温度。当某馏分被冷凝时，这个温度应该保持恒定，即代表了这种化学物质的沸点。为了确认每个化合物的存在，可以测量馏分的密度	温度	宽范围温度传感器

续表

序号	概念	实验内容	数据	传感器
60	重结晶	重结晶苯甲酸探究不同溶剂中阿司匹林的重结晶，并用熔解站测量晶体的熔点	温度	Vernier 熔解站
61	薄层色谱法	通过熔化温度和薄层色谱来鉴别未知镇痛药	熔点	Vernier 熔解站
62	酸碱萃取法	利用酸碱萃取法，按照一定顺序来分离含有羧酸、胺和中性化合物的混合物，最后通过熔点分析法来表征所得的分离物	熔点	Vernier 熔解站

六、初高中化学手持技术数字化实验常用传感器、数据采集器及配套软件

以下是初高中化学手持技术数字化实验常用传感器、数据采集器及配套软件教学性能要求，以及配套软件的操作界面，供读者参考，见表 4-4、表 4-5、图 4-1。

表 4-4　初高中化学手持技术数字化实验常用传感器的教学性能要求

传感器名称	教学性能要求
温度传感器	量程−25～125℃；分辨力 0.1℃；误差±0.5%
高温传感器	量程 0～1200℃；分辨力 1℃；误差±1%
电导率传感器	低量程 0～200 μS/cm，中间量程 0～2000 μS/cm，高量程 0～20000 μS/cm；分辨力：低量程 0.1 μS/cm，中间量程 1 μS/cm，高量程 10 μS/cm；误差：低量程±8%，中间量程和高量程±5%
氧气传感器	量程 0～27%；分辨力 0.01%；误差±1%
二氧化碳传感器	量程 0～10000 ml/m^3 和 0～100000 ml/m^3；分辨力 0～10000 ml/m^3：3ml/m^3，0～100000 ml/m^3：30 ml/m^3；误差±10%
气体压强传感器	量程 0～200 kPa；分辨力 0.1 kPa；误差±4 kPa
浑浊度传感器	量程 0～200 NTU；分辨力 0.25 NTU；误差±2 NTU
溶解氧传感器	量程 0～15 mg/L；分辨力 0.01 mg/L；误差±0.2 mg/L
溶解二氧化碳传感器	量程 4.4～440 mg/L；分辨力 0.1 mg/L；误差±5%
pH 传感器	量程 0～14；分辨力 0.01；误差±0.2
电流传感器	量程−0.6～＋0.6 A；分辨力 0.001 A；误差 ±2%
电压传感器	量程−6～＋6 V；分辨力 0.01 V；误差±2%

表 4-5　数据采集器及配套软件的教学性能要求

项目名称	教学性能要求
数据采集器	与计算机 USB 接口通信或无线通信，支持有线连接的四通道并行数据采集
实验数据采集处理软件	简体中文界面，数据采集器接入计算机后能自动识别数据采集器及其状态，实时显示实验数据或曲线，具备多种对实验数据与图线的数据处理与分析工具，实验数据可导出为表格或文本格式

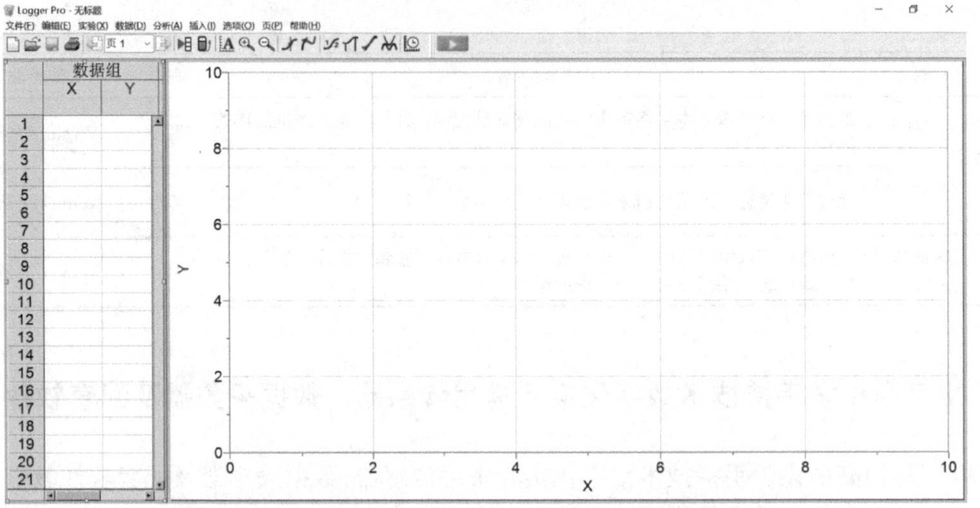

图 4-1　Logger Pro 实验数据采集处理软件操作界面

第二节　自主创新 520 远程化学实验室的建设

一、自主知识产权创新设计 520 远程化学实验室

520 远程化学实验室中的“520”取自“我爱你”的谐音，该实验室属于本团队的自主知识产权，也是团队“我爱你化学”系列成果之一（http://www.520 hx.com.cn/），并获得 2006 年广东省科技计划项目“基于 Internet 的普通化学网上实验的设计、开发、集成及应用研究”（项目编号：2006B15001002）18 万元经费的支持；除此以外，本团队研发的“520 远程化学实验室软件”成功申报国家计算机软件著作权（专利号：2009SR051713）。

远程化学实验室是指在互联网上，通过客户端的计算机远程控制服务器端的实验系统，进行真实的化学实验的实验室。它所进行的既不是虚拟实验，也不是录制好的实验视频，而是真实的实验。远程实验室中，采用远程控制技术控制本地实际设备的运行，采用远程数据采集技术，使实验者从异地计算机设备进行实验操作和观察并得到实验数据及图像（声音）等真实数据。远程化学实验既可以是定性实验又可以是定量实验，鉴于手持技术数字化实验具有快速、准确、图形化的定量测量等特点，本远程化学实验室研究尝试引进手持技术数字化实验，将手持技术数字化实验研究推上新高度[5]。

二、520 远程化学实验室的构成

目前，远程实验室的实现方式不一[6]，基于浏览器/服务器（B/S）的远程实验室只要使用一般的浏览器便可进入实验，鉴于 B/S 远程实验室的构建方便且易实现[7]，本远程实验室应用 B/S 模式进行远程实验室构建及案例设计。

应用现成软硬件构建具有图形化界面、远程实验观察、数据采集与分析及在线交流合作特点的远程化学实验室。该远程化学实验室由硬件和软件两部分构成。

（一）硬件构成

构成整个远程化学实验室的硬件包括五大部分。其中包括：①现场实验装置，这部分是现场被控制的、进行化学反应的实验仪器装置，此部分的构成视不同的实验案例而有所不同；②自动化控制装置，代替人手对仪器及药品进行操作，一般采用可编程控制器（programmable logic controller，PLC）及一些机械传动装置；③数据采集装置，主要用手持技术（数据采集器、传感器）数据采集；④视频、音频获取装置，包括网络摄像头及麦克风，拍摄实验现象的照片与视频、收集现场音频；⑤实验及 Web 服务器，负责实验管理及网络管理，其中包括数据管理（数据分析处理、历史数据存放）及提供网络连接服务，处理远程实验室用户的实验请求等功能。

（二）软件构成

在服务器中安装具有不同功能的软件程序，以使软硬件配合完成各种功能，具体见图 4-2。其中包括：①人机界面程序，为实验者控制实验进行的界面。实验者只需通过键盘及鼠标执行操作，就可进行控制药品加入、装置移动等活动。②手持技术数字化实验软件，负责数据采集，改变数据采集频率及数据显示格式（如数据表、曲线图），视频观察控制（现场观察、录像）。③远程控制软件，客户端通过浏览器及服务器的 IP 地址便可登录远程实验室的服务器，通过人机界面及手持技术软件对实验进行远程控制及观察、数据采集等操作。④视频会议软件 NetMeeting，在客户端的计算机免费安装该即时文字和视频交流软件，能使登录到服务器的学生将实验视频、数据与其他学生共享。另外，建立一个整合了实验预习、实验指南、实验预约、实验室入口等功能的网站，以方便学生提前了解实验操作程序并进行远程实验。

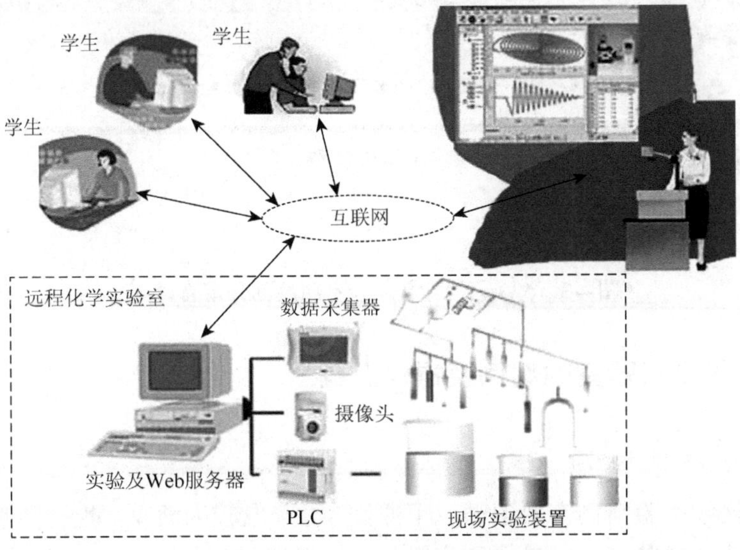

图 4-2　520 远程化学实验室的构成

三、520 远程化学实验室网站设计

520 远程化学实验室除了软硬件构成外，针对远程实验的特点，专门建立一个整合了实验预习、实验指南、实验预约、实验室入口等功能的“520 远程化学实验室网站”（网址：http://www.520hx.com.cn/520chemlab），以方便学生提前了解实验操作程序并进行远程实验。远程实验室网站是为了完善远程实验室功能而设置的，起到帮助实验室管理、提升其教育价值的作用。根据学生、教师的需求将其功能划分为实验室管理、实验教学、实验交流三大部分。

实验室管理主要功能包括用户管理、实验预约、实验室新闻发布；实验教学则是提供了实验室使用简介与规则、实验预习、实验报告、实验练习的功能；实验交流则是提供了交流区，供师生、生生之间互动交流（图 4-3）。

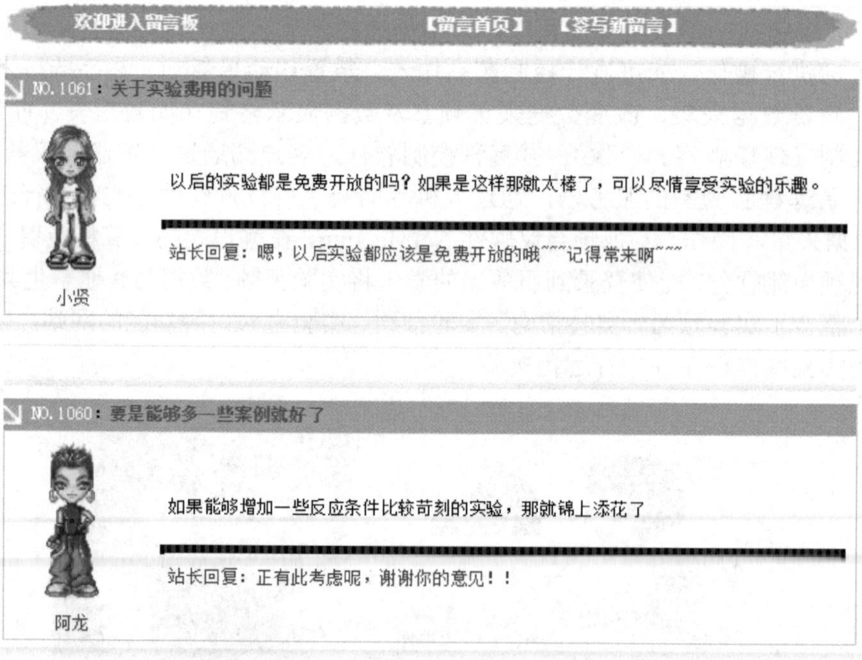

图 4-3　520 远程化学实验室网站部分留言截图

四、520 远程化学实验室的案例及操作流程

（一）远程化学实验案例

开发远程化学实验案例需要遵循以下原则：①选取较为典型、教学价值较高的实验；②应选择“手持技术数字化定量探究实验”；③选取重复性较高的实验；④实验所用的

药品应无毒无害；⑤远程控制操作的机械设计较简便，可编程控制器（PLC）尽量采用开关量。

钱扬义教授的研究生叶静怡[8]按照远程实验案例的开发原则，选取了高考的命题热点——原电池反应为案例进行设计，开发出了三个实验活动及一个趣味实验：①原电池形成条件探究；②金属活动性对原电池电动势大小影响探究；③验证欧姆定律；④用原电池点亮发光二极管（LED）趣味实验。

除此以外，钱扬义教授的研究生黄晓燕[9]按照远程化学实验的开发原则，结合高考的重点、热点内容开发了电化学的系列远程探究实验，包含：“电解池原理”远程探究实验、“电镀池原理”远程探究实验、“不同电解质溶液电解前后 pH 的变化”远程探究实验、“原电池原理及形成条件”远程探究实验、“金属活动性对原电池电压大小影响”远程探究实验、“电解液浓度对原电池电压的影响”远程探究实验、探究电解质溶液导电性本质的远程实验（图 4-4、图 4-5）

以上实验案例都具有如下特点：从实验案例主题上看，是学生感觉比较难懂的、考试重点的典型问题；从实验案例内容上看，是系列式的、面向多层次的、跨学科的；从实验案例的目的来看，希望提供探究机会给学生，让他们独立自主进行探究活动，激发学习兴趣；从实验能力培养方面看，希望通过定量实验培养学生的定量思维和数据处理分析能力；从实验方式改革方面看，倡导一种有别于面对面传授的新式实验教学模式。

图 4-4　520 远程化学实验室控制界面

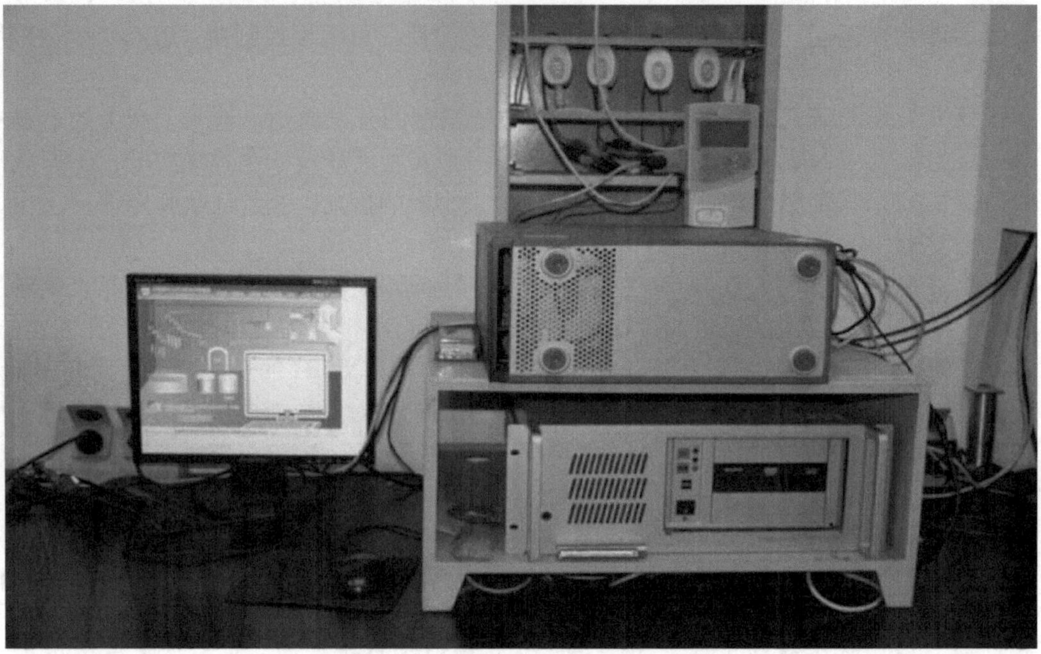

图 4-5　原电池系列远程化学实验

（二）操作流程

远程实验操作的推荐操作流程[10]如图 4-6 所示：

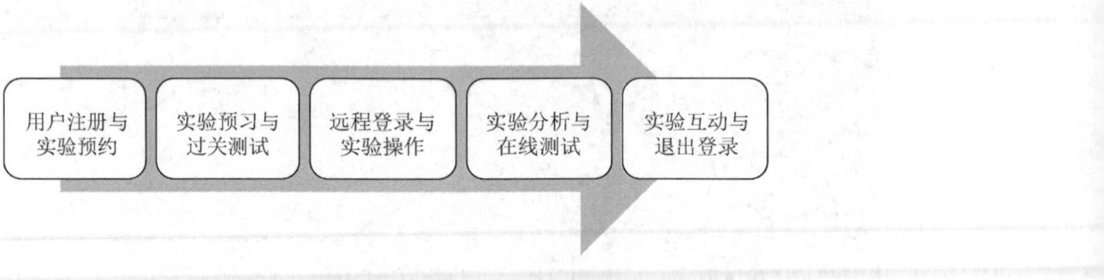

图 4-6　520 远程化学实验室的操作流程

五、520 远程化学实验室的应用及意义

（一）520 远程化学实验室的实践应用

520 远程化学实验室经过本团队的研究生叶静怡（2009 届）、黄晓燕（2011 届）、刘婷（2013 届）多年的实践，实践对象从学生到教师（包括职前教师和在职教师）、中学到大学，均对 520 远程化学实验室的教育功能及价值给予了高度肯定，并提出了宝贵的意见与建议，使 520 远程化学实验室的建设臻于完善。520 远程化学实验室的应用实践情况如表 4-6 所示。

表 4-6　520 远程化学实验室的应用实践情况

研究人员	实践对象	实践主要结论
叶静怡[8]	1. 广州第十三中学 4 名高中生； 2. 华南师范大学 2009 届化学教育专业 50 名本科生（职前教师）	1. 远程化学实验解决了传统实验时空的限制；有助于学生提高思维与数据分析能力；激发学生的实验兴趣 2. 八成以上的职前教师认为远程化学实验室是一项有价值的教学工具，并乐于在教学中使用
黄晓燕[9]	1. 华南师范大学 2008 级化学师范专业大三本科生； 2. 中学师生：广州市 3 位化学在职教师、广州广雅中学 4 位学生	1. 520 Chemlab 有助于提高师范生远程探究式的实验创新能力、实验教学能力，运用网络资源进行实验教学的能力等 2. 520 Chemlab 对于三维目标的实现有很大的促进作用，可达到巩固知识与技能目标，渗透过程与方法目标，深化情感态度与价值观目标
刘婷[10]	1. 初中化学教学中的应用； 2. 高中化学教学中的应用； 3. 在职教师中的应用[11]； 4. 广东骨干教师培训的应用	1. 基于 520 Chemlab 构建的“演示实验新模式”，它帮助提高学习效果并有效培养图像技能 2. 基于 520 Chemlab 构建的“自主实验新模式”及“ELE 学习方式”，创新复习和预习方式并培养学生的图像技能，提高自学效果 3. 化学教师对 520Chemlab 持肯定态度 4. 520 Chemlab 在研究性学习中的应用前景较广

（二）520 远程化学实验室创立的意义

由于远程化学实验室特有的优越性，它的出现对教育平等、实验室资源共享及实验安全方面都有着积极意义[12]。

1. 促进教育公平，提供均等的教育机会

远程实验室的建设为学生提供均等的实验机会开辟了一个良好的途径：无论是城市还是农村的学生，重点学校还是一般学校的学生，都能通过基本的网络条件及计算机设备进入远程实验室，进行实验操作，掌握实验技能。

2. 突破时空限制，促进资源的有效配置

针对普遍存在实验经费不足的问题，远程实验室对减少不必要的重复投入，实现实验室资源的充分利用和教育资源的共享，具有深远的意义。

①利用远程实验室可以充分发挥已有的实验设备的作用，不受时间限制，24 小时均可进行实验，学生可被分散安排在不同时段实验，有效缓解实验室资源紧张问题。

②目前许多科研院所及专门机构，都有良好的设备资源，在情况允许的前提下，可以突破空间限制，利用这类社会资源开展实验教学。现行的高中新课程标准鼓励让学生认识现代化先进仪器，通过远程控制的方式，可以轻松实现该课程目标。

③由于实验设备跨越时空界限得到有效共享，所需设备数量明显减少，实验室维护所需人力、费用和工作量也大大降低，每个学生的实验成本也相应降低了，实验室资源得到有效配置，其作用得到最大限度的发挥。

3. 实现远距离控制，确保人员及环境的安全

化学研究无可避免需要进行一些有害有毒、污染环境和破坏性的危险实验，这些

实验对实验人员和进行实验的环境都有一定的影响，有有毒气体泄漏或有爆炸可能性的危险实验，都不宜人员近距离及在开放式的环境中操作。远程实验室的出现将实现危险实验的远距离控制，将实验人员与危险药品、危险反应隔离，保护其安全；还可将带有污染性和破坏性的实验控制在一个密闭无人环境里，保证实验空间以外的环境安全。

4. 整合信息技术与实验技术，贯彻新学习理念

1）网络环境下的自主学习理念

在网络环境及远程实验技术的帮助下，学生能够自主安排时间、根据自己相对薄弱的环节进行实验或重温实验。自主学习强调学生主体性的发挥，自主学习的实验教学有助于培养学生的自主学习能力。

2）网络环境下的协作学习理念

远程化学实验室能提供界面友好、形象直观的交互式实验学习环境，具有即时交流实验视频实验数据共享的功能。因此，学生能够通过这些网络学习、实验工具进行协作学习。

第三节　手持技术数字化探究实验室和微格教学实验室的建设

一、手持技术数字化探究实验室的建设情况

手持技术数字化探究实验室是本团队最早自行自主建设的实验室，也是全国最早建成的手持技术数字化探究实验室，主要用于手持技术数字化实验的设计与探究。手持技术数字化探究实验室的建设与应用获得了众多课题的支持，包括中国教育学会“十五”科研规划重点课题、中国教育学会 2004 年课题及广东省教育厅基础教育课题（项目编号：2006B15001002）等。本团队还在全国十多所大学（如南京师大、新疆师大、福建师大、广西师大等）及近 100 所中小学（如华南师范大学附属中学、广州市邓世昌纪念小学等）建立了“手持技术数字化实验协同发展基地”。

（一）手持技术数字化探究实验室的装备配置标准

在手持技术数字化实验理论研究的基础上，本团队购买了价值近百万的手持技术数字化实验仪器（图 4-7），开发出“正交实验的设计与研究”“问题解决实验的设计与研究”等四类手持技术数字化实验案例。手持技术数字化探究实验室的组成包括 pH、电导率、温度、电压、电流等 10 多种传感器、LabQuest 等数据采集器、Logger Pro3 等配套软件等国外进口实验设备及传统实验仪器，配套电脑、宽屏液晶电视，以及钱扬义教授专门为实验室设计的苯环式“六边形实验台”（图 4-8、图 4-9）。手持技术数字化探究实验室的装备配置标准见表 4-7。

表 4-7　手持技术数字化探究实验室的装备配置标准

实验室组成	具体内容
硬件设备	7 台计算机、1 个大型的液晶显示屏、3 张用于小组活动的六边形桌子
技术设备	数据采集器、数字化气象站、20 多种适合化学专业高师实验使用的传感器（如 pH、二氧化碳、溶解氧、温度和各种离子浓度传感器）

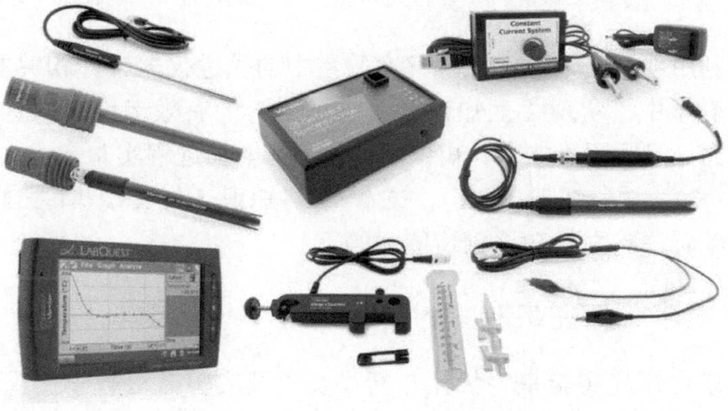

图 4-7　手持技术数字化实验仪器

图 4-8　手持技术数字化探究实验室 3D 设计图

图 4-9　手持技术数字化探究实验室

（二）手持技术数字化探究实验室的作用和意义

手持技术数字化探究实验室是进行手持技术数字化实验设计与探究的载体，其作用与意义体现在以下四点：

一是降低实验和学习的难度。有些难做的传统实验，借助于手持技术数字化实验将变得异常容易实施；一些难理解的科学概念和原理借助于手持技术数字化实验的直观演示将变得容易认知，例如，“探究钢铁的电化学腐蚀”利用氧气传感器，将电化学腐蚀中消耗氧气的用量数字化，使学生更易接受吸氧腐蚀中氧气中的氧原子得电子的事实。

二是改变学习方式，激发学习兴趣。过去的科学教学和实验，大多不易与周围的环境联系，手持技术数字化实验仪器的便携性及采集数据的自动性，突破了学习的空间限制与时间限制，更是以特殊的实验仪器、和电脑的关联、曲线的自动绘制等新颖的东西吸引学生的关注。手持技术数字化实验的实时性和直观性，让学生几乎同时观察到实验结果，使学生感兴趣。

三是体现新课程科学探究和学科融合的理念，提高科学探究的水平。应用手持技术数字化实验能进行大量数据的采集，定量的科学探究，各学科的有机融合，无疑将提高科学探究水平。

四是高师生利用手持技术数字化探究实验室中的先进仪器设计相关实验、进行自主探究并应用到具体教学中，实现“七知识”（TPACK）的有效运用，同时提升“七能力”中的设计创新能力、问题解决能力、知识创造能力等。在远程实验室中，高师生能够有效掌握技术知识（TK）、学科知识（CK）、技术-学科知识（TCK），增强自主学习能力、合作学习能力、问题解决能力、知识创造能力等。

（三）手持技术数字化探究实验室的建设成效

手持技术数字化探究实验室为优化与新设实验及实验微格教学提供了设备和环境基础，开设了必修课程两门、选修课程三门，辐射本科、函授、研究生培养，在高师生创新能力及综合素质培养方面起到了突出作用。本团队建设的手持技术数字化探究实验室在辅助教学方面成果突出，已获得2015年华南师范大学教学成果奖一等奖。

手持技术数字化探究实验室的对外展示，促进了国内外中学教师、国内外科学研究专家对手持技术仪器及实验的了解，在参观了手持技术数字化探究实验室后，他们对实验室的建设和具有特色的科研项目给予了高度评价。

高师生开发的手持技术数字化实验探究案例涉及pH、水解、电离等核心化学概念（图4-10），这些案例在中学课堂教学与探究性学习中的实施应用取得了较好的教学效果，

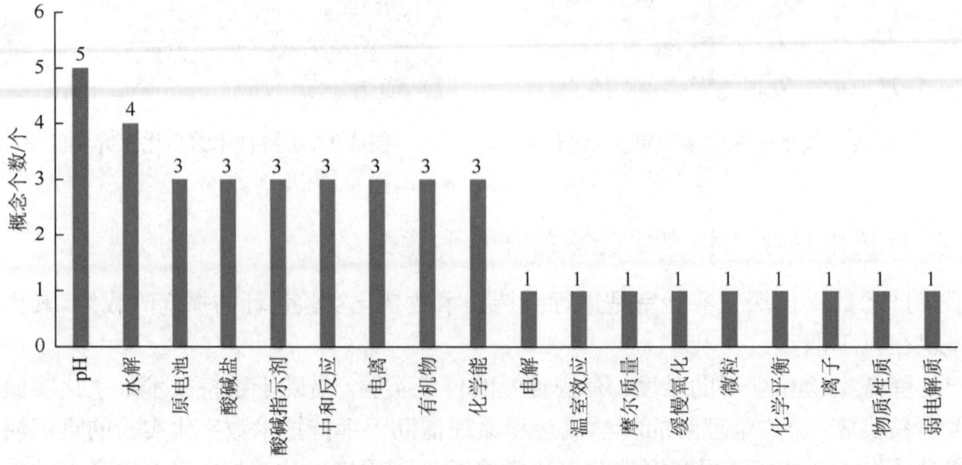

图4-10　手持技术数字化实验探究案例所涉及的核心化学概念统计

例如，有助于提高学生的化学学习兴趣与实验探究技能，以及增强其元认知能力和迁移思维能力等[13]。

另外，在高师生的指导下，不少小学、中学基地的学生积极参与青少年科技创新大赛课题研究，并取得优异的成绩。例如，来自华南师范大学附属中学、广州市第四十七中学、花都区新华中学、广州市邓世昌小学等中小学校约 7 人次获得省级或市级奖项，其中华南师范大学附属中学的符懋敬同学的《空调公共汽车内空气质量的调查研究报告》获得了第 20 届广东省青少年科技创新大赛一等奖，第 57 届国际英特尔科学与工程学大奖赛（ISEF）环境类三等奖。

二、手持技术数字化微格教学实验室的建设情况

手持技术数字化微格教学实验室（图 4-11）主要用于高师生校内实践的手持技术数字化实验的设计与训练。本团队积极引进先进的配套技术设备，如“互动课堂反馈系统”和“电子白板”，以及先进的软件系统，如多媒体教学系统和微格教学录像系统。手持技术数字化微格教学实验室的建设和应用获得了 2001 年华南师范大学第 2 批特色教学研究项目的支持。

图 4-11　手持技术数字化微格教学实验室

（一）手持技术数字化微格教学实验室的装备配置标准

手持技术数字化微格教学实验室由 2 间手持技术数字化微格教学室构成，教室内有完全独立的用于教师的多媒体系统，教学多媒体系统配置有液晶电脑、宽屏电视、互动课堂反馈系统和电子白板。课室内装配有录像机、数码相机、摄像头和投影仪，能够为上课教师方便快捷地进行课堂摄录。通过配置微格教学录像系统和录像监控与编辑系统，能够对实验室内的教学过程从不同的角度进行教学监控，对教室内教师的教姿教态、学生活动等进行全方位的拍摄，并通过微格教学总控室设备（图 4-12）实现云台调控，控制变焦，拍摄特写镜头等。手持技术数字化微格教学实验室的装备配置标准见表 4-8。

表 4-8　手持技术数字化微格教学实验室组成和基本内容

实验室组成	具体内容
教学室	2 间手持技术数字化微格教学室（各 32 m^2）
技术设备	液晶电脑、宽屏电视、录像机、数码相机、摄像头和投影仪、互动课堂反馈系统、电子白板
软件系统	多媒体教学系统、微格教学录像系统、录像监控与编辑系统

图 4-12　微格教学总控室设备

（二）手持技术数字化微格教学实验室的作用和意义

手持技术数字化微格教学实验室主要用于高师生校内实践的数字化教学设计、实施、测评与反思。教育要现代化，信息技术与学科的整合是一条重要的途径，手持技术数字化实验室积极引进配套先进的教学仪器，提供丰富的硬件支持，对于高师生的教育师范技能成长有以下四点作用：

一是通过在模拟课堂的微格教学实验室进行训练，发现课堂中影响实际教学效果的因素，进而探索如何控制这些因素，增加自我认识和自我分析的正确性，完善高师生的教学实践技能。

二是通过录像等设备对教学过程进行实况记录，高师生通过录像得到自我反馈，便于高师生在课后对课堂时间分配、教学互动、提问与评价等方面进行反思，使高师生更有效地发现自己教学技能的优点与不足，有重点、有针对性地进行提高训练。

三是高师生作为教师的后备军，暂未能将 TPACK 进行有机地整合。通过微格教学实验室对高师生的 TPACK 能力的了解与监控，帮助其把握好“在何处使用技术”“使用何种技术”“如何使用技术”三个关键问题，以在课程设计与教学方法上作出相应的调整与改进。

四是在数字化微格教学实验室中进行探讨合作、设计教学案例、实施授课训练，促进高师生更快更好地理解和掌握教学知识（PK）、学科知识（CK）、教学-学科知识（PCK），锻炼和提升合作学习能力、设计创新能力、批判思考能力等。

（三）手持技术数字化微格教学实验室的建设成效

作为训练师范生教学技能的有效方式，目前手持技术数字化微格教学实验室已广泛应用于高师院校的教师教育专业课程。在教学竞赛方面，借助手持技术数字化微格教学实验室目前已培养了一批优秀的学生，协助其打造相关授课课题，在国家级、省级师范技能竞赛中表现出色，起到示范性作用。2013～2020 年，团队培养高师生获国家级、省级奖项共计 27 人次。

第四节　手持技术数字化实验未来实验室的建设——三维实验室

国务院办公厅《关于新时代推进普通高中育人方式改革的指导意见》指出：深化课堂教学改革。按照教学计划循序渐进开展教学，提高课堂教学效率，培养学生学习能力，促进学生系统掌握各学科基础知识、基本技能、基本方法，培养适应终身发展和社会发展需要的正确价值观念、必备品格和关键能力。积极探索基于情境、问题导向的互动式、启发式、探究式、体验式等课堂教学，注重加强课题研究、项目设计、研究性学习等跨学科综合性教学，认真开展验证性实验和探究性实验教学。提高作业设计质量，精心设计基础性作业，适当增加探究性、实践性、综合性作业。积极推广应用优秀教学成果，推进信息技术与教育教学深度融合，加强教学研究和指导。在此指导思想基础上，手持技术数字化实验室进一步结合学科特色，开发构建更新型高效的实验室——三维实验室。

一、手持技术数字化实验三维实验室简介

化学是一门以实验为基础的科学，实验贯穿整个化学教学的过程。在化学学科教学的过程中，实验教学一直都是培养学生创新思维能力和实践操作能力的重要途径。目前大部分学校都是二维的传统实验室（图 4-13），即由纵横排布的实验设备组成的实验室。由于

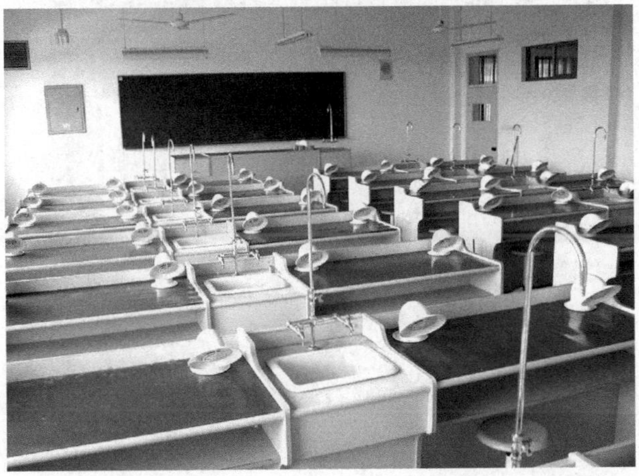

图 4-13　传统的二维实验室

二维实验室的电路系统、供水系统位置相对固定，而以化学学科为主的开设实验的课程灵活性高，对于涉及合作探究模式、工作坊教学模式的课程体系，传统的二维实验室已无法满足日益多样化的需求。

科技发展日新月异，新型的实验室建设也需要不断革新，寻找一个可行稳定的发展方向。为解决新形势下实验室系统能够满足不同类型的课程模式开展的需要，需充分发挥具有现代技术的三维实验室无可比拟的优势（图 4-14）。

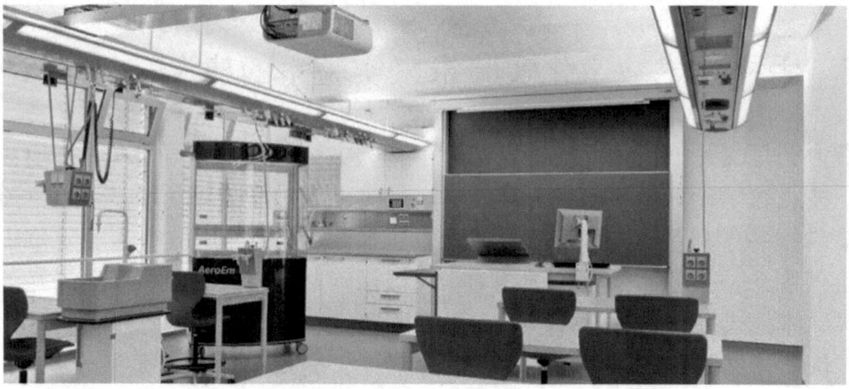

图 4-14　三维实验室即视效果

三维实验室是一个围绕手持技术数字化实验设计开发的能够提供灵活空间的实验室，它在原有的二维实验室利用平面空间的基础上，通过增加“吊装系统”的方式（图 4-15）增加垂直方向上空间的利用，并且进一步优化了实验室设备的分布。三维实验室可以完

图 4-15　三维实验室“吊装系统”

全随实验所愿进行空间变化，水电的供给也通过构建新型的天花板供给系统智能地互连各个工作区域。通过构筑模块化的装备（图 4-16～图 4-18），三维实验室可以简单、快速地调整课室设置以适应任何实验情况和场景，现已有多所学校建设三维实验室，见图 4-19、图 4-20。

图 4-16 局部排气系统

图 4-17 教室排气系统

图 4-18 给水及排水系统

图 4-19 上海市控江中学“三维实验室”建设

图 4-20 上海青浦高级中学

二、手持技术数字化实验三维实验室的优点

从实验室的发展趋势来看，化学类实验室向综合性、多功能的综合研发类实验室发展。新型的三维实验室能够更好地为开展形式各样的手持技术数字化实验提供设备支持，其与传统的实验室相比有以下四个突出的优点：

一是通过天花板吊装集成，节约地面空间，提高教室利用率。三维实验室不占有任何地面固定资源，没有任何地面及地下管线，保持了实验室地面平坦完整，可使实验室桌椅快速地任意排布，满足各种不同课程及不同工作的需求。

二是能够快速、便捷、安全地提供各种实验室媒质。电（强电和弱电）、水、燃气、压缩空气、真空、通风、照明、网络和数据等各种媒质的提供，可用以完成各类科学实验。模块化的总控设计，可将任何媒质送到指定的位置，也可在意外发生时，及时切断所有媒质的输送，为实验者提供强大的安全保障。

三是优化环节，为教师教学提供了丰富的可能性。三维实验室能够根据教师手持技术课程的开展需要，自由地安排课室结构进行相应的实验探究，不会受到如水电供给、排气等问题的干扰。同时三维实验室用于课堂实验教学的亮点十分突出，现象不明显的实验通过网络互连可以实时地将其连接到大屏幕上，更直观地看到实验现象。

四是简化操作，与时俱进。因其适应新课标的教学特点，学生能够快速响应教学实验的需求，有助于提高学生的参与度，培养学生自我训练能力及创新意识。

三、手持技术数字化实验三维实验室与教学模式

手持技术数字化实验三维实验室高度适应多种教学方式所需的课堂配置，模块化的装备可以简单、快速地调整课室设置，以适应任何情况和场景。

合作探究模式：合作探究模式主要是以学生的探究活动为主体，以教师的启发为线索，为学生创造充分的思考空间和实践机会，强调师生间、个人与团队间、团队与团队间的交流。三维实验室针对全班的交流性课程，可根据课堂需求，将学生分为两组或者多组，把学生的电脑连接到系统的电话和数据接口，各个小组的内容即可在白板上进行交互讨论，见图 4-21（a）。

分组实验模式：分组实验是学生实验的主要形式，将学生分组为单独的模块，三维实验室可以为每组学生提供实验所需的电、气和水等媒质，改变过去死板的教学方式，为提高学生的实践能力提供了有效的助力，见图 4-21（b）。

工作坊模式：工作坊模式是通过改革传统教学模式，让学生从学习的被动者转变为学习的主动者的有效方法。工作坊是由数人共同参与的场域和过程，让参与者在参与过程中能够对话沟通、共同思考、调查分析、提案规划、讨论执行。三维实验室突破传统课室的死板构架，高度适应工作坊模式下根据任务需要灵活地摆放课桌的要求，更好地让学生自由分组讨论，并集中精力思考创新的解决方案，见图 4-21（c）。

讲座与授课模式：当需要进行传统授课或讲座时，“三维实验室”可变身为普通课室进行授课教学，而吊装系统依然可以让每个学生连接到多媒体网络，开展更有效的交流学习，见图 4-21（d）。

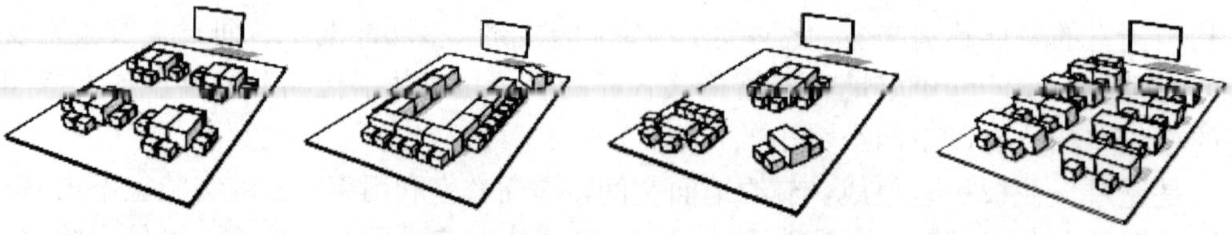
(a) (b) (c) (d)

图 4-21 手持技术数字化实验三维实验室与不同教学模式的适配

第五节 手持技术 AR 虚拟化学实验室

近年来，增强现实技术（augmented reality，AR）因其独特的技术优势和教育价值，被广泛应用于化学教育研究及教学领域。AR 是指用 3D 技术将虚拟对象叠加到真实对象上，从而实现视觉增强的效果[14]，具有虚实结合、多模态触发、实时交互、沉浸式体验

等特点。《国家教育事业发展“十三五”规划》中指出，要积极发挥人工智能和虚拟现实（virtual reality，VR）、增强现实（augmented reality，AR）等创新技术的优势，拓展教育形态，探索未来教育新模式，为促进个性化学习与针对性教育提供支持[15]，因此教育与增强现实这类创新技术的深度结合将成为未来教育模式的主要发展方向。

一、手持技术 AR 虚拟化学实验室简介

手持技术 AR 虚拟化学实验室，即在手机、平板等手持移动电子设备上利用移动 AR 技术进行仿真化学实验的一种虚拟实验室（图 4-22）。这种方式保留了 AR 的技术特性，明显地降低了对 AR 设备的要求[16]。

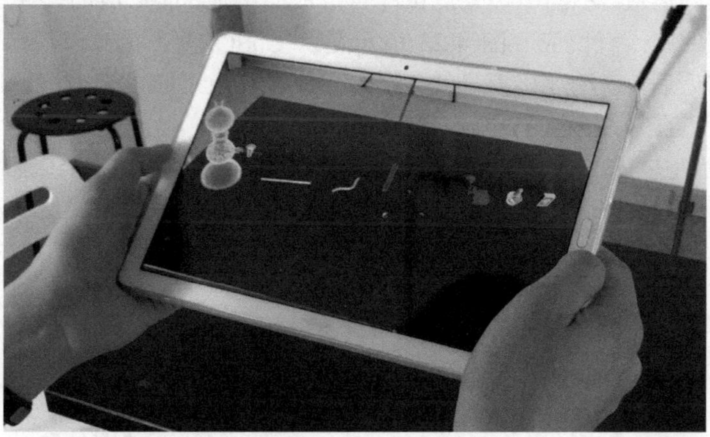

图 4-22 手持技术 AR 虚拟化学实验室

手持技术 AR 虚拟化学实验室具有以下三大优点[17]：

一是具象知识概念，激发学习兴趣。AR 是一种新兴的技术，容易激起学生的好奇心与注意力。AR 技术可以将抽象的知识概念通过三维、可视化的方式具象化，降低学生理解的难度，并结合移动智能终端的强交互能力，加强学习者的学习参与度，给予学习者不同的学习体验，激发青少年学习者的求知欲与探究欲。

二是还原真实实验场景，提高实验能力。AR 技术为学习者搭建了一个真实化学实验的学习场景，通过多样的交互方式将化学实验的操作过程进行还原，帮助学生熟悉正确的实验操作过程，提高其实验能力及学习热情。

三是提供泛在学习的学习条件。手持技术 AR 虚拟化学实验室具有手持技术便携性的优点，学习者可以随时随地地进行化学实验学习，同时消除了化学实验的危险性，降低了化学实验学习的条件，为学习者创造可复用且无处不在的学习条件。

二、手持技术 AR 虚拟化学实验室实验案例——探究构成原电池的条件[18]

利用增强现实技术 APP 扫描识别卡片，模拟组成原电池的部件，让学生在脱离实验

室的环境下也可以进行原电池实验，来亲身体验和学习形成原电池的条件。原电池是把化学能转换为电能的装置，利用两个电极的电势的不同，产生电势差，从而使电子流动，产生电流。原电池的构成条件有：电极材料由两种金属活泼性不同的金属或由金属与其他导电的材料（非金属或某些氧化物等）组成；有电解质存在；两电极之间有导线连接，形成闭合回路。三个条件中有任一条件不满足，均不能形成原电池。

APP 中列举的示例识别物有：

①溶液：稀 H_2SO_4 溶液、$CuSO_4$ 溶液、乙醇。扫描后可显示一个大的烧杯，里面装有相应溶液。

②电极：Zn×2、Fe、C、Cu。扫描后显示一个电极，可将选择并扫描出的两个电极放入上面提到的烧杯中，并自动连上导线，形成闭合回路。

通过搭配不同溶液、不同电极来测试能否形成原电池，能形成的会在导线上出现蓝色电流，不能形成的则没有反应。图 4-23 所示是以 $CuSO_4$ 溶液为电解质溶液，将 Cu、Zn 电极的识别物靠近后，自动连接上导线。因为该条件满足了原电池形成的所有条件，可以形成原电池，所以在导线上会有电流出现。

图 4-24 所示是以 $CuSO_4$ 溶液为电解质溶液，将两个 Zn 电极的识别物靠近后，自动连接上导线。由于该条件两个电极材料的金属活泼性相同，不能形成原电池，所以没有电流出现。

图 4-23　Cu、Zn 电极与 $CuSO_4$ 溶液原电池实验 AR 效果图

图 4-24　Zn、Zn 电极与 $CuSO_4$ 溶液原电池实验 AR 效果图

参考文献

[1] 王立新，钱扬义，苏华虹，等. 手持技术数字化实验与化学教学的深度融合：从“研究案例”到“认知模型”—TQVC

概念认知模型的建构[J]. 远程教育杂志，2018，36（4）：104-112.

[2] 教育部教育装备研究与发展中心. 教育部发布《初中物理教学装备配置标准》等 6 个学科教学装备配置标准[EB/OL]. (2019-05-31)[2020-10-18]. http://www.zbzx.edu.cn/html/bzhdt/ 20190531/3282.html.

[3] 中华人民共和国教育部. 义务教育化学课程标准（2011 年版）[M]. 北京：北京师范大学出版社，2012.

[4] 中华人民共和国教育部. 普通高中化学课程标准（2017 年版）[M]. 北京：人民教育出版社，2018.

[5] 钱扬义. 手持技术在化学学习中的应用与建模研究[M]. 北京：科学出版社，2009：92-145.

[6] 刘婷，钱扬义，彭豪. 基于网络的远程实验室研究：国内 13 年研究回顾[J]. 远程教育杂志，2013，31（2）：107-112.

[7] 钱扬义，叶静怡. 远程化学实验室的特点、结构及实现技术探讨[J]. 远程教育杂志，2009，（1）：75-78.

[8] 叶静怡. 基于 Internet 的远程化学实验室的构建及其应用研究[D]. 广州：华南师范大学，2009.

[9] 黄晓燕. “520 Chemlab”的构建及其应用研究——面向“化学高师生”和“中学师生”的网络真实实验平台[D]. 广州：华南师范大学，2011.

[10] 刘婷. “520 Chemlab”在中学化学教学中的应用研究[D]. 广州：华南师范大学，2013.

[11] 钱扬义，黄晓燕. “520 远程化学实验室”在中学实验教学中的应用与探索[J]. 中国电化教育，2011，（1）：97-100.

[12] 叶静怡，钱扬义. 美国霜堡州立大学远程化学实验室及实验案例介绍[J]. 化学教学，2008，（10）：47-48.

[13] Lee K，Tsai P S，Chait C S，et al. Students' perceptions of self-directed learning and collaborative learning with and without technology[J]. Journal of Computer Assisted Learning，2014，30（5）：425-437.

[14] 熊启英. 增强现实教学软件的开发和应用[D]. 西安：陕西师范大学，2019.

[15] 中华人民共和国国务院. 国务院关于印发国家教育事业发展“十三五”规划的通知[EB/OL].（2017-01-19）[2020-08-20]. http://www.gov.cn/zhengce/content/2017-01/19/content_5161341.htm.

[16] 萧铭桦，肖信，罗秀玲. 基于移动增强现实技术的化学教学软件设计与开发[J]. 化学教学，2020，（2）：93-97.

[17] 熊垒，付祥，熊璐. 基于移动增强现实的化学实验辅助应用[J]. 电脑知识与技术，2019，15（27）：267-268，284.

[18] 王今阳. 基于增强现实技术的中学化学学习 APP 设计研究[D]. 沈阳：沈阳师范大学，2018.

第五章 Chapter 5

手持技术数字化实验慕课的开发与应用

核心观念（大概念）

1. 单人出镜讲授式
2. 多人座谈互动式
3. 近景实验演示式
4. “1+1”慕课：看中学、读中学、学中做、学中论

第一节　“化学教学论手持技术数字化实验”中国大学慕课的建设

一、慕课建设总体框架

手持技术能够优化传统实验，化抽象概念为直观图像，发展学生的数字化信息素养，有效辅助化学教学，但该技术因地域和技术水平差异，未能全方位普及各地区中学化学教育工作者，以致在中学中难以开展。

基于此，本团队确定“化学教学论手持技术教字化实验”课程的面向对象为职前化学教师和在职中学化学教师，围绕“什么是手持技术数字化实验、如何开发案例、如何实施教学及理论依据、如何把手持技术数字化实验案例及教学案例成果化并撰写成论文发表”等问题，以教学论、课程论和系统论为指导，规划课程总体目标，设计合理模块与内容，同时辅以配套教材《手持技术数字化化学实验教学研究：理论构建与创新实践》。具体设计框架如图 5-1 所示。

二、慕课建设总体目标

（一）传统实验到新型实验的转型

中学化学传统实验多为经典实验案例，教师在实验中选择传统化学实验仪器进行实验演示与探究。在教学过程中，学生通过实验现象得到定性证据，对实验结果获取浅层记忆性的认知。相比而言，手持技术数字化实验因其便携性、准确性、实时性和直观性的特点，能够变革实验手段，转变教学观念，实现内容拓展[1]。例如，开发一系列基于手持技术的定量化化学探究实验，实现对中学生宏观辨识与微观探析、证据推理与模型认知及科学探

究与创新意识等化学学科核心素养的培养。

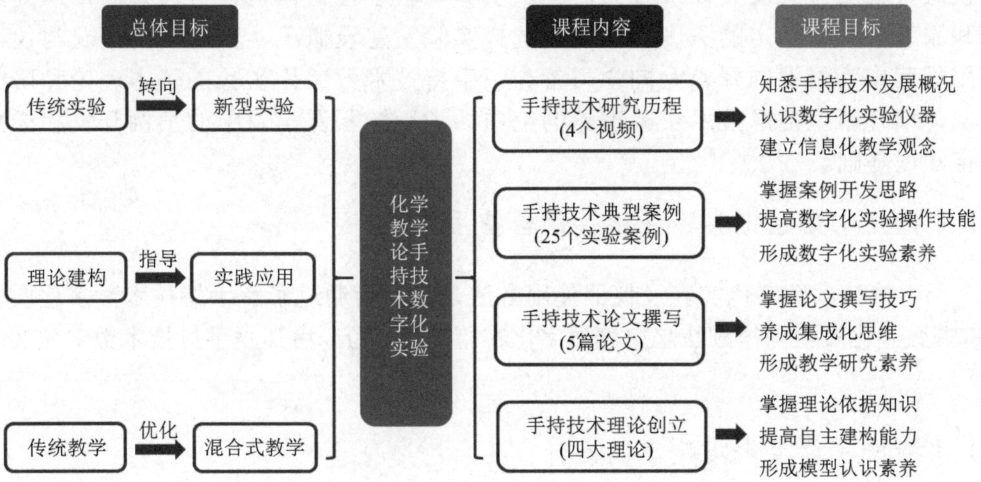

图 5-1　具体设计框架

（二）理论构建对实践应用的指导

本团队经 22 年的不断探索，基于案例开发成果和实践应用研究，在教师开发实验案例、设计课堂教学模式、学生分析实验结果与解决实验问题四个方面，建构了“TQVC”理论[2]、“实验探究 6S 模型”理论[3]、“课题探究 10C 模型”理论[3]、“四重表征”理论[4]、“问题解决心理机制”理论[5]和“三环节论证”理论。这些理论的建构，对指导手持技术数字化实验的实践应用与研究提供了思路方法和有力依据。例如，本团队的已有研究表明，“实验探究 6S 模型”与“课题探究 10C 模型”理论在发展高中生的化学概念理解能力、图像认知能力及元认知能力三个方面均有较显著的作用。“TQVC”理论[2]和“四重表征”理论[4]被同行广泛引用。

（三）传统教学到混合式教学的优化

当今大学教育对知识的传授速度滞后于知识的产生速度，这使得大学教育的单面传授教学模式不得不转为在线教学或者混合式教学[6]。“化学教学论手持技术数字化实验”慕课能将传统以面对面学习为主的教学模式转变为线下与线上相结合的学习模式，将传统的以“教师、教室、教材”为中心的教学理念转变为以“学生”为中心、“教师与网络”为引导的创新教育理念[7]。混合式教学有机地结合了传统教育与网络教学的优势，解决了整体学习与个性化需求的兼顾问题，促进了学习方式的变革，同时保证了整体教学质量。

三、慕课建设总体内容

（一）手持技术数字化实验 22 年研究概况

本团队是国内研究手持技术数字化实验时间最早、最长的研究团队，研究范围包含实验装备与实验室基础建设、实验案例与网站资源开发、实验课程与教材建设、教学模式、培训模式、应用模式及其评价方式研究、实验与教学理论模型建构等方面，研究内容全面和系统，具有一定的深度和广度。选择实验室建设概况、实验研究概况与仪器基本使用规范作为慕课的开篇，向学习者介绍手持技术数字化实验的基本理论和研究发展情况，填补新型信息技术实验理论的空白，为后续慕课学习中的案例开发和成果凝练奠定知识基础。

（二）手持技术数字化实验介绍及仪器使用方法

介绍手持技术数字化实验及仪器使用方法，学习者通过了解手持技术数字化实验仪器、掌握数字化实验操作方法来培养数字化实验素养，为今后开发手持技术数字化实验夯实基础。

（三）手持技术数字化实验案例设计

提供大量典型的中学化学手持技术数字化实验案例资源，为中学化学教师带来直接的参考。实验案例共有七类，分别是分子间作用力系列类、核心概念类、课标难点类、火焰探究类、生活情景类、科学探究类和创新获奖类。通过学习实验案例，学习者发展手持技术数字化实验设计和开发能力，为今后自主开发手持技术数字化实验提供思路。

（四）手持技术数字化实验的教学应用研究

该部分内容为职前教师、在职教师培训提供相关资源，包括职前化学教师的培训，以及在职化学教师的“省培计划”和“国培计划”，有助于学习者了解数字化实验教学应用模式，培养数字化实验教学应用能力和提高教学模式创新意识[8-10]。

（五）手持技术数字化实验的成果凝练

精选五位在核心期刊《化学教育（中英文）》发表过手持技术数字化实验论文的作者，分享手持技术论文撰写技巧、投稿与发表过程和心得体会，为学习者呈现手持技术数字化实验研究成果集成化的程序方法，给今后的案例成果提炼与升华、信息化教学研究提供指导性建议，培养学习者的成果集成化思维和教学研究素养。

（六）手持技术数字化实验心理学理论的建构

本慕课的另一重点是阐述手持技术数字化实验四大理论的创立，分别为手持实验案例开发的“TQVC”理论、实验结果分析的“四重表征”理论、实验过程的“问题解决心理机制”理论与实验教学应用“三环节论证”理论。以上理论的构建来源于大量已开发的实验案例与教学应用的研究成果，同时又服务于新案例开发设计与教学应用研究。学习者通过学习多维理论研究，对手持技术数字化实验开发与教学应用的理论有系统的认识，以建构较为系统的手持技术数字化实验学习体系。

四、慕课建设具体章节

本课程共设计六章，渗透对学习者在知识、能力及价值观念三大维度的培养。慕课具体章节见表 5-1。

表 5-1　慕课具体章节

课程章节	课程内容	章节配置	课程目标 （知识、能力、价值观念）
第一章 手持技术数字化实验 20 年研究概况	①手持技术数字化实验建设概况 ②手持技术数字化实验研究概况	①讲课录像 ②课程习题及参考答案 ③单元测验及参考答案	①通过了解手持技术发展概况，感受手持技术数字化实验的应用价值 ②通过认识手持技术数字化实验研究概况，建立对手持技术数字化实验的理论认同和情感认同，适应时代和教育发展需求
第二章 手持技术数字化实验 介绍及仪器使用方法	①手持技术数字化实验介绍 ②手持技术数字化实验仪器使用方法	①讲课录像 ②课程习题及参考答案 ③单元测验及参考答案	①通过观看实验介绍视频，了解手持技术数字化实验仪器的种类、工作原理及其使用方法 ②通过观看实验仪器使用方法视频，掌握手持技术数字化实验操作方法，提高实验技能和数字化实验素养
第三章 手持技术数字化实验 案例设计	分子间作用力系列类： ①比较正丁醇及其同系物分子间作用力大小 ②比较正丁醇及其同分异构体分子间作用力大小 ③利用正丙醇和正己烷验证氢键的存在 ④探究丙酮与三氯甲烷混合液中的氢键 ⑤探究丁醇同分异构体纯净物和混合物的分子间作用力 ⑥探究丙二醇的两种同分异构体的分子间作用力大小 核心概念类： ①利用手持技术数字化实验促进学生对配合物概念学习 ②手持技术数字化实验支持下的“盖斯定律”认知 ③探究“铝三角”中铝的化合物之间的相互转化过程 ④利用手持技术数字化实验探究离子反应 课标难点类： ①运用数字化手持技术测量化学反应速率 ②探究浓度对化学平衡的影响——以 Fe^{3+}/SCN^- 平衡体系为例 ③基于手持技术数字化实验进行液相反应化学平衡常数的测定——以 Fe^{3+}/SCN^- 体系为例 ④探究原电池电流和温度的变化	①讲课录像 ②课程习题及参考答案 ③单元测验及参考答案	①通过学习经典实验案例的实验方案，了解手持技术数字化实验在中学化学教学的应用 ②通过观看实验案例的具体操作视频，掌握手持技术数字化实验操作方法 ③通过实验案例的数据分析，掌握分析手持技术数字化实验结果的基本思路与逻辑方法 ④通过分析典型案例的选题、设计、过程、实验报告等，认识手持技术数字化实验开发设计思路，自主创新开发新案例，提高实验改进与科学研究能力和科学素养 ⑤通过学习应用信息技术优化教学的方法技能，建立信息技术与教学融合的观念

续表

课程章节	课程内容	章节配置	课程目标 （知识、能力、价值观念）
第三章 手持技术数字化实验案例设计	火焰探究类： ①酒精灯各焰层温度高低的比较 ②不同燃料的火焰温度比较 ③探究不同浓度乙醇溶液的火焰划分 ④利用手持技术数字化实验改进焰色反应 生活情境类： ①利用手持技术测定水果中维生素 C 的含量 ②利用手持技术数字化实验探究混凝剂的净水效果 ③利用手持技术数字化实验探究混凝剂的最佳净水条件 科学探究类： ①应用手持技术数字化实验探究不同类型酸碱的中和滴定过程 ②应用手持技术数字化实验探究氯离子物质的量对氯离子效应的影响——以镁与盐酸的反应为例 ③利用手持技术数字化实验比较抗酸药的抗酸性 创新获奖类： 利用手持技术数字化实验探究电化学腐蚀		
第四章 手持技术数字化实验的教学应用研究	①职前化学教师的培训 ②手持技术用于教学论传统实验“四性”认识 ③在职化学教师的培训——“省培计划” ④在职化学教师的培训——“国培计划”	①讲课录像 ②课程习题及参考答案 ③单元测验及参考答案	①通过认识手持技术数字化实验在师范院校职前教师培养、“国培计划”“省培计划”和名师工作室等在职教师培训中的开展情况，了解数字化实验教学应用模式 ②通过自主研发手持技术数字化实验案例，掌握以教育工作者的视角开展手持技术数字化实验教学的方法
第五章 手持技术数字化实验的成果凝练	①利用手持技术数字化实验促进学生原电池概念认知 ②手持技术数字化实验支持下的抽象化学概念学习——以探究比较丁醇同分异构体的分子间作用力为例 ③手持技术数字化实验支持下的“盖斯定律”认知 ④探究浓度对化学平衡的影响——以 Fe^{3+}/SCN^{-} 平衡体系为例 ⑤利用手持技术数字化实验促进学生对配合物概念学习	①讲课录像 ②课程习题及参考答案 ③单元测验及参考答案	①通过论文写作指导，掌握数字化实验论文撰写技巧，将实验报告凝练为实验论文 ②通过凝练实验报告为论文，增强成果凝练意识和反思总结能力
第六章 手持技术数字化实验心理学理论的建构	①化学认知模型理论 ②化学“四重表征”理论 ③化学问题解决心理机制理论 ④基于手持技术数字化实验论证探究式教学	①讲课录像 ②课程习题及参考答案 ③单元测验及参考答案	①通过学习数字化实验教学理论依据，掌握手持技术数字化实验“教-学-评-研-用”五个方面的心理学理论与教学策略 ②通过借鉴探究式教学案例，提升数字化教学研究素养和数字化教学研究能力

五、慕课的高校合作队伍建设

本慕课的开发是钱扬义教授主持广东省本科高校 2018 年度省级系列在线开放课程“化学教学论手持技术数字化实验”（项目编号：粤教高函〔2019〕28 号）的成果。该项目由华南师范大学牵头，其中支持并参与的高校有广州大学和韶关学院两所高校。

牵头高校条件保障：华南师范大学网络中心建设有在线教学管理平台——砺儒云课堂。该平台采用国际上主流的开源在线学习系统 Moodle 构建，主要提供教学、学习与教学管理“一站式”服务，致力于加强教师信息化教学能力和学生信息化学习能力培训。目前在砺儒云课堂上已有部分课程上线，化学学院已经有 24 门课程正式使用。砺儒云课堂分教师模块与学生模块，学生模块与教师的活动相对应，主要有六项：自学学习资源、组成协作小组、明确学习目标、参与学习活动、师生的交互和生生协作交流。主要的模块有课程管理、作业、聊天、测验、投票、论坛、资源共享、互动评价、问卷调查等。

参与高校广州大学支持情况：广州大学创建有自己的慕课平台（好大学在线），目前共有 84 余门课程上线运行，在线学习人数为 30 926 人。该平台发展成熟，功能丰富，主要功能有在线学习、知识导航、课内讨论、同伴互评、主观练习/客观练习、作业提交、线上考试、资源库管理等；开课方式有慕课、私有课程、资源共享课等；开课模式有学期学习和随到随学，能为教师开展在线课程教学、翻转课堂教学、基于 SPOC 的混合式教学等提供平台支撑。学校建设了覆盖教学区和生活区的有线/无线高速校园网络，方便课堂教学调用课程网站和多媒体课件等网络教学资源。学校不断加大投入力度，设有精品课程网站服务器与精品课程综合开发平台，由专人负责管理。

参与高校韶关学院支持情况：韶关学院一直重视加强课程建设，把课程建设作为深化教学改革、提高教学水平和人才培养质量的一项重要工作。现建有韶关学院在线教学综合服务平台，开设 14 门精品资源共享课程，7 门精品视频开放课程，每门精品资源共享课程由优秀教学团队负责，设有教学内容、教学录像、教学效果、教学研究扩展资料和互动教学等板块，平台由该校网络与教育技术中心提供专门技术支持。学校建设了覆盖教学区和生活区的有线/无线高速校园网络。

第二节　“化学教学论手持技术数字化实验”中国大学慕课的制作与上线

慕课的开发包括前期准备、视频拍摄、剪辑制作、审查校对和上线推广五个步骤，具体开发流程见图 5-2。

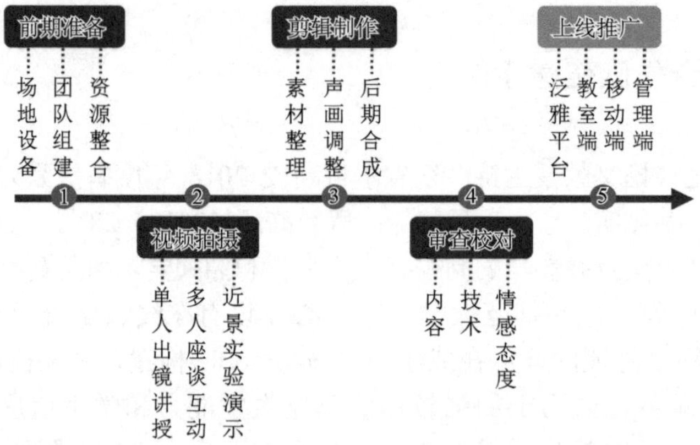

图 5-2　慕课开发流程

一、慕课的前期准备

慕课制作的前期准备主要包括场地设备、团队组建和资源整合三个主要部分的工作。

第一，齐全化场地设备是慕课制作的硬件要求，包括拍摄慕课的场地及所需设备[12]。慕课的拍摄含专业录影棚和手持技术数字化实验室两大取景地，拍摄时应根据需求选择相应的场地。专业录影棚用于拍摄理论讲解部分，而手持技术数字化实验室则用于拍摄实验操作部分。设备包括基本的拍摄设备和实验设备，如录像机、麦克风、光源、音箱和手持技术数字化实验所需的仪器和试剂等。

第二，专业化团队的组建是慕课制作的核心条件。拍摄慕课需要组建两大团队，即技术团队和策划团队。慕课的技术团队负责布置场地、拍摄和剪辑视频，以及发布和推广课程等技术操作。慕课的策划团队由三位主讲教师与多位学生助教构成，同时扮演着编剧、导演和演员三大角色，负责准备课程资源、设计课程及讲授课程。为了更好地达到预想的教学效果，策划团队应与技术团队进行多方面的沟通和交流，提出自己的需求，以期制作出心仪的慕课。

第三，系统化的教学资源是慕课制作的必要条件。慕课含五大教学资源，分别为教学设计、授课 PPT、录制脚本、习题及参考资料包。策划团队在慕课拍摄前应反复地对教学设计进行修改，明确各个章节的教学目标及重难点，选择合适的教学策略和教学评价手段。在慕课拍摄过程中，主讲人需准备相应的授课 PPT 和录制脚本。在慕课完成制作后，技术团队依托智慧教学平台，上传相应的习题库和参考资料包，供学习者配合慕课学习。

二、慕课的视频拍摄形式

慕课采取三种形式进行拍摄，即单人出镜讲授式、多人座谈互动式及近景实验演示式（图 5-3）。为了达到最好的授课效果，对不同的知识讲解应采取不同的拍摄形式，以满足学生的个性化学习需求。

➤注重教师单人讲解
➤集中学生注意力
(a) 单人出镜讲授式

➤ 注重师生主题式探讨
➤ 激发学生单元思维
(b) 多人座谈互动式

➤ 注重实验操作示范
➤ 帮助学生认识实验
(c) 近景实验演示式

图 5-3　慕课的三种拍摄形式

（一）单人出镜讲授式

单人出镜讲授式是传统的慕课拍摄形式。这种形式要求主讲教师站立或坐直在画面正中间，身体应保持正中，双目不得游走，目光直视镜头。单人出镜讲授式的特点在于让学习者能更加集中自己的注意力，并产生一对一听课的现场感和存在感。本团队与超星公司合作，使用专业摄像机，在纯色背景前面进行人工拍摄，采取“教师出镜抠像 + PPT 融合”的模式制作慕课视频，既能保障教师授课画面不会过小，又能确保 PPT 较好地融合进画面中。

（二）多人座谈互动式

多人座谈互动式是较新颖的慕课呈现形式。主讲教师扮演引导者的角色，围绕主题，带领学生、助教探讨相关问题。对比传统的单人出镜讲授式教学，多人座谈互动式既注重教师与学生之间的互动，也注重课堂氛围的轻松性和活跃性。这种慕课拍摄形式要求拍摄现场尽可能配备有专业的导演和形象指导，以保证视频严格按照脚本进行，帮助主讲教师能够以良好的精神状态和轻松的心情，自然地面对镜头，发挥出个人的授课风格。

（三）近景实验演示式

与传统意义上的使用图片加文字的 PPT 教学方式相比，实验类慕课可以提供实物展示和操作流程，深入解读实验难点和关键细节，全方位示范实验现象的观察和分析，更有助于学生认识实验的目的和原理，掌握实验的操作步骤和基本要领[12]。为了使实验操作的呈现更加清晰和美观，在拍摄时需要考虑许多细节，如实验室台面的选择、仪器和试剂的放置、与颜色等宏观实验现象相适拍摄光线的选择等[13]。本慕课第三章呈现了大量的手持技术数字化实验案例，不仅有理论部分的讲解，也有实验操作的演示。通过采取近景拍摄实验操作的形式，学生能够清晰地观察到每步操作的细节，更直观地了解手持技术数字化实验。近景实验演示式确保了学生对手持技术数字化实验的重现能力，使实验操作教学达到真正意义上的“落地”。

三、慕课的六环节流程

慕课的第三章含大量典型的手持技术数字化实验案例。为帮助学习者更好地认识手持技术数字化实验的选题、原理、设计、操作和结果分析，采取“师生座谈—教师讲解—学生讲解—实验演示—讨论分析—资源分享”六环节流程（图 5-4）。师生座谈环节为师生共同探讨如何开发系列相关实验及实验间的联系；教师讲解环节为教师单独讲解实验提出的问题、实验价值，以及实验的重点和难点；学生讲解环节为学生单独讲解本实验的相关实验原理、实验设计过程，以及实验操作过程中需注意的事项；“实验演示”环节为近景演示实验的详细操作步骤；讨论分析环节旨在讨论实验获得的数据和相关曲线，借助实验证据分析推理，得出实验结论；资源分享环节旨在呈现课外教学资源如论文、著作、习题等，帮助学生巩固课堂所学知识和拓展课外知识。

师生探论系列相关实验 (a) 环节一：师生座谈

教师讲解实验重点难点 (b) 环节二：教师讲解

学生讲解实验相关原理 (c) 环节三：学生讲解

学生演示实验具体操作 (d) 环节四：实验演示

数据处理与结果分析 (e) 环节五：讨论分析

发布作业等教学资源 (f) 环节六：资源分享

图 5-4　慕课的六环节流程

四、慕课的剪辑制作

慕课的剪辑制作需要技术团队的支撑。在慕课拍摄结束后，后期的剪辑制作工作主要包括素材整理与导入、声音画面同步调整、画面配解说、镜头衔接、镜头粗剪和精剪、字幕添加、后期合成、视频编码及媒体格式转换等[14]。以上剪辑工作的完成需要用到多种编辑软件，如 Photoshop、CorelDRAW、Camtasia Studio 和 Screencast-O-Matic 等，软件的搭配可以根据个人的需要和爱好进行灵活选择。

五、慕课的审查校对

技术团队将慕课视频剪辑制作完成后，需要返回给策划团队进行审查校对，这个过程要求审查者有足够的细心和耐心。慕课的审查校对工作是份精细活，策划团队要从内容、技术和情感态度三个维度进行把关。从内容上进行把关，保证知识的科学性与严谨性；从技术上把关，保证视频流畅且呈现效果精美；从情感态度上把关，保证慕课能够调动学生的学习兴趣，帮助学生形成未来发展需要的正确价值观念。

六、慕课的上线推广

本慕课将在超星公司“一平三端”智慧教学系统上线，见图5-5。依据“简便性”“全连通”“活数据”的设计理念，该智慧教学系统依托超星泛雅平台，连接教室端、移动端和管理端，将学生学习、教学实践及教学管理融为一体，使信息技术与教育教学深度融合。作为粤港澳大湾区高校在线开放课程联盟建设的课程之一，本慕课受众面广，不仅面向本校化学师范生，也面向其他高校及社会群体开放。通过在粤港澳大湾区联盟合作平台推广，广大社会群体可在网络教学平台自由学习该课程，并获得学习认证。

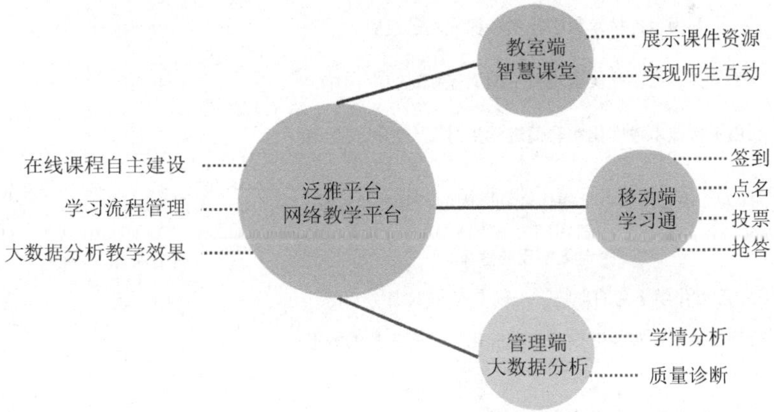

图5-5　“一平三端”智慧教学系统

第三节　“化学教学论手持技术数字化实验”中国大学慕课的典型案例

本团队对“化学教学论手持技术数字化实验”中国大学慕课的建设为许多不具备手持技术设备条件的学校和教师免费提供典型案例资源学习，详情请查看慕课课程网站：http://www.icourse163.org/course/scnu-1207045812，加入课程学习后即可进行了解。

一、慕课典型案例概述

慕课第三章典型案例共七类，分别为：分子间作用力系列类、核心概念类、课标难点类、火焰探究类、生活情境类、科学探究类和创新获奖类，具体实验案例概况见表 5-2，各实验案例视频可通过扫描右侧二维码进行观看。

中国大学慕课“化学教学论手持技术数字化实验”

表 5-2　典型案例概况

案例类型	案例名称	所属课程	涉及传感器
分子间作用力系列类	比较正丁醇及其同系物分子间作用力大小	高中课程	温度传感器
	比较正丁醇及其同分异构体分子间作用力大小	高中课程	温度传感器
	利用正丙醇和正己烷验证氢键的存在	高中课程	温度传感器
	探究丙酮与三氯甲烷混合液中的氢键	高中课程	温度传感器
	探究丁醇同分异构体纯净物和混合物的分子间作用力	高中课程	温度传感器
	探究丙二醇的两种同分异构体的分子间作用力大小	高中课程	温度传感器
核心概念类	利用手持技术数字化实验探究离子反应	高中课程	电导率传感器 pH 传感器
	手持技术数字化实验支持下的“盖斯定律”认知	高中课程	温度传感器
	利用手持技术数字化实验促进学生对配合物概念学习	高中课程	电导率传感器 pH 传感器
	探究“铝三角”中铝的化合物之间的相互转化过程	高中课程	电导率传感器 pH 传感器
课标难点类	测定化学反应速率	高中课程	压强传感器
	探究浓度对化学平衡的影响——以 Fe^{3+}/SCN^{-}平衡体系为例	高中课程	色度计传感器
	基于手持技术数字化实验进行液相反应化学平衡常数的测定——以 Fe^{3+}/SCN^{-}体系为例	高中课程	分光光度计
	探究原电池电流和温度的变化	高中课程	温度传感器 电流传感器
火焰探究类	酒精灯各焰层温度高低的比较	初中课程	高温传感器
	不同燃料的火焰温度比较	初中课程	高温传感器
	探究不同浓度乙醇溶液的火焰划分	初中课程	高温传感器
	利用手持技术数字化实验改进焰色反应	高中课程	分光光度计
生活情境类	利用手持技术测定水果中维生素 C 的含量	研究性学习	色度计
	利用手持技术数字化实验探究混凝剂的净水效果	研究性学习	色度计 pH 传感器
	利用手持技术数字化实验探究混凝剂的最佳净水条件	研究性学习	光传感器 浊度计 pH 传感器

续表

案例类型	案例名称	所属课程	涉及传感器
科学探究类	应用手持技术数字化实验探究不同类型酸碱的中和滴定过程	高中课程	电导率传感器 pH 传感器
	应用手持技术数字化实验探究氯离子物质的量对氯离子效应的影响——以镁与盐酸的反应为例	高中课程	高温传感器 威尼尔气体压力传感器
	利用手持技术数字化实验比较抗酸药的抗酸性	研究性学习	pH 传感器 氧气传感器
创新获奖类	利用手持技术数字化实验探究电化学腐蚀	高中课程	pH 传感器 压强传感器

二、慕课典型案例

（一）分子间作用力系列案例

1. 案例一：比较正丁醇及其同系物分子间作用力大小[15]

【提出问题】分子间作用力是高中阶段的一个重要化学概念，但教材中只以半定量及规律性总结进行展示，学生难以建构此概念。

【实验设计】利用温度传感器测量正丁醇及其同系物挥发过程中探头上溶液的温度变化，基于液体分子的分子间作用力越小越易挥发，挥发时探头上液体的温度下降得更快的原理帮助学生根据实验比较正丁醇及其同系物分子间作用力大小。

【研究结论】从实验中，同系物的温度下降的速率为甲醇＞乙醇＞正丙醇＞正丁醇（图 5-6）。由于氢键的强弱和数目相差不大，且色散力是主要的范德瓦耳斯力，参考四种醇的极化率，可以证明色散力由小到大为：甲醇＜乙醇＜正丙醇＜正丁醇。

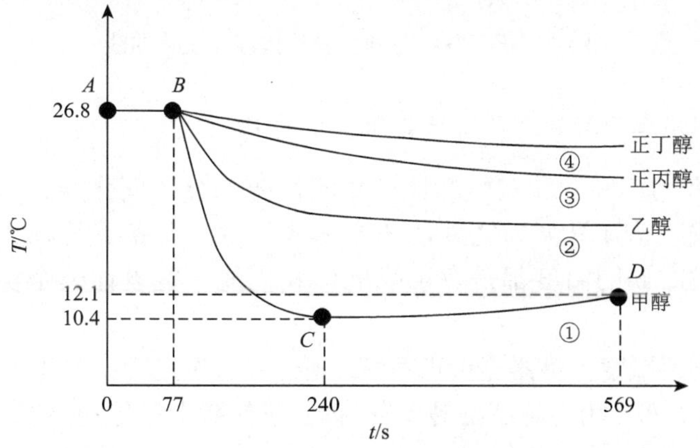

图 5-6　正丁醇及其同系物温度变化曲线

注：曲线①②③④分别表示甲醇、乙醇、正丙醇、正丁醇在相同条件下蒸发的温度变化曲线

2. 案例二：比较正丁醇及其同分异构体分子间作用力大小[15]

【提出问题】分子间作用力涉及的抽象内涵不易被直接感知，且传统教学中难以通过实验案例启发学生思考，学生对该概念的理解主要停留在定性规律的机械记忆上，在本实验中学生可以通过曲线分析直观地比较正丁醇及其同分异构体分子间作用力大小差异，帮助理解分子间作用力的相关规律。

【实验设计】利用温度传感器测量正丁醇及其同分异构体挥发过程中探头上溶液的温度变化，基于液体分子的分子间作用力越小越易挥发，挥发时探头上液体的温度下降得更快的原理帮助学生在实验的基础上比较正丁醇及其同分异构体分子间作用力大小。

【研究结论】从实验中可以发现，同分异构体的温度下降的速率为叔丁醇＞异丁醇＞仲丁醇＞正丁醇（图 5-7）。由此可见，在丁醇的同分异构体中，对于位置异构的同分异构体，其分子间作用力大小规律可用空间位阻来判断，微观结构中的空间位阻越大，丁醇的分子间作用力越小。

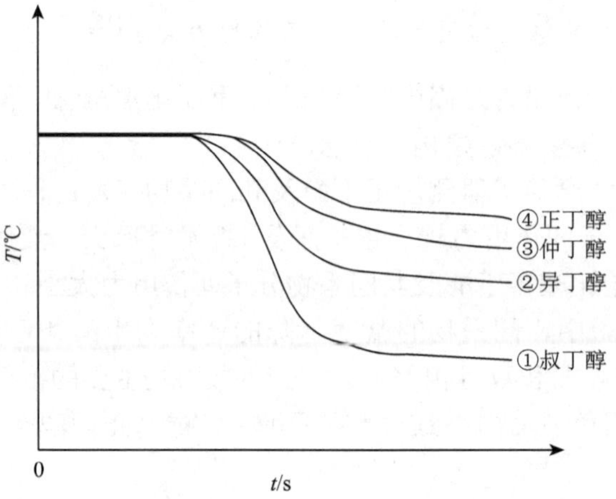

图 5-7　正丁醇及其同分异构体温度变化曲线

3. 案例三：利用正丙醇和正己烷验证氢键的存在

【提出问题】系列实验一和实验二比较了不同醇的分子间作用力，我们知道醇分子之间除了可以形成范德瓦耳斯力之外，还会形成氢键。范德瓦耳斯力和氢键这两种作用力对醇分子挥发时候的温度都是有影响的，我们能不能设计一个实验将氢键表征出来呢？

【实验设计】利用温度传感器测量正丙醇、正己烷挥发过程中探头上溶液的温度变化，利用液体分子的分子间作用力越小越易挥发，挥发时探头上液体的温度下降得更快的原理表征氢键的存在。

【研究结论】实验开始，温度传感器由于没有蘸取待测液，测量的都是室温，两条曲线重合，蘸取等高等面积的待测液后待其挥发时，我们看到曲线下降速率：正己烷＞正丙醇（图 5-8）。由于相对分子质量越大，分子间作用力越大，挥发的时候温度降低得越少，所以理论上应是正丙醇比正己烷温度降低得快。但实验结果与之相反，说明有一种作用力的影响大于范德瓦耳斯力，即间接验证了氢键的存在。

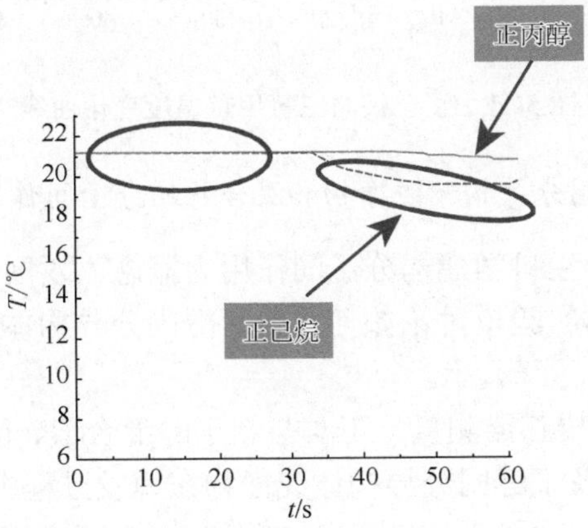

图 5-8　实验曲线

4. 案例四：探究丙酮与三氯甲烷混合液中的氢键

【提出问题】三氯甲烷与丙酮本来不存在氢键，但三氯甲烷中的氢原子带较强的正电性，而丙酮中的氧原子有较强的电负性，它们之间理论上能形成氢键。如何通过实验证明氢键的存在？

【实验设计】利用温度传感器测量丙酮与三氯甲烷混合液、丙酮与四氯化碳混合液、正己烷与三氯甲烷混合液在挥发过程中探头上溶液的温度变化，利用液体分子的分子间作用力越小越易挥发，挥发时探头上液体的温度下降得更快的原理验证丙酮与三氯甲烷混合液中氢键的存在。

【研究结论】实验中，丙酮与三氯甲烷混合后温度升高（图 5-9），这说明它们之间形成的新的分子间作用力大于原分子间作用力，而丙酮与四氯化碳混合后温度略微下降（图 5-10），正己烷与三氯甲烷混合后温度下降（图 5-11），说明它们之间形成的新的分子间作用力小于原分子间作用力。通过这三组实验温度变化及物质分子结构之间的对比，可以推理说明丙酮与三氯甲烷分子间能形成作用力更强的氢键。

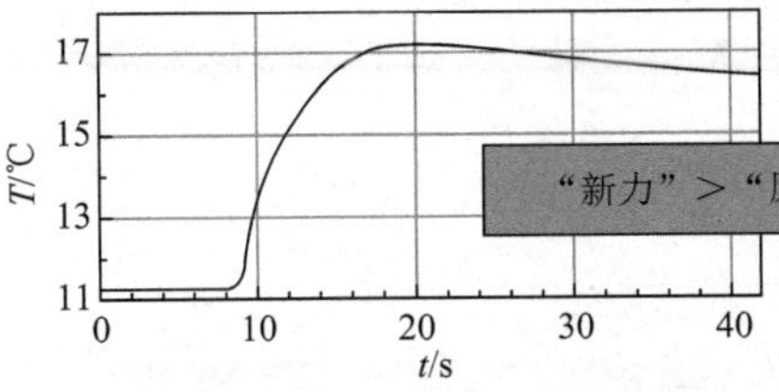

图 5-9　丙酮与三氯甲烷温度变化曲线

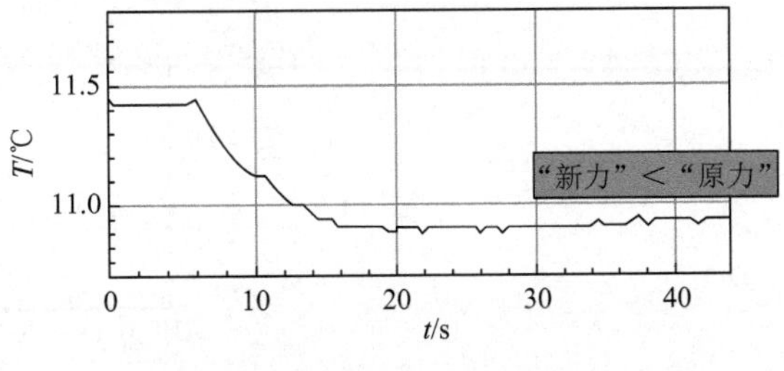

图 5-10　丙酮与四氯化碳温度变化曲线

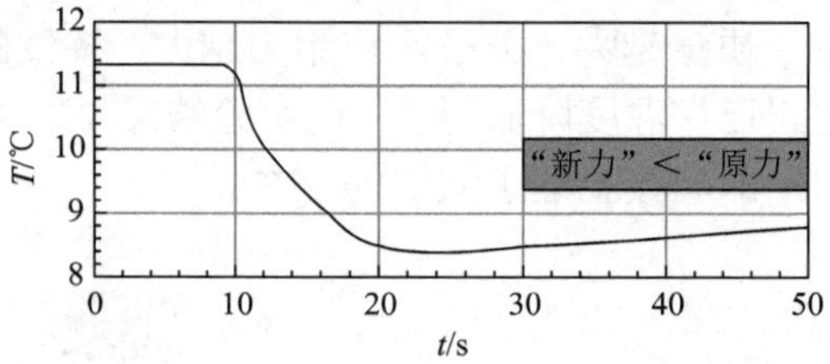

图 5-11 正己烷与三氯甲烷温度变化曲线

5. 案例五：比较丁醇同分异构体纯净物和混合物的分子间作用力大小[16]

【提出问题】为促进学生科学建构分子间作用力概念，发展学生宏观辨识与微观探析及证据推理的核心素养，本实验拟讨论如何比较丁醇同分异构体纯净物和混合物的分子间作用力的问题。

【实验设计】利用温度传感器测量异丁醇与叔丁醇混合液、正丁醇和叔丁醇的混合液、仲丁醇和叔丁醇的混合液及丁醇同分异构体纯净物在挥发过程中探头上溶液的温度变化，利用液体分子的分子间作用力越小越易挥发，挥发时探头上液体的温度下降得更快的原理比较丁醇同分异构体纯净物和混合物的分子间作用力大小。

【研究结论】实验中，混合醇温度下降速率最大，其次是各种丁醇同分异构体纯净物。说明丁醇的同分异构体混合液的分子间作用力小于任一组分的分子间作用力。实验结果见图 5-12～图 5-14。

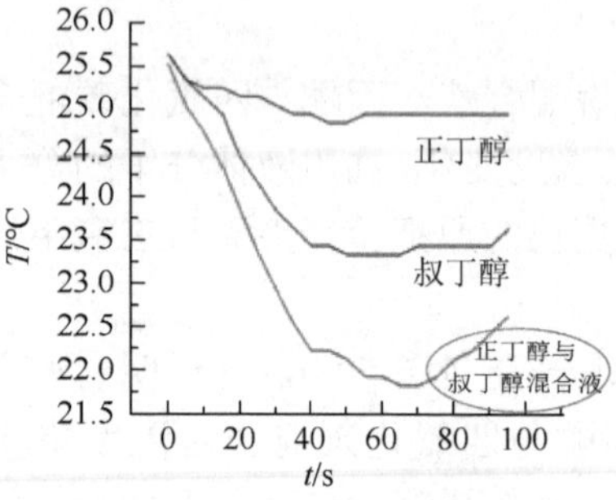

图 5-12 正丁醇与叔丁醇温度变化曲线

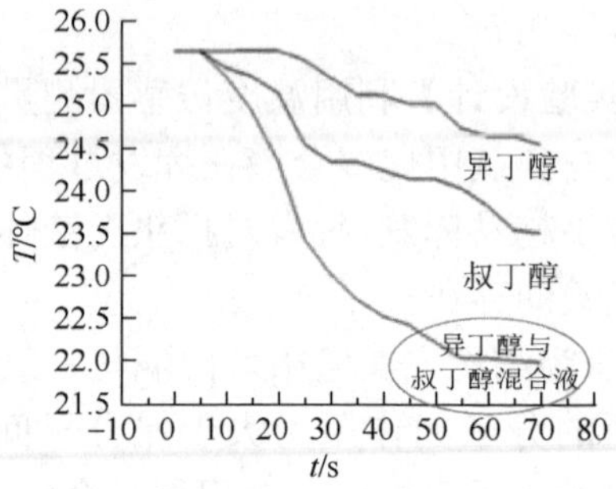

图 5-13 异丁醇与叔丁醇温度变化曲线

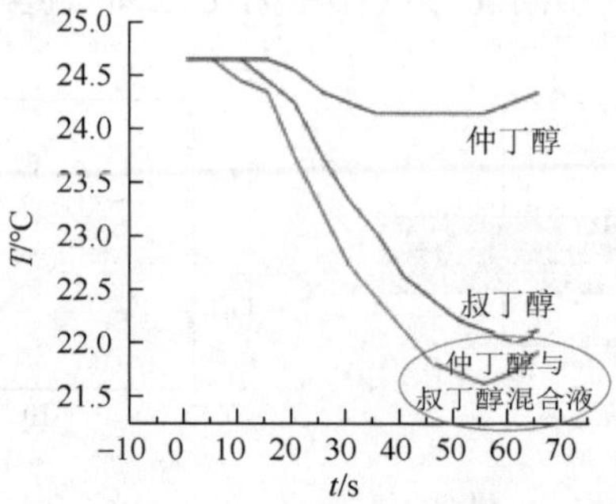

图 5-14 仲丁醇与叔丁醇温度变化曲线

6. 案例六：比较丙二醇的两种同分异构体的分子间作用力大小[17]

【提出问题】为了帮助学生学习“氢键的存在对分子间作用力的影响”，提供直观性强、可操作化的实验手段，加深学生对“结构决定性质”的理解，本实验拟探究丙二醇的两种同分异构体的分子间作用力大小。

【实验设计】利用温度传感器测量1, 2-丙二醇、1, 3-丙二醇与两者混合溶液中，以及丙二醇在干燥、正常、潮湿的环境下挥发过程中探头上溶液的温度变化，利用液体分子的分子间作用力越小越易挥发，挥发时探头上液体的温度下降得更快的原理帮助学生基于实验比较丙二醇的两种同分异构体及其混合液中分子间作用力大小。

【研究结论】丙二醇在不同环境中的温度下降的速率如图5-15所示。说明对于同一有机物而言，在不同湿度环境下的蒸发温度变化曲线并不一致，这主要与醇和空气中的水蒸气作用有关，两者发生了溶剂化作用。相对分子质量相同的有机物，温度变化曲线尽管趋势一致，但温度变化幅度并不一致，其本质原因是物质的结构不一致。由图5-16可知，丙二醇同分异构体的温度变化趋势均是先上升后下降，但1, 2-丙二醇的温度变化最大。这是由于1, 2-丙二醇比1, 3-丙二醇更容易形成分子内氢键，削弱了分子间氢键的作用，导致1, 2-丙二醇与空气中更多水分子形成氢键，从而导致温度上升得较高；而1, 3-丙二醇较容易形成分子间氢键，导致与较少水分子结合，因此温度上升幅度不大。

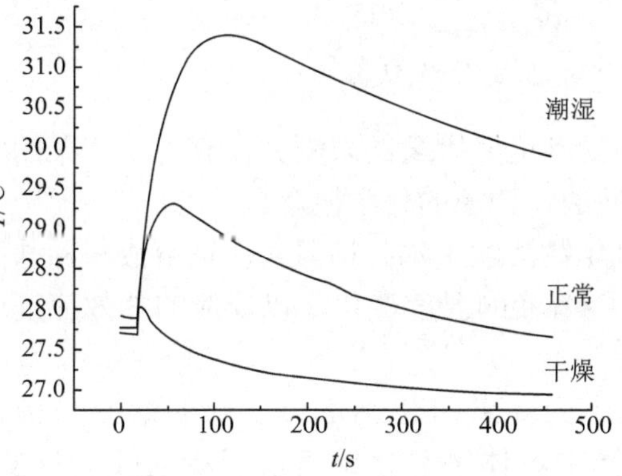

图5-15　1,2-丙二醇在不同环境下蒸发的温度变化曲线

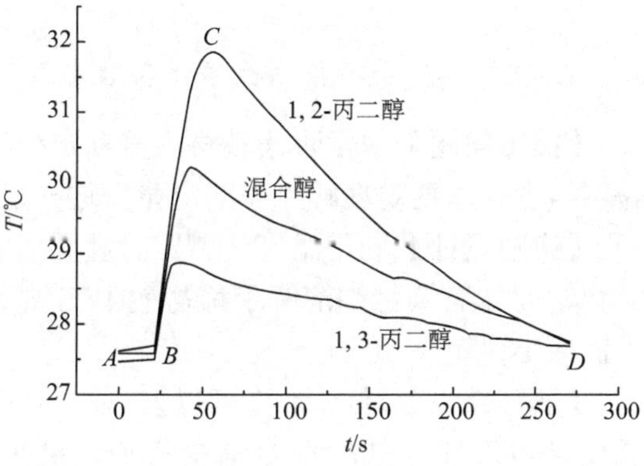

图5-16　丙二醇的两种同分异构体及其混合物蒸发温度变化曲线

（二）核心概念类案例

1. 案例一：利用手持技术数字化实验探究离子反应

【提出问题】传统教学多借助气体、沉淀和溶液颜色变化等来建构离子反应概念，学生难以从微观上理解离子反应的本质。

【实验设计】利用电导率传感器和pH传感器测量$Ba(OH)_2$和H_2SO_4反应过程中溶液的电导率和pH的变化，以溶液中离子浓度的变化反映离子反应的本质。

【研究结论】

①向 $Ba(OH)_2$ 溶液中滴加稀 H_2SO_4，溶液的电导率先下降后上升，pH 持续下降。说明反应前期，Ba^{2+} 和 SO_4^{2-} 结合生成 $BaSO_4$ 白色沉淀，H^+ 和 OH^- 结合生成 H_2O；反应后期，稀 H_2SO_4 过量，使 H^+ 和 SO_4^{2-} 的浓度增大。

②向稀 H_2SO_4 中滴加 $Ba(OH)_2$ 溶液，溶液的电导率先下降后上升，pH 持续上升。说明反应前期，Ba^{2+} 和 SO_4^{2-} 结合生成 $BaSO_4$ 白色沉淀，H^+ 和 OH^- 结合生成 H_2O；反应后期，$Ba(OH)_2$ 溶液过量，使 Ba^{2+} 和 OH^- 的浓度增大。实验结果见图 5-17。

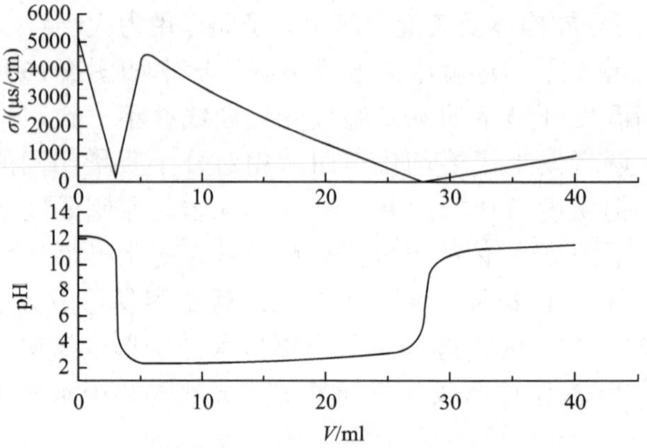

图 5-17　电导率/pH 变化曲线

2. 案例二：手持技术数字化实验支持下的“盖斯定律”认知[18]

【提出问题】中学阶段教材“盖斯定律”因受到诸多因素的限制并没有与之相关的实验，学生难以直观理解“盖斯定律”这一过程性的、抽象的化学概念。

【实验设计】利用温度传感器测量固体氢氧化钠溶解于水、稀氢氧化钠溶液与稀盐酸混合、固体氢氧化钠溶解于稀盐酸中三种变化中溶液的温度变化，以反应的热效应证明“盖斯定律”。

【研究结论】通过计算可以发现，本实验中固体氢氧化钠溶解于水的焓变与稀氢氧化钠溶液和稀盐酸混合焓变相加，结果约等于固体氢氧化钠溶解于稀盐酸的焓变，即说明化学反应的焓变只与反应体系的始态和终态有关。实验组内容与结果曲线见图 5-18～图 5-20。

3. 案例三：利用手持技术数字化实验促进学生对配合物概念学习[19]

【提出问题】传统教学中教师经常用氨水和硫酸铜溶液进行配位反应的实验，但由于该实验仅呈现宏观的实验现象，不利于学生从微观角度理解配位反应。

【实验设计】利用电导率传感器和 pH 传感器测量铜氨配合物的形成与破坏过程中溶液的电导率和 pH 的变化，以溶液中离子浓度的变化反映“配合物的形成与破坏”的本质。

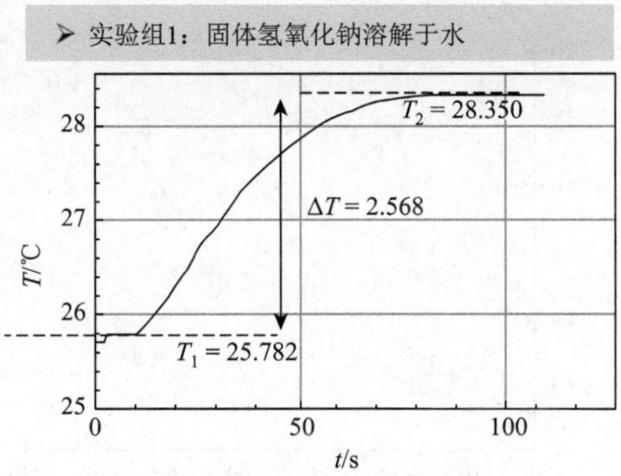

图 5-18 实验组 1 曲线

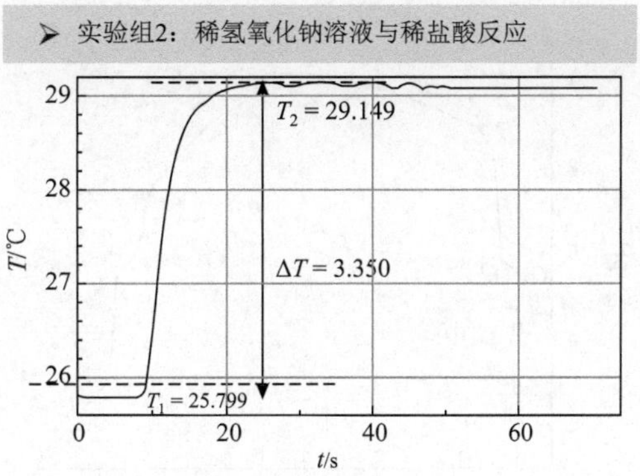

图 5-19 实验组 2 曲线

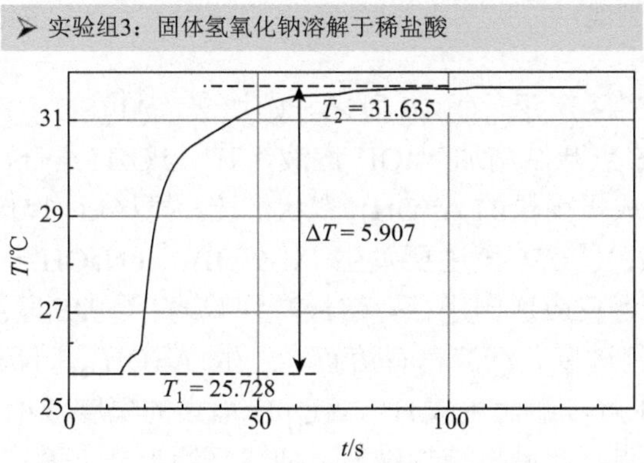

图 5-20 实验组 3 曲线

【研究结论】①铜氨配合物的形成过程：向硫酸铜溶液中逐滴滴入氨水，见图 5-21，pH 曲线（*A-F*）变化整体呈上升趋势，说明酸性溶液中先有 H^+ 和氨水电离出的 OH^- 结合，而后随着铜氨配合物的形成，反应消耗 NH_4^+，水解程度减弱，溶液碱性增强。而该阶段电导率变化曲线（*A′-O′*）呈先上升后下降趋势，见图 5-22，结合微观粒子的理论分析可说明不同离子的导电能力不同，不能把离子数目变化和电导率变化直接等同。

②铜氨配合物的破坏过程：pH 变化曲线（*F-K*）整体呈下降趋势，见图 5-21，说明随着滴加硫酸，配合物破坏得到的 NH_4^+ 和 Cu^{2+} 水解使溶液的碱性减弱。电导率变化曲线（*O′-G′*）整体呈上升趋势，见图 5-22，可进一步从滴定前后离子数目大量增加印证反应的实质。

4. 案例四：探究“铝三角”中铝的化合物之间的相互转化过程[20, 21]

【提出问题】探究“铝三角”中铝的化合物之间的相互转化过程

【实验设计】利用电导率传感器和 pH 传感器测量强碱与铝盐、强酸与偏铝酸盐的正反滴定实验共 4 个滴定实验，以溶液中离子的变化反映铝的化合物之间的相互转化过程。

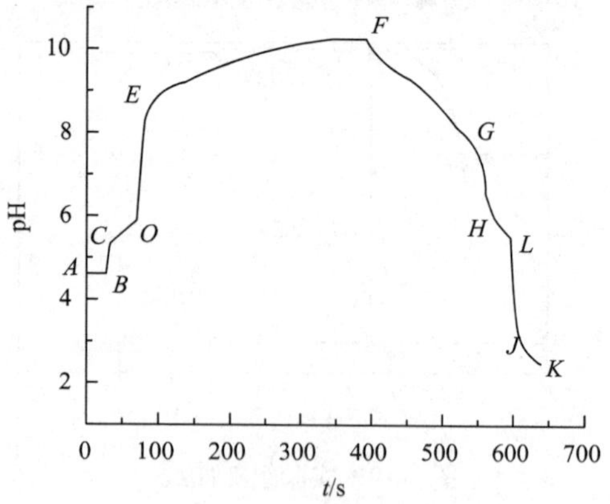

图 5-21　铜氨配合物的形成与破坏过程 pH 变化曲线

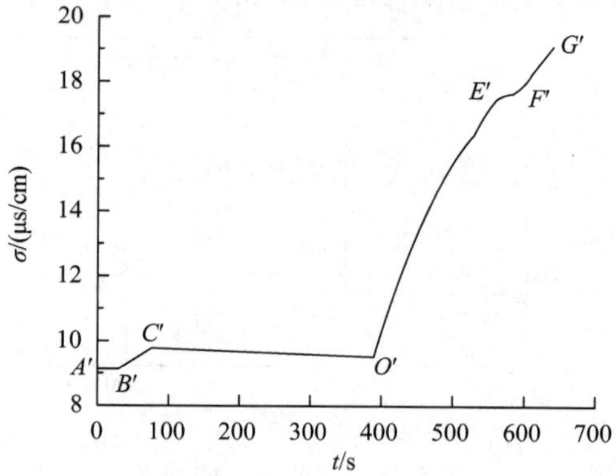

图 5-22　铜氨配合物的形成与破坏过程电导率变化曲线

【研究结论】如图 5-23 所示，①*AB* 段未开始加液，$Al_2(SO_4)_3$ 溶液中，Al^{3+} 水解使溶液显酸性；②*BC* 段中 *B* 点开始滴加 NaOH 溶液，H^+ 与 OH^- 结合，曲线突变。因 OH^- 稍过量，会与 Al^{3+} 反应生成极少量的 $Al(OH)_3$ 絮状沉淀，搅拌后均匀存于烧杯，故出现生成沉淀后迅速消失的现象；③*CD* 段主要发生 $Al_2(SO_4)_3 + 6NaOH = 2Al(OH)_3\downarrow + 3Na_2SO_4$ 的反应，消耗 Al^{3+}，水解反应逆向进行，溶液酸性减弱；④*DE* 段沉淀大量生成，曲线再次突变；⑤*EF* 段碱液稍过量，沉淀稍有溶解，发生 $Al(OH)_3 + NaOH = NaAlO_2 + 2H_2O$ 的反应，生成的 AlO_2^- 水解，继而生成 H^+，使 pH 增大的幅度减小；⑥*FG* 段中 *F* 点为沉淀恰好完全溶解的时刻点，此后再滴加碱液，曲线平缓上升，溶液澄清无色；⑦*GH* 段中 *G* 点为反滴定开始的时刻点，原溶液显碱性，滴加酸液后，曲线发生突变；⑧*HI* 段沉淀生成，下降曲线的斜率变小，H^+ 与 AlO_2^- 结合；⑨*IJ* 段主要发生 $Al(OH)_3 + 3H^+ = Al^{3+} + 3H_2O$ 的反应，沉淀溶解，生成的 Al^{3+} 水解呈酸性，故曲线急剧下降；⑩*J* 以后曲线斜率变小，溶液澄清，沉淀完全溶解，pH 下降为继续添加强酸溶液所致。

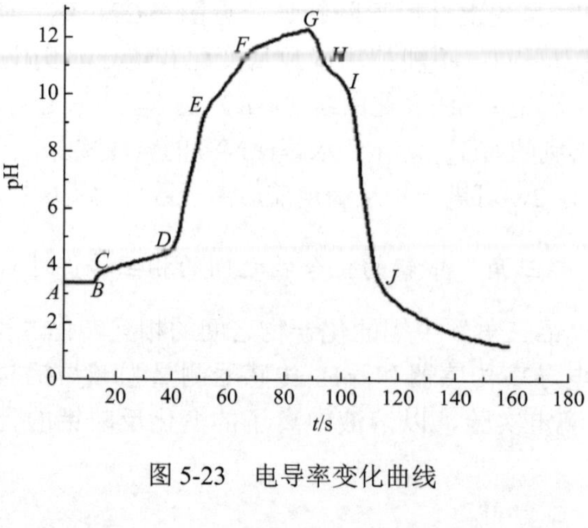

图 5-23　电导率变化曲线

图 5-24 为实验过程中的电导率变化曲线，*A'E'*为正滴定过程，其中 4 段的曲线意义已有研究，不再赘述。*F'*点后为反滴定过程，实验过程中生成了沉淀，滴定过程中电导率曲线整体呈上升趋势。*E' F'*段为正滴定实验完成后未加液的过程，电导率不变；*F'*点开始滴加酸液，OH^-、H^+ 及 H^+、AlO_2^- 以 1∶1 结合，因为 Cl^- 的加入曲线上升；*G'H'*段沉淀溶解，每溶解 1mol 的 $Al(OH)_3$ 会生成 3mol 的 Cl^-，曲线斜率增大；*H'*后为沉淀溶解完毕，溶液澄清时继续滴加强酸的过程，曲线不断上升。

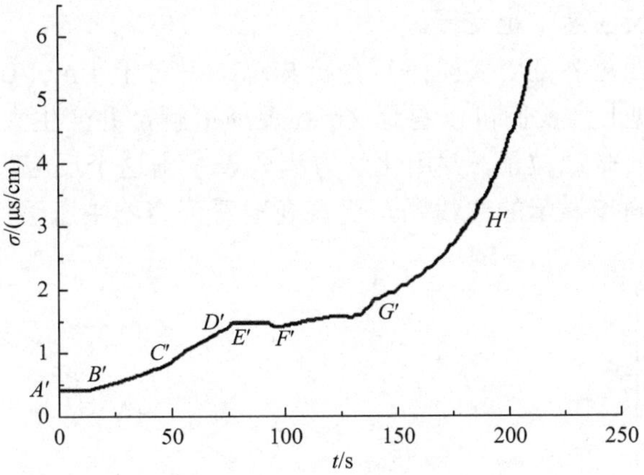

图 5-24　电导率变化曲线

（三）课标难点类案例

1. 案例一：测定化学反应速率[22]

【提出问题】 通过测定一定时间内，锌跟硫酸反应放出氢气的体积，来定量计算出不同浓度硫酸参与下的该反应的速率，教学演示实验或者学生自主探究实验的实际操作中，往往会出现很多误差，如①注射器滑动阻力太大，②加入的硫酸对体系压强的影响不可忽略，③反应速率太快等因素，在中学现有的实验条件下还是很难达到预期目标，所以这个实验往往被很多一线教师忽略或者仅仅从理论分析实验原理及目的，不再深究。

【实验设计】 利用压强传感器进行手持技术数字化创新实验的关键点在测量变量的确定及传感器的选择。本实验的两组实验条件下，温度的变化是近似相等的，且变化都不大，因此，温度对压强产生的影响在实验中是可以忽略不计的。在本实验中，Zn 粒与硫酸反应会生成氢气，若此时我们控制容器的体积不变，反应体系产生氢气的速率越快，压强增大的就越快。传统实验中，速率的表示方式为 $\Delta v/\Delta t$，根据公式 $pV=nRT$，排除体积、温度的影响后，可以用 $\Delta p/\Delta t$ 表示该反应的速率，因此改进实验中选择压强传感器，测量反应过程中一定时间内压强的变化情况。

【研究结论】 对比实验现象，我们可以看到，4 mol/L 的硫酸与 Zn 粒反应产生气泡的速率明显比 1 mol/L 的硫酸要快；除此之外，我们还可以对比两条曲线的斜率，见图 5-25，斜率越大，证明气体产生的速率越快。可以明显看到，4 mol/L 的硫酸与 Zn 粒反应的压强-时间曲线的斜率比 1 mol/L 的大很多，以此证明，4 mol/L 的硫酸与 Zn 粒反应的速率比 1 mol/L 的更快。

此外，我们还可以对曲线的斜率进行计算，更精确地分析反应中化学反应速率的变化。对 1 mol/L 硫酸与 Zn 粒反应得到的曲线进行求导，得到反应速率随时间变化的曲线，见图 5-26，可以明显看到随着反应的发生，斜率逐渐减小，即反应速率随着反应的进行也逐渐变慢，分析其原因是：随着反应的进行，硫酸溶液的浓度降低，其所电离出来H^+的浓度也随之减小，故反应速率也变慢。

我们还可以利用四重表征对实验进行分析与总结。对于 1 mol/L 与 4 mol/L 的硫酸分别与 Zn 粒反应，宏观上，我们可以看到 Zn 粒逐渐溶解，并产生大量的气泡，微观上，我们通过分析溶液中的微观粒子，并用化学方程式表示出这个反应。不仅如此，我们还可以利用软件上与实验同步显示的曲线图，更直观地看到容器中压强的变化情况。

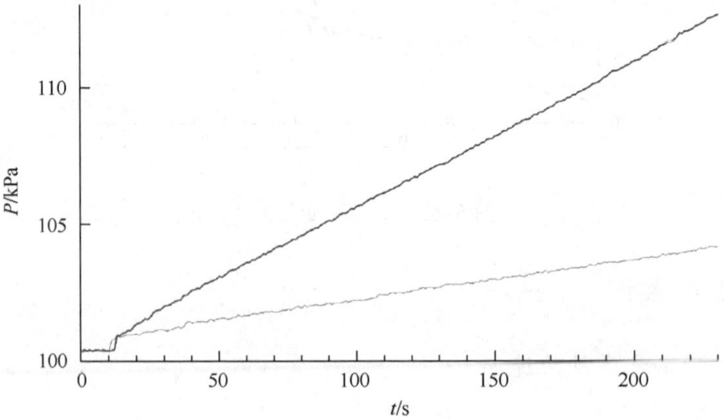

图 5-25　压强-时间曲线

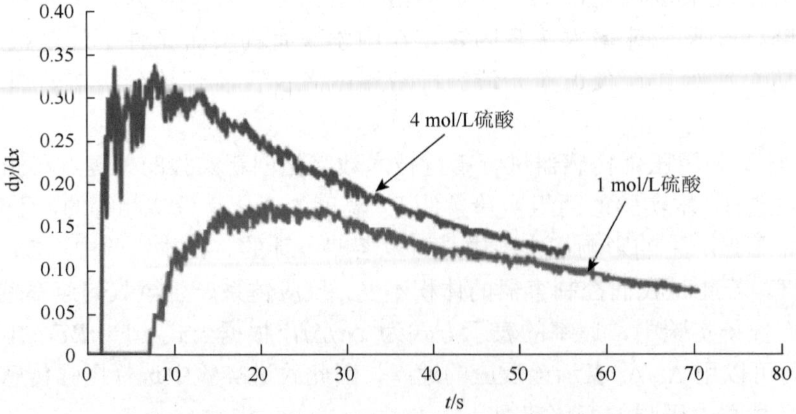

图 5-26　反应速率随时间变化的曲线

2. 案例二：探究浓度对化学平衡的影响——以 Fe^{3+} / SCN^{-} 平衡体系为例[23, 24]

【提出问题】传统教材实验存在以下不足：①定性。通过肉眼观察颜色变化而判断化学平衡的变化。②改变某个物质的浓度时，只改变了一个浓度。如只加入 4 滴 1 mol/L KSCN，没有再探究加入其他浓度的 KSCN 后化学平衡的变化情况。③只探究了在离子反应中实质参与反应的物质，没有探究在离子反应中未实质参与的物质。

【实验设计】可以利用手持技术，定性与定量相结合改进实验。这个实验是根据溶液颜色的变化来判断化学平衡的影响，传感器需要灵敏地感知颜色的深浅变化，因此我们可以选择色度计传感器。设计两组实验：实验组一，往 $FeCl_3$ 与 KSCN 混合溶液中分别加入 0.6 mol/L、0.8 mol/L、1.0 mol/L、1.2 mol/L、1.4 mol/L、饱和 KSCN 溶液；实验组二，往混合溶液中分别加入 0.04 mol/L、4.0 mol/L、饱和 KCl 溶液。

【研究结论】①增大 KSCN 的浓度，化学平衡向正反应方向移动，随着 KSCN 浓度的增大，平衡向正反应方向移动的程度增大，见图 5-27。②KCl 对化学平衡有影响，使得平衡向逆反应方向移动，随着 KCl 浓度的增大，平衡持续向逆反应方向移动，见图 5-28。

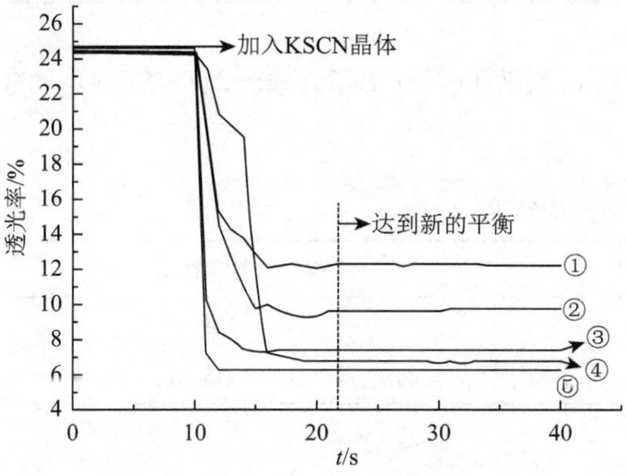

图 5-27　实验组一透光率变化曲线

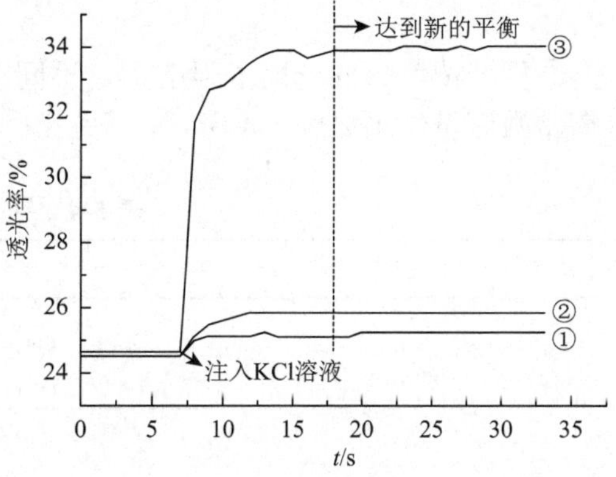

图 5-28　实验组二透光率变化曲线

3. 案例三：基于手持技术数字化实验进行液相反应化学平衡常数的测定——以 Fe^{3+} / SCN^{-} 体系为例

【提出问题】如何利用中学流行的手持技术数字化实验技术，使 $Fe^{3+} + SCN^{-} \rightleftharpoons [Fe(SCN)]^{2+}$ 的平衡常数测定实验微型化、简便化？温度对反应 $Fe^{3+} + SCN^{-} \rightleftharpoons [Fe(SCN)]^{2+}$ 的平衡常数会造成怎样的影响？

【实验设计】利用威尼尔分光光度计对反应体系进行测量，基于吸光度进行平衡常数的测定。

【研究结论】①同一温度、同一离子强度下，不同浓度时，反应 $Fe^{3+} + SCN^{-} \rightleftharpoons [Fe(SCN)]^{2+}$ 的平衡常数测量结果如表 5-3 所示。

表 5-3　平衡常数测量结果

<table>
<tr><th>实验组号</th><th>吸光度</th><th>平均值</th><th>平衡常数 K</th><th>平均值</th><th>标准差</th></tr>
<tr><td>1</td><td>0.655
0.656
0.655</td><td>0.655</td><td>—</td><td>—</td><td>—</td></tr>
<tr><td>2</td><td>0.369
0.366
0.368</td><td>0.368</td><td>163</td><td rowspan="4">168</td><td rowspan="4">4.64</td></tr>
<tr><td>3</td><td>0.294
0.291
0.291</td><td>0.292</td><td>164</td></tr>
<tr><td>4</td><td>0.262
0.264
0.264</td><td>0.263</td><td>171</td></tr>
<tr><td>5</td><td>0.166
0.166
0.165</td><td>0.166</td><td>174</td></tr>
</table>

②同一浓度、同一离子强度下，不同温度时，反应 $Fe^{3+} + SCN^- \rightleftharpoons [Fe(SCN)]^{2+}$ 的平衡常数测量结果如表 5-4 所示。

表 5-4　平衡常数测量结果

温度/℃	吸光度	平衡常数 K
27.5	0.292	164
约 70	0.241	118

4. 案例四：探究原电池电流和温度的变化[25]

【提出问题】在铜锌原电池中，锌为负极，铜为正极，在外电流中，负极失去电子，正极得到电子，在内电路中，阳离子向正极移动，阴离子向负极移动，形成闭合回路。铜锌单液原电池和铜锌双液原电池的区别在于：一个有盐桥，一个没有盐桥，一个锌片直接与硫酸铜溶液接触，一个没有。两个原电池的能量转化方式是怎么样的呢？会导致温度怎么样变化呢？谁的电流比较稳定呢？

【实验设计】在铜锌双液原电池中，锌片不直接与硫酸铜溶液反应，化学能主要转化为电能，因此可以猜想体系温度变化不大。在单液原电池中，锌片与硫酸铜溶液直接接触发生反应，化学能除了转化为电能之外，还有一部分转化为热能，因此我们可以猜想体系温度会发生变化，而为了验证猜想，可以用温度传感器来测量体系温度变化情况；单液原电池中，随着反应的进行，阴离子向负极移动，阳离子向正极移动，但阴离子和阳离子在溶液中的迁移速率不同，有液接电势产生，阻碍了电流的形成，因此可以猜想单液原电池电流稳定性差。而在双液原电池中，随着反应的进行，盐桥中的阴离子向负极移动，阳离子向正极移动，且阴离子 Cl^- 与阳离子 K^+ 的迁移速率相近，液接电势降到可以忽略不计，使原电池不断地产生电流。因此我们可以猜想双液原电池电流会保持稳定。为了验证猜想，我们可以用电流传感器来测量体系电流的变化情况。

【研究结论】在铜锌单液原电池中（图 5-29），电流随着反应的进行逐渐减小，说明电流稳定性差；温度随着反应的进行逐渐升高，说明化学能转化为电能和热能，而锌片和铜片上皆有铜析出，也可以说明化学能转化为电能和热能。

在铜锌双液原电池中（图 5-30），电流随着反应的进行基本保持不变，说明电流稳定性好；随着反应的进行温度基本保持不变，说明化学能主要转化为电能，而锌片上无铜析出，铜片上有少量铜析出，也说明了化学能主要转化为电能。

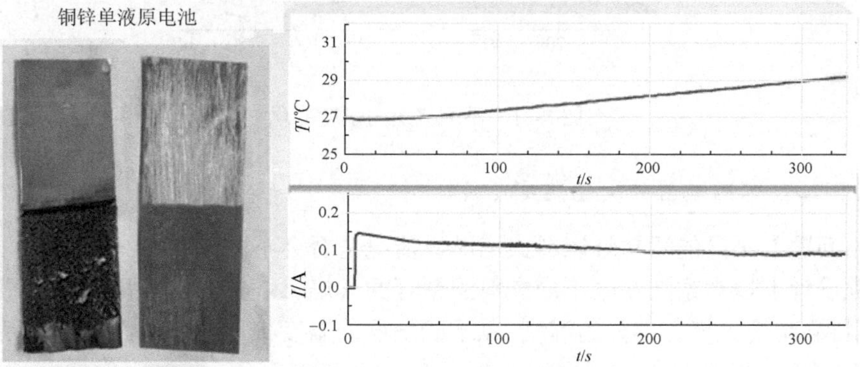

图 5-29　铜锌单液原电池实验结果

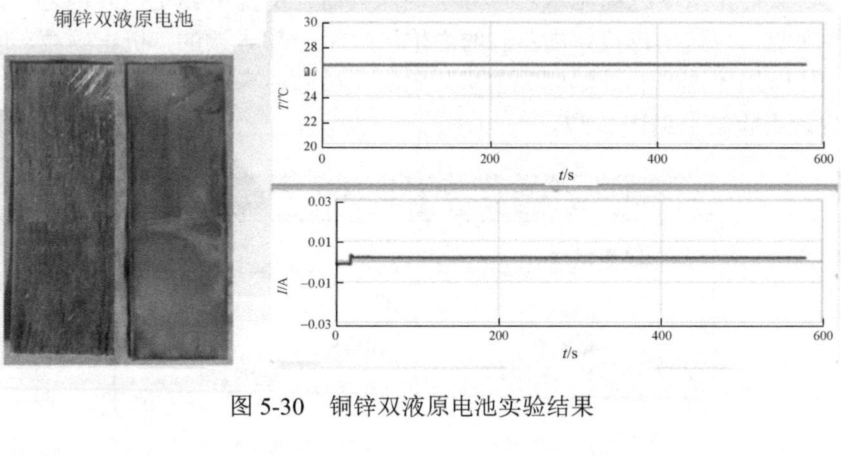

图 5-30　铜锌双液原电池实验结果

（四）火焰探究类案例

1. 案例一：酒精灯各焰层温度高低的比较[26-29]

【提出问题】传统教材从定性的角度认为酒精灯火焰的外焰温度最高，应如何定量地比较酒精灯火焰焰层温度高低？

【实验设计】 利用高温传感器定量测量火焰各部分的温度，以不同焰层高度的温度来定量比较酒精灯火焰焰层温度。

【研究结论】 酒精灯的内焰温度最高，维持在 900 ℃以上（图 5-31）。所以酒精灯火焰并不绝对是外焰温度最高。综合分析影响酒精灯火焰温度的因素可能是外界温度、火焰附近氧气量、被燃烧物、燃烧的乙醇浓度等。

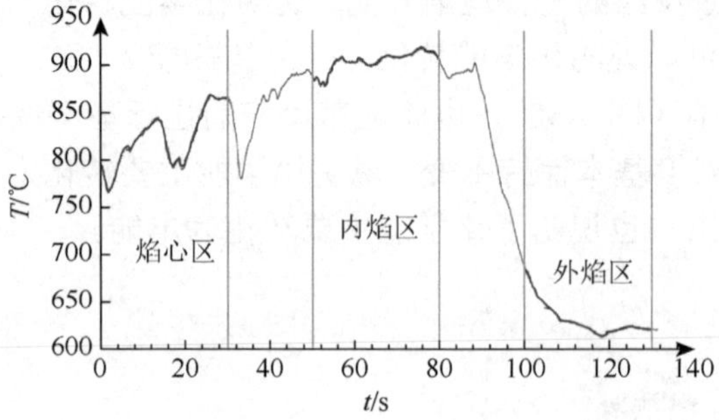

图 5-31　不同焰层的温度变化

2. 案例二：不同燃料的火焰温度比较

【提出问题】 不同的酒精灯燃料火焰燃烧情况是否会不同？

【实验设计】 以观察法观察不同燃料酒精灯的火焰燃烧情况，利用高温传感器定量测量不同燃料酒精灯火焰各部分的温度，以不同焰层的温度来比较不同燃料的酒精灯的火焰燃烧情况。

【研究结论】 火焰发光度与燃料的析碳能力和析碳量有关，且大部分醇具有析碳能力，但甲醇除外。故将无水甲醇和无水乙醇分别做燃料时，发现甲醇无内外焰之分，而乙醇内外焰却清晰可见。内焰的形成，是乙醇的内焰层发生分解导致的，析出碳粒，使得内焰发光度增大，使内焰比焰心和外焰明亮很多。甲醇无析碳能力，内焰不明显，火焰较乙醇火焰的干扰少。实验结果见图 5-32。

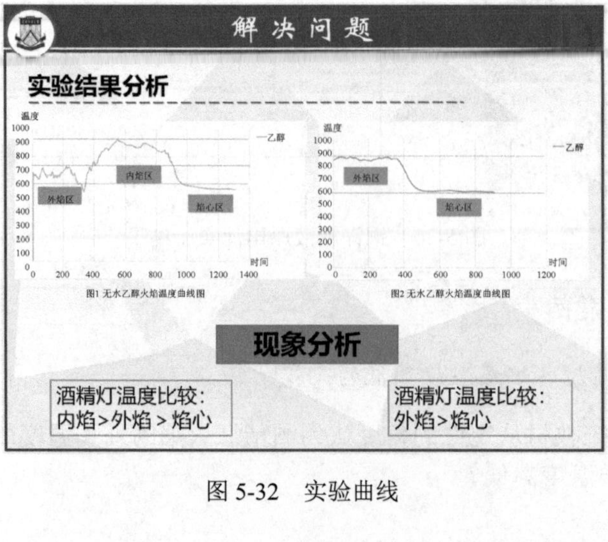

图 5-32　实验曲线

3. 案例三：探究不同浓度乙醇溶液的火焰划分

【提出问题】不同浓度的乙醇溶液对 3 层火焰的划分有何影响？是否乙醇浓度越高，燃烧效率越高？

【实验设计】以观察法观察不同浓度乙醇溶液酒精灯的火焰燃烧情况，利用高温传感器定量测量酒精灯火焰各部分的温度，以不同焰层的温度来比较不同燃料的酒精灯的火焰燃烧情况。

【研究结论】随着乙醇溶液浓度降低，其火焰内焰越来越不明显（图 5-33），乙醇浓度低于 75%时，内焰区消失。建议教师采用浓度高于 85%的乙醇溶液演示火焰划分实验。乙醇浓度为 85%时，内焰外焰温度接近 900 ℃，建议同学们使用乙醇浓度为 85%的酒精灯进行加热，提高加热效率。

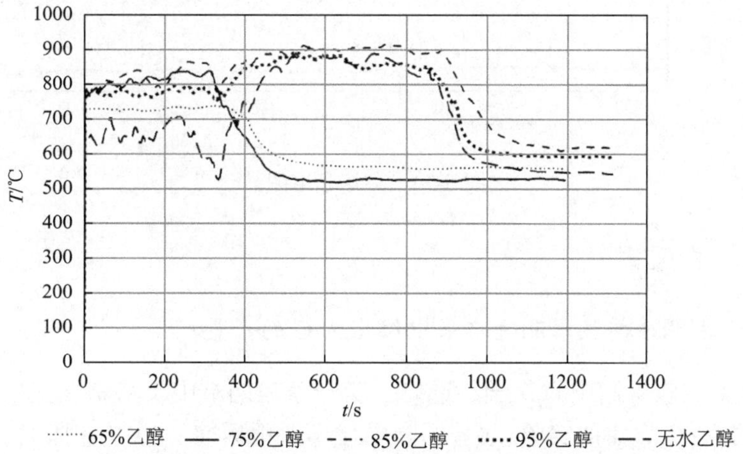

图 5-33　不同浓度乙醇溶液火焰内焰温度变化

4. 案例四：利用手持技术数字化实验改进焰色反应

【提出问题】现有的焰色反应实验存在以下不足：火焰存在颜色干扰、火焰小、铂丝昂贵、无法检测混合金属元素、不能定量测定溶液对应离子浓度。引入手持技术数字化实验改进实验，有助于学生深入理解焰色反应的本质。

【实验设计】利用威尼尔分光光度计，结合光纤传感器定性和定量检测 NaCl 和 KCl。①通过待测液灼烧产生的火焰在可见光波长范围内光谱强度的变化定性检测 Na^+ 和 K^+。Na^+ 的火焰原子发射光谱波长在 589 nm 左右，而 K^+ 的火焰原子发射光谱波长在 770 nm 左右。②通过待测液灼烧产生的火焰在特定波长下光谱强度的大小定量检测 NaCl 和 KCl。不同浓度的 Na^+ 和 K^+ 的光谱强度不同，利用浓度与光谱强度绘制标准工作曲线，借助曲线的线性关系计算出待测液中的 Na^+ 和 K^+ 的浓度。

【研究结论】燃料甲醇溶液燃烧的火焰光谱图没有明显的波峰出现，待测混合液燃烧的火焰光谱图有两个波峰出现，将两种标准曲线和待测曲线共三条曲线放在同一个坐标轴进行对比。对比图 5-34 发现，待测混合液的火焰光谱图在 589 nm 和 770 nm 附近有非常强的波峰出现，因此证明待测混合液中确实含有钠元素和钾元素。将待测混合液在 589.2 nm 和 770.3 nm 的光强度代入到曲线中进行计算，可求出待测液中 NaCl 和 KCl 的具体浓度，其中 NaCl 溶液的浓度是 0.1636 g/L，KCl 溶液的浓度是 0.1719 g/L。

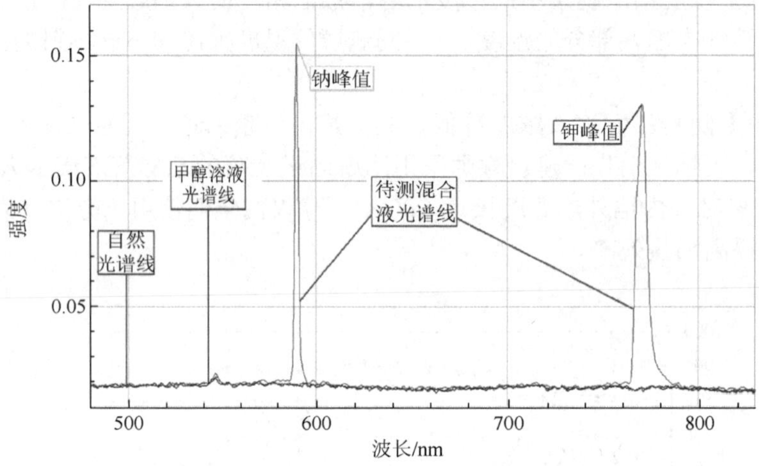

图 5-34　火焰光谱图

（五）生活情境类案例

1. 案例一：利用手持技术测定水果中维生素 C 的含量

【提出问题】人教版高中《化学》选修 1 第一章第四节中"科学探究"栏目中提出了检验水果中维生素 C 含量的实验。《普通高中化学课程标准（2017 年版）》必修课程主题 5 的学习活动建议中，也提出了比较不同水果中维生素 C 含量。通过探究不同水果中维生素 C 的含量，能够帮助学生掌握定量分析物质含量的科学方法，同时运用氧化还原反应的知识解决生活中的实际问题，对学生进行 STSE［即 science（科学）、technology（技术）、society（社会）、environment（环境）的缩写］教育。

【实验设计】利用色度计测量溶液颜色的变化，检测溶液的透光率。基于维生素 C 分子结构中的烯二醇基具有还原性，能被高锰酸钾溶液定量地氧化成二酮基，使得高锰酸钾溶液颜色发生变化的原理测定水果中维生素 C 的含量。实验试剂与药品见图 5-35。

【研究结论】从实验中，测量水果组织液与高锰酸钾反应后的透光率，并换算得到水果中维生素 C 含量：猕猴桃（702.9 mg/100 g）＞柠檬（74.37 mg/100 g）＞橙子（51.55 mg/ 100 g）＞苹果（21.47 mg/100 g）。

2. 案例二：利用手持技术数字化实验探究混凝剂的净水效果[30]

【提出问题】在人教版高中《化学》必修 1 提供的混凝剂净水实验方案中，并没有使用严谨的控制变量法比较铝盐与铁盐的净水效果，而且对净水效果的判定仅局限于定性分析，为全面利用该实验发展学生探究能力，可增加不同混凝剂的净水效果比较等研究问题。

图 5-35　实验试剂与药品

【实验设计】本实验一方面利用色度计测量溶液透光率的变化，并将其通过计算转化为浊度，比较不同混凝剂的净水效果；另一方面利用 pH 传感器通过呈现净水过程的中 pH 的变化曲线，分析混凝剂的净水机理。

【研究结论】通过对比三种不同投入量的混凝剂的净水效果可以发现，铁盐硫酸铁和 PFS 的最佳投入量约 75 mg/L，而明矾的最佳投入量约 125 mg/L（图 5-36）；除此之外，本实验还能通过混凝剂溶液净水过程的 pH 曲线说明混凝剂凝聚、凝絮、沉降等阶段的变化实质。如图 5-37 所示，在投入混凝剂铝盐或铁盐后，混凝剂在快速搅拌的过程中迅速分散到水中，并快速水解成胶体，使溶液酸性大大增强，并提供大量的正电荷，悬浊液处于凝聚阶段。该阶段以异向絮凝为主，强烈的水力搅拌可加剧凝聚作用。之后，进入慢速搅拌的阶段。在这一阶段，混凝剂水解产生的正电荷与模拟悬浊水样自带的负电荷发生电中和、吸附架桥及网捕等作用，使悬浊液的 pH 缓慢升高，悬浊液处于凝絮阶段。此阶段以同向絮凝为主。最后，静置悬浊液，悬浊液则处于沉降阶段。经过凝絮阶段形成的絮体主要依靠重力作用而沉降，因此悬浊液的 pH 保持不变。

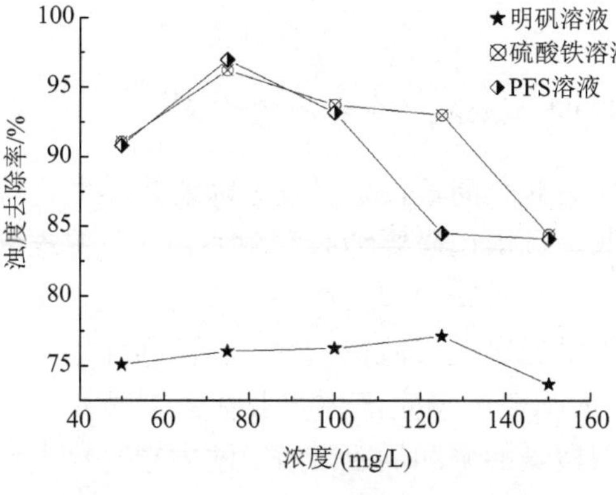

图 5-36　不同投入量的混凝剂的净水效果

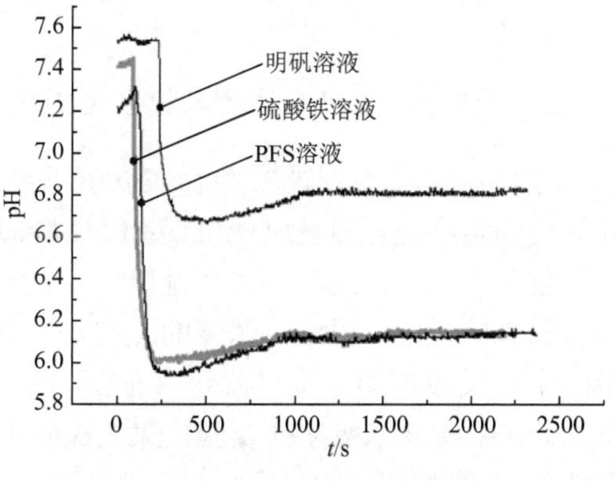

图 5-37　100 mg/L 混凝剂溶液净水过程的 pH 曲线

3. 案例三：利用手持技术数字化实验探究混凝剂的最佳净水条件[31]

【提出问题】人教版高中《化学》必修 1 提供的混凝剂净水实验方案只是以简单的定性分析比较铝盐与铁盐的净水效果，若能引入手持技术数字化实验进行探究，则可以弥补教材中定性实验的缺陷，优化教师教学，给学生提供更丰富的实验活动。

【实验设计】本实验针对混凝剂种类、混凝剂的投入量、原水的 pH 三种净水效果影响因素进行整理，得到 9 组正交实验，利用光传感器、浊度计、pH 传感器测定透光率、浊度及溶液酸碱性讨论混凝剂的最佳净水条件。

【研究结论】影响本实验的主要因素是混凝剂种类，其次是混凝剂的投入量和模拟原水的初始 pH。从均值大小可以推测出常见混凝剂的最佳净水条件为：聚合硫酸铁（PFS）作混凝剂，投入量为 75 mg/L，初始 pH 为 8.0。实验结果曲线见图 5-38。

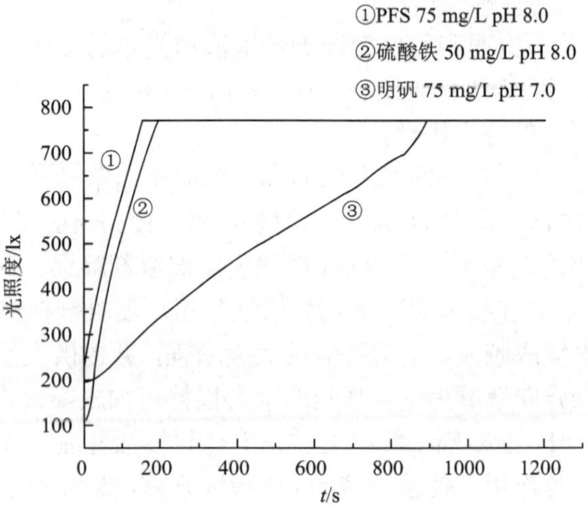

图 5-38　光照度变化曲线

（六）科学探究类案例

1. 案例一：应用手持技术数字化实验探究不同类型酸碱的中和滴定过程[32, 33]

【提出问题】教材的实验存在以下不足：①pH 突跃时间短，无论是老师还是学生均难以把控滴定终点，容易出现失误；②实验时间较长，且操作需要细心和耐心，一节课难以多次重复实验，导致学生精力难以集中在实验本质；③酸碱中和反应还有多种类型，如强酸与弱碱的反应、弱酸与弱碱的反应等，但课本提供的定量实验较为单一，仅为强酸与强碱的中和反应，学生难以知道其他类型的中和反应消耗的滴定液体积及体系中微粒的关系。引入手持技术数字化实验，深入探究不同类型酸碱的中和反应过程，助力学生较为全面地学习“中和反应”。

【实验设计】利用电导率传感器和 pH 传感器分别测定盐酸滴定氢氧化钠、盐酸滴定氨水、盐酸滴定氢氧化钠和氨水混合液过程的 pH 变化和电导率变化。

【研究结论】本实验在 TQVC 概念认知模型指导下，寻找到与抽象目标概念相匹配的可视化、可测量的关联属性即 pH 和电导率，如图 5-39 所示。测量所得的两种关联属性数据在四重表征的分析上能一一对应，为学生提供充分实验证据。在此基础上，学生由熟悉概念“H^+ 和 OH^-”和“阳离子和阴离子”、相关联概念“电解质（或离子）”，到目标概念“中和反应”的多级转化，可以反推导出目标概念的关键内涵，完善对“中和反应”概念的深入认识。

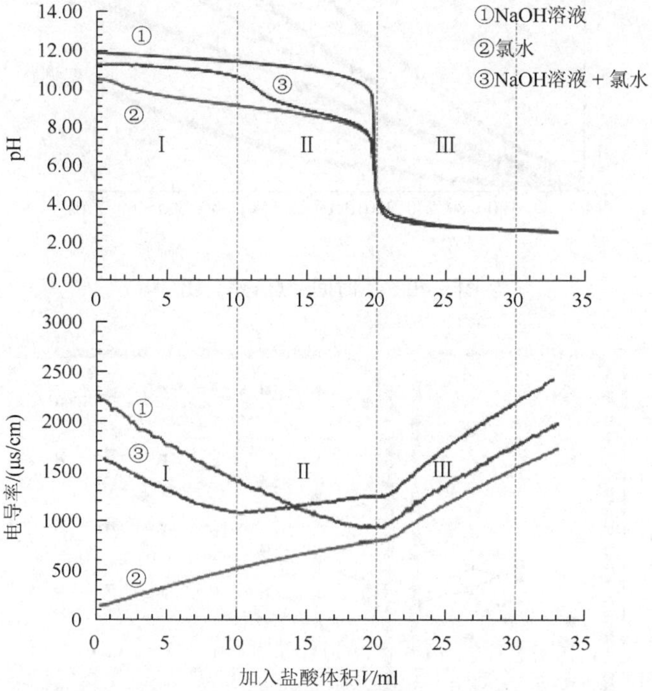

图 5-39 滴定过程中溶液 pH/电导率随体积曲线变化图

第二，本研究根据“四重表征”理论，从宏观、微观、符号和曲线四个维度清晰地分析了三组实验的两类曲线。三条曲线的变化趋势能与宏观、微观及符号表征一一对应，均能体现中和反应的过程。同时，对同一组实验的两条曲线进行综合分析，pH 变化曲线中的突变点能与电导率变化曲线的拐点一一对应。

2. 案例二：应用手持技术数字化实验探究氯离子物质的量对氯离子效应的影响——以镁与盐酸的反应为例[34]

【提出问题】当改变溶液中氯离子的物质的量，会对化学反应速率和氯离子效应产生怎样的影响？

【实验设计】利用高温传感器和威尼尔气体压力传感器 GPS-BTA 定量测量盐酸和镁条在不同浓度的氯离子条件下每一秒与起始气压相比的气压变化值绘制“时间–气

压差”图（图 5-40），以气压变化值计算平均化学反应速率，绘制“时间-化学反应速率”图（图 5-41）。依据研究结果，总结镁条与稀盐酸的反应中，氯离子物质的量对氯离子效应的影响。

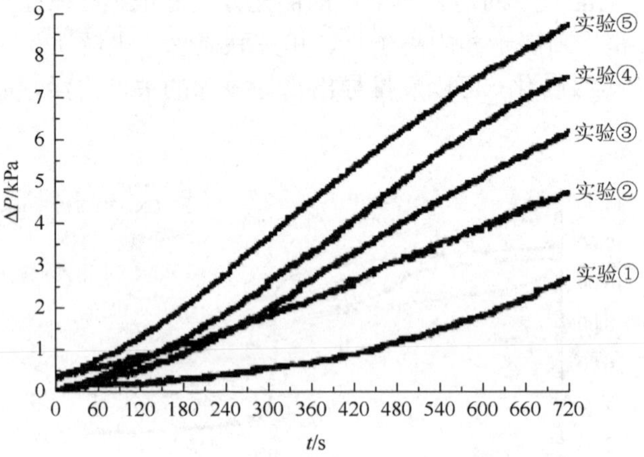

图 5-40 “时间-气压差”图

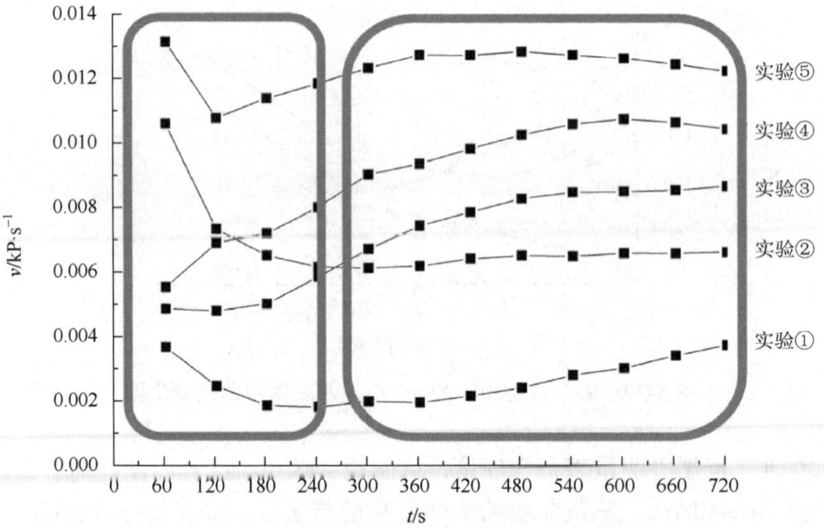

图 5-41 “时间-化学反应速率”图

【研究结论】①在镁条与稀盐酸的反应中，加入 0～0.04 mol 氯离子，氯离子的物质的量越大，化学反应速率增大，氯离子效应增强。②氯离子及其物质的量是影响化学反应速率的外部因素。

3. 案例三：利用手持技术数字化实验比较抗酸药的抗酸性[35]

【提出问题】在《普通高中化学课程标准（2017 年版）》、多版高中化学教材，以及初中生物教材中都有提出分析抗酸药抗酸功效的探究活动。本实验运用手持技术数字化实验主要研究 3 个问题：①市售常见的抗酸药抗酸性能如何？②碳酸钠为何不能做抗酸胃药？③市售抗酸胃药含量是否达到市场标准？

【实验设计】利用pH传感器计测量市售碳酸氢钠片和碳酸氢钠与盐酸反应的pH曲线，对曲线进行比较，判断市售碳酸氢钠片的含量是否达到市场要求。

【研究结论】①市售抗酸药中铝碳酸镁片和复方氢氧化铝片的效果优于碳酸氢钠片；②碳酸钠溶于胃酸后碱性太强，不宜做抗酸剂；③市售碳酸氢钠片的含量基本符合要求。

实验结果见图 5-42～图 5-44。

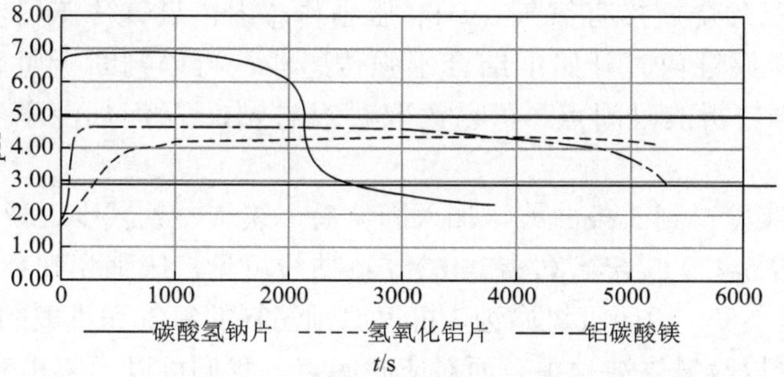

图 5-42　市售抗酸药抗酸性能比较实验曲线

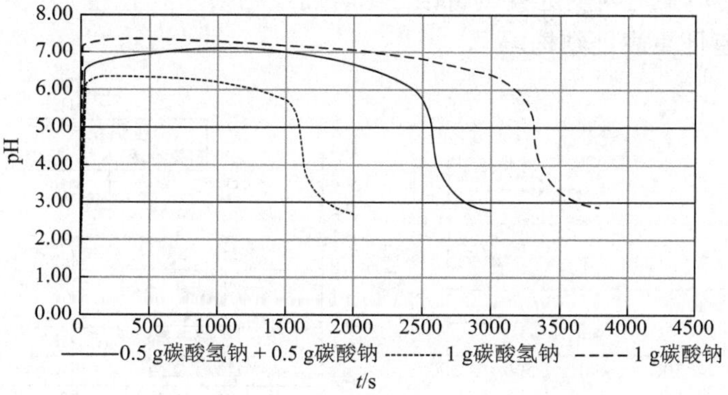

图 5-43　碳酸钠抗酸性能比较实验曲线

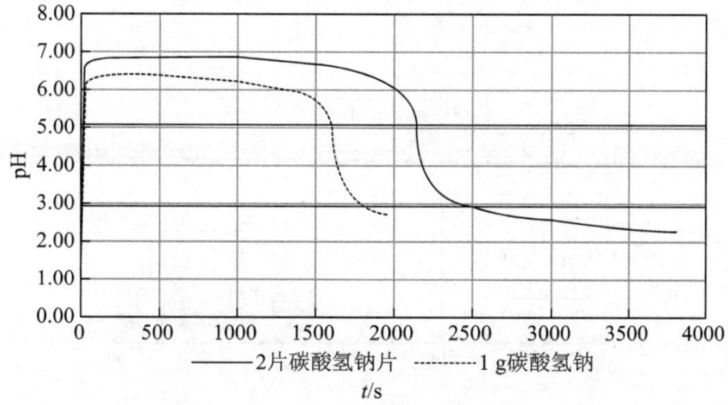

图 5-44　碳酸氢钠片的含量比较实验曲线

（七）创新获奖类案例

1. 案例一：利用手持技术数字化实验探究电化学腐蚀[36]

【提出问题】教材中描述在酸性条件中会引起析氢腐蚀，在酸性很弱或中性环境中会发生吸氧腐蚀，学生容易错误地认为两种腐蚀独立存在，并且对“酸性”“弱酸性或中性”的界限感到模糊。引入手持技术数字化实验，探究析氢腐蚀和吸氧腐蚀的关系。

【实验设计】三颈烧瓶接有氧气、pH、压强传感器，氧气传感器测量氧气何时开始减少，也就是吸氧腐蚀何时开始；结合压强传感器，可以判断析氢腐蚀、吸氧腐蚀何者占优；根据压强转折的时间点，可以读取对应的 pH，从而加深学生对电化学腐蚀的理解。

【研究结论】实验得到 3 条曲线，加入固体后，氧气一直减少，说明析氢腐蚀、吸氧腐蚀同时存在（图 5-45）。结合（图 5-46）*P-t* 曲线可见，压强先升高，说明此时析氢腐蚀为主；中间压强不变，说明吸氧腐蚀、析氢腐蚀消耗的氧气和生成的氢气体积相当；后面压强下降，说明以吸氧腐蚀为主。而对应时间点，我们可以读取相应的 pH（图 5-47），当 pH＜4.2，以析氢腐蚀为主；而 pH 为 4.2～5.0，两者相当；当 pH＞5.0，以吸氧腐蚀为主。也就是说，生活中主要发生吸氧腐蚀。结合曲线结果，学生进一步分析两种腐蚀的微观模型，从而完善四重表征结构。

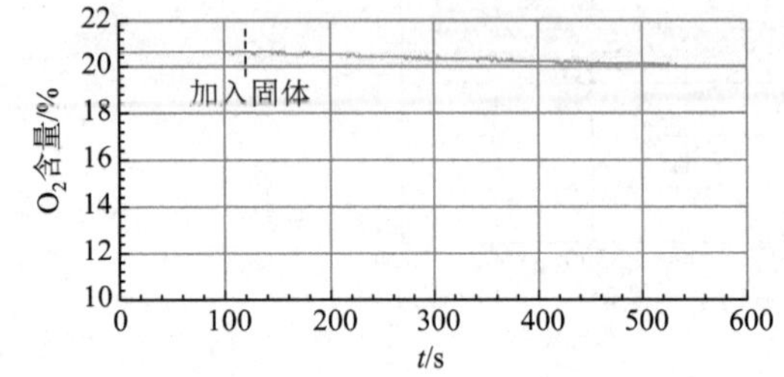

图 5-45　O_2含量-*t* 变化曲线

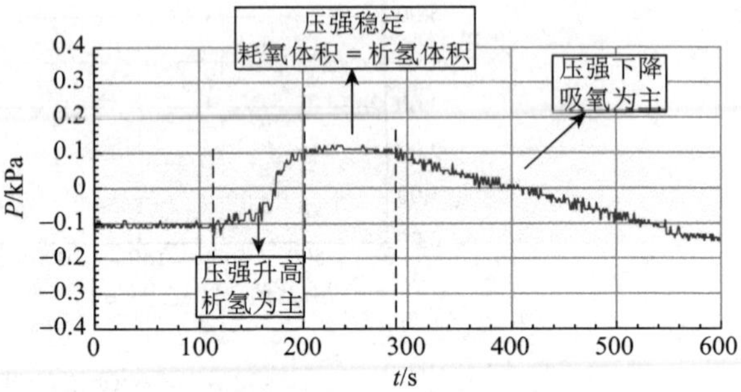

图 5-46　*P-t* 曲线

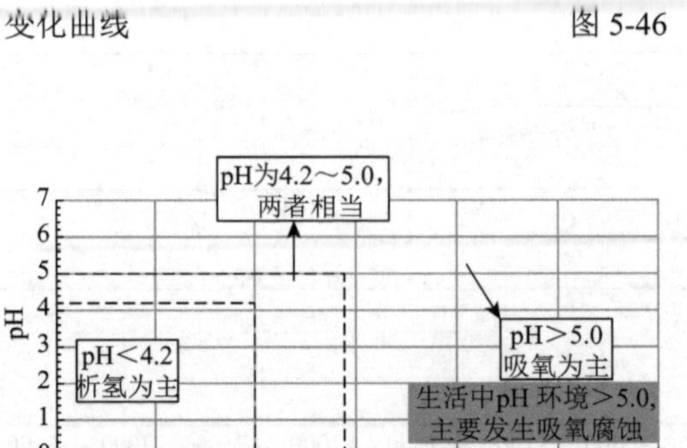

图 5-47　pH-*t* 曲线

2. 案例二：金属钠与氧气反应——基于证据推理视角

【提出问题】为什么钠要保存在煤油中？

【实验设计】从定量的角度，运用手持技术数字化实验，通过氧气传感器测量反应体系中的氧气含量来绘制氧气含量变化曲线，将金属钠与氧气这个看不见的反应变成一个大家“看得到的”反应，更加直观地了解金属钠与氧气的反应过程，从而探究金属钠与氧气反应的本质。

【研究结论】本实验结合金属钠储存在煤油中的情境，运用手持技术，进行实验一：探究金属钠在空气中的反应。我们获取了现象证据和数据证据（图 5-48），验证了金属钠会与氧气反应。然后进行实验二，探究金属钠与氧气在加热条件下的反应。探究发现，在加热条件下金属钠与氧气反应更加剧烈，由金属钠颜色变化（暗灰→黑色→淡黄色）得知生成新的物质——过氧化钠。最后从微观角度，分析原子结构，解释了金属钠与氧气反应是一个氧化还原反应。

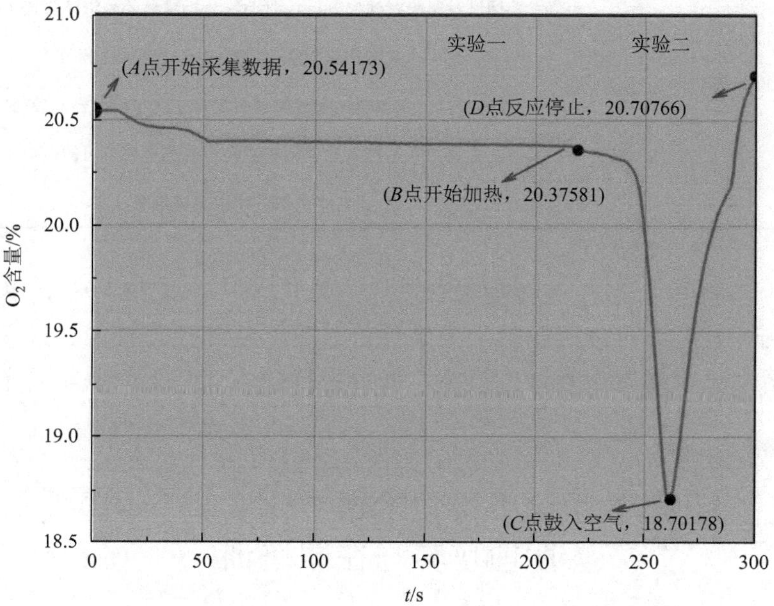

图 5-48　O_2 含量-t 变化曲线

三、慕课案例评价量表

以“运用数字化手持技术改进‘测量化学反应速率’实验的教学实践”[8]为例（表 5-5），采用自编问卷调查，从三维目标的角度测定学生的学习效果，并使用利克特 5 点量表计分法，选项包括：非常同意、同意、一般、不同意和非常不同意，分别记为 5 分、4 分、3 分、2 分、1 分。

表 5-5 慕课案例评价量表

维度	具体评价项目
知识与技能	通过此堂课的学习，加深了对化学反应速率的认识
	通过此堂课的学习，我学会了反应速率的多种表示方式
	通过手持技术数字化实验，更加直观地认识到了浓度对反应速率的影响
	通过压强曲线表征，了解了实验过程中反应速率随时间的变化情况
	通过手持技术数字化实验，能够准确定量地得到反应中任何一个时刻的反应速率
过程与方法	通过此堂课的学习，我体会到了数字化手持技术对化学实验改进帮助很大
	通过此堂课的学习，我能够通过实验结果的曲线图，对反应过程进行分析判断
	通过对实验曲线的分析，有助于我自己绘制化学反应速率的变化曲线
	掌握了手持技术数字化实验的基本操作方法
情感态度与价值观	通过本次实验的创新改进，我对化学实验改进有了一些兴趣
	通过对实验曲线的分析，对曲线分析题目的恐惧感降低了
	喜欢老师用数字化手持技术来辅助教学
	看完手持技术数字化实验演示后觉得此次学习内容比较简单
	我觉得手持技术数字化实验没有给我造成学习的负担
	我对本堂课的学习总体满意

以上仅为手持技术改进“测量化学反应速率”的一个案例教学效果评价量表参考。慕课案例开发者亦可参照此教学效果评价量表，从知识与技能、过程与方法、情感态度与价值观三个维度设置评价指标，评价手持技术支持下的课堂教学对学生学习效果的影响。

第四节 “化学教学论手持技术数字化实验”中国大学慕课的职前培养与在职培训

一、慕课在职前化学师范生培养中的应用

本慕课是职前化学师范生的专业必修课程，为了让很少甚至从未接触过手持技术的师范生系统、深入地学习手持技术，衍生出“1＋1 慕课”，即在 1 周内系统学习 1 个手持技术数字化实验的慕课。

“1＋1 慕课”的学习方法简称为“四步走七环节”，“四步走”指“看中学”“读中学”“学中做”“学中论”，“七环节”是手持实验视频的七个学习环节。化学师范生通过“看中学”（观看实验视频）、“读中学”（研读相关文本）、“学中做”（完成闯关

测试与撰写实验报告)、“学中论”（讨论实验问题)“四步走”系统地学习“1+1 慕课”的每个环节，能够掌握实验原理，熟悉实验操作，学习利用四重表征法分析数据，了解手持技术数字化实验开发的来龙去脉，学习手持技术数字化实验论文的撰写框架，了解如何开发一个手持技术数字化实验。

“1+1 慕课”适用于翻转课堂教学策略。课前，一周五天内师范生线上“四步走”学习“1+1 慕课”，并撰写预习报告；课中，教师组织面对面教学，师范生分组进行手持实验，在这个过程中教师要适当地进行引导、启发、答疑和点评；课后，师范生撰写实验报告及线上讨论学习心得，教师批改实验报告及点评展示优秀作业。经调查结果表明，“1+1 慕课”教学模式有助于职前师范生了解手持技术数字化实验的基本构成、操作和原理。具体“1+1 慕课”学习图见图 5-49。

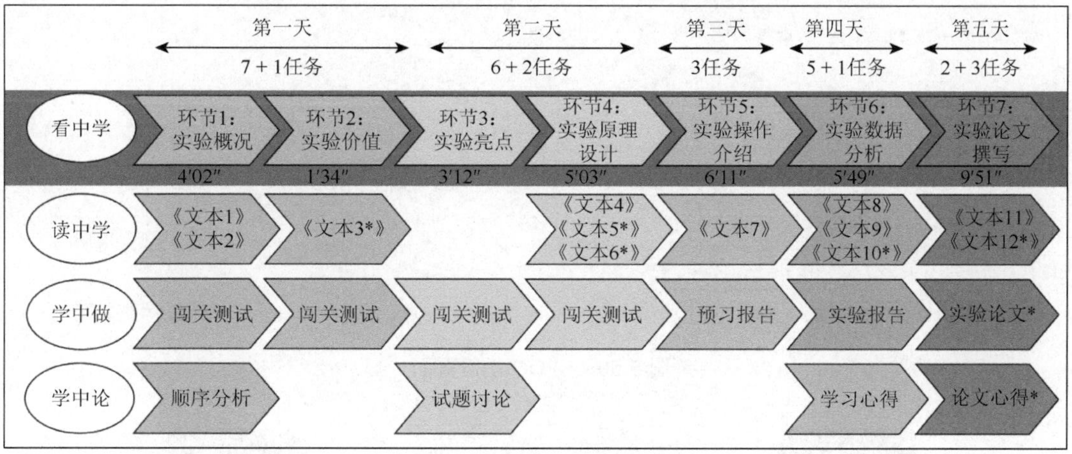

图 5-49　“1+1 慕课”学习图

图中*表示选读选做项目

“1+1 慕课”应用于中国大学 MOOC 的小规模限制性在线课程（small private online course，SPOC）上，本课程于 2020 年 3 月 2 日开课，首次共有 169 位师范生选课，师范生们学习热情高涨，互动活跃，课堂讨论区包含 23 个主题、1738 个帖子，具体 SPOC 学习页面见图 5-50。

二、慕课在在职中学化学教师培训中的应用

慕课不仅能够在职前化学师范生中进行教学应用，也适用于在职中学化学教师的培训。针对理论培训和实验培训的不同目标，以相应慕课内容作为资源进行培训，增强中学化学教师将信息技术与中学化学教学相融合的能力。本慕课已在华南师范大学化学学院承办的 2019 年广东省乡村中小学实验教师专项培训（简称“省培计划”）高中化学班开展的“手持技术数字化实验主题培训一体化”中进行了实践[37]，培训效果良好，获得了培训教师的高度认可，具体培训方案如图 5-51 所示。

图 5-50　SPOC 学习页面

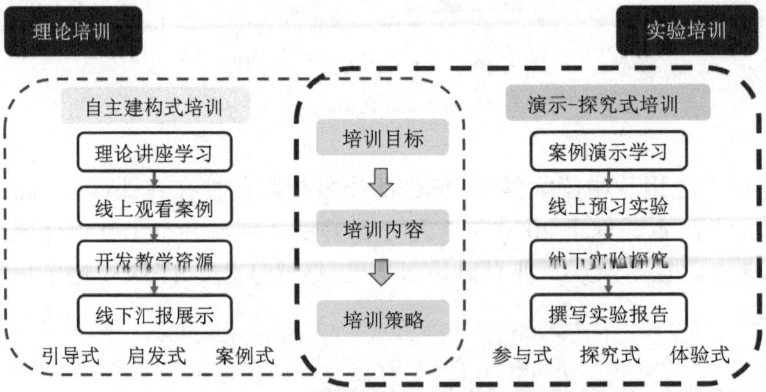

图 5-51　具体培训方案

（一）在理论培训中的应用

为了让中学一线化学教师掌握将手持技术数字化实验融入实际课堂教学的方法，采取自主建构式培训策略。通过开展手持技术数字化实验的教学应用的相关讲座，一线教师初识手持技术数字化实验，掌握开发教学资源系列套餐的基本思路。完成理论知识学习后，他们在网络教学平台上观看实验案例，思考如何以本实验为基础，开发系列配套教学资源，将手持技术数字化实验引入到实际课堂教学中。在线下组织开展汇报活动，他们上台展示自己开发的教学资源成果，并在专家点评后进行二次修改，完善培训成果。

（二）在实验培训中的应用

为了让中学化学教师掌握手持技术数字化实验的具体操作方法，采取演示-探究式培训策略。基于大部分培训教师没有接触过手持技术数字化实验的情况，开设手持技术数字化实验案例演示的相关讲座，能够帮助一线教师快速了解手持技术数字化实验仪器的使用方法，为后续的实验探究活动奠定基础。在网络教学平台上预习相关案例的实验原理后，一线教师以小组为单位撰写实验预习报告，设计基本的实验操作步骤，并在数字化实验室自主完成实验探究活动，分析实验数据，提交完整实验报告。

三、慕课在新型冠状病毒肺炎疫情“停课不停教”特殊时期的应用

（一）“战疫”慕课的应用方案

2020 年 1 月底疫情发生以来，广东省多所名师工作室“停课不停教”，通过发布相关学习通知，引导教师以线上形式开展对本慕课的学习，掌握手持技术数字化实验的理论部分，完成课程学习后进入工作室研修平台发表学习感想，部分工作室通过开展教研的教学实践评比（包括教学设计、实验设计和论文成果等，跨区域交流）、专家专题讲座、公开课等活动对教研的成果进行凝练、展示与发表，最后通过四赛成绩（区赛、市赛、省赛和国赛）、公开课影响与效果、教研成果化等形式对本慕课学习进行深度评价。以深圳市宝安区中学化学“手持技术数字化实验”区域教研活动方案为例，该方案以“化学教学论手持技术数字化实验”慕课为学习载体，以四赛和公开课、开发创新实验案例和“1＋8”套餐成果为评价内容，培养该区初中化学教师的手持技术数字化实验教学能力，激发教师实验教学的创新思维，提升教学水平，推动实验教学改革和推进素质教育。

（二）“战疫”慕课的应用情况

本慕课被全国各省市的教研室、继续教育中心、名师工作室（包括广东省黄远名师工作室、刘立雄名师工作室、何庆辉名师工作室、深圳市宝安区教育科学研究院、佛山市教育局教学研究室、江门市教育局教学研究室、茂名市教师继续教育中心等）指定为继续教育学习课程，推荐或要求中学化学教师学习，并有继续教育学时。受众人数达近千人。部分教师们表示，通过“化学教学论手持技术数字化实验”慕课，系统地认识并了解到手持技术数字化实验，转变了教学理念，为培养学生的科学探究和创新精神，实现深度学习提供新思路。

参 考 文 献

[1] 任腾菲. 融合传统实验与数字实验优化中学化学实验教学[D]. 合肥：合肥师范学院，2014.

[2] 王立新，钱扬义，苏华虹，等. 手持技术数字化实验与化学教学的深度融合：从“研究案例”到“认知模型”——TQVC概念认知模型的建构[J]. 远程教育杂志，2018，36（4）：104-112.

[3] 邓峰. 基于手持技术的高中化学教学模式（HBCIM）的构建及其研究[D]. 广州：华南师范大学，2007.

[4] 林建芬，盛晓婧，钱扬义. 化学“四重表征”教学模式的理论建构与实践研究——从15年数字化手持技术实验研究的回顾谈起[J]. 化学教育（中英文），2015，36（7）：1-6.

[5] 谢泽琛，钱扬义，罗秀玲，等. 中学生运用手持技术解决化学定量实验问题的心理过程分析[J]. 中国电化教育，2007，（4）：81-84.

[6] 韩锡斌，翟文峰，程建钢. cMOOC与xMOOC的辨证分析及高等教育生态链整合[J]. 现代远程教育研究，2013，（6）：3-10.

[7] 李清泉，黎军，王晖，等. 从MOOC到UOOC——地方高校在线教育联盟实践与探索[M]. 北京：清华大学出版社，2017：38-40.

[8] 邓峰，钱扬义，陈徽，等. 教师对手持技术在教学中应用所持态度的调查研究[J].化学教育（中英文），2008，29（4）：50-52，60.

[9] 麦裕华，钱扬义，杜慧鸣，等. 教师对手持技术实验的态度探析——基于对“国培计划（2018）”H大学化学研修班参训教师的问卷调查[J].现代教育技术，2019，（7）：80-86.

[10] 朱庆，钱扬义，麦裕华，等. 化学教师对手持技术数字化实验应用的态度调查[J].化学教学，2019，（10）：13-18.

[11] 郎滨. 慕课制作方法研究——以“电视编辑课程”为例[J]. 西部广播电视，2019，（9）：46-47.

[12] 夏丽. 实验型微课的开发与应用[J]. 中国教育信息化，2017，（14）：34-37.

[13] 卢彦，张冬梅，李俊，等. 《生物化学实验》慕课的设计与拍摄[J]. 教育现代化，2019，6（45）：261-263.

[14] 杭小虎. 慕课（MOOC）的制作方案研究[J]. 中国培训，2016，（22）：53.

[15] 苏华虹，钱扬义. 基于“手持技术”实验比较液体有机物分子间作用力大小——以醇类同系物和同分异构体为例[J]. 化学教育（中英文），2017，38（15）：49-54.

[16] 林丹萍，钱扬义，王立新，等. 手持技术数字化实验支持下的抽象化学概念学习——以探究比较丁醇同分异构体的分子间作用力大小为例[J]. 化学教育（中英文），2020，41（1）：74-78.

[17] 王西宇，钱扬义，黄乐显. 应用手持技术数字化实验比较“丙二醇的2种同分异构体”分子间作用力大小[J]. 化学教育（中英文），2020，41（17）：86-91.

[18] 张惠敏，钱扬义，李绮琳，等. 手持技术数字化实验的“盖斯定律”认知[J]. 化学教育（中英文），2020，41（19）：90-97.

[19] 李绮琳，钱扬义，张惠敏，等. 利用手持技术数字化实验促进学生对配合物概念的学习——以铜氨配合物的形成和破坏过程为例[J]. 化学教育（中英文），2020，41（1）：79-88.

[20] 许雯辉，钱扬义，王立新，等. 利用手持技术探究铝的化合物之间的相互转化过程[J]. 化学教育（中英文），2018，39（21）：54-62.

[21] 李玉莹，钱扬义. 利用手持技术探究氢氧化铝制备实验电导率变化[J]. 化学教育（中英文），2012，33（9）：103-108.

[22] 刘婷，林鸿锦，钱扬义，等. 应用数字化手持技术实验探究“浓度对化学反应速率影响”的教学实践[J]. 中学化学教学参考，2012，（8）：10-13.

[23] 唐文秀，钱扬义，陈雪飞，等. 利用手持技术探究浓度对化学平衡的影响[J]. 化学教育（中英文），2018，39（17）：68-70.

[24] 唐文秀，钱扬义，陈雪飞，等. KCl浓度对Fe^{3+}/SCN^{-}平衡体系影响的实验探究[J]. 化学教学，2018，（11）：85-89.

[25] 盛晓婧，林建芬，钱扬义. 利用数字化手持技术探究原电池电流和温度的变化[J]. 化学教育（中英文），2016，37（5）：61-66.

[26] 钱扬义，陈健斌，吴宗志，等. 在掌上实验室探究酒精灯火焰温度——得出不同的结论[J]. 化学教育（中英文），2003，24（1）：39-41，21.

[27] 钱扬义，陈国泉. 酒精灯火焰温度是外焰“最高”吗[J]. 化学教育（中英文），2006，27（7）：52-54.
[28] 陈雪飞，钱扬义，陈博殷，等.“蜡烛火焰划分”实验的局限成因分析及改进研究[J]. 化学教育（中英文），2019，40（7）：88-93.
[29] 陈雪飞，钱扬义，唐文秀，等. 火焰各焰层划分方法研究——基于文献综述与数字化实验探究视角[J]. 化学教育（中英文），2019，40（9）：88-96.
[30] 徐敏姗，钱扬义，王立新，等. 基于数字化手持技术的混凝剂净水效果比较及净水机理研究[J]. 化学教育（中英文），2020，41（11）：89-97.
[31] 蔡丹菊，钱扬义，李林燊，等. 利用手持技术探究混凝剂的最佳净水条件[J]. 教育与装备研究，2020，36（8）：79-84.
[32] 邓峰，钱扬义，林耿勉. 手持技术在酸碱滴定中的应用研究[J]. 教学仪器与实验，2007，（1）：12-14.
[33] 李霞，黄菲菲，钱扬义. 运用手持技术探究酸碱滴定过程中电导率的变化[J]. 化学教育（中英文），2011，32（6）：55-57.
[34] 麦裕化，钱扬义. 应用手持技术实验探究氯离子浓度对氯离子效应的影响——以镁和盐酸的反应为例[J]. 化学教育（中英文），2020，41（19）：98-102.
[35] 朱庆，钱扬义，黄倩莹，等. 应用手持技术数字化实验比较抗酸药的抗酸性[J]. 教育与装备研究，2020，（4）：81-85.
[36] 林建芬，钱扬义. 运用数字化手持技术对金属电化学腐蚀探究实验的改进[J]. 中学化学教学参考，2015，(1-2)：51-52.
[37] 钱扬义，林惠梅，陈柳青，等. 手持技术数字化实验主题培训“一体化”的设计与实践——以 7 天“省培计划”集中培训为例[J]. 化学教育（中英文），2020，41（19）：75-82.

第六章 Chapter 6

手持技术数字化实验的教学应用与培训应用

核心观念（大概念）

1. 在“国培计划”中的推广应用
2. 在“省培计划”中的推广应用
3. 在“第八届中国化学会关注西部中学化学教育发展论坛”中的推广应用
4. 在“第四届全国化学教师教育学术研讨会”中的推广应用
5. 手持技术探究实验基地

在研究手持技术数字化实验的22年间，本团队一直致力于推进手持技术数字化实验在国内的发展与应用。在教学方面，从华南师范大学教育硕士、本科师范生的培养应用到全国60余所大中小学手持技术数字化实验协同发展基地的教学应用，均取得扎实成效。在教师培训方面，从华南师范大学化学学院连续9年承办的中小学教师国家级培训计划（简称“国培计划”）示范性项目到连续7年承办的广东省教师继续教育省级培训项目（简称“省培计划”），“手持技术数字化实验”均作为重要的培训主题和固定的课程内容。在总结多年培训实践经验的基础上，钱扬义教授提出了主题培训一体化的设计理念、整体设计框架和具体实践方案，并在2019年广东省乡村中小学实验教师专项培训高中化学班中进行了实践。培训效果良好，获得了参训教师的一致认可。

本章将展示手持技术数字化实验在教学和培训中的应用情况，包括应用过程、推广应用和应用成效，为手持技术数字化实验的进一步推广应用提供参考依据。

第一节　手持技术数字化实验的教学应用

随着科学技术的迅速发展，当代化学实验教学发生了较大的变革。变革的主要特点是从描述性过渡到推理性，从定性过渡到定量，从宏观过渡到微观。随着教育改革的深入及信息技术向教育领域的扩展，信息技术与化学实验的整合成为实施信息化教育的热点问题之一。手持技术数字化实验作为一种新型信息技术，具有探究性与创新性的教学应用价值，能够有效应用在常规课堂、研究性学习等教学活动中，有助于培养学生的定量思维与创新意识，实现深度教学。随着教学改革的推进，手持技术数字化实验与教学的融合也逐渐深入化、多元化。目前，手持技术数字化实验在教学中的应用历经了以下四个应用阶段。具体如图 6-1 所示。

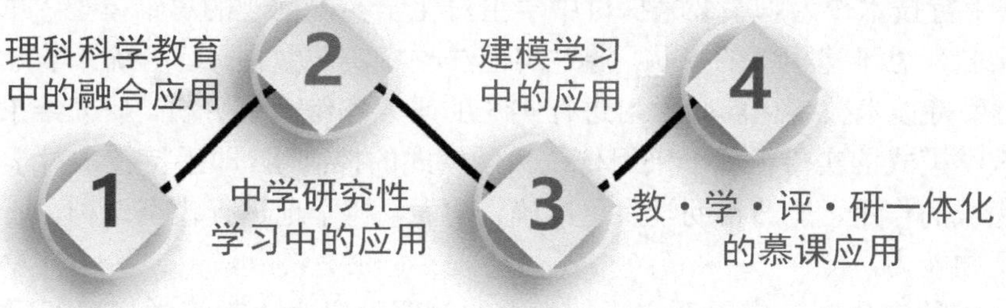

图 6-1 手持技术数字化实验在教学中的四个应用阶段

从应用对象来看，手持技术数字化实验的教学应用主要体现在职前化学师范生的培养和大中小学师生的运用。

一、应用过程

手持技术数字化实验应用于实际教学中的第一阶段为“理科科学教育中的融合应用”。作为一种新兴的信息技术，手持技术数字化实验和化学、生物、物理等理科均息息相关。通过各类传感器，可实时、精确测得电流、电压、二氧化碳浓度、pH 等物理量数值变化。如利用二氧化碳传感器，在物理学方面，可以研究二氧化碳在特定环境条件下（如压力或温度）的变化，帮助学生发展和完善对物质粒子模型的想法，有助于学生建构微粒观；在生物学方面，二氧化碳的研究与动物和植物的呼吸有关，可以帮助学生构建生命模型，也可以用于研究温室效应；在化学方面，可以研究二氧化碳是否或如何参与化学反应，帮助学生更好地理解反应本质。

在手持技术数字化实验与理科科学教育的融合过程中，教育工作者非常关注以下三个方面：实验探究的内容、如何指导学生探究及如何展开教学。为此，本团队自主设计开发了手持技术数字化实验探究学习的丰富实验案例资源，并建立符合化学学习特点的探究学习模式，以指导实验教学活动。实验案例均从学生的生活经验出发，如“公共汽车空气质量的检测与分析”“金鱼藻光合作用的探究”，旨在让学生认识到手持技术数字化实验与生活息息相关的关系，并激发学生的学习动机，从而促进手持技术数字化实验与教学的融合。

手持技术数字化实验应用于实际教学中的第二阶段为“中学研究性学习中的应用”。研究性学习是一种实践性较强的教育教学活动，以科学研究为主。本团队从学习生活和社会生活中选择和确定研究专题，开发既贴近教材又能够联系社会的实验案例，在研究性学习中指导学生发现问题、获取知识、应用知识、解决问题。在实验探究和教学实践中，研究手持技术数字化实验在研究型学习中应用的层次、类型及心理机制，在一定程度上丰富并拓宽了信息技术与学科教学整合的研究。

手持技术数字化实验应用于实际教学中的第三阶段为“建模学习中的应用”。在利用手持技术进行实验探究学习中，一线教师往往关注于在实验探究过程中学生思维模型的建构规律。本团队引入国外先进思维模型建构工具 Model-It 及模型建构思想，以化学实验为材料，利用手持技术作为脚手架来探讨中学生对化学实验问题的思维模型，并研究手持技术数字化实验在思维建模中的影响。通过实证法收集实践数据，运用统计学方法整理与处理数据，对手持技术数字化实验学习进行实在的研究和综合的分析。研究结果表明，采用手持技术教学模式的实验组优于采用传统教学模式的控制组，即手持技术对学生的思维模型建构有积极的作用，能够帮助学生更准确、全面、科学地进行模型建构，还有助于提高学生的元认知能力。

手持技术数字化实验应用于实际教学中的第四阶段为“教·学·评·研一体化的慕课应用”。慕课又称在线大规模课程，是当前互联网＋时代一种重要的学习途径。其与手持技术数字化实验均是教育信息化的产物，也是促进化学教学改革的重要利器。但目前实验类慕课较少，手持技术数字化实验慕课更是无人开设。本团队抓住此缺口，开发慕课“化学教学论手持技术数字化实验”，并对社会免费开放，满足职前化学师范生、中学化学教师、化学教研员等教育工作者专业发展的需要，同时满足大中小学生、家长等广大社会学习者科学普及的需要，培养其对科技创新的兴趣。

在应用过程中，本团队在《普通高中化学课程标准（2017 年版）》所要求的“化学教学要实施‘教·学·评’一体化”的基础上，提出“教·学·评·研一体化”，将教学与教研结合起来，教学为教研提供最直接的实践性依据，教研为教学的改进提供指导与方向。教学、评价与研究同向同行，形成协同效应，促进慕课教学的成效及教学目标的达成。

近年来，教育部在多份关于教师教育课程改革的重要文件中提出，要加强优质教师培训课程资源建设，推动信息技术与教师培训的深度融合。本团队积极回应教育部的要求，将“化学教学论手持技术数字化实验”慕课运用于“省培计划”等教师培训，还在多年实践的基础上提出一体化培训模式。调查结果显示，培训效果显著，深化了教师对手持技术数字化实验的认识，提高了教师的信息素养能力，有助于教师在教学中更好地开展手持技术数字化实验，从而促进信息技术与教学的融合。

二、推广应用

（一）在职前化学师范生培养中的应用

手持技术数字化实验在职前化学师范生培养中的应用主要体现在课程教学中。钱扬义教授面向化学本科师范生和研究生分别开设“化学实验教学研究”和“化学实验设计与研究（手持技术实验）”课程。两门课程均围绕手持技术数字化实验展开。开课至今，两门课程均已有 10 多年的时间，应用时间长，授课学生多，受益面广，影响深远。

1. 化学本科师范生的培养

华南师范大学化学学院化学（师范）专业的培养方案明确提出，以“培养具有广博的知识背景、厚实的专业基础与职业能力，能独立思考、能解决实际问题，具有社会责任感和道德操守的中等学校化学教师，并为其今后成为具有创新能力的中等学校骨干教师、学科带头人、教育管理者，以及化学专门人才打下坚实的基础”为培养目标。为了使学生系统、扎实地掌握化学专业的基本知识、基本理论和基本实验技能与方法，同时掌握化学学科定量与定性相结合、宏观与微观相结合等思维方法，并具备一定的实验创新与科学研究能力，化学学院化学教学与资源研究所教师团队为化学本科师范生开设“化学实验教学研究”“化学教学论”等课程。

“化学实验教学研究”自 2009 年起开设，至今已有 11 年。授课学生总人数达两千余人。课程设有 32 个实践学时，每周 4 个学时，共 2 个学分。该课程是指导化学实验教学的一门特色课程，旨在帮助学生温习初高中常见的化学实验，并以教育工作者的视角研究化学实验教学方法与改进方法。该课程不仅能让学生进一步熟悉化学实验操作，提高实验技能，还能让学生在把握实验教学规律与方法的基础上，启发思维，掌握实验改进的设计思路，培养创新精神，提高科学素养。

该课程包含多个专题，包括“微型实验”“手持技术数字化实验”“喷泉喷烟实验”等。其中钱扬义教授主讲的“手持技术数字化实验”为该课程的重要专题之一，以激发学生对手持技术数字化实验的兴趣、掌握手持技术数字化实验的原理知识、熟悉手持技术数字化实验的操作方法、了解利用手持技术改进实验的方法和思路、体会手持技术数字化实验的特点与教学价值为教学目的。该课程采用分组实验的形式，选取经典的实验案例，如“利用手持技术数字化实验比较正丁醇及其同分异构体分子间作用力大小”“利用手持技术数字化实验探究离子反应”等，让学生在自主体验中感受手持技术数字化实验的奥妙，体会其与常规实验的不同之处及优缺点，深化对手持技术数字化实验的理解，同时，为日后设计开发手持技术数字化实验案例及应用手持技术数字化实验展开教学提供方向，激发动力。

在 2019～2020 年第二学期，该课程首次采取混合式教学方式。结合在线开发课程“化学教学论手持技术数字化实验”，以“线上慕课预习”“线下实验探究”“线上交流点评”三环节展开教学，打破“教师演示，学生照做”的传统实验教学模式。混合式教学三环节示意图如图 6-2 所示。通过课前观看慕课，学生能够有更充足的时间去理解实验目的

图 6-2　混合式教学三环节示意图

并进行充分的思考。在观看慕课后，学生以小组为单位讨论实验方案，撰写预习报告并上传至中国大学 MOOC 平台。教师可查看预习报告并从实验方案的合理性、科学性和创新性等方面做出点评，学生可根据教师的点评对实验方案做出调整，以提高实验的成功率。而在实验室，学生动手实践实验方案，记录实验现象和实验数据，并小组讨论分析实验结果。随后各小组上传实验报告，学生可互相查看学习，在讨论区自由交流心得。教师对各小组的实验过程和实验报告进行总结评价。从而实现师生互动、生生互动。

2. 研究生的培养

钱扬义教授自 2010 年起，面向课程与教学论、学科教学（化学）专业研究生开设"化学实验设计与研究（手持技术实验）"课程。课程具体开展方式如表 6-1 所示。该课程是体现师范性特色的一门核心课程，也是一门针对性与实践性较强的理论课程。课程采用讲授与实验相结合、线上与线下相结合的授课方式，指导学生利用手持技术数字化实验仪器设计开发中学化学课程实验及开展相关的科学研究，致力于师范生手持技术数字化实验操作技能及实验教学研究能力的培养，使学生具有一定的数字化化学实验探究能力和教学研究能力，为其成为合格的基础教育教师奠定基础。同时，为了培养学生的论文写作能力，为日后成为一名研究型教师奠定基础，该课程还结合具体的实验案例，讲授如何撰写手持技术数字化实验研究论文。该课程的主要内容如表 6-2 所示。

表 6-1　"化学实验设计与研究（手持技术实验）"课程开展方式

专业	课程性质	学分学时	开课时间
课程与教学论（4+3）	专业必修课程	54 学时，3 学分	研究生一年级第二学期
课程与教学论（4+2）	专业选修课程	36 学时，2 学分	研究生一年级第二学期
学科教学（化学）	专业选修课程	36 学时，2 学分	研究生一年级第二学期

表 6-2　"化学实验设计与研究（手持技术实验）"课程的主要内容

部分	内容
第一部分（线上）	手持技术数字化实验的理论学习
第二部分（线上）	手持技术数字化实验的典型案例学习
第三部分（线下）	手持技术数字化实验的开发与操作
第四部分（线下）	手持技术数字化实验论文的撰写与投稿

学生通过在中国大学 MOOC 平台上提前预习"化学教学论手持技术数字化实验"，可了解手持技术数字化实验的研究历程，建立信息技术与教学融合的观念；学习手持技术数字化实验的相关理论，为手持技术数字化实验开发奠定基础。该课程选取的实验案例与生活和时代紧密联系，与学科课程标准相衔接，解决传统实验疑难，创新突破重难点。学生通过观看典型案例，学习手持技术数字化实验的开发思路。通过教师发布问题、小组讨论

交流、组内帮学等方式，帮助学生理解手持技术数字化实验的相关内容，有助于线下教学和实验室探究活动的顺利展开。

在研究生一年级第二学期，开展一系列线下教学活动和实验活动，包括实验选题的讨论与确定，实验方案的开发设计、展示分享与教师点评，动手实验探究，实验数据的记录，实验报告的撰写等，让学生充分掌握手持技术数字化实验的实验操作，完成手持技术数字化实验的开发，建立信息技术与教学融合的观念，培养实验创新精神。

课程考核方式以论文为主。学生需要将实验报告凝练为实验论文，并加以投稿。论文要求达到发表至国内核心期刊的水平，如《化学教育（中英文）》《化学教学》。为了培养学生的成果凝练意识与能力，该课程不仅展示本团队多年的案例开发成果，还提炼了案例开发的思路。通过学习“成果凝练”，有助于学生掌握撰写手持技术数字化实验研究论文的技巧。

（二）在全国大中小学中的应用

随着信息化浪潮和新课程改革的全面推进，作为一种先进的教学信息手段，手持技术数字化实验的研究价值越来越受到教育工作者的重视。本团队一直致力于手持技术数字化实验的推广应用，至今已与全国60余所大中小学签订手持技术数字化实验协同发展基地协议，极大地促进了手持技术数字化实验在全国大中小学中的应用。手持技术数字化实验协同发展基地主要分布在广州、南京、安徽、四川、重庆、天津和河南等省市，主要包括南京师范大学、安徽师范大学、宁夏大学、四川师范大学、韩山师范学院、河南师范大学和天津师范大学等大学，以及广东广雅中学、绵德中学、江苏省常州市花园中学、莆田第二中学、长春五十二中赫行实验学校、沧州市第一中学、江苏省苏州高新区第一初级中学、广东深圳市南头中学、四川省南充高级中学、蚌埠第九中学、重庆市长寿中学校、广东深圳市新安中学、江苏省常州高级中学和合肥市第一中学等中小学。手持技术数字化实验推广应用的空间范围广，而且受益面广。

三、应用成效

（一）在职前化学师范生培养中的应用

“化学实验教学研究”和“化学实验设计与研究（手持技术实验）”课程在人才培养方面均取得显著的成效。在教学质量评价中，两门课程平均分保持在93分以上，学生满意度高。两门课程还得到了中学教师、同类院校教师的认可，社会反馈良好。

“化学实验教学研究”使化学本科师范生掌握手持技术数字化实验操作方法并学会将其运用于化学教学中，掌握适应新课改的教学方法、教学模式和教育理念。在教学方法上，过去的科学教学和实验教学大多不易与周围的环境联系，更多的是老师照着课本演示，学生模仿老师，有的甚至异化为只用笔和纸来操作。学生往往感到枯燥无味，更无法培养创造性思维。通过该课程的学习，师范生学会利用手持技术数字化实验技术展开教学，即教学方法由注入式变为探究式，能让学生由过去的被动学习变为主动而有乐趣的探索和研究。在教学模式上，通过该课程的学习，师范生学会采用“四重表征”教学模式、科学探究教学模式等，有利于让学生成为课堂教学和实践活动的主体。课堂由教师讲、学生听变为老师牵线、学生探讨和师生共同探索、共同研究，由教师进度逐渐变为学生进度，真正做到“在做中学”。在教育理念上，该课程提倡师范生树立以下教育理念：①带领学生发现大众的、生活的、实用的和实验的科学；②既重结果，也注重过程，参加实践，学会研究；③随时随地探索和发现科学；④保持学生在教学过程中的主体地位。

“化学实验设计与研究（手持技术实验）”对师范生能力上的培养更为显著，让师范生掌握案例开发思路的同时，学会撰写手持技术数字化实验研究论文的方法与技巧。在课程结束时，选课学生均完成了一篇实验研究论文，大多数论文均被《化学教育（中英文）》或《化学教学》录用。课程教学的论文成果丰硕。该课程也让师范生能够在线上理论学习和线下实际操作的过程中，感受手持技术数字化实验的奥秘，体会其教学功能与应用价值。同时，丰富的实验案例资源为师范生日后开展手持技术数字化实验教学提供理论指导与资源支持，激发其创新教学、科普育人的热情和动力，实现立德树人、科学普及相得益彰，推动教育教学质量的提高，推动构建以素养为本的课程的育人大格局。

（二）在全国中小学中的应用

在全国中小学中，教师常常利用手持技术数字化实验开展科学探究教学。条件较好的学校采取分组实验教学形式，未能配备手持技术硬件设施的学校往往采用播放视频的形式。经调查研究，两种形式均取得了较好的教学实效，由此可知，手持技术数字化实验在提高教育教学方面具有较好的效果。

以钱扬义教授研究生盛晓婧在广东广雅中学的一次教学实践为例。盛晓婧利用手持技术数字化实验向高二（8）班的 52 名学生展开了人教版高中《化学》选修 4 第四章第一节“原电池”教学，具体如下。

高二“原电池”教学广东广雅中学教学实践

1. 教学要况

教学流程如图 6-3 所示。

2. 研究工具

盛晓婧根据学生在学习人教版高中《化学》必修 1 后对原电池内容的已有认知及课程的教学目标制定“原电池知识前测”及“原电池知识后测”。“原电池知识前测”旨在了解学生对单液原电池装置、电极方程式书写的掌握情况及对实验现象、电流和温度曲线的预测情况。“原电池知识后测”旨在了解基于手持技术的科学探究教学模式在“原电池”教学中的教学效果，以及对学生科学探究能力的影响。

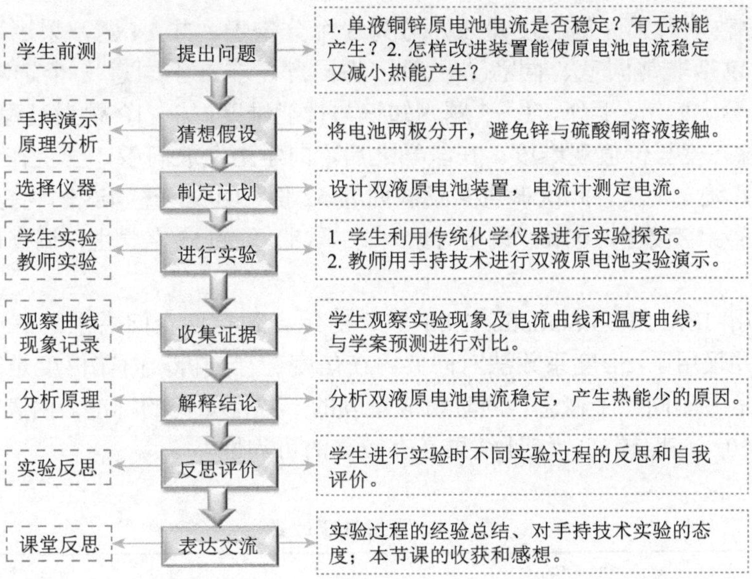

图 6-3　教学流程图

“原电池前测”和“原电池后测”主要针对教学的知识与技能、过程与方法维度目标进行编制。第一大题考查学生对已有知识的掌握情况，利用前测中的单液铜锌原电池知识与后测的双液铜锌原电池内容进行对比，题型为填空题；前测的第二大题与后测的第三大题形成对比，考查学生对未学习过的双液原电池的设计能力及分析情况，题型多样，包括画出装置图、图中的标注和填空；前测的第三大题与后测的第二大题形成对比，考查学生对电池效率包括对原电池电流情况的判断和理解，各由 2 道选择题构成。同时，每小题都对应了四重表征的不同能力考查。前后测各题考察维度如表 6-3 所示。

表 6-3　前后测各题考察维度

前后题号～后测题号	分值/分	维度
1.1～1.2	2	符号（电极反应式）
1.2～1.1	1	微观（微粒运动方向）
1.3～1.3	2	微观（离子浓度变化）
2.1～3.1	4	微观（微粒运动方向）
2.2～3.2	6	符号（电极反应式）
2.3～3.3	2	宏观（实验现象描述）
3.1～2.1	2	宏观（能量转化效率）
3.2～2.2	2	曲线（电流大小比较）

盛晓婧还编制了《学生对教学效果评价态度量表》，旨在了解学生对手持技术的接受

态度。《学生对教学效果评价态度量表》分为 3 个分量表，共 14 题，采用利克特式 5 点量表计分法，包括非常同意、同意、一般、不同意、非常不同意 5 个选项，依次记为 5 分、4 分、3 分、2 分、1 分。1～5 题为知识与技能维度；6～10 题为过程与方法维度；1～14 题为情感态度与价值观维度。在教学之后，向学生发放问卷，学生在课余完成，之后由课代表收齐统一上交，此次调查共发放问卷 52 份，回收问卷 48 份，有效问卷 48 份，问卷回收率 92.3%，有效率 100%。调查对象为高二（8）班的 52 名学生，调查时间为 2014 年 12 月 11 日。

盛晓婧选用 IBM SPSS Statistics 19.0 软件对综合效果调查问卷中的三维目标达成情况进行分析，并采用了α信度系数法对问卷内在信度进行分析，内在信度是衡量一个问卷中对一组问题是否测同一个概念，同时组成量表的一致性如何的标准。由表 6-4 可知该问卷的α值为 0.960，信度较高，统计结果具有较高的可靠性。

表 6-4　可靠性统计量

克朗巴哈系数α	项数
0.960	14

效度即研究资料的有效性，反映出资料对所要研究问题准确体现的程度。采用皮尔逊（Pearson）相关系数法进行双侧检验。由表 6-5～表 6-7 可知，每小题与各分量表之间、每小题与总量表之间、分量表与总量表之间的相关均显著，说明量表第一部分的相关性结构效度良好。

表 6-5　每小题与各分量表之间的相关性检验

题号	皮尔逊相关系数 r	题号	皮尔逊相关系数 r	题号	皮尔逊相关系数 r
1	0.861**	6	0.694**	11	0.863**
2	0.856**	7	0.920**	12	0.840**
3	0.896**	8	0.898**	13	0.773**
4	0.835**	9	0.892**	14	0.893**
5	0.823**	10	0.858**		

注：**表示 $p<0.01$，下同

表 6-6　每小题与总量表之间的相关性检验

题号	皮尔逊相关系数 r	题号	皮尔逊相关系数 r	题号	皮尔逊相关系数 r
1	0.799**	6	0.622**	11	0.782**
2	0.787**	7	0.896**	12	0.810**
3	0.802**	8	0.865**	13	0.736**
4	0.823**	9	0.866**	14	0.885**
5	0.818**	10	0.834**		

表 6-7 三个分量表与总量表之间的相关性检验

分量表	皮尔逊相关系数 r
分量表 1	0.944^{**}
分量表 2	0.968^{**}
分量表 3	0.956^{**}

3. 结果与分析

1）前测作答情况分析

据统计，在“原电池知识前测”中，87%的学生能够画出单液原电池的装置，但在书写电极方程式时，部分同学将正负极反应式混淆，或与其他原电池的电极方程式混淆，实验预测方面，很少有同学能将实验现象的各个方面写完整。52 人中只有 10 人能大致画出正确的电流曲线，8 人能大致画出正确的温度曲线，正确率较低。同时发现，学生对曲线表征的基本认识能力较差，有 15 人的温度曲线的起点从 0 ℃开始，没有考虑实际情况。部分学生的曲线预测图如图 6-4 所示。由此作答情况可知，虽然学生在必修 2 已经学过原电池的基础知识，但因为时间间隔较长，部分学生会有所遗忘，而且原电池为高中化学教学的重难点内容，学生确实仍存在许多问题。此外，学生的曲线表征能力尤其需要加强，这说明了手持技术数字化实验在中学教学运用的必要性。

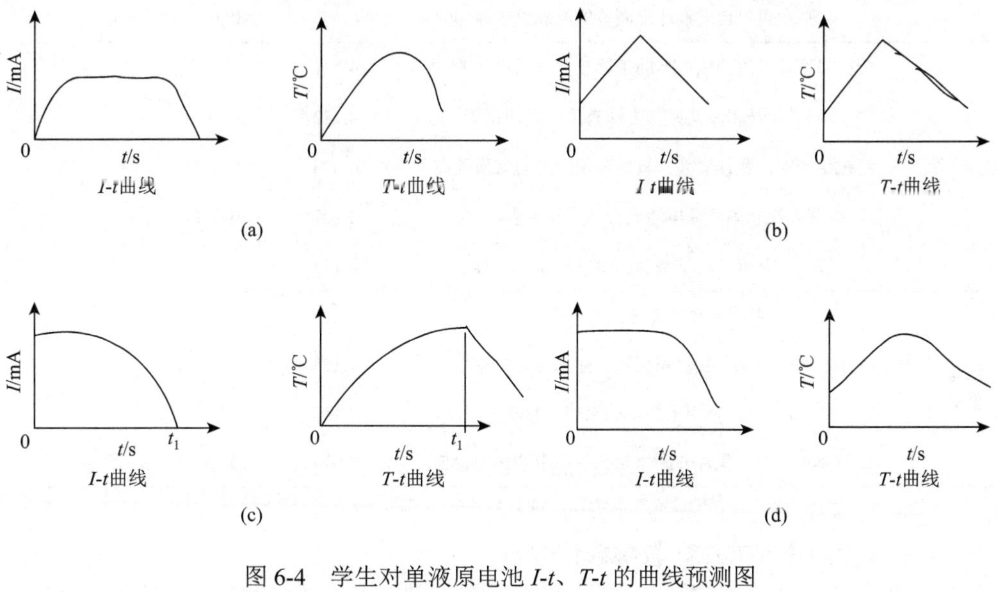

图 6-4 学生对单液原电池 I-t、T-t 的曲线预测图

2）三维目标达成效果分析

从表 6-8 数据可以看出，各目标维度平分均都在 4.1 分以上，说明本节课的三维目标达成情况较好。其中，知识与技能维度的平均分最高，为 4.24 分，效果最好，表明学生

对手持技术的认同度较高，手持技术是一种可以提高自己对原电池的认识及曲线分析能力的技术。同时，手持技术在原电池实验中的应用，为学生提供了学习新方法，手持技术与科学探究教学的结合运用，学生已经初步掌握科学探究的实验步骤和内容，为学生今后的科学探究打下了一定基础。

在三维目标的具体内容中，“通过手持实验，我了解原电池反应的电流变化情况”这一项的得分最高，为4.518分，说明利用手持技术进行单液和双液原电池电流的对比实验有利于从本质上比较2种原电池的差异，“四重表征”模式尤其是其中的曲线表征对学生对原电池内容的理解有很大帮助。

情感态度与价值观维度的平均分为4.13分，其中“手持实验使课堂变得生动有趣”这一项得分为4.237分，说明学生对手持技术的兴趣浓厚，因此也提高了学生的课堂注意力，并希望运用手持技术来辅助教学。

表 6-8　三维目标达成效果分析

三维目标	三维目标具体内容	平均值 M/分	标准差 SD	各维度平均值 $\bar{M}$ /分
知识与技能	通过此堂课的学习，加深了对这两个原电池的认识	4.132	0.704	4.24
	通过手持实验，我知道原电池反应的温度变化情况	4.289	0.611	
	通过手持实验，我了解原电池反应的电流变化情况	4.518	0.679	
	我对不同原电池的能量转化有了更深的认识	4.132	0.704	
	今后我可以自己设计出简单的双液原电池	4.105	0.689	
过程与方法	分析温度、电流曲线，有助于比较两种原电池差异	4.421	0.599	4.20
	我对手持技术及其操作方法有了一定的认识	4.132	0.811	
	经过这节课，我读懂并分析曲线图的能力有所提高	4.026	0.822	
	我对比较两个原电池的方法认识更多了	4.289	0.732	
	我初步掌握了科学探究的实验步骤和内容	4.132	0.741	
情感态度与价值观	手持实验使课堂变得生动有趣	4.237	0.751	4.13
	手持实验调动了我的积极性，注意力更加集中	4.158	0.718	
	我喜欢老师用手持实验来辅助教学	4.158	0.754	
	经过本节学习，我体会到化学在生活中的重要价值	3.974	0.957	

3）学生喜爱的授课方法和教学载体分析

从表6-9、表6-10可以看出，学生最喜爱的上课方法为讲授法，比例为60.41%，手持实验法排名第二为58.33%，再次说明了学生对手持技术的喜爱，而仅有25.00%的人喜爱传统实验法。学生喜爱的教学载体排名前三分别为PPT、视频和动画，选择手持技术的比例为43.75%，仍然高于传统实验的27.08%。上述数据都说明很有必要将传统实验与现代化的数字化手持技术数字化实验相结合，提高学生的课堂兴趣。

表 6-9 学生对授课方法喜爱的情况

授课方法	人数/人	百分比/%	授课方法	人数/人	百分比/%
讲授法	29	60.41	探究法	20	41.67
谈话法	8	16.67	参观法	11	22.92
讨论法	19	39.85	练习法	7	14.58
手持实验法	28	58.33	传统实验法	12	25.00

表 6-10 学生对教学载体喜爱的情况

教学载体	人数/人	百分比/%	教学载体	人数/人	百分比/%
纸笔	8	16.67	音频	19	39.58
黑板	19	39.58	视频	29	60.42
传统实验	13	27.08	动画	23	47.92
PPT	37	77.08	手持技术	21	43.75

4）学生前后测成绩对比分析

前测与后测题目考察维度一一对应，但在内容上，前测主要考查学生之前学习过的单液原电池的知识，后测则主要考查本节课学习的双液原电池知识，这是因为双液原电池教学是在原有的原电池知识上进行的，且单液和双液原电池工作原理基本相同，装置有一定的对比性。

由表 6-11 可知，除 3.1 题外，此题前后测均为满分，其余各题后测成绩相对前测都得到了不同程度的提高，尤其是后面 2 道大题。前测第二大题与后测第三大题为对应题，三小题分别从微观、符号、宏观三方面进行考察，成绩均有提高，说明在运用手持技术进行科学探究教学后，学生在这三个维度均有了一定的提高。前测的第三大题对应后测的第二大题，第一小题是从定性角度要求学生判断原电池能量的转化情况，从前测来看，学生都知道原电池并不是完全将化学能转化为电能；第二小题得分仅为 0.33 分，说明学生对原电池的电流变化曲线并不了解。对比后测，从第一小题得分分析，学生已经知道不同原电池的能量转化效率不同，并且在第二小题能很好地比较不同原电池的电流变化情况，难度较前测高，但得分却更高，说明手持实验的曲线表征很好地帮助学生提高这方面的能力。

表 6-11 前后测成绩对比

前测卷			后测卷			前后测分差
题号	平均值 *M*	标准差 *SD*	题号	平均值 *M*	标准差 *SD*	后测平均值减去前测平均值（$M_{后}-M_{前}$）
1.1	1.78	0.5906	1.2	1.97	0.169	0.19
1.2	0.74	0.441	1.1	0.91	0.366	0.17
1.3	1.67	0.747	1.3	1.81	0.588	0.14

续表

前测卷			后测卷			前后测分差
题号	平均值 *M*	标准差 *SD*	题号	平均值 *M*	标准差 *SD*	后测平均值减去前测平均值（$M_{后}-M_{前}$）
第一大题	4.19	1.0127	第一大题	4.69	0.772	0.50
2.1	1.67	1.107	3.1	2.14	1.246	0.47
2.2	4.38	2.095	3.2	4.87	1.849	0.49
2.3	1.00	0.617	3.3	1.40	0.728	0.40
第二大题	7.05	2.975	第三大题	8.41	2.573	1.36
3.1	2.00	0.000	2.1	2.00	0.000	0.00
3.2	0.33	0.747	2.2	1.77	0.649	1.44
第三大题	2.33	0.747	第二大题	3.77	0.649	1.44

为了更科学地评价学生在本课后学生思维能力的变化情况，采用 SPSS19.0 软件对所教班级前后测成绩进行独立样本 *T* 检验，检验结果如下。

从表 6-12 可以看出，第一大题、第二大题、第三大题均为 $P<0.05$，因此各题前后测成绩存在显著差异，说明学生成绩得到了显著提高。由此看来，学生在综合运用宏观、微观、符号和曲线四重表征及相互转化的思维能力方面都有了显著的提高，本次教学成效明显。

表 6-12　前后测独立样本 *T* 检验

题项	前测平均值减去后测平均值（$M_{前}-M_{后}$）	统计量值 *t*	显著性 *P*
第一大题	−0.488	−2.515	0.014
第二大题	−1.349	−2.249	0.027
第三大题	−1.442	−9.556	0.000

5）定性研究结果分析

（1）学生表现分析

在教师向学生介绍手持技术传感器时，学生表现出兴趣，但同时脸上露出一些疑惑的表情。在教师介绍本节课使用的温度传感器和电流传感器并展示出实验装置时，学生回答表示能够理解。

当教师演示测定原电池电流和温度的实验时，学生看到屏幕上曲线的升高和降低，脸上露出微笑的表情，并不时地发出惊叹声，仔细盯着屏幕投影，并能够将实验和曲线变化联系在一起。

实验结束后有同学将看到的曲线在笔记本上记录下来，并和自己之前绘制的曲线进行比较。这说明学生的课堂参与度高，学生的思维已经开始将宏观实验和曲线变化结合起来。下课后许多同学跑到讲台上来仔细观察手持技术仪器，并询问之后上课是否会运用手持技术；有同学围住老师，对上课时还存在疑惑的问题进行询问，直到下节课即将开始。这些都说明学生对手持技术数字化实验有着浓厚的兴趣，并对化学课有着极大的兴趣，同时说明学生有一定的科学探究意识。

（2）教师表现分析

在进行手持技术数字化实验演示时，教师们一直聚精会神、认真听课、仔细记录，偶尔轻声交流，脸上露出微笑的表情。说明这些教师对此种教学方法存在兴趣，值得研讨。下课的交谈中，广东广雅中学陈允任老师、金灿老师、袁益娴老师等都肯定了手持技术数字化实验在本节课教学中的作用，这说明手持技术数字化实验在原电池教学中有积极作用。

关于对手持技术的了解情况、原电池教学情况及学生四重表征认识发展的相关问题，笔者对 2 位听课的化学老师（A 和 B）进行了访谈，回答要点如表 6-13 所示。

表 6-13 教师访谈记录

访谈问题	回答摘录
①您在教学中是否使用或了解过手持技术？	A.了解，我们学校有这个设备，但没用过，有少数老师用过 B.听过，但是没真正接触过
②为什么上课没有尝试过使用手持技术？	A.不会用，而且原来认为比较麻烦，也没这么多时间 B.不知道怎么用，而且学校的仪器比较旧，其他老师也没用过，有些好像已经坏了。用新的技术也担心影响教学时间和教学进度，而且也不是适合全部实验
③您在教学中会演示原电池实验吗？是怎么做的？效果如何？	A.会，是对比单液和双液原电池的电流稳定性和电流大小，在课堂上用电流表来测。效果还可以，但是要控制硫酸铜溶液的浓度，浓度太小的不行 B.有时候会在课堂上用电流表测原电池电流，但是有时候实验会出现一些问题，所以有时候就直接播放之前准备好的视频，效果还可以
④通过今天的实验，您觉得手持技术最大的优点在哪？	A.能够将化学反应定量，并且有曲线可以直观地观察，还可以投影实验现象，有助于学生全面理解化学原理。学生对手持技术的学习兴趣较大 B.用手持技术能提高学生的学习兴趣，他们都觉得很新奇。让学生从不同的角度来理解化学原理，这是之前没有的
⑤您觉得将手持技术与科学探究方式进行结合，是否有助于学生能力的提高？如哪些能力？	A.当然会有提高，如这节课学生的画图能力、曲线分析和曲线绘制能力还有实验能力都会有正面影响 B.会有帮助。学生的动手操作能力，实验的观察能力、实验创新的能力都会有提高
⑥您之后是否会考虑尝试手持技术？	A.会希望尝试，下次上原电池课希望可以用到你的仪器 B.基本上不太会，感觉准备起来还是比较麻烦，课外可以试一试

结合教师访谈记录总结了教师对“基于手持技术的科学探究教学模式”的几点看法。

①对学生能力提高的影响：教师一致认为该教学模式非常有利于培养与提高学生的各种能力。该模式既包含了学生传统实验，能够让学生提高动手能力、问题解决能力、实验观察能力和绘图能力，同时又有手持技术数字化实验演示，有利于提高学生的数据分析能力、曲线分析能力，与手持技术的接触可以帮助学生进行课外探究，培养创新能力。

②影响手持技术在教学中应用的因素：首先，教师对手持技术仪器的使用不熟悉，学校对手持技术仪器的日常维护不到位，这些都影响教师的仪器使用；其次，手持技术的上课演示时间难控制，如果重做，会花费较多时间；最后，手持实验的适用范围有限，实验还有待进一步开发。

③对学生学习兴趣的影响：手持技术作为现代化的实验仪器，在中学的使用还不普遍，学生较陌生。但学生对高科技和数码产品比较感兴趣。手持技术能提高学生的学习兴趣，提高学生对实验的探究兴趣。

第二节　手持技术数字化实验的培训应用

一、在“国培计划”中的应用

《国家教育信息化十年发展规划（2011—2020 年）》中提出“推进信息技术与教学融合”的理念，以提高教育质量；2017 年新课标提出“应适当增加数字化实验、定量实验，让学生在实验探究活动中学习科学方法，认识科学探究过程，体会、认识技术手段的创新对化学科学的重要价值，形成严谨求实、勇于实践的科学态度，发展实践能力”。基于以上国家政策和新课改背景，“国培计划”首席专家钱扬义教授将“手持技术数字化实验讲座和实验演示”设为固定的培训内容，帮助学员更深入地理解新课标，提高信息素养能力，在教学中更好地开展数字化实验，这对促进信息技术与化学课程融合具有很强的实践意义。

手持技术数字化实验讲座和实验演示培训采用“五台阶”培训模式——实验演示、实验设计、论文发表、成果展示和理论指导，以案例式、探究式、参与式和研讨式多种方法开展培训。培训内容主要以中学化学实验为例，如溶解中的吸热放热、探究浓度对化学平衡的影响、比较常见醇的分子间作用力大小等，为学员示范如何设计并开展数字化实验教学，培养学员数字化化学实验技能及数字化化学实验教学研究能力。培训还结合实验案例的演示，讲授如何撰写手持技术数字化实验研究论文，并结合认知心理学的理论，让学员认识到手持实验在学生认知心理结构中的作用，这为提高学员的论文写作能力，日后成为一名研究型教师奠定基础。

（一）实施过程

随着《教育信息化“十三五”规划》《普通高中化学课程标准（2017 年版）》的先后颁布，如何在高中化学课程改革过程中充分发挥手持技术数字化实验的重要作用、如何实现信息技术与化学教育教学深度融合的核心目标、如何进一步提高中学化学教育工作者尤其是中学化学教师的信息化教学能力，已成为中学化学教育教学需高度重视并努力解决的问题。基于以上国家政策和新课改背景，“国培计划”首席专家钱扬义教授将有关手持技术数字化实验的理论讲座与案例演示相结合，并作为培训重点内容。手持技术数字化实验讲座及实验案例展示，可帮助学员更好地理解手持技术相关理论，并在中学实践中更好地开展手持技术数字化实验。

（二）推广应用

以 2018 年“国培计划”为例，此次培训主题为“研究型化学教师培训者的培养与发展”。主讲团队是华南师范大学化学教学与资源研究所的钱扬义教授、邓峰副教授和肖常磊老师，还有化学学院的石光副院长等老师，以及来自各中学的一线骨干教师。根据研修目标要求，此次培训主要为集中研修，注重培训之前的任务驱动与培训后的作业追踪，注重培训方式创新，采取专题报告、实践考察、讨论式、任务驱动式等多种方式开展培训，强化学员互动参与，增强培训吸引力和感染力。

本团队在此次“国培计划”中，开展了手持技术数字化化学实验 20 年研究讲座，介绍了手持技术数字化实验的发展历程。课程表如表 6-14 所示，现场照片如图 6-5 所示。钱扬义教授的研究生林丹萍介绍了“利用手持技术比较正丁醇及其同系物的分子间作用力大小”和研究生唐文秀（图 6-6）介绍了“利用手持技术探究浓度对化学平衡的影响——以 Fe^{3+}/SCN^{-} 平衡体系为例”。讲座氛围活跃，学员积极主动地与钱教授互动交流。

表 6-14　2018 年“国培计划”课程表

授课时间		专题	主要内容	课程形式	授课专家
10 月 27 日（星期六）	08：00～12：00	培训模式（新实验）（手持技术数字化实验“协同发展基地”建设）	①手持技术数字化化学实验 20 年研究讲座、成果展示和现场演示——以 1 个新实验设计、演示和成果发表为例 ②华南师范大学与“国培计划”学员学校手持技术数字化实验“协同发展基地”建设	专家讲座 学员演示 互动交流	钱扬义、石光、麦裕华、唐文秀、林丹萍
	14：00～18：00	培训模式（传统实验）	中学化学实验培训模式及实验教学的设计——以广东省实验培训为例	案例教学 交流分享	肖常磊

图 6-5　钱扬义教授开展手持技术数字化化学实验 20 年研究讲座

图 6-6　钱扬义教授研究生进行现场演示

（三）应用反馈

许多学员通过这次培训收获良多，并对此次培训有高度评价。在培训结束后，许多老师都表示愿意在常规教学中尝试加入手持技术数字化实验来帮助学生更好地理解化学反应过程。目前广东广雅中学的化学实验室已批量引进手持技术数字化实验仪器，教师可在课堂进行小组实验，每一位学生都有机会亲自动手操作，利用手持技术数字化实验仪器完成探究实验。来自西藏大学的崔晓梅老师通过此次培训找到今后的研究方向。她认为通过手持技术可以提供一些定量的实验数据，让一些抽象的实验现象变得简单、可视化。这对于基础比较薄弱的学生而言是一个非常好的工具。来自天津南开区教研中心的马燕老师认为手持技术应用于中学化学教学很好，通过手持技术能够使定性实验转化为定量实验，培养学生定量思维和科学严谨的研究态度。来自山东省青岛第三十九中学的刘翠老师听到钱教授这一报告十分激动，她说钱教授描绘了一幅蓝图，相信在不久的将来，山东省学校的课堂里也能开设手持技术数字化实验。来自朝阳市第四高级中学的李福斯老师说钱教授提出的四重表征为今后的学习指出了一个新的方向，他希望这样的理论可以落地生根，开花结果。来自甘肃省兰州一中的王顺老师说这次来到现场了解钱教授的手持技术数字化实验感到非常震撼，钱教授开拓了化学实验的新途径，是手持技术数字化实验的开拓者，把传统实验中许多大家没有办法体验或感受的一些数据通过手持技术展现，解决了中学化学以前只能是定性研究的问题，并上升到了定量研究，这也是未来教育的一个新的方向。

此项培训的集中理论学习及本团队的专业实验展示，促使学员们总结与反思，践行“信息技术与化学学科整合”的理念，自觉将教育科研工作与教学实践活动有机结合，实现自身教育教学能力的二次发展。

（四）预期发展方向

钱扬义教授研究生朱庆[1]对“国培计划（2018）”专职培训团队研修项目华南师范大学化学班 60 名学员教师进行调查，了解对手持技术数字化实验功能、应用影响因素的态度。结果显示：①不同类别教师一致显著认同手持技术数字化实验的实验信息化功能；②不同类别教师均认同“实验资源与支持”是最影响手持技术数字化实验应用的因素，如表 6-15 所示；③不同类别教师对手持技术数字化实验的功能和应用的影响因素有不同的态度取向。态度调查结果有助于根据不同类别教师的态度取向，优化手持技术数字化实验的应用情况。

为了日后有更多的中学应用手持技术，我们应努力做到：①解决中学教师缺乏“实验资源与支持”的后顾之忧，中学尽量配备手持技术数字化实验设备和营造鼓励教师应用手持技术数字化实验的良好氛围；②中学、教育支撑机构和高校联合选择有创新意识的教师开展系统的手持技术数字化实验应用研究，为他们搭建教学探索和展示的各层次平台，优先把他们培养成为有专长的种子教师，再通过他们的示范效应带动更多的教师参与手持技术数字化实验应用研究；③学生分析和论证能力的培养以手持技术数字化实验作为良好载体，并且与手持技术数字化实验的广泛应用相辅相成；④在各类型教师培训活动中，可以结合不用类别教师的态度取向，提供差异化的手持技术数字化实验培训内容，让教师对手持技术实验有更全面的认识，以便教师的认识和态度不局限在原来最认可的功能和影响因素上，而具有更客观的认识和更理性的判断，愿意更积极地应用手持技术数字化实验解决教学实践问题。

表 6-15　不同类别教师对手持技术数字化实验功能、应用影响因素的态度（部分统计数据）

维度	高校教师		教育支撑机构教师		中学教师		方差分析统计量 F	显著性 P
	平均分	标准差	平均分	标准差	平均分	标准差		
实验资源和支持	5.62	0.74	5.79	0.82	5.55	1.04	0.294	0.747
教学需求和安排	5.36	1.04	5.29	0.97	5.23	1.33	0.072	0.931
教师知识和能力	5.30	1.05	5.53	0.93	5.56	1.18	0.353	0.704
数字化实验效果	5.18	1.22	5.58	1.17	5.48	1.30	0.511	0.603
学生表现能力	3.35	1.15	5.22	0.96	5.54	1.24	0.346	0.709

（五）中国教育学会教师培训者联盟报道华南师范大学钱扬义教授主持的“手持技术数字化实验在10年‘国培计划’的应用”

1. 背景与问题

1）背景——为何选取“手持技术数字化实验”作为培训主题

国际层面：综合研究国家政策、教育设备研发、著作及论文可得，世界各国对手持技术数字化实验予以高度重视。

国内层面：综合分析我国政策文件、中学化学课程标准、中学化学教材及发表论文，手持技术数字化实验是信息技术与学科融合的典型代表，在我国高等院校及中学化学教学中占有极为重要的地位。

课标层面：我国初高中化学课程标准均提出增加手持技术数字化实验和创新实践活动，2019 年我国教育部颁布的《初中化学教学装备配置标准(JY/T 0620—2019)》新增了对手持技术数字化实验仪器的装配要求。由此可见，手持技术数字化实验具有重要的时代地位和学科地位。

2）问题

新型手持技术数字化实验的教师专项培训推广和应用力求解决以下四大问题：①如何利用手持技术数字化实验实现信息技术与化学学科融合？②如何解决教师专项培训中存在的主题泛化、内容拼盘化和评估弱化问题？③如何突破培训后成果少、收效差和获得感少的问题？④如何保证培训后的长期跟踪，确保培训效果的延宕性？

2. 理念与问题解决思路

1）问题解决路径

为解决以上问题，基于实验技术改革、培训集中化、培训成果化、长期课程指导的理念，提出依托1套培训资源，以“手持技术数字化实验”1个主题为中心，围绕“培训目标、培训内容、培训方案、培训评价”的“1+1+4”一体化线上线下混合式培训方案，见图6-7[2]。

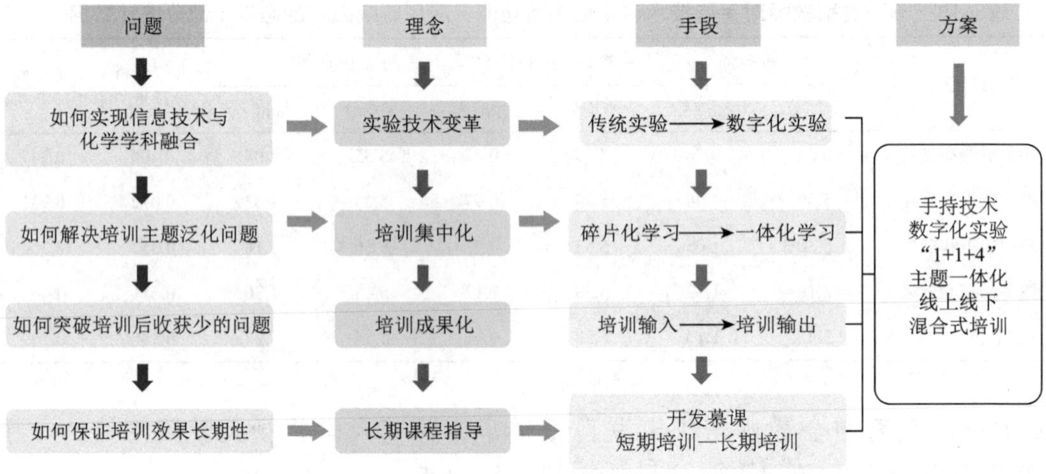

图6-7　问题解决路径图

2）问题解决具体实践方案

培训采取训前—训中—训后“一体化”与“模块化”设计的思路，训前通过“调研—预习”两大模块，合理制定实验方案；训中通过“理论—实践—总结”三大模块开展进阶式研修；训后通过“提升—凝练”两大模块，保证培训成效。具体设计见图6-8。

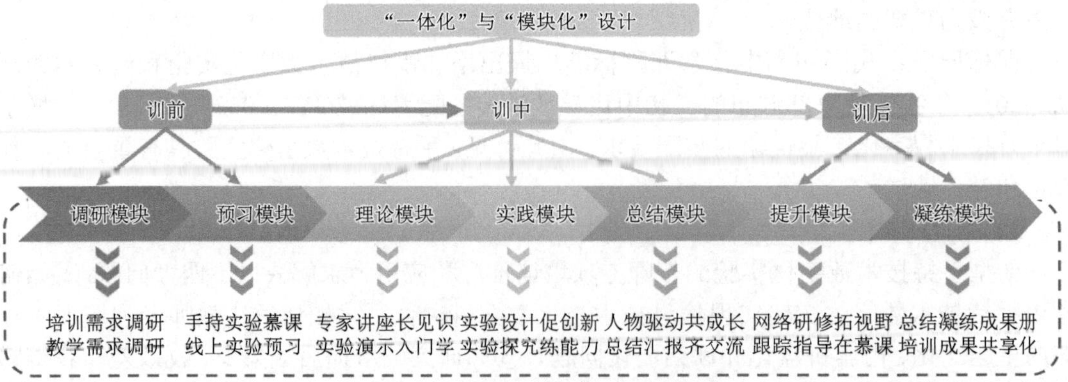

图6-8　“一体化”与“模块化”设计

培训以讲座分享、实验演示、慕课预习、实验探究等课程形式，从知识、能力及价值观念三大维度对学员进行培养，具体培训方案见下表。

表 6-16 具体培训方案

环节	课程内容	课程目标（知识、能力、价值观念）
1. 课前线上观看慕课预习	慕课预习实验：浓度对化学平衡的影响	（1）了解手持技术数字化实验的原理 （2）培养手持技术数字化实验方案的设计及小组合作学习的能力 （3）增强利用慕课资源自主学习的意识
2. 课中手持理论学习	（1）讲座分享："南北东西"四方联动手持技术数字化实验培训模式的实践讲座 （2）讲座分享与联动展示：手持技术数字化化学实验22年研究讲座、套餐成果展示（钱扬义教授、麦裕华博士）、学员与本科生微格教学联动（主题1：焰色试验；主题2：钠与氧气的反应） （3）讲座分享：手持技术数字化实验在中学化学中的应用研究（王春副教授）	（1）了解手持技术数字化实验22年发展历程和"1+8"小套餐的开发思路 （2）培养手持技术数字化实验文献综述撰写能力和微格教学设计能力 （3）增强凝练教学成果的意识
3. 课中线下学员进实验室	分组探究实验：浓度对化学平衡的影响	（1）掌握色度计的使用方法 （2）培养手持技术数字化实验操作能力 （3）增强对实验数据的四重表征意识
4. 课后体验手持慕课拍摄	学员对该实验的价值进行点评，谈谈自己的感想，并制作成慕课	（1）增强手持技术数字化实验在中学教学的应用价值高的意识 （2）增强慕课资源的重要性

（1）课前线上观看慕课预习：课前学员登录中国大学 MOOC 进行"化学教学论手持技术数字化实验"慕课预习，提前了解手持技术数字化实验的原理，培养手持技术数字化实验方案的设计及小组合作学习的能力，增强利用慕课资源自主学习的意识。

（2）课中手持理论学习与线下学员进实验室。

手持理论学习。一是"南北西东"四方联动手持技术数字化实验培训模式的实践。为促进手持技术数字化实验研究的发展，钱扬义教授联合"南北西东"研究手持技术数字化实验的学者，举办了该次"南北西东"四方联动手持技术数字化实验培训模式的实践讲座。"北方"是宁夏大学的吴晓红教授，"西方"是四川省南允市教育科学研究所的白涛老师，"东方"的天津市民族中学的张昊老师，"南方"是湖北省鄂南高级中学的刘涛老师。手持技术数字化实验从钱扬义教授处发源，由点及面地辐射到了全国南北西东四方，切实为教与学提供有效可取的教学优质资源，带动全国各地信息化教育教学的发展。"南北西东"四方联动合影见图 6-9。二是手持技术数字化实验 22 年研究讲座与"国培计划"学员和研究生微格教学联动。华南师范大学钱扬义教授开展了"手持技术数字化化学实验 22 年研究讲座"，讲述了 22 年来手持技术数字化实验的理论创立、案例开发及在大中小学的应用与实践，让学员了解手持技术数字化实验 22 年发展的历程。接着，钱扬义教授工作室的 2 名研究生林惠梅、陈德成与 2 名"国培计划"学员海南省海口市琼山华侨中学的陈阳老师、北京市陈经纶中学的庞艳丽老师进行了同课异构的展示。陈阳、庞艳丽老师的课堂展示了传统实验的经典之美，林惠梅、陈德成同学的课堂展现了信息技术与教学融合迸发出的绚烂火花。该次同课异构活动培养了学员手持技术数字化实验微格教学设计的能力。三是手持技术在中学化学实验教学中的应用研究。北京教育学院王春副教授给"国培计划"学员从"深度融合中学化学教学"的角度开展手持技术数字化实验讲座。王春副教授通过分析大量的教学案例让老师们感受信息与教育的融合，认识手持技术的直观化、定量化的特性。

图 6-9　“南北西东”四方联动合影

学员进实验室。理论终须落地实践，方能开花结果，30 名学员走进实验室亲身体验手持技术数字化实验的魅力。实验前，老师们在中国大学 MOOC 线上学习“探究浓度对化学平衡的影响：以 Fe^{3+}/SCN^{-}体系为例”。实验时，钱扬义教授工作室的本科生袁丽娟同学为老师们讲解实验的应用、价值、原理、操作注意事项。实验中，老师们积极动手实验，在理论学习的基础上积极实践操作，对手持实验的数字化、定量化、便携化等特性有了更深刻的理解。

（3）课后体验手持慕课拍摄。

“天南地北”谈手持——学员拍慕课。80 名“国培计划”学员观摩学习了“化学教学论手持技术数字化实验”慕课，从手持技术的价值、手持技术在教学实践中的应用两方面展开了热烈的讨论，各小组组织录制了座谈式讨论的慕课。经过 8 分钟的慕课录制，学员们对手持技术的价值及在中学教学中的应用有了更深远的理解。

“三方联动”论手持——专家拍慕课。为制作更优质和更丰富的网络课程资源，推广手持技术进课堂，来自祖国南方的钱扬义教授、北部的王春副教授及西部的白涛老师齐聚广州，“南北西”三方联动，共同录制手持技术慕课，应用和推广手持技术进课堂，见图 6-10。

3. 经验与创新

1）培训内容与教师需求相结合

手持技术作为“信息技术与教育教学深度融合”的新型教育认知工具，教师对新实验新技术在化学教学中应用有强烈需求。

图 6-10　“三方联动”拍慕课

2）模块化与一体化相结合

训前、训中、训后一体化模式和 3 个阶段的模块式学习有机结合，为学员提供了系统且有针对性的培训，帮助学员全面、科学、有效地研修。

3）培训输入与培训输出相结合

在研修过程中，学员不仅在课前课中各个模块预习和学习相关内容，而且还会在专家团队帮助下在实践模块中凝练成果，形成培训的成果册，通过培训产生获得感。

4）短期集中培训与长期课程指导相结合

学员通过短期集中培训，进行一个案例的完整学习，由于时间有限，许多案例学习无法开展。因此，将手持慕课作为学员培训后的自主研修内容，学员可在线学习多个案例。短期培训与慕课的长期课程指导结合，极大地帮助学员自我提升，使培训效果最大化。

4. 案例实践情况

项目实践效果良好，学员整体满意度高，在内容设计上给予高评价，同时获得较高的自我效能[1, 3]。培训后，实践成果在教材、教学实践基地、在线课程建设起多方位辐射影响。

1）学员培训成效

（1）项目整体满意度高：通过问卷调查，学员们对项目的整体满意度高，普遍认为专家团队专业水平高、课程资源丰富、教学模式独特；课程设置有针对性；理论与实践相结合，切合中学化学教师需求。学员培训满意度调查见图 6-11。

（2）课程设计满意度高：学员对课程内容方案给予高度评价，每个环节满意度得分均在 4.30 分以上（满分 5 分）。结合问卷调查和采访，学员们在经历专题培训活动后，均认同手持技术实验对改进化学教学实践具有较大的实用价值，且有较强的在教学实践中融合手持技术数字化实验的行为意向。学员课程内容学习满意度调查见图 6-12。

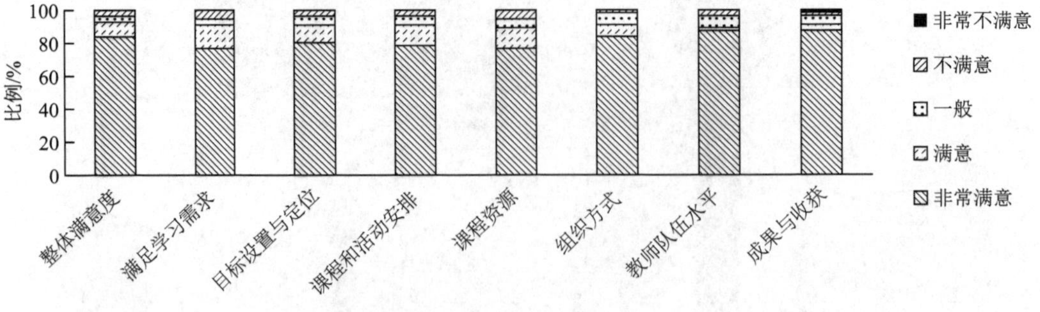

图 6-11 学员培训满意度调查

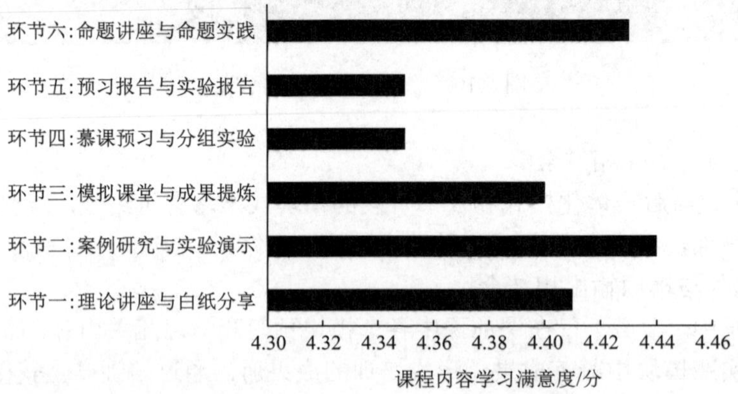

图 6-12 学员课程内容学习满意度调查

（3）教师专业能力提升有实效：自我效能感问卷调查结果显示，学员们认为手持技术数字化实验学习有助于提升自身的专业能力。学员自我效能感调查见图 6-13。

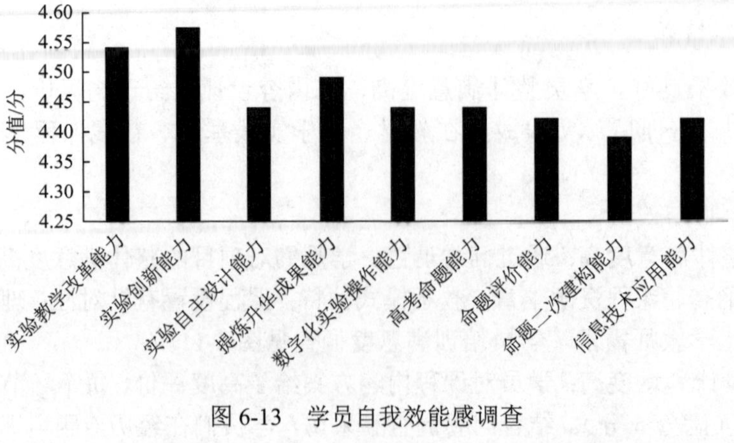

图 6-13 学员自我效能感调查

（4）学员培训感悟深厚：在该次“国培计划”手持技术培训实践中，各位学员学习观摩了钱扬义教授开设的中国大学慕课“化学教学论手持技术数字化实验”后纷纷表示，通过慕课能让各地化学教育者不受空间、地域、时间限制学习手持技术。黑龙江省齐齐哈尔市第二十八中学潘庆梅老师则表示，手持技术不仅使课堂实验部分变得简单明了，而且可以达到很好的课堂教学效果。在课堂教学过程中，传统实验往往显得单调，手持技术数字化实验的灵活多变性不仅体现在可以对一个实验进行不同的实验方案设计，而且可以在户外进行实验，这将大大提高学生的学习兴趣。值得一提的是，为感谢化学学院为该次培训的辛勤付出，“国培计划（2020）”高中化学班全体研修学员在结业典礼上赠予了“师恩泽厚”的牌匾，可见该次培训不仅让学员们“入耳”“入脑”，更是“入心”！

2）辐射影响

（1）教材建设：手持技术数字化实验成果集结成册，形成本书，为广大教育工作者提供了丰富的手持技术数字化实验理论和实践案例，也为国培 9 周年献礼。

（2）手持技术数字化实验协同发展基地的建设：为了在中小学中建设一批对同类学校教师发展起示范、引领与辐射作用的学校，本团队已在全国 80 余所中小学建立了“手持技术数字化实验协同发展基地”。基地主要用于手持技术数字化实验在中小学的推广应用。在“国培计划（2020）”中，华南师范大学化学学院与宁夏大学、黔南民族师范学院、四川省南充市教师发展中心、湖北省咸宁市鄂南高级中学等 19 所高等院校、中学和教研室签订了手持技术数字化实验“国培计划”协同发展基地建设协议书，见表 6-17。

表 6-17　“国培计划 2020”协同发展基地签约学校名单

编号	签约学校
1	陕西省西安文理学院
2	广西壮族自治区桂林师范高等专科学校
3	福建省泉州师范学院化工与材料学院
4	河北省唐山师范学院
5	江苏省江阴市教师发展中心
6	宁夏回族自治区唐徕回民中学
7	江西省赣州市第三中学
8	广西壮族自治区贵港市达开高级中学
9	四川省南充市教师发展中心
10	湖北省咸宁市鄂南高级中学
11	海南省海口市琼山华侨中学
12	山东省日照实验高级中学
13	宁夏大学化学化工学院
14	河南大学化学化工学院

续表

编号	签约学校
15	信阳师范学院化学化工学院
16	玉溪师范学院化学生物与环境学院
17	江苏省盐城中学
18	甘肃省张掖市第二中学
19	黔南民族师范学院化学化工学院

（3）在线开放课程建设：在中国大学 MOOC 平台开设了“化学教学论手持技术数字化实验”，具体课程页面见图 6-14。据统计，该课程选课人数超 1.4 万人（已开设三期，一期 5519 人，二期 4567 人，三期 4254 人）。其中 1069 人获得优秀等级证书，538 人获得合格等级证书。选课学员涵盖中学生、师范生、中学教师、师范院校教师、教研员等，且该课程获得高分评价。该课程也被全国各省市的教研室、继续教育中心、名师工作室指定为继续教育学习课程，推荐或要求中学化学教师学习，并有继续教育学时，如广东省黄远名教师工作室、刘立雄名教师工作室、何庆辉名教师工作室、深圳市宝安区教科院、佛山市教研室、江门市教研室、茂名市教师继续教育中心等，见图 6-15。受众人数达近千人，有效推进在线师资培训质量，促进教育公平。

图 6-14 “化学教学论手持技术数字化实验”课程页面

（4）优秀培训案例和培训经验建设：首席专家钱扬义教授将 10 年国培的点滴记于《“老国培人”与国培的 10 年故事》此文，这篇文章从 4275 篇投稿征文中脱颖而出，通过征文活动组委员会专家初审，由全国教师培训专家工作组专家、北京师范大学教授、光明日报出版社编辑、中国教育报刊社编辑、《中国教师》杂志社编辑、《十月》杂志社编辑组成的复审评委专家组的复审评审和现场合议，被评选为“我的国培故事”征文活动中的百篇优秀征文。而曾经与“国培学员达人”同台竞技的本科生“小精灵”张惠敏老师也将自己在“国培计划”中成长的动人故事写成了《一名本科生与国培从相遇、相识到相伴的故事》一文，被评选为“我的国培故事”征文活动中的百篇优秀征文。

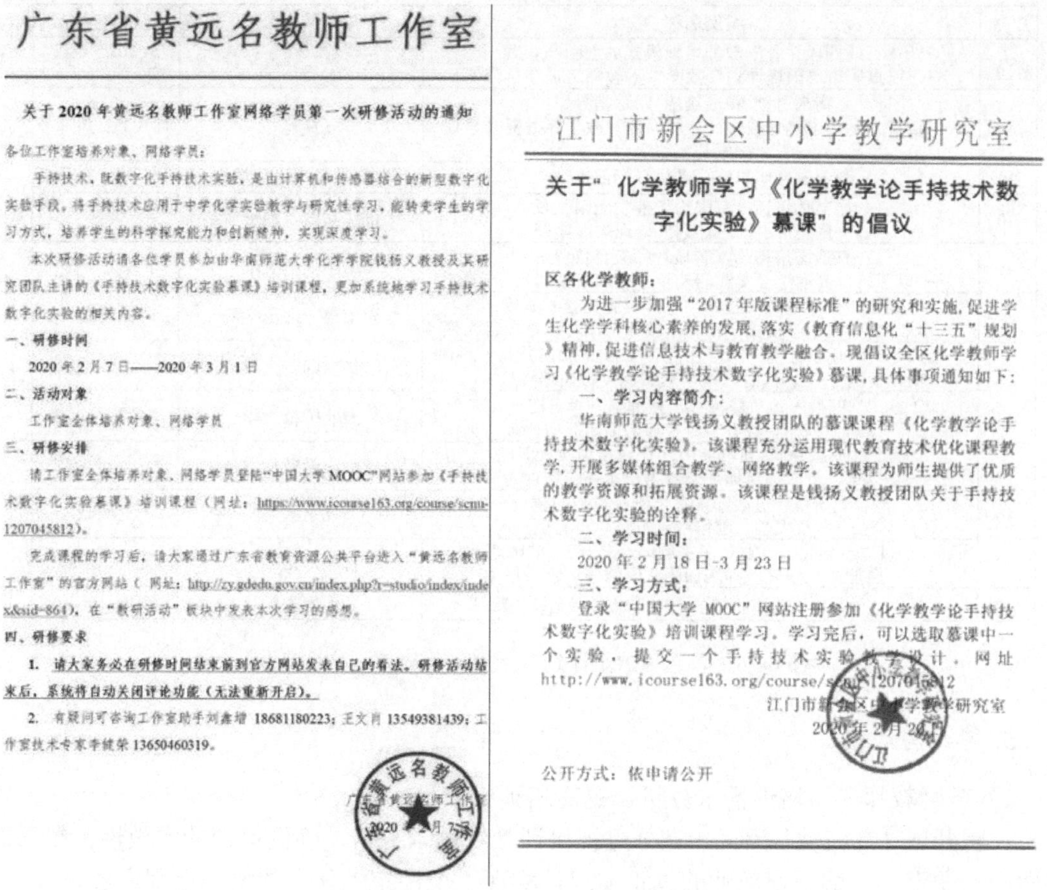

广东省黄远名教师工作室

关于2020年黄远名教师工作室网络学员第一次研修活动的通知

各位工作室培养对象、网络学员：

手持技术，既数字化手持技术实验，是由计算机和传感器结合的新型数字化实验手段。将手持技术应用于中学化学实验教学与研究性学习，能转变学生的学习方式，培养学生的科学探究能力和创新精神，实现深度学习。

本次研修活动请各位学员参加由华南师范大学化学学院钱扬义教授及其研究团队主讲的《手持技术数字化实验慕课》培训课程，更加系统地学习手持技术数字化实验的相关内容。

一、研修时间

2020年2月7日——2020年3月1日

二、活动对象

工作室全体培养对象、网络学员

三、研修安排

请工作室全体培养对象、网络学员登陆"中国大学MOOC"网站参加《手持技术数字化实验慕课》培训课程（网址：https://www.icourse163.org/course/scnu-1207045812）。

完成课程的学习后，请大家通过广东省教育资源公共平台进入"黄远名教师工作室"的官方网站（网址：http://zy.gdedu.gov.cn/index.php?r=studio/index/index&sid=864），在"教研活动"板块中发表本次学习的感想。

四、研修要求

1. 请大家务必在研修时间结束前到官方网站发表自己的看法。研修活动结束后，系统将自动关闭评论功能（无法重新开启）。

2. 有疑问可咨询工作室助手刘鑫增 18681180223；王文肖 13549381439；工作室技术专家李健荣 13650460319。

广东省黄远名教师工作室

2020年2月7日

江门市新会区中小学教学研究室

关于"化学教师学习《化学教学论手持技术数字化实验》慕课"的倡议

区各化学教师：

为进一步加强"2017年版课程标准"的研究和实施，促进学生化学学科核心素养的发展，落实《教育信息化"十三五"规划》精神，促进信息技术与教育教学融合。现倡议全区化学教师学习《化学教学论手持技术数字化实验》慕课，具体事项通知如下：

一、学习内容简介：

华南师范大学钱扬义教授团队的慕课课程《化学教学论手持技术数字化实验》。该课程充分运用现代教育技术优化课程教学，开展多媒体组合教学、网络教学。该课程为师生提供了优质的教学资源和拓展资源。该课程是钱扬义教授团队关于手持技术数字化实验的诠释。

二、学习时间：

2020年2月18日-3月23日

三、学习方式：

登录"中国大学 MOOC"网站注册参加《化学教学论手持技术数字化实验》培训课程学习。学习完后，可以选取慕课中一个实验，提交一个手持技术实验教学设计，网址 http://www.icourse163.org/course/scnu-1207045812

江门市新会区中小学教学研究室

2020年2月20日

公开方式：依申请公开

图6-15 教研室、名师工作室等研修慕课通知

钱扬义教授从教研培训的实际情况出发，以"讲台是教学的前台，课堂是教研的舞台"理念为基础，提出"将教学中的问题变成教研中的研究主题，做一件事，形成8个成果"的理念，即基于一节公开课开展8个微研究，形成8个成果（文献综述、教学设计、讲课PPT、说课PPT、学案、五点量表、微课和教学论文）的深度教研，这也是精心为学员们的二次成长量身定做的一套入门快、见效高、效果好的"教研能力提高套餐"，助力学员从经验型教师向研究型教师转型。该培训方案也形成了"国培计划"项目案例"华南师范大学化学学院'国培项目'（2010—2018）九年培训实践案例公开课'1+8'套餐深度教研培训模式"，经过各地各校推荐、专家层层遴选，被教育部国培办评选为"国培计划"十周年50个优秀培训实践案例之一（图6-16）。华南师范大学也由此成为广东省唯一的一所获评"国培计划"十周年优秀典型案例的高校。

（5）打造培训品牌受多方媒体广泛报道：10年来，华南师范大学化学学院打造了"国培计划"品牌，在业界具有广泛的影响力，多家媒体如中国教育报新闻网、粤科网、今日头条官网均作《华南师范大学为化学教师定制"营养套餐"》报道，转载量高，得到了社会的认可。

序号	案例名称	申报单位	执笔人
37	“三线四段”骨干教师培训模式的创新与实践 ——以重庆市“国培计划”数学骨干教师培训项目为例	重庆第二师范学院	扈志洪、潘超
38	需求引领 精准施培 跟踪指导 ——吉首大学初中体育教师民族民间体育教学能力提升培训探索与实践	吉首大学	周道平、黄文辉
39	科学融合明思路 具化目标促提升	农安县教师进修学校	许广娟、谢华良
40	分层立体培训：有限给予催生无限生长 ——重庆市“国培计划”培训实践案例	重庆市江北区教师进修学院	罗萍
41	打造国培精品 彰显教师教育特色 ——以国培“高中综合实践活动骨干教师研修项目”为例	华中师范大学	严莉、周尤
42	运用“察学研判”技术 有效实施混合式研修 ——以2019省级小学语文学科骨干教师工作坊研修项目为例	湖南第一师范学院	黄朝霞
43	华南师范大学化学学院“国培项目”（2010-2018）九年培训实践案例——公开课“1+8”套餐深度教研培训模式	华南师范大学	钱扬义、石光
44	构建“UDFS”四位一体研修模式，精准提升学员跟岗实践效果 ——以“国培计划”安徽省乡村教师培训团队研修项目为例	淮北师范大学	李孝诚、吴姜
45	基于“成果导向+行动学习”在线培训实施策略 ——以第三批教师培训师研修第一次在线培训为例	湖南省中小学教师发展中心	尹川、黄佑生
46	混合式研修促进教师常态化研修机制的建设 ——北京大学“国培”示范县建设案例	北京大学	王瑞娥
47	周期性项目“一体化 一领域 多主题 分层分类”教师培训模式 ——合肥师范学院教师培训团队研修培训模式探索	合肥师范学院	吴文、宋辉
48	“T-UPW”培养模式下的河南大学名师领航工程	河南大学	杨亮、李国平

图 6-16　入选“国培计划”十周年优秀培训实践案例

5. 总结与展望

1）鼓励教师参与培训需求分析，提高培训针对性

注重开展“针对性”研究，充分重视培训教师需求分析，确保培训的实效性。在培训前做好预调查，了解参训教师的真正需求，实现“个性定制化”的培训课程内容设计。

2）深化“互联网+”培训，促进教师培训高效长期发展

在“互联网+”时代下，切实推行混合式培训。将集中面授与网络研修相结合，可实现教师培训由短期集中优化为长期跟踪指导，确保培训的高效性和长期指导性。信息技术支持下互联网+课程创新了化学培训方式，在强化学员专业基础知识、基本实验技能方面发挥了重要作用，提高了课堂教育效果，成为人才培养质量提升的重要手段。信息化课程的开发和使用很好地培养了学员的信息素养及利用信息技术进行创新教学设计的能力，从而有效地支撑了面向新时代基础教育新师范改革创新发展的需求。

3）建立多重联动机制，走协同育人之路

10 年来，化学学院在“国培计划”中建立了多种联动。如大学与中学的联动、本硕联动、职前与在职的联动、跨区域联动等，通过创建“U-G-S”系统育人及实践教学模式，以华南师范大学与普通中小学协同发展联盟、手持技术数字化实验慕课实习远程指导工作坊、三级讲堂等方式，初步形成了多重有效的联动发展机制，大量优质互补资源、各种高端实践平台、丰富多彩的教研活动让学员熏陶了教育情操，开拓了教育事业，训练了职业技能，大大巩固了学员的职业信念和追求卓越的力量，显著提升了学员的职业素养，充分彰显了协同育人的优势。值得一提的是，钱扬义教授领头并联合北京、上海、四川等地的大学教研室及中学教师，通过跨区域的联动方式共同开发了用于化学教育者学习的手持技

术数字化实验慕课，在师范院校和中学中使用。2020 年疫情期间，有 9 所师范院校将该课程作为创新学分课程，先后有 1.4 万多名师生参加了慕课课程学习，在教育界产生了广泛的影响，成为该专业联动机制协同育人的典型案例。

6. 结语

在“国培计划”手持技术培训中，来自全国各地的名师相聚一堂，在钱扬义教授的组织下，参与到手持技术数字化实验协同发展基地的建设当中。并且，来自“南北西东”的学员“四方联动”走上讲堂，向我们展示了手持技术数字化实验研究在全国各地的实际应用与发展。而各位名师对手持技术数字化实验慕课的热烈反响与深度反思，也将进一步推动我们积极探讨和解决持技术数字化实验应用中的具体问题，让手持技术的春风吹向祖国的每一寸土地，助力全国各位教师进行手持技术数字化实验教学。

二、在“省培计划”中的应用

（一）实施过程

近 7 年的“省培计划”中都有关于“手持技术数字化实验”系列讲座，如 2017 年的“省培计划”、2017 年跨年度培训计划及 2019 年“省培计划”等。

（二）推广应用

在 2017 年跨年度递进式培训项目——中小学骨干教师能力提升高端研修项目高中化学班的网络研修计划中，学员须使用网络研修平台观看慕课视频进行学习，认识手持技术数字化实验在中学化学中的应用，如“利用数字化手持技术探究几种常见净水剂的净水效果”“利用数字化手持技术探究‘铝三角’中溶液相互滴定的问题”及“利用数字化手持技术探究浓度对化学平衡的影响——以 Fe^{3+}/SCN^- 平衡体系为例”等，详情请见表 6-18。

表 6-18　“省培计划”网络研修计划

阶段	任务	学时	截止时间
2017 年	【任务一】在跟岗学习前确定要上的一节公开课的题目，围绕该课时完成 4 个“套餐”：①教学设计②文献综述③学生调查问卷④讲课 PPT。提交其中的 2 项套餐成果给对应导师，与导师研讨	每项任务 30 学时，共 60 学时	2017 年 10 月 25 日
	【任务二】观看 3 个由“华南师大钱扬义教授工作室”自主研发的手持技术数字化实验创新案例视频，并进行点评。视频链接如下： 1. 利用数字化手持技术探究“铝三角”中溶液相互滴定的问题：http://v.youku.com/v_show/id_XMjYzMjQ4NzE0NA==.html 2. 利用数字化手持技术探究蜡烛不同熄灭方式及其原因：http://v.youku.com/v_show/id_XMjYzMjQ4MDAwNA==.html 3. 利用数字化手持技术探究几种常见净水剂的净水效果：http://v.youku.com/v_show/id_XMjYzMjQ4NDkwMA==.html	每个视频点评 20 学时，共 60 学时	2017 年 12 月 31 日

续表

阶段	任务	学时	截止时间
2018～2019 年	【任务三】观看 2 个由"华南师大钱扬义教授工作室"自主研发的手持技术数字化实验创新案例视频，并进行点评。视频链接如下： 1. 利用数字化手持技术探究浓度对化学平衡的影响——以 Fe^{3+}/SCN^{-} 平衡体系为例：http://v.youku.com/v_show/id_XMjYzMzQzNTI4MA==.html 2. 利用数字化手持技术探究火焰划分的标准：http://v.youku.com/v_show/id_XMjYzMjUzMDgyNA==.html	每个视频点评 20 学时，共 40 学时	2018 年 12 月 31 日
2018～2019 年	【任务四】根据跟岗学习所上的公开课。撰写 1 篇教学论文，并提交 1 个其他套餐成果（在【任务一】已完成的套餐之外选择）以上两项均提交给对应导师，与导师研讨	每项 30 学时，共 60 学时	2018 年 12 月 31 日
	【任务五】提交一篇关于本次培训总的研修心得	30 学时	2019 年 7 月 4 日

如在 2019 年的"省培计划"中，由华南师范大学钱扬义教授牵头的"'金属与非金属的反应'同课异构活动"在广东仲元中学顺利进行。在华南师范大学化学学院石光副院长和钱扬义教授的带领下，全体学员也来到广东仲元中学参加活动，进行课堂教学展示与观摩。

学生在课堂活动中从经验认知、现象认知和数据认知三个方面，将肉眼难以观测的事实可视化，通过同时检测体系中的气体浓度变化，使用数值定量说明反应真相，并且通过四重表征，深化钠与氧气反应的实质认知，从宏观、微观、符号和曲线四个层面对钠和氧气的反应进行进阶式的认识，从而形成对金属与非金属反应的认识，认识化学反应的模型。

在评课环节，学员蔡淑琪老师表示："通过参加本次的教研活动，我不仅在教学技能方面收获颇丰，而且在对学生进行学科核心素养的培养方面感悟很深。作为奋战在一线的教师，在今后的教学中，我们应该顺应潮流，重视核心素养的落地，同时应重视现代信息技术与课堂教学的结合。"

学员程炎涛分享道："技术改变教育。庄老师这节'金属与非金属'优质课最大的亮点，就是在预测钠单质与氧气反应时，利用手持技术数字化实验探究钠在空气中的变化，学生能根据氧气传感器反馈出来的数据，再以曲线的形式直观地显示出来，发现钠与空气接触后，空气中氧气含量下降，从而知道氧气确实参与反应。这种课堂教学方式，改变了教学认知方式，以前只能从现象认知、定性检验，现在可以通过手持技术数字化实验探究方式进行数字认知、定量验证。可见随着科技发展，教育手段或方式也发生了改变，科技推动着教育的快速发展。"

最后，钱教授分享了一句人生感慨："技术改变教育，教育改变人生。"钱教授衷心希望手持技术数字化实验能够进入更多的化学课堂，让更多的学生接触到手持技术。

（三）应用成效

至今为止，已有 3800 多名教师接受了"手持技术数字化实验"相关培训，其中相关骨干教师国家级培训 18 批次近 1800 人，省级培训 16 批次 2000 多人。接受了相关培训的教师对手持技术的态度发生了变化，如图 6-17 所示。大部分教师都认为手持技术数字化实验适合应用于化学探究活动，能够促进学生理解抽象的化学概念，改变教学方式，以及能为学生创造更多的学习机会。因此参加培训的教师在回到当地后，都倾向于把手持技术数字化实验推广出去，致力于让更多的学生能够接触到手持技术数字化实验。

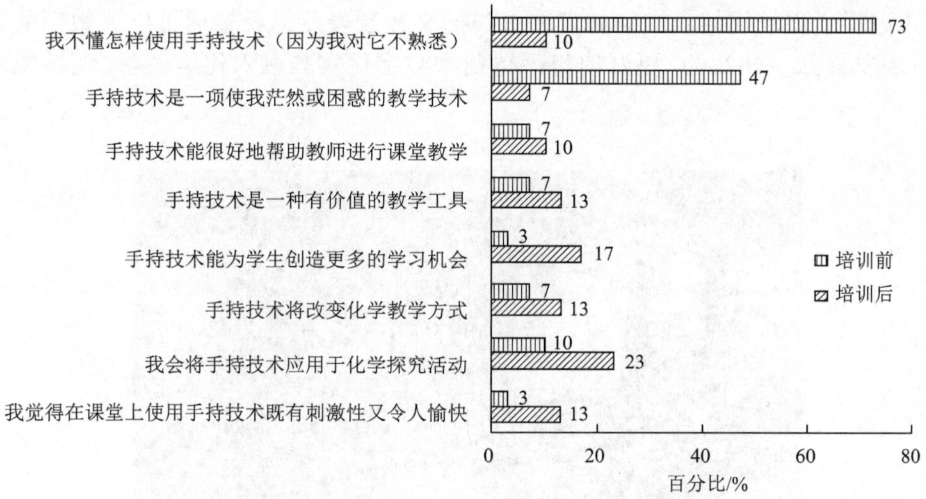

图 6-17　培训前后化学教师对手持技术态度差异百分比条形图

手持技术数字化实验主题培训一体化设计是基于本团队对手持技术数字化实验的 22 年研究[4-6]，在华南师范大学化学学院连续 9 年承办的“国培计划”示范性项目实践中总结提出的，并在 2019 年“省培计划”高中化学班中进行了实践，该一体化培训的内容与成果已撰写成论文《手持技术数字化实验主题培训“一体化”的设计与实践——以 7 天“省培计划”集中培训为例》[2]发表至《化学教育（中英文）》期刊。

三、在会议中的推广应用

（一）第八届中国化学会关注西部中学化学教育发展论坛

聚焦新一轮高中课程标准实施背景下的中学化学教育教学改革、西部地区化学教师专业发展研究，中国化学会第四届全国中学化学教育高峰论坛暨第八届中国化学会关注西部中学化学教育发展论坛于 2018 年 7 月 23～27 日在西藏林芝顺利召开。华南师范大学钱扬义教授在此次会议上分享了主题为“手持技术数字化实验与化学概念学习”的讲座报告。该讲座大大地推广了手持技术数字化实验在西藏地区中学化学教学中的应用。

（二）2019 年化学数字化实验教学应用成果交流与培训活动

《国家中长期教育改革和发展规划纲要（2010—2020 年）》指出：信息技术对教育

发展具有革命性影响，必须予以高度重视。数字化实验指使用传感器、数据采集器和计算机等数字化实验系统的实验。数字化实验是信息技术应用于化学教学的重要平台。为推广数字化实验和提高数字化实验应用水平，中国教育学会化学教学专业委员会和《化学教与学》杂志社在上海交通大学附属中学联合举办 2019 年化学数字化实验教学应用成果交流与培训活动。

钱扬义教授从来自全国各地的 166 件手持技术数字化实验作品中精选出 26 件优秀作品，并进行了现场提问、讲解和点评。钱扬义教授表示，希望通过广大教师的共同努力，进一步发展数字化实验，更好地将手持技术数字化实验融入化学教学，现场如图 6-18 所示。

图 6-18　活动现场照片

（三）美国科学教育年会

2019 年 4 月 11 至 14 日，钱扬义教授飞往美国密苏里州参加一年一度的“美国科学教师年会”，会议的核心主题是“为学生与老师建立伙伴关系”。现场如图 6-19 所示。

图 6-19　钱教授参观年会的实验室

该次活动为教师和学生提供了交流学习的平台。活动内容丰富，包括专家们的讲座、特色演讲、小学生们的盛大演出、参观生活实验室、参观科学教室等。钱教授通过交流学习，吸取了美国当代先进的教学理念和教学模式，致力改进、发展、推广手持技术数字化实验在大中小学教学的应用。

四、在讲座或报告中的推广应用

截至目前为止，钱扬义教授已经参加了100余场全国各地巡回讲座，讲座均围绕“手持技术数字化实验”主题展开。

其中2009年华南师范大学承办的“第四届全国化学教师教育学术研讨会——信息技术支持下的化学教师教育能力培养与科学（化学）学习”是一场极具影响力的教育学术会议。现场照片如图6-20所示。大会共收到论文115篇，内容主要涉及信息技术支持下的化学教师教育能力培养、信息技术支持下的化学教学与研究及信息技术支持下的化学实验教学等方面。

除此之外，还有2003年科学教育会议、2010年国家教师教育创新（西南）实验区第二期示范基地及实习基地学科教师培训、2018年第四届全国化学教育高峰论坛（现场照片如图6-21所示）、2019年第五届全国化学教育高峰论坛（现场照片如图6-22所示）及2019年第十六届全国化学课程与教学论学术年会（现场照片如图6-23所示）等。

在2019年第五届全国化学教育高峰论坛会议上，钱教授作了手持技术数字化实验支持下的化学概念学习专题报告（现场如图6-24所示），介绍了他的主要研究方向，简述了手持技术数字化实验的四个关键词（手持技术、掌上实验室、数字化实验及DIS）及其功能特点，分享了手持技术数字化实验在概念教学中的应用。其中，钱教授着重讲解了“分子间作用力”和“化学平衡”两个概念，提出了“8 + 3 + 2”问题。钱扬义教授研究生黄倩莹、朱庆分别以“分子间作用力”和“化学平衡”两个概念为主题，进行了实验展示。

图6-20　2009年第四届全国化学教师教育学术研讨会

图6-21　2018年第四届全国化学教育高峰论坛

图 6-22　2019 年第五届全国化学教育高峰论坛钱扬义教授及研究生在会场合影

图 6-23　2019 年第十六届全国化学课程与教学论学术年会

图 6-24　钱扬义教授作汇报

钱扬义教授研究生黄倩莹展示的题目是“应用手持技术数字化实验比较有机醇的‘分子间作用力’大小”，现场如图 6-25 所示。该汇报以开发手持技术数字化实验的 8 个环节为主线，用钱教授提出的 8 个问题，引出以“分子间作用力”为主题的 6 个实验。黄倩莹选择了其中两个实验进行重点讲解和演示，期间设置了二维码答题互动环节，调动了现场气氛。实验内和实验间设计环环相扣，体现本团队所开发手持技术数字化实验的系统性，从多角度展示了“分子间作用力”这一重要概念。

钱扬义教授研究生朱庆从“应用手持技术数字化实验探究浓度对‘化学平衡’的影响”为题，从高中化学课本对“化学平衡”主题的探究活动出发，介绍了 3 个实验，促进学生科学建构“浓度对于化学平衡影响”的认识，现场如图 6-26 所示。表 6-19 为会议内容整理。

图 6-25　研究生黄倩莹作汇报

图 6-26　研究生朱庆作汇报

表 6-19　会议内容整理

日期	地点	主办方	会议名称	讲座主题
2009 年 12 月 5～6 日	广州市 华南师范大学	中国教育学会化学教学专业委员会	第四届全国化学教师教育学术研讨会	信息技术支持下的化学教师教育能力培养与科学（化学）学习
2010 年 11 月 30 日	重庆市 西南大学	西南大学教师教育能力训练中学，政治与公共管理学院、文学院、化学化工学院	国家教师教育创新（西南）实验区第二期示范基地及实习基地学科教师培训	“手持技术在理科实验中的应用”专题
2018 年 7 月 23～27 日	西藏自治区 林芝市	中国化学会	第四届全国化学教育高峰论坛	手持技术数字化实验与化学概念学习
2019 年 7 月 24～25 日	贵州省 贵阳市	中国化学会	第五届全国化学教育高峰论坛	手持技术数字化实验支持下的化学概念学习
2019 年 12 月 26～27 日	黑龙江省 哈尔滨市	哈尔滨师范大学化学化工学院	第十六届全国化学课程与教学论学术年会	“化学教学论手持技术数字化实验”中国大学慕课的开发与应用

五、在教育实习基地学校的应用

（一）北京师范大学与华南师范大学科学教育教学与测评研究生论坛

2017 年 11 月 28 日下午，以“科学教育教学与测评”为主题的北京师范大学与华南师范大学科学教育研究生论坛在华南师范大学举行。双方研究生都结合自身的研究方向作了一次详细的汇报分享，促进了北京师范大学化学学院化学教育研究团队与华南师范大学化学学院化学教学与资源研究所师生的学术交流。

（二）在中小学的应用

迄今为止，本团队已与 50 余所中小学建立了“手持技术探究实验基地”。手持技术数字化实验应用于中学化学课堂教学，部分学校还会开设校本课程。不仅如此，中学教师还利用手持技术数字化实验来指导学生参加比赛，如华南师范大学附属中学的符懋敬同学参加第20届广东省青少年科技创新大赛和第57届国际英特尔科学与工程学大奖赛的案例是“空调公共汽车内空气质量的调查研究报告”。

六、在承办的第四届全国化学教师教育学术研讨会上的献礼

第四届全国化学教师教育学术研讨会在2009年12月5～6日召开，承办单位华南师范大学化学学院钱扬义教授为了向各位与会人员表达敬意，出版了两本著作为此次学术研讨会献礼。这两本书分别是：

①《手持技术在化学学习中的应用与建模研究》，如图6-27所示。

②《化学概念与化学“学科关键词”的学习与认知》，如图6-28所示。

图6-27 《手持技术在化学学习中的应用与建模研究》封面

图6-28 《化学概念与化学“学科关键词”的学习与认知》封面

七、手持技术数字化实验室中学生开放日活动

为了促进学生对化学与生活的密切关系的认识，提高学生对化学相关社会问题的关注，深化学生对科学、技术和社会之间的相互关系的了解，2018年9月22日，本团队与东涌中学携手，组织东涌中学高二级“水乡新韵”特色班到华南师范大学化学学院，听取讲座报告《手持技术数字化在中学化学实验教学中的应用》，并参观了手持技术数字化实验室，如图6-29所示。

在讲座中，硕士研究生唐文秀从手持技术的概念介绍开始，以“仪器介绍”“实施方法”“案例分享”“论文写作”四大环节向中学生展示了手持技术在教学中的应用功能

与教学价值。在参观手持技术数字化实验室过程中，本团队向中学生们介绍了各种仪器设备，让中学生们对手持技术数字化实验有进一步的认识。

图 6-29　东涌中学学生合影

参 考 文 献

[1] 朱庆，钱扬义，麦裕华，等. 化学教师对手持技术数字化实验应用的态度调查[J]. 化学教学，2019，(10)：13-18.

[2] 钱扬义，林惠梅，陈柳青，等. 手持技术数字化实验主题培训“一体化”的设计与实践——以 7 天“省培计划”集中培训为例[J]. 化学教育（中英文），2020，41（19）：75-82.

[3] 麦裕华，钱扬义，杜慧鸣，等. 教师对手持技术实验的态度探析——基于对“国培计划（2018）”H 大学化学研修班参训教师的问卷调查[J]. 现代教育技术，2019，29（7）：80-86.

[4] 钱扬义. 手持技术在理科实验中的应用研究[M]. 北京：高等教育出版社，2003.

[5] 钱扬义. 手持技术在研究性学习中的应用及其心理学基础[M]. 北京：科学出版社，2006.

[6] 钱扬义，叶静怡，邓峰，等. 手持技术在化学学习中的应用与建模研究[M]. 北京：科学出版社，2009.

后　记

回头看历程，谢团队，有苦有乐；抬头看未来，携团队，志在天涯。

首先要感谢本团队的研究生。感谢我已经毕业的2006～2017届的硕士研究生，他们为前三本书做了大量理论与实践研究工作，为本书奠定了良好的基础。感谢我已经毕业的博士生王立新，硕士生唐文秀、范婉贞、许雯辉、陈雪飞、徐敏姗，他们为新教材的出版做了前期的资料整理和编写工作。感谢研究所教师罗秀玲、肖常磊，我的博士研究生麦裕华，硕士研究生张惠敏、林丹萍、陈秋伶、刁卓、李绮琳、黄倩莹、蔡丹菊、李林燊、朱庆、杜慧鸣、林惠梅、陈柳青、吴宝珠、叶健西、蓝海航、陈德成、陈可清、邓嘉欣、黄琦、欧阳欣仪等，他们进行了与新教材配套的慕课拍摄工作。还要感谢后期整理和校对书稿的研究生和本科生们，他们付出了辛勤劳动。

其次要感谢手持技术的研究基地学校：华南师范大学附属中学、广州中学、广东广雅中学、广东仲元中学、深圳新安中学、东莞东华初级中学、东莞湖景中学、顺德罗定邦中学、佛山市南海中学等近30所中学。感谢在实验研究过程给予大力支持的学校领导及一线教师，他们是广州的刘建祥校长、陈曼升老师、庄建德老师；深圳的黄积才主任、高妙添校长、唐云波老师、李娟老师、李言萍老师、夏兰老师、刘国豪老师、赵爽老师、潘华东老师；顺德的胡乃璋校长、林伟汉主任、李开祥老师；东莞的强光银主任、黄远老师等。此外，还要感谢参加2018年、2019年广东省高中化学骨干教师培训项目，以及2019年广州市初中化学实验教师（员）培训项目的各地中学化学教师，他们为手持技术的测评工作给予了很大支持。

最后感谢22年手持研究过程中，领导和专家们给予的建议、支持和鼓励，这为我们的研究之路注入创新、增添动力！他们是华南师范大学副校长沈文淮教授、教务处副处长罗一帆教授、教务处原副处长陈冀平教授，华南师范大学化学学院蔡跃鹏院长、石光副院长、原院长陈红雨教授等领导，华南师范大学化学与环境学院曾和平教授，华南师范大学教育信息技术学院焦建利副院长，美国密歇根大学教育学院博士、美国匹兹堡大学博士后、陕西师范大学张宝辉教授，《中国电化教育》杂志社朱广艳副编审，《远程教育杂志》陶侃主编，《化学教育（中英文）》朱玉军主编，人民教育出版社原社长张建如等。感谢为本书题词的北京师范大学王磊教授、安徽省教育科学研究院夏建华老师，还有研究同行和学界朋友华东师范大学王祖浩教授、东北师范大学郑长龙教授、上海师范大学吴俊明教授、山东师范大学毕华林教授、四川师范大学彭蜀晋教授、西南大学李远蓉教授、辽宁师范大学王秋教授、广西师范学院王屹教授、福建师范大学胡志刚教授、安徽师范大学熊言林教授等。此外，本书的出版还得到许多前辈的热心指导与支持帮助，如北京师范大学化学学院刘知新教授（作者敬爱的研究生导师）、华南师范大学教育学院张积家教授（作者敬爱的博士生导师）和莫雷教授，在此深表谢意！还要感谢上海江凤光学仪器有限公司谭琳总监，为我们提供手持技术仪器以供研究之需，感谢广州超星信息技术有限公司为手持实验慕课的拍摄和上线提供技术支持，感谢中国大学 MOOC 网支持手持技术数字化实验慕课的上线。最后还要感谢科学出版社的领导及编辑，在他们的鼎力支持下，本书才得以顺利出版。